Lothar Böhnisch, Heide Funk
Soziale Arbeit und Geschlecht

Geschlechterforschung

Herausgegeben von
Lothar Böhnisch, Heide Funk und Karl Lenz

Lothar Böhnisch, Heide Funk

Soziale Arbeit und Geschlecht

Theoretische und praktische Orientierungen

Juventa Verlag Weinheim und München 2002

Die AutorInnen
Lothar Böhnisch, Dr. rer.soc. habil., ist Professor für Sozialpädagogik und Sozialisation der Lebensalter an der Technischen Universität Dresden.
Heide Funk, Dr. rer.soc., ist Professorin für Soziologie und
Geschichte der Sozialen Arbeit im Fachbereich Soziale Arbeit
an der Hochschule Mittweida.

Bibliografische Information Der Deutschen Bibliothek

Die Deutsche Bibliothek verzeichnet diese Publikation in der Deutschen
Nationalbibliografie; detaillierte bibliografische Daten sind im Internet
über http://dnb.ddb.de abrufbar.

© 2002 Juventa Verlag Weinheim und München
Umschlaggestaltung: Atelier Warminski, 63654 Büdingen
Umschlagabbildung: Hans Thiemann: Kommt ein Vöglein ge-
flogen. Parodie auf Oskar Schlemmer, 1929
Printed in Germany
ISBN 3-7799-1370-4

Vorwort

Die Debatte zum Gender Mainstreaming zeigt uns, dass wir im Themenspektrum *Soziale Arbeit und Geschlecht* zwar über Programmatiken, aber wenig eigene Theorie-Praxis-Konzepte verfügen. Der Blick in die zahlreichen Handbücher, die in den letzten Jahren in unserem Fach erschienen sind, ist zudem ernüchternd. Mädchen- und Jungen-, Frauen- und Männerperspektive in der Sozialarbeit rangieren weiter als „Sonderthemen", die vielbeschworene Querschnittsorientierung macht vor den dicken Buchrücken Halt. Gleichzeitig gibt es inzwischen zahlreiche Konzeptionspapiere, Praxismaterialien und Projektberichte vor allem zur Arbeit mit Mädchen und Frauen. Gerade das beharrliche Engagement von Frauen in Arbeitsgemeinschaften hat der parteilichen Perspektive und Methodik Raum geschaffen, dem nun vielerorts unter dem Druck fiskalischer Kürzungen die Legitimation entzogen werden soll. Auch die Jungen- und Männerbelange sind deutlicher geworden, aber immer noch unterbelichtet. Die geschlechtsbezogene Sozialarbeit hat sich also enorm entwickelt, ist aber längst noch nicht gefestigt, eher wieder disparater geworden. Integrative Theorie-Praxis-Konzeptionen sind deshalb notwendiger denn je.

Das vorliegende Buch will einen Schritt in diese Richtung tun. Es ist in der begründeten Überzeugung geschrieben, dass professionelle Sozialarbeit ohne einen durchgängigen Gender-Ansatz gerade zu einer Zeit unzureichend ist, in der die Nivellierung der Geschlechter das Bild der Bildungs- und Konsumöffentlichkeit bestimmt. Die scheinbare Paradoxie, die in diesem Anspruch steckt, löst sich für uns schnell auf, denn gerade in der Sozialarbeit bekommen wir die psychosozialen und psychodynamischen Verkehrungen dieses Prozesses zu spüren.

Insgesamt haben wir versucht, die Frauen- und Männerthematik nicht nur beidseitig zum Zuge kommen zu lassen, sondern auch immer wieder – im Sinne des *Geschlechterverhältnisses* –

aufeinander zu beziehen. Das Buch lebt vor allem von unser beider Erfahrungen, die wir in den letzten fünfzehn Jahren in Forschungszusammenhängen, Projektbegleitungen und Praxisreflexionen – zusammen mit KollegInnen – gemacht haben. Dies strukturiert die Grundlinien des Buches, an denen sich auch die verwendete Literatur ausrichtet.

Dresden/Mittweida im Juli 2002

Lothar Böhnisch
Heide Funk

Inhalt

I. Zugänge

1. Über die professionelle Notwendigkeit, geschlechtstypisch zu arbeiten

Ein Schlüsselbegriff der Sozialen Arbeit ist der Begriff der „Betroffenheit". Er meint zum einen „betroffen von", zum anderen das „Betroffensein". Die KlientInnen der Sozialarbeit sind „betroffen von" sozialer Benachteiligung, von Gewaltverhältnissen, sozialer Ausgrenzung und damit verbunden vom Mangel an Ressourcen. Ihr „Betroffensein" hingegen äußert sich unterhalb dieser gesellschaftlichen Ebene als *biografische Befindlichkeit*. Das soziale Problem verpuppt sich also in einem emotionalen Gewand und in diesem begegnet es den SozialarbeiterInnen, wenn sie mit den jeweiligen KlientInnen arbeiten. Natürlich gehört es zur Professionalität in der Sozialarbeit, Betroffenheiten vor dem Hintergrund gesellschaftlicher Probleme einzuschätzen, sie sozial zuzuordnen und nicht dem Einzelnen anzulasten. Aber es hilft nichts: Es muss vor allem erst auf die Einzelnen eingegangen, der Zugang zu ihnen gefunden werden.

Betroffensein und Befindlichkeit sind zwar emotional geprägt, unterliegen aber dennoch bestimmten Gesetzmäßigkeiten. Die Kenntnis dieser Gesetzmäßigkeiten und das Geschick, sie in der Emotionalität der KlientInnen zu finden und sie somit nicht nur in der personal-emotionalen Beziehung zu ihrer Befindlichkeit, sondern auch aus der Struktur dieser Befindlichkeit heraus zu verstehen, gehört zum unverzichtbaren professionellen Basiswissen in der Sozialen Arbeit. Diese Gesetzmäßigkeiten beziehen sich zum einen allgemein und universal auf das Verhalten von Menschen in modernen Industriegesellschaften, gleichzeitig aber sind sie geschlechtstypisch different. Natürlich handelt es sich dabei um die Idealtypen, die Ausprägungen können verschieden und fließend sein, aber so wollen wir in einem ersten Zugang formulieren: Die Mehrheit der Männer oder die Mehrheit der Frauen reagieren in bestimmten Konstellationen des Betroffenseins geschlechtstypisch.

Das „Betroffensein" wie wir es in der Sozialarbeit aufzuschließen versuchen, ist in der Regel in eine kritische Lebenssituation eingebettet. Von „kritischen" Lebensereignissen und Lebenszuständen wird dann gesprochen, wenn die betroffenen Menschen selbst nicht mehr in der Lage sind, Lebensschwierigkeiten aus eigener Kraft zu bewältigen, wenn also ihre physisch-psychischen und sozialen Ressourcen nicht mehr ausreichen, wieder in ein Gleichgewicht der persönlichen Befindlichkeit und des sozialen Verhaltens zu kommen. Der Begriff „Gleichgewicht" ist in diesem Zusammenhang deshalb wichtig, weil er darauf hinweist, dass Menschen in kritischen Lebenssituationen meist psychisch und sozial desintegriert oder isoliert sind und deshalb sich die soziale Hilfe und Intervention auf die Wiedergewinnung personalen Selbstwertes und sozialer Anerkennung – als Determinanten des psychosozialen Gleichgewichts – richtet.

Über die innere Gedrängtheit, die gleichsam psycho-physische Automatik des Strebens nach Gleichgewicht in kritischen Lebenssituationen, wissen wir einiges aus der Stressforschung. Stress bezeichnet eine Zustandsbefindlichkeit, in der man sich unwohl und bedrängt fühlt, dieses Unwohlsein auch körperlich spürt, in der man viele Vermutungen über die Einflussfaktoren anstellen kann, aber die entsprechende Selbstkontrolle verloren gegangen ist. Stress wird konkret gespürt, bleibt aber als psychosoziale Konstellation für den einzelnen Betroffenen unübersichtlich und ist deshalb rational nicht mehr kalkulierbar. Dennoch oder gerade trotzdem versucht sich der menschliche Körper gegen die Stresssituation zu wehren, weil sie ja gerade körperliche Funktionen in Unordnung gebracht hat. Der Körper strebt also – unabhängig von der Ratio der Betroffenen – nach einem Gleichgewichtszustand, der ganz unterschiedlich aussehen kann. Das Lahmlegen des Menschen durch Krankheit kann z.B. durchaus ein solcher Gleichgewichtszustand sein. Die extremste Lösung ist der stressbedingte Tod. Man könnte auch formulieren: Die leibseelischen (somatischen), der kognitiven Vernunft gegenüber relativ unabhängigen Antriebskräfte streben einen körperlichen Gleichgewichtszustand an, der sich jenseits von Gesundheit einpendeln kann. Es ist also ein Gleichgewichtsstreben „um jeden Preis".

Dieses Modell kann psychosozial erweitert werden. Auch psychosoziales Gleichgewichtsstreben in kritischen Lebenssituationen kann auf einen Zustand hinsteuern, der jenseits der sozialen Gesundheit, das heißt jenseits der geltenden Normen einer Gesellschaft bzw. des sozialen Umgangs miteinander liegt. So wie sich – nehmen wir das basale Beispiel aus der Stressforschung – der Körper im Stresszustand im somatischen Ungleichgewicht befindet, erfährt sich auch der von kritischen Lebensumständen Betroffene im psychosozialen Ungleichgewicht. Selbstwert, soziale Anerkennung und das Gefühl, etwas bewirken zu können – das „magische Dreieck" der Bewältigung – sind geschwächt oder verloren gegangen und es setzt gleichsam ein psychosozialer Automatismus ein, um diesen Gleichgewichtszustand um jeden Preis wieder zu bekommen, auch wenn es um den Preis der Normabweichung oder gar des sozial destruktiven Verhaltens ist. Diese psychosoziale Gleichgewichtssuche ist sozial gerichtet, gleichzeitig aber auch psychosomatisch angetrieben. Nur so ist das Irrationale im Bewältigungsverhalten vieler Betroffener zu erklären, das ihnen oft selbst nicht bewusst ist und das sie mehr treibt als sie es intendieren.

Am Extrembeispiel der physischen Gewalt gegen andere lässt sich dieses Zusammenspiel von psychosomatischer und psychosozialer Gedrängtheit nach leibseelischem und sozialem Gleichgewicht gut illustrieren. Gewalttaten erwachsen meist aus Lebensumständen, die durch niedrigen Selbstwert, mangelnde soziale Anerkennung und wenig Chancen, sozial etwas bewirken zu können, gekennzeichnet sind. Spitzen sich diese Lebenssituationen kritisch zu, finden die Betroffenen also keine Möglichkeiten, sich auf sozial verträgliche und legale Weise Selbstwert und soziale Anerkennung zu verschaffen. Verfügen sie zudem über wenig biografische Ressourcen, ihre Schwierigkeiten auf sozial anerkannte Weise über Kommunikation und Interaktion auszudrücken, dann kann Gewalt zum letzten – extremen – Mittel werden, aus der Ausweglosigkeit der psychosozialen Situation zumindest für eine gewisse Zeit herauszukommen, sich jemandem überlegen zu fühlen und auf sich sozial aufmerksam zu machen. Viele der jungen Männer, denen wir in den 1990er Jahren in Projekten der Gewaltprävention begegneten, gehörten diesem Typus des selbstwertbeschädigten, sozial wenig Anerkennung findenden jungen Erwachsenen an, welcher Selbstwert, soziale Aufmerksamkeit und soziale Wirksamkeit in der Gewaltszenerie suchte. Der Gewaltakt – in der Regel gegen Schwächere gerichtet – verschafft in der Szene Anerkennung und Zusammengehörigkeitsgefühl und nach außen soziale Aufmerksamkeit. Die Gewalttat vermittelt – so paradox das klingen mag – soziale Orientierung: Es wird klargestellt, wer oben und unten ist, wer in dieser Situation die Macht hat und wer sich durchsetzen kann. Dieses somatische und psychosoziale Gedrängtsein überformt hier die Orientierung an der und die Bindung an die Norm. Solche Täter haben in der Regel auch wenig oder kein Unrechtsbewusstsein. Denn in ihrer subjektiven Empfindung war die Tat zwangsläufig, musste sein, um selbst wieder ins Gleichgewicht zu kommen, sich entlasten und „entspannen" zu können. Wie sehr sich Psychosoziales und Somatisches in solchen Taten vermischt, zeigt die Intensität – bis hin zum „Rausch" – die sich in der Ablaufdynamik der Gewalttat aufbaut und entlädt.

Dieses strukturelle Grundmuster des Gewalthandelns als Bewältigungshandeln lässt sich auch in anderen kritischen Lebenskonstellationen – wenn auch nicht mit solch extremen Folgeerscheinungen – erkennen. Immer dort, wo Menschen die soziale Orientierung verloren haben, sich wertlos fühlen und keine soziale Anerkennung bekommen, wo sie wenig Möglichkeiten haben, etwas zu bewirken, auf sich aufmerksam zu machen, setzt dieser somatisch unterlegte psychosoziale Bewältigungsmechanismus in seiner Dynamik ein. Ob das nun in Familien passiert, die nicht mehr der Lage sind, ihren Alltag zu regeln und sich dadurch sozial isolieren, bei Kindern, die an der Schule scheitern, bei Jugendlichen und jungen Erwachsenen, denen der soziale Übergang nicht gelingt, bei Erwachsenen, welche die Arbeit verloren haben, von den Umbrüchen der Arbeitsgesellschaft überfordert sind, von Armut und sozialem Ausschluss bedroht oder von Beziehungsverlusten heimgesucht sind – überall wirkt dieser Grundmechanismus.

Dabei zeigt sich im Durchschnitt und in der Tendenz, dass sich die Empfindungen und das Verhalten, die sich aus dieser Grundstruktur heraus aufbauen, bei Männern und Frauen unterschiedlich darstellen. Wir haben nicht zufällig von *männlichen* Gewalttätern gesprochen. Denn der Typus von Gewalt, des körperlichen Zwangs gegen andere, ist vor allem bei männlichen Tätern zu finden. Männer sind in der Kriminalstatistik solcher Gewalttaten überrepräsentiert. Das heißt nicht, dass Frauen nicht gewalttätig sein können. Ihre Gewalt äußert sich aber oft selbstdestruktiv oder indirekt: Indem sie andere psychisch unter Druck setzen, mit Beziehungsverlust drohen, andere versteckt herabsetzen. Wir können hier schon sehen, dass das Bewältigungsverhalten in kritischen Lebenssituationen bei Männern mehr nach „außen", bei Frauen mehr nach „innen" gerichtet ist. Dieses dichotome Grundmuster wird uns im Laufe dieses Buches immer wieder begegnen. Das heißt aber noch lange nicht, dass dies naturgegeben und damit unveränderlich ist – Männer und Frauen „sind halt so". Vielmehr müssen wir sagen: Männer und Frauen, Jungen und Mädchen bringen zwar ihre biologischen Unterschiede mit, die sich in der leibseelischen Entwicklung somatisch je eigentümlich auswirken (frühkindliche Entwicklung, Pubertät, Gebären), deren Richtung aber maßgeblich sozial beeinflusst ist: Männer werden zu Männern und Frauen zu Frauen gemacht, das heißt geschlechtstypisch erzogen und entsprechenden gesellschaftlichen Erwartungen – was die Geschlechterrollen und was das geschlechtstypische Bewältigungsverhalten betrifft – ausgesetzt. So kommt es, dass Männer und Frauen in kritischen Lebensereignissen gar nicht anders reagieren können, als sie es dann geschlechtstypisch tun, auch wenn dies in der Regel zu ihrem eigenen Schaden oder zum Schaden anderer ist. Sie verhalten sich überdies so, wie man es von ihnen – typisch Mann, typisch Frau – erwartet. So entsteht eine sich wiederholende Bestätigung, die dieses Verhalten immer wieder als naturhaft und entsprechend normal erscheinen lässt. Auch bei SozialarbeiterInnen sind diese geschlechtstypischen Bewältigungsstereotypen implizit und explizit vorhanden. Wir können dies mit dem Begriff der ‚geschlechtstypischen Klientelisierung' umschreiben. Aufgabe dieses Buches wird es u.a. auch sein, solche geschlechtypischen Bestätigungszirkel aufzubrechen und zu zeigen, dass nur Intervention und Hilfen weiterreichen können, die nicht an der vorschnellen Bestätigung geschlechtsstereotyper Muster ansetzen, sondern eher gegensteuern, „umstimmen". Um bei unserem Beispiel sozial aggressiven Verhaltens zu bleiben: Geschlechtstypisches Bewältigungsverhalten bei Frauen ist in der Regel durch Zurücknahme, durch Hinunterschlucken, durch Lenkung der Aggressivität auf sich selbst gekennzeichnet. Viele SozialarbeiterInnen nehmen das als so gegeben an, können sich nicht vorstellen, dass Frauen auch aus sich herausgehen, nach außen aggressiv sein müssten, um wieder ins somatisch-psychosoziale Gleichgewicht zu kommen und dass diese notwendige Aggressivität sozial gelenkt und begleitet werden kann (Austragung von Konflikten). Umgekehrt kommt es bei Jungen und Männern darauf an, sie in Situationen zu bringen, in denen sie empfinden können, dass es für sie wichtig ist, nach innen zu gehen, innezuhalten, dass es ihnen auf Dauer wenig nützt, ihre Hilflosigkeit gewalttätig nach außen abzuspalten. Da es aber das Modell des innengerichteten selbstbezogenen Mannes als gesellschaftliches Mehrheitsmodell nicht gibt, ist es auch für SozialarbeiterInnen oft schwierig, sich vorstellen zu können, dass man nach diesem Modell mit Männern arbeiten könnte.

Wie ist nun dieses geschlechtstypisch unterschiedliche Bewältigungsverhalten bei Männern und Frauen zu erklären? Erst einmal – und das ist das allgemeine, geschlechtsübergreifende Bewältigungsproblem – sind ja beide, Männer und Frauen, in kritischen Lebensereignissen von Hilflosigkeit bedroht. Sie sind also nicht unterschiedlich betroffen, sondern sie gehen mit ihrer Betroffenheit unterschiedlich um. ‚Hilflosigkeit' – wenn wir die innere Folgeerscheinung von Betroffenheit nun in den Mittelpunkt stellen – hat eine somatische wie eine psychosoziale Dimension. Man(n), frau ist auf sich zurückgeworfen, auf sich allein gestellt, muss sich nun mit sich selbst auseinander setzen. Jetzt kommt es darauf an, wie der/die Einzelne in seiner/ihrer Biografie die Fähigkeit erworben hat – oder es ihm/ihr verwehrt war – genug Selbstbezogenheit zu entwickeln und zu festigen. Anders ausgedrückt: Wenn kritische Lebensereignisse vom Selbst nicht verarbeitet, integriert werden können, dann entsteht die Gefahr, dass diese Hilflosigkeit nach außen abgespaltet, gegen andere gerichtet werden muss oder dass sie sich gegen einen selbst wendet, selbstzerstörerisch wirkt.

Dieser fundamentale Zusammenhang für das Verständnis der psychosozialen Folgen von Betroffenheit wird in den Sozialwissenschaften und der Psychoanalyse in ihren geschlechtsspezifischen Befunden in relativ eindeutiger Tendenz dahingehend interpretiert, dass Frauen mit dieser inneren Hilflosigkeit wesentlich selbstbezogener umgehen können als Männer, die mehr unter dem Zwang stehen, sie von sich zu weisen, nach außen abzuspalten. Ein geschlechtsdichotomes Bewältigungsmuster Innen-Außen tritt hier – in der Tendenz – hervor. Nun muss man natürlich aufpassen, dass man diese Konstellation nicht vorschnell bewertet. Sicher ist der männliche Mechanismus der Abspaltung der eigenen Hilflosigkeit sozial prekärer als der weibliche Mechanismus, Hilflosigkeit auf sich selbst zu beziehen, da der Abspaltungsmechanismus zu Gewalt gegen andere führen, also sozial destruktiv wirken kann. Aber die Selbstbezogenheit bei den Frauen kann auch zur Autoaggression, zur Selbstzerstörung führen.

Insofern hat also die Argumentation, Frauen könnten mit der inneren Hilflosigkeit ‚besser‘ umgehen als Männer, einen relativ zwiespältigen Wert. Einerseits ist es wohl – nach der Lage der empirischen Befunde und Erfahrungen aus der Sozialarbeit – richtig, dass Frauen in biografischen und sozialen Konfliktsituationen und Lebenskrisen sich eher zurücknehmen oder versuchen, emotional ausgleichend zu wirken. Gleichzeitig wird aber auch in solchen Befunden aufgezeigt, dass sie damit den gesellschaftlichen Erwartungen, die in der Frauenrolle stecken, entsprechen: etwas aushalten, vermitteln, mit sich selbst ins Reine kommen zu können. Am Beispiel der Frauenberatung werden wir später sehen, wie beengt und blockiert Frauen durch solche gesellschaftlichen Rollenzumutungen – die auch in der Sozialarbeit verbreitet sind – sein können und wie notwendig es ist, dieses Stereotyp in der Beratung aufzubrechen und Frauen eine produktive Aggressivität in der Konfliktbewältigung, ein Aus-sich-Herausgehen zuzugestehen, auch wenn dies der gängigen Frauenrolle in der Öffentlichkeit zuwider läuft. So sehr also die intensivere Innenbezogenheit der Frau, ihre damit verbundene größere Fähigkeit zur Empathie und Fürsorge (care) von der Frauenforschung in den Mittelpunkt der weiblichen Stärken gerückt wird, so ambivalent können sich diese femininen Tugenden in kritischen Bewältigungssituationen auswirken und sich letztlich gegen die betroffenen Frauen selbst richten.

Dass Frauen im Durchschnitt eine größere Selbstbezogenheit aufweisen und mit der Hilflosigkeit in kritischen Lebenssituationen insofern besser als Männer umgehen können, dass sie sie nicht sozial destruktiv abspalten müssen, wird in psychoanalytischen Deutungen mit einem interessanten kulturgenetischen Argument (vgl. Gruen 1992) begründet: Frauen seien auf Grund ihrer (prinzipiellen) Gebärfähigkeit der Natur näher als Männer, existentielle Krisen, welche das soziale Umfeld wegrutschen lassen und den Menschen auf seine Natur zurückwerfen, sozial entblößen, seien von ihnen deshalb besser zu integrieren. Männer dagegen fürchteten – ob ihrer stärkeren (gelernten) funktionalistisch abstrakten Einstellungen – das Zurückgeworfensein auf die eigene Natur. Das Männliche gilt ja in den modernen Gesellschaften immer noch als das Naturbeherrschende, Naturüberwindende. Die eigene Natur erscheint den Männern deswegen wenig zugänglich, macht ihnen eher Angst und lässt ihre Schwäche und Hilflosigkeit gegenüber Frauen – zumindest in dieser Beziehung – hervortreten. Hier liegt auch der tiefenpsychische Grund für jene Formen der Frauenabwertung, die bei vielen Männern zum offenen oder versteckten Repertoire der Definition männlicher Stärke gehören (vgl. dazu Böhnisch 2001).

Aus dieser kurzen Skizze wird deutlich, dass die Kategorie Geschlecht eine zentrale Vermittlungskategorie zwischen leibseelischen und sozialen Bezügen darstellt und die Kenntnis der Geschlechtstypik es erst ermöglicht, zur sozial relevanten Befindlichkeit der Betroffenen vorzustoßen. ‚Soziale Relevanz' bedeutet in diesem Zusammenhang, dass wir zwar das Mann- und Frausein personal erfahren, in ihm aber genauso Gesellschaftliches rückgespiegelt bekommen: Die geschlechtshierarchische Arbeitsteilung, welche die ökonomischen und sozialen Strukturen moderner Industriegesellschaften noch immer prägt und das Innen und Außen gesellschaftlich institutionalisiert hat – Frauen sind stärker auf die häusliche Beziehungsarbeit, Männer auf die außerhäusliche Erwerbsarbeit verwiesen, die dazu noch gesellschaftlich höher bewertet ist – gibt die Geschlechterrollen vor. Geschlechterrollen sind Sets von geschlechtstypischen Verhaltens- und Bewältigungserwartungen, die formal oder informell in einer Gesellschaft existieren und von den Männern und Frauen internalisiert werden. Gleichzeitig wird die Art und Weise, wie man sich als Mann oder Frau zu verhalten hat, in den alltäglichen Interaktionen immer wieder von den Menschen selbst hergestellt, wird zur alltäglichen Normalität. Frauen, die sich demgegenüber bewusst nach ‚außen' verhalten – sich z.B. aggressiv, laut, provozierend geben – gelten dann als „anormal", während das bei Männern eher dem männlichen Habitus gut geschrieben wird. In unserer Gesellschaft existiert immer noch eine relativ eindeutige geschlechtsspezifische Normalitätsvorstellung.

Somatische, psychosoziale, interaktive und gesellschaftliche Dimensionen wirken also in der Konstellation des Mann- und Frauseins in unserer Gesellschaft zusammen. Der primäre Ansatzpunkt der Sozialen Arbeit – Hilfe zur Lebensbewältigung – liegt dabei im somatisch-psychosozialen und interaktiven Bereich. Die interaktive Dimension ist in der praktischen Arbeit wichtig, wenn es darum geht, nicht nur die Interaktion zwischen SozialarbeiterInnen und KlientInnen geschlechtsreflexiv zu klären, sondern auch den KlientInnen Interaktionsbezüge zu eröffnen (Gruppenzugänge, Aufbau stützender Netzwerke), in denen sie interaktiv erfahren und lernen können, sich in ihrem Mann- und Frausein am jeweils anderen zu erweitern und selbst bestimmen zu können. Hier spielt dann auch schon die gesellschaftliche Perspektive der Emanzipation herein: Wie können Männern und Frauen, SozialarbeiterInnen und KlientInnen geschlechtstypische Abhängigkeitsstrukturen, wie sie die geschlechtshierarchische Arbeitsteilung unserer Gesellschaft aufbaut, so bewusst gemacht werden, dass sie die eigene Betroffenheit von der Ohnmacht und dem Schicksal der einzelnen Person lösen und sozial kommunizierbar machen können. Die gesellschaftliche Dimension geschlechtsbezogener Sozialer Arbeit äußert sich also darin, inwieweit es gelingt, die je individuelle und schicksalhafte Thematik männlicher und weiblicher Betroffenheit aus ihren Verdeckungszusammenhängen herauszulösen, um sie untereinander und in die lokale und regionale Öffentlichkeit hinein selbstbestimmt thematisieren zu können.

An dieser Stelle wird noch einmal deutlich, dass wir die Begründungen für geschlechtsbezogene Soziale Arbeit nicht einfach im gesellschaftspolitischen Raum suchen, sondern bei der Befindlichkeit der KlientInnen ansetzen. Man muss nicht Feministin oder männerbewegt sein, um geschlechtsbezogen arbeiten zu können. Vielmehr wollen wir deutlich machen, dass – ob der zentralen Bedeutung des Geschlechts für das Verstehen von und den sozialpädagogisch-therapeutischen Zugang zur Betroffenheit – der geschlechtstypische Ansatz ein professionelles Muss ist. Wer meint, ‚geschlechtsneutral‘ arbeiten zu können, arbeitet unprofessionell. Deshalb ist hier der Begriff der ‚Parteilichkeit‘, den wir im geschlechtsbezogenen Arbeitszusammenhang gebrauchen werden, kein ausschließlich feministischer oder männerkritisch-interessenpolitischer, sondern ein pädagogisch-reflexiver Begriff.

Das bedeutet wiederum nicht, dass SozialarbeiterInnen frauen- oder männerpolitisch abstinent sein müssen. Nicht umsonst sind viele SozialarbeiterInnen in feministischen und Sozialarbeiter in (inzwischen) männerkritischen Szenen aktiv. Die Rückbindung des eigenen Arbeitsverständnisses an das Engagement in solchen Szenen kann viel zur Festigung der eigenen professionellen Haltung und zur Unterstützung bei der Suche nach neuen Gruppenbezügen und sozialen Netzwerken für die KlientInnen beitragen. Zu enge geschlechtspolitische Bindung der eigenen Arbeit kann aber auch die Gefahr heraufbeschwören, dass die KlientInnen – ohne dass man das will – von einem überfordert werden. Ich kann die betroffene Frau in ihrem Frausein, den betroffenen Mann in seinem Mannsein von Abhängigkeiten lösen und sie neu bestärken, muss sie aber nicht unbedingt zur Feministin oder ihn zum kritischen Mann machen.

Wir haben bisher nur die eine Seite der Sozialen Arbeit, die der Hilfe in kritischen Lebenssituationen, betrachtet. Genauso wichtig ist aber auch die andere Seite, die der sozialen Erziehung und Bildung. Auch diese Seite ist sehr deutlich geschlechtstypisch geprägt. Schon die westdeutschen Diskussionen der 1980er und 1990er Jahre um die Koedukation in der Schule haben gezeigt, dass nicht nur die gesellschaftsgängigen Geschlechterrollen im Bereich der kognitiven Wissensvermittlung und der Berufsorientierung in die Schule hineinwirken (Technikorientierung der Jungen, Geschlechterstereotype in den Lernmaterialien), sondern vor allem auch das soziale Curriculum beeinflussen (Jungen erhalten höhere Aufmerksamkeit und setzen sich mehr durch etc.). Im außerschulischen Bereich, in dem die Sozialarbeit wirkt, steht dieses soziale Lernen im Mittelpunkt. Das wird umso wichtiger, da in der Zukunft die Risiken und Unübersichtlichkeiten der biografischen Integration in die Arbeitsgesellschaft und damit die Anforderungen an die eigenen Sozialkompetenzen der Bewältigung und Gestaltung sozialer Übergänge, Brüche und Lebensperspektiven steigen werden. ‚Schlüsselkompetenzen' werden sie genannt, weil sie den Einzelnen, die nun stärker von sich aus ihre Biografie aufbauen und sozial verorten müssen, die entsprechenden sozialen und kulturellen ‚links' öffnen, in denen sie sich in die Gesellschaft sozial produktiv einfädeln können. Konfliktfähigkeit, Empathie, Aushalten und Respektierung von Differenz gehören genauso dazu, wie das Erkennen von sozialer und ökologischer Nachhaltigkeit und die Fähigkeit zur Selbstfindung. All diese Qualifikationen sind aber nicht so einfach über kognitive Modelle erlernbar, so wie dies in der Schule funktioniert. Vielmehr handelt es sich hier um ein Lernen in der Perspektive der *Aneignung* (vgl. dazu Böhnisch/Münchmeier 1993), das an der jeweiligen Befindlichkeit der Einzelnen ansetzt und sich in interpersonalen Begegnungen gestaltet. Es ist also ein Lernen, das sehr deutlich vom jeweiligen Mann- und Frausein, vom biografischen Typus männlicher und weiblicher Sozialisation geprägt und damit von den uns bekannten geschlechtstypischen Mustern gesteuert ist. Die soziale Bildungsaufgabe also, welche der Sozialarbeit implizit und explizit – in den vielfältigen informellen Bildungsformen genauso wie in den formellen Bereichen der Jugend- und der Erwachsenenbildung – aufgegeben ist, ist genauso geschlechtsreflexiv anzugehen wie die sozialen Hilfen zur Lebensbewältigung.

2. Prinzipielle Schwierigkeiten bei der Durchsetzung der Geschlechterperspektive in der Sozialen Arbeit

Betrachten wir die Kinder- und Jugendhilfe, eines der großen Hilfesysteme der Sozialen Arbeit: Dass sie sich bis heute so schwer tut, mit den Befindlichkeiten und Betroffenheiten von Kindern und Jugendlichen *als* Jungen und Mädchen und den Vätern und Müttern in einer Familie *als* Männern und Frauen umzugehen, hängt mit ihrer institutionellen und funktionalen Struktur zusammen. Sie ist auf die Sicherung der Erziehungsfunktion der Familie, den Schutz des Kindeswohls und damit auf die kindliche Entwicklung und auf die Integration der Jugendlichen in die Gesellschaft ausgerichtet. Auf einer thematisch entsprechenden Tagung sagte einmal eine im Ministerium zuständige Fachreferentin: „Im Kindergarten sind *Kinder*, nicht Jungen und Mädchen"! Aus dieser gesellschaftlich-funktionellen Sicht geht es um die Rollen, um Statuspassagen und Entwicklungsverläufe, wie sie der durchschnittlichen Normalität einer Gesellschaft entsprechen, zu denen Kinder und Jugendliche in Bezug gesetzt werden sollen. Entwicklungs-, Leistungs-, und Integrationsniveaus sind in der Gesellschaft entsprechend geschlechtsneutral definiert. Man spricht von Entwicklungsdefiziten, Leistungsschwächen und Integrationsproblemen und hat damit die Anpassung an das soziale Durchschnittsniveau im Blick.

Hier ist die erste geschlechtstypische Falle in der Jugendhilfe angelegt. Denn zu Recht geht die kritische Fachdiskussion, seitdem die moderne Jugendhilfe besteht, dahin, die Bewältigungsschwierigkeiten und -leistungen der Einzelnen der gesellschaftlichen Kontrolldefinition entgegenzusetzen. Seit Herman Nohls berühmtem Ausspruch, die Jugendhilfe habe weniger die Probleme zu interessieren, welche die Jugendlichen *machen*, sondern welche sie *haben,* wird versucht, die KlientInnen gegenüber der Institution und ihren gesellschaftlichen Funktionszuweisungen zur Geltung zu bringen. Eines wurde dabei meist übersehen: dass sowohl in den Funktionszuweisungen geschlechtsstereotype Definitionen stecken, als auch im Bewältigungsverhalten. Wir haben gesehen, wie eng die Bewältigung kritischer Lebensereignisse an die Geschlechtsdimension gebunden ist, wie das Leib-Seelische und das Soziale im Geschlecht zusammenspielen. Eine lebensweltorientierte Jugendhilfe – so wie sie heute aller Orten propagiert wird – findet deshalb nur dann ihren Zugang zum Klienten, wenn sie ihn/sie in ihrem Mädchen- und Jungesein, in ihrem Mann- und Frausein öffnen und erreichen kann.

Im Mittelpunkt der Jugendhilfe steht bis heute eine Institution, die hartnäckig als *Ganzes* gesehen und gehalten wird: die *Familie*. Dabei ist es nicht nur das Elternrecht, das den Primat der Familie in den Vordergrund spielt, sondern vor allem auch die gesellschaftlich hohe Wertigkeit der Familie, welche der Jugendhilfe ihre Familienzentrierung vorgibt. Alles was sich außerhalb der Familie – in der Jugendhilfe selbst – abspielt, gilt daher als „familienersetzend". Eigene, von der Jugendhilfe generierte Erziehungsdefinitionen fehlen bis heute, obwohl doch die Jugendhilfe im Verlauf ihrer „fremdplatzierenden" Maßnahmen vielen Kindern und Jugendlichen den Aufbau eigener Biografien außerhalb der Familie ermöglicht. Man kann sich in diesem Zusammenhang des Eindrucks nicht erwehren, dass die Familienzentrierung der Jugendhilfe einer besonderen Resistenz unterliegt. Wir kennen aus der Familiensoziologie das Bild der „Modernisierungsfalle", in dem beschrieben wird, dass man sich – privat und öffentlich – desto stärker an die Familie klammert, je mehr sie in ihrem traditionellen Zusammenhalt gefährdet ist. Der gesellschaftliche Modernisierungsprozess, der die Familie entstrukturiert, ihre Mitglieder als eigene Subjekte hervortreten lässt, ist gleichzeitig – damit er sozial-emotional reproduziert werden kann – auf eine tendenziell geschlossene Familie angewiesen. Dieses Paradox und die damit zusammenhängende Beschwörung der Familie scheint in unserer Gesellschaft besonders auf die Jugendhilfe projiziert zu sein. Denn sie hat es ja augenfällig mit desintegrierten und desorganisierten Familien zu tun und somit verstärkt sich auch der öffentliche Druck auf sie, die Familie mehr denn je hochzuhalten.

Unter diesem Druck, die Familie als *Ganzes* zu sehen, treten in den Familien die traditionellen Familienrollen – Vater, Mutter, Kind – zwangsläufig wieder stärker in den Vordergrund und verdecken, dass gerade die Familie, sowohl in ihrem Zusammenhalt als auch in ihrer Beziehungsfunktion einer geschlechtstypischen Dynamik unterliegt. SozialarbeiterInnen in Frauenhäusern können davon genauso berichten wie jene, die es mit missbrauchten Mädchen und Jungen zu tun haben. Aber nicht nur an diesen Extrempunkten wird die Geschlechterdynamik in der Familie virulent und die scheinbare Geschlossenheit der Familienrollen aufgelöst.

Die Tendenz, dass Männlichkeiten und Weiblichkeiten durch Rollen „universalisiert" werden (Rerrich 1988) ist in allen Arbeitsfeldern der Jugendhilfe zu beobachten. Rollen sind Ausdruck funktioneller Erwartungen, die von der Gesellschaft und ihren Institutionen an die Personen gestellt werden. Sie erfassen nur ein Segment der Person, nämlich dasjenige, das von der Institution beansprucht wird. Die Mitgliedsrolle steht im Vordergrund. Sie ist von den persönlichen Befindlichkeiten gereinigt und nimmt keine Rücksicht auf die persönlichen Bewältigungsprobleme, die bei ihrer Erfüllung oder Nichterfüllung entstehen und auf das, was außerhalb des funktionalen Rollensegments geschieht. In Rollen werden die je einzigen Menschen verallgemeinert und vergleichbar gemacht. Rollen stehen also dort im Vordergrund, wo Menschen verglichen, bewertet werden müssen. Es wird geschaut, wie ich meine Schülerrolle, Berufsrolle, Mitgliedsrolle in einer Organisation im Verhältnis zu den organisatorischen Vorgaben und im Vergleich zu anderen erfülle. Bringt es schon in relativ rational organisierten Gesellschaften und Institutionen wie der Schule Schwierigkeiten, jemanden nur nach seinem Rollenverhalten zu beurteilen, so kann das in der Jugendhilfe besonders prekär werden.

Auf der einen Seite drängt die Jugendhilfe auf rollenförmige Vergleichbarkeit, denn sie hat ja nach dem *Fall* zu entscheiden. Der „Fall" tritt ein, wenn eine für die durchschnittlichen Entwicklungs- und Erziehungsverläufe als tragfähig erachtete Rolle nicht erfüllt wird. Es obliegt der Jugendhilfe, zur Abgleichung dieser Rollendefizite beizutragen. Nun hat sie aber keine eindeutigen Rollendefinitionen. Nach was soll sie sich richten? Wenn sie es mit Jugendlichen zu tun hat, die an der Schule gescheitert sind, wäre es doch absurd, sich an der

Schülerrolle zu orientieren, die ja gerade mitverursachend für dieses Scheitern ist. Natürlich gibt es auch so etwas wie eine „Klientenrolle" in der Jugendhilfe selbst. Und gerade die ist institutionell geprägt. KlientInnen werden in der Routine der Hilfeverfahren oft danach beurteilt, wie sie sich in die Organisation und den Alltagsablauf der Maßnahmen einordnen, anpassen und man gerät dabei in Gefahr, ihre Persönlichkeit zu übergehen.

Ohne Rollenorientierung kann aber keine Institution, auch nicht die Jugendhilfe, auskommen. Unsere These ist deshalb in diesem Zusammenhang, dass es vornehmlich die Orientierung an der *Geschlechterrolle* ist, welche für die Jugendhilfe-*praxis* das Fehlen einer institutionellen Rolle aufwiegt. Immer dort, wo Status- und Rollendiffusion herrschen – vgl. z.B. das Kapitel zu den MigrantInnen – tritt die Fremdorientierung und -definition per Geschlecht in den Vordergrund der sozialen Interaktion. Mit dieser These verbindet sich das Problem, dass die Jugendhilfe in diesem Sinne zwar mit Geschlechterrollen hantiert, nicht aber geschlechtsreflektiert arbeitet. Im Gegenteil: Sie gerät – weil sie ja immer wieder zuordnen und vergleichen muss – regelmäßig in die Gefahr der Geschlechtertypisierungen, der Orientierung an Geschlechterstereotypen. Dies ist kein offener, institutionalisierter, sondern ein verdeckter Vorgang und wird in der Regel von *allen* Beteiligten nicht als solcher und in seiner Tragweite wahrgenommen. Wenn man Praktiker und Praktikerinnen der Jugendhilfe immer wieder sagen hört: „Wir behandeln doch Männer und Frauen, Mädchen und Jungen gleich", dann mag das auf der Ebene der Verfahren zutreffen, auf der Beziehungs- und Bewältigungsebene ist das aber erfahrungsgemäß schon nicht mehr der Fall. Denn dort tritt das Geschlecht als Beziehungs- und Bewältigungskategorie gleichermaßen hervor. Die Geschlechterrolle gibt den SozialarbeiterInnen dabei nicht nur Halt, weil sie gesellschaftlich rückgebunden ist und von den KlientInnen in ihrem Verhalten immer wieder bestätigt wird, sondern auch, weil sie selbst als Professionelle immer wieder in die alltagstheoretische Verführung geraten, Geschlechterstereotype plausibel zu finden, weil sie dem Geschlechterbild, das man selbst hat, entsprechen. Die Orientierung an der Geschlechterrolle als Ersatzrolle zieht die SozialarbeiterInnen unweigerlich mit ihrer eigenen Befindlichkeit hinein, die sie dann in den KlientInnen positiv oder negativ spiegeln. Deshalb bedarf es eigener Verfahren der Reflexion und kollegialen Verständigung, um dieser Falle ausweichen zu können oder aus ihr herauszukommen. Gerade auch durch diese Beidseitigkeit des Betroffenseins als Mann oder Frau in Hilfebeziehungen wird der Geschlechtsbezug zur Schlüsselkategorie der Sozialen Arbeit.

Wir wollen diesen Zusammenhang – gerade weil er so grundlegend für unser gesamtes Vorgehen ist – theoretisch weitertreiben: Die Sozialarbeit muss zwei scheinbar unvereinbare Dinge unter einen Hut bringen: Sie soll sich an dem Betroffensein ihrer KlientInnen genauso orientieren können wie an den Rollen- und Funktionserwartungen der Gesellschaft und ihrer Institutionen. Dies wäre auch über eine institutionelle Rollendefinition unmöglich. Deshalb kommt ihr das Geschlecht als verdeckte Rollenkategorie entgegen, weil es *kategorial* sowohl die Betroffenheiten der KlientInnen als auch die Funktionserwartungen der Gesellschaft erreicht. Dieser Zusammenhang ist zwar institutionell verdeckt, wird aber alltäglich – gesellschaftlich, auf der Interaktionsebene und im persönlichen Verhalten – immer wieder neu reproduziert und gerät daher zur Selbstverständlichkeit, zum quasi institutionalisierten Rollenzusammenhang. Damit verschärft sich unsere These. Gerade weil die Soziale Arbeit im Alltag verdeckt geschlechtsrollenbezogen ist, muss sie immer wieder in Gefahr geraten, geschlechtsstereotyp und damit an den wirklichen Befindlichkeiten des Mann- und Frauseins, des Junge- und Mädchenseins vorbeizuarbeiten.

Wie dieser Zusammenhang sozial wirksam und verdeckt zugleich ist, zeigen die folgenden Überlegungen. Unsere Arbeitsgesellschaft ist weiter nach dem Prinzip der *geschlechtshierarchischen Arbeitsteilung* aufgebaut: Die reproduktiven Rollen der Beziehungs- und Hausarbeit, aber auch der Erziehung und Fürsorge sind niedriger bewertet als die industriewirtschaftlichen, technischen und die darauf bezogenen administrativen Rollen. Traditionell waren die reproduktiven Rollen den Frauen zugeordnet. Zwar stehen heute den Frauen auch alle gesellschaftlichen Rollen außerhalb des Reproduktionsbereiches offen, das geschlechtshierarchische Prinzip ist aber als Wertprinzip geblieben. Die Kluft zwischen externalisierter Ökonomie und sozial emotionaler Reproduktionssphäre ist eher noch gewachsen. Sie ist aber verdeckt, weil – der Druck auf die Familie zeigt es – die reproduktive Sphäre wieder zunehmend (re-)privatisiert wird. Dennoch scheint es – wenn man sich geschlechtsspezifisch gewichtete Umfragen der letzten Jahre anschaut, einen bemerkenswerten Trend zur Nivellierung der Geschlechtsunterschiede und zur Geschlechterpartnerschaft zu geben. Umfragen geben aber nur eine Dimension, nämlich die der gesellschaftlichen Einstellungen der Befragten wieder. Man zeigt, dass man gesellschaftlich mithalten, dabei sein will und eine flexibilisierte Arbeitsgesellschaft kann eben keine rigiden und starren Geschlechterrollen brauchen. Sieht man sich dagegen Befunde der beratenden und therapeutischen Dienste an, dann zeigt sich, wie deutlich tradierte Geschlechterrollen und das geschlechtshierarchische Verhältnis im Privaten, durch den gesellschaftlichen Druck der Problemverdeckung überfordernd weiterwirken. Diese Seite bekommt vor allem die Sozialarbeit ab.

Vor dem Hintergrund der geschlechtshierarchischen Arbeitsteilung ist also das Geschlecht eine, wenn auch verdeckte, Ordnungs- und Orientierungskategorie für alle Gesellschaftsmitglieder. Sie ist es vor allem deswegen, weil sie die personalen Befindlichkeiten tiefgreifender berührt als jede formelle Rolle. Wenn im Alltag gesagt wird: „Männer/Frauen *sind* halt so", dann ist damit nicht nur gemeint, dass sich die Betreffenden so *verhalten*, wie es gesellschaftlich *erwartet* wird, sondern dass man *von sich selbst* (als interpretierende(r) Betrachter/Betrachterin) davon ausgeht, dass die Betreffenden es auch so *empfinden*. Die Geschlechterrolle schafft Orientierung, Normalität, Unterscheidung, es ist keine aufgezwungene Rolle wie die institutionellen Rollen, sondern eine, in die man „mit Leib und Seele" so hineinwächst, dass sie sogar dem Verstand widerstehen kann. Ich möchte mich anders als Mann und Frau verhalten, aber ich kann es nicht. In der leibseelischen Verankerung – dies werden wir bei dem Kapitel über die männliche/weibliche Sozialisation erfahren – liegt die eine Tücke der Tradierung von Geschlechterrollen. Die andere erwächst aus dem gesellschaftlichen Verdeckungszusammenhang. Zwar ist die geschlechtshierarchische Arbeitsteilung überformt durch demokratische Verfahren der Gleichstellung und die Ausweitung öffentlicher Reproduktionsagenturen (deren MitarbeiterInnen aber vergleichsweise schlecht bezahlt sind). Verdeckt wirkt sie aber als Auffangs- und Orientierungszusammenhang in gesellschaftlichen oder privaten Krisenkonstellationen weiter, greifen die Menschen selbst auf dieses Ordnungs-, Orientierungs- und Bewältigungsmuster zurück.

Das Klientel der Sozialarbeit kommt oft aus sozial prekären Lebenslagen, befindet sich in kritischen Lebenskonstellationen, in denen die sozialen und kulturellen Ressourcen der Ordnung und Orientierung im Alltag schwach oder weggebrochen sind und in denen man nach dem greift, was man noch hat, was einem nicht genommen werden kann. Der Griff nach der tradierten Geschlechterrolle schafft in diesem Bewältigungszusammenhang Orientierungs- und Verhaltenssicherheit und erscheint damit als selbstverständlich. Soziale Orientierung und leibseelische Befindlichkeit werden wieder eins. Der *arbeitslose* Mann glaubt, mit seiner nun herausgekehrten *Maskulinität* als Abspaltung seiner Hilflosigkeit, leibseelisch und sozial überleben zu können. Die *arbeitslos gewordene* Frau sucht vermeintlichen Schutz in der Zurücknahme ihrer Ansprüche, im übertragenen *Dasein für andere*.

Der Kern einer geschlechtsreflektierenden Sozialarbeit besteht nun gerade darin, diese bewältigungsbezogene Orientierung an tradierten Geschlechterrollen aufzubrechen, das Klammern an sie vorsichtig zu lösen. Wir Professionelle wissen zwar, dass sich dadurch die Lage der betroffenen Männer und Frauen mittel- und langfristig verschlechtern wird – wenn die Männer nicht zu sich kommen und die Frauen nicht aus sich heraus – für die Betroffenen zählt aber der *spürbare*, kurzfristige Bewältigungserfolg, wenn sie sich an traditionelle Männlichkeiten und Weiblichkeiten klammern. Darin sind sie umso mehr bestärkt, wenn ihre soziale Umgebung insgesamt – wie das in sozial benachteiligten Milieus oft der Fall ist – an traditionellen Männer- und Frauenrollen als Orientierungs-, Ordnungs- und Interaktionskategorien gewöhnt ist. In mittelschichtigen Milieus hingegen sind die Geschlechterrollen im Alltagsverhalten zwar nivelliert, können aber in Konflikt- und Krisensituationen umso unvorhergesehener aufbrechen.

Aus all dem kann man nun den professionellen Schluss ziehen, dass geschlechtsreflektierende Arbeit zwei Dimensionen haben muss: Zum einen gilt es zu verstehen und in diesem Sinne zu akzeptieren, dass und wie eine traditionelle Geschlechterorientierung ihre eigene Bewältigungsqualität in kritischen Lebenskonstellationen hat und dass sie auf Grund ihrer leibseelischen Verankerung subjektiv plausibel für die Betroffenen ist. Auf der zweiten Ebene der Intervention gilt es deshalb, *funktionale Äquivalente* dergestalt zu schaffen, dass die Betroffenen sich auch wohl fühlen und sozial orientieren können, wenn sie nicht auf traditionelle Geschlechterrollen zurückgreifen können. Eine andere Geschlechterorientierung bedeutet zuerst immer einmal Unsicherheit in der Befindlichkeit und in der sozialen Orientierung gleichermaßen. Erst wenn ich über entsprechende Ressourcen vertrauensvolle Beziehungen, soziale Anerkennung, Möglichkeiten, etwas bewirken zu können ohne andere abzuwerten oder sich selbst erniedrigen zu müssen, nachhaltig mobilisieren kann, mag es gelingen, sozial- und selbstdestruktive Formen männlichen Dominanz- und weiblichen Rückzugsverhaltens aufzulösen oder zu mindern. Man sieht hier aber auch, dass in einer geschlechtsreflektierenden Sozialarbeit emotionale und rational-kognitive Professionsgehalte eng zusammenlaufen: man bringt seine Person in eine emotionale pädagogische Beziehung ein, genauso wie man um die komplexen Gesetzmäßigkeiten wissen muss, die geschlechtstypisches Verhalten „steuern".

Deshalb bleibt diese professionelle Hinführung zu einfach, wenn sie nur von der Betroffenenseite her gesehen wird. Denn Geschlechterrollen – so haben wir es ja dargestellt – sind auch Ordnungs- und Orientierungskategorien einer Sozialarbeit, die keine institutionalisierten Mitgliedsrollen zur Verfügung hat. Das bedeutet, dass Sozialarbeiter und SozialarbeiterInnen in der Praxis *strukturell* dazu gedrängt werden, die Typisierungen, die wie in jeder interaktiven Arbeit auch bei ihnen entstehen, geschlechtsbezogen auszurichten. Tradierte Geschlechterrollen schaffen ihnen dann genauso Orientierungs- und Verhaltenssicherheit, Ordnungs- und Vergleichsmöglichkeit, zumal die KlientInnen in ihrem geschlechtstradierten Verhalten diese Rollendefinition selbst bestärken. Hier kommt es dann schon darauf an, in welchen Kollegialkreis man eingebunden ist und welche Stützung man dabei erfahren kann, um das eigene Mann-, bzw. Frausein, aber auch diesen strukturellen Zwang zur Geschlechtsstereotypisierung im Arbeitsfeld thematisieren zu können. Inwieweit das neue Programm des *Gender Mainstreaming* hier ein förderliches Bezugsfeld aufbauen kann, soll im Folgenden beleuchtet werden.

3. Gender Mainstreaming, neuer Geschlechterdiskurs und die Soziale Arbeit

„Der in der Zielsetzung des Gender Mainstreaming intendierte Fokus der Realisation der Chancengleichheit auf allen politischen Ebenen verschiebt die Aufmerksamkeit von der Geschlechtszugehörigkeit auf die Schaffung von differenzierten (institutionalisierten) Rahmenbedingungen und politischen Verfahren, d.h. auf die strukturelle Ebene, auf die Veränderung der Kontexte und Strukturen, unter denen Frauen und Männer leben. Damit werden Frauen und Männer nicht weiter als „Geschlecht markiert" und Fördermaßnahmen an eine separatistische Aktionsform delegiert, sondern Chancengleichheit und Gleichstellung wird strukturell und kontextuell politisiert" (Meyer 2001, S. 31).

Die Euphorie, die in dieser schnellen feministischen Vereinnahmung einer hauptsächlich programmatischen Strategie steht, verwundert umso mehr, als die Politik des Gender Mainstreaming eine politisch-administrative top-down Steuerung darstellt und damit einen hierarchischen Einschlag behält, der – gerade wenn es um die oberen Entscheidungsebenen geht – auch wieder geschlechtshierarchisch wirken kann. Es ist schon erstaunlich, wie unbefangen sich sozialpädagogische AnhängerInnen des radikalen Konstruktivismus (vgl. zu diesem Ansatz Krauß 2001) vom Gender Mainstreaming einen Rahmen versprechen, in dem die Differenz zwischen Männlichkeit und Weiblichkeit sozial aufgelöst werden könnte. Hieß es in den 1980er und 1990er Jahren noch, in der Geschlechterforschung und -politik müsse man den Ansatz der „Gleichheit in der Differenz" (Prengel 1993) verfolgen, so wird dies nun von der konstruktivistischen Perspektive mit der Begründung verworfen, jede theoretische Differenzannahme steuere vorab die

Sicht auf die Geschlechter und verfestige letztlich die Differenz dort, wo sie doch Gleichheit suche. Man müsse also Konzepte favorisieren, die von der prinzipiellen Auflösbarkeit dieser Geschlechterdifferenz ausgehen – und damit auch die Unterscheidung zwischen biologisch differentem und sozial ungleichem Geschlecht überwinden – um dadurch von vornherein zu einer Suchperspektive zu kommen, die Gleichheit voraussetzt und nicht vom Defizitären aus operiert. Ganz wohl ist den SozialpädagogInnen, die im Gender Mainstreaming den Rahmen für eine solche Suchperspektive sehen, dann doch nicht dabei: „Auf den ersten Blick mag es paradox erscheinen, wenn diesen theoretischen und praktischen Strategien der Dekonstruktion auf der politischen Ebene nun die Gender Mainstreaming Strategie zugeordnet wird [...] Diese Widersprüchlichkeit ist aber nicht logischer Art, sondern sie ist dadurch begründet, dass selbstverständlich die Aufmerksamkeit für Ungleichheit zwischen den Geschlechtern weiterhin nötig ist – anders ist die Gleichheitsforderung nicht einlösbar. Einen klaren Vorteil eben dieser Strategie sehe ich darin, dass explizit beide Geschlechter eingeschlossen sind. Solange die Frage nach den Geschlechterverhältnissen als „Frauenfrage" etikettiert werden konnte, war es für Männer wesentlich leichter, sich als „nicht betroffen" zu erklären (Horstkemper 2001). Kein Wort darüber, dass die meisten der bisher vorliegenden verwaltungsamtlichen Materialien zum Gender Mainstreaming so gut wie nicht von Männern und Männerpolitik reden (da würden sie ja in gesellschaftlich riskantes Gelände kommen) und höchstens – allerdings oft im Appendix – betonen, dass Frauenpolitik weiter nötig sei!

Da scheinen Befunde der Mädchenforschung zu den „neuen Mädchen" doch schlagkräftiger, die besagen, dass in der gegenwärtigen Generation der weiblichen Jugendlichen die ablehnende Einstellung vorherrscht, nicht als Defizitwesen betrachtet zu werden. Die Mädchen begreifen sich als eigenständige Personen und hantieren eher mit dem Geschlecht, als dass sie sich in ihm betroffen fühlten (vgl. dazu Oechsle 2001). Diese Aussage wird – nach unserer Erfahrung – auch gern von SozialarbeiterInnen aufgenommen, die darauf verweisen möchten, dass ihre KlientInnen eben nicht als männliche oder weibliche Problemträger, sondern als „normale" Adressaten und Kunden angesprochen werden wollen.

Solche Tendenzen wiederum fügen sich in ein allgemeines gesellschaftliches Bild der Nivellierung der Geschlechterrollen, wie sie die Umfragen der 1990er Jahre widerspiegeln. Die Mehrheit der Männer setzt sich in ihren Einstellungen zu sich selbst und gegenüber Frauen von traditionellen Geschlechterstereotypen ab und für junge Frauen ist die Vereinbarkeit von Familie und Beruf bei eigener Selbstständigkeit zur Selbstverständlichkeit geworden. Das Geschlechterverhältnis hat deutlich Gegenseitigkeits- und Verhandlungscharakter bekommen. Dem entspricht ein ökonomisches System, das durch hohe Flexibilität und Variabilität in den Anforderungen an die Menschen gekennzeichnet ist, „soft skills" genauso abfordert wie gerichtete Arbeitsqualifikationen und für das daher die starren Geschlechterrollen in der Arbeitswelt dysfunktional geworden sind. Die geschlechtshierarchische Trennung von Produktion und Reproduktion scheint zunehmend aufgehoben, Männer und Frauen müssen lernen, sich in ihrer Familienorientierung über die Grenzen herkömmlicher geschlechtsspezifischer Arbeitsteilung hinweg in nun gegenseitiger ökonomischer und sozialer Abhängigkeit zu verständigen. Strukturell bleibt aber die arbeitsgesellschaftliche Tendenz bestehen, dass die „weiblich" konnotierten Arbeitsfelder des wachsenden Dienstleistungssektors – mit hohem Teilzeitanteil – abgewertet bleiben (vgl. Krüger 2000). Gleichzeitig kommen die Frauen in den aussichtsreichen Berufen der ökonomisch-technologischen Wachstumsbranchen unter neuen Vereinbarungsdruck. Es geht zunehmend nicht mehr nur um die einfache Vereinbarkeit von Familie und Beruf, sondern darum, ob ich in der Lage bin, eine „schnelle Karriere" zu machen, die von mir Arbeitsengagement rund um die Uhr abverlangt. „Schnelle Karriere" bedeutet, dass ich im Alter zwischen 25 und 35 Jahren ganz im Job aufgehen muss, will ich nicht ‚abgehängt' werden (vgl. zu dieser Entwicklung Reich 2002). Damit kann sich das private Aushandlungsproblem zwischen Männern und Frauen verschärfen. Es geht nun nicht mehr um gegenseitige Entlastung, sondern um den existentiellen Karriereentscheid. Angesichts der deutlichen Biografisierung der Lebensplanung

wird das „Familie oder ich" also wieder neu und wieder geschlechtsspezifisch freigesetzt.

Angesichts dieser Tendenzen scheinen sich die lebensweltlichen und systemischen Bedingungen für ein gelingendes
Gender Mainstreaming doch nicht so einzupendeln, wie es
sich manche ausrechnen, wenn sie Gender Mainstreaming als
„Versuch der politischen Administration" charakterisieren,
„die Forderung nach einer Berücksichtigung von Geschlech-
terunterschieden als ein Programm zu formulieren, das ohne
Rückbindungen an spezifische Motivlagen und Überlegungen
durchsetzbar ist" (Scherr 2001, S. 85). Dabei wird es – zumindest für die Soziale Arbeit – wiederum als Vorteil angesehen, dass das Programm so über den bisherigen Geschlechter-
diskurs hinweggeht: „Im Unterschied zu einflussreichen Varianten von Theorien und Konzepten der feministischen Pädagogik sowie der Jungen- und Männerarbeit verzichtet die Programmatik des Gender Mainstreaming deshalb auf eindeutige
Vorabfestigungen von Annahmen darüber, worin Geschlech-
terunterschiede und gesellschaftliche Festlegungen von Formen des Weiblichen und Männlichen bestehen, was deren jeweilige Folgen für das Erleben, Denken und Handeln von Individuen und Gruppen sind, sowie welche Benachteiligungen
damit einhergehen [...] Im Hinblick auf die Aus-, Fort- und
Weiterbildung bietet jedoch gerade dieser Verzicht auf starke
Vorgaben [...] die Chance, Gender Mainstreaming als ein offenes Lernfeld zu etablieren [...]. Damit besteht die Möglichkeit, auch diejenigen MitarbeiterInnen zu erreichen und für
eine Auseinandersetzung mit der Gender-Thematik zu motivieren, die sich auf normativ aufgeladene, vereinfachende und
vereindeutigende Positionen zur Geschlechterthematik, die
auch unter fachwissenschaftlichen Gesichtspunkten problematisch sind [...], nicht einlassen können und wollen (ebd.
S. 85/86). In all dem ist aber nicht gefragt, welche politisch-
administrativen Interessen- und Motivlagen hinter Gender
Mainstreaming stehen. Nicht thematisiert wird, ob damit die
Konflikthaftigkeit gesellschaftshierarchischer Prozesse aufgehoben ist. Oder sollen die MitarbeiterInnen nur so weit in die
Geschlechterthematik eindringen, wie es der Spielraum des
Gender Mainstreaming Programms implizit zulässt? Denn
dieses Programm hat seine eigene Rationalität, ist auf Steue-

rung und Effizienz angewiesen und definiert Geschlechter-
ungleichheiten als prinzipiell zu befriedende Störungen im
Ressourcenmanagement und in der sozialen Interaktion. Ge-
sellschaftsstrukturelle Rückfragen haben da kaum Platz. „Gegenstand von Gender Mainstreaming sind nicht pädagogische
Maßnahmen, sondern Entscheidungsprozesse im politischen
Verantwortungsbereich, diese sollen optimiert werden im
Hinblick auf Gleichstellungsaufgaben. Die Optimierung wird
in Verbindung gebracht mit Kriterien und Verfahren, wie sie
aus Organisationsentwicklungsverfahren bekannt sind [..]
AdressatInnen von Gender Mainstreaming sind diejenigen, die
an der Organisation politischer Entscheidungsprozesse beteiligt sind" (Liebe 2001, S. 99/100).

Gender Mainstreaming in dieser politisch-administrativen Rationalität ist deshalb höchst ambivalent. Nicht nur von der
Frage her, ob es nur als Quotenregulierung oder im Sinne der
Entwicklung einer Geschlechterdemokratie gehandhabt wird,
sondern vor allem auch, weil es von oben her („top down")
angelegt ist. Noch ist uns die Kritik ostdeutscher Frauen in
den Ohren, die an der Gleichstellungspolitik der DDR beklagten, dass sie von oben her gewährt wurde, sich damit zu einem
„patrimonialem System" versäulte und damit die „männlichen" Prinzipien der externalisierten Industrie- und Verwal-
tungsarbeit weiter vorherrschend waren. Zudem blieb den
Frauen die entwertete Familienarbeit („Doppelbelastung")
weiterhin zugewiesen. Am problematischsten wurde aber in
dieser Kritik angeführt, dass mit jenem, dem Gender
Mainstreaming ähnlichen Gleichstellungsprogramm die Geschlechterthematik verdeckt und tabuisiert, ein kritischer Ge-
schlechterdiskurs gar nicht aufkommen konnte. Ungleichheit
zwischen den Geschlechtern, Probleme männlicher Hegemo-
nialität, Gewalt in der Familie hatten nicht zu existieren.

Deshalb wäre es fahrlässig, mit dem Gender Mainstreaming-
Programm die Lösung der Geschlechterfrage zu erwarten,
schon gar nicht für die Sozialarbeit, die ja schließlich die Verdeckungen und Tabuisierungen am stärksten abbekommt. Die
Soziale Arbeit hat es dauernd mit psychosozialen Folgeerscheinungen sozialer und sozialökonomischer Konflikte zu
tun. Die technologisch-administrative Rationalität, die in dem

offiziellen Gender Mainstreaming-Programm steckt, sieht den Konflikt als Störfall, will ihn nicht austragen, sondern „minimieren". Deshalb kann dies kein paradigmatisches Leitsystem für die Soziale Arbeit sein. Wie weit es genutzt werden kann, das ist eine andere Frage. Wir sind schon auch der Meinung, dass es als Legitimationsbezug dafür herhalten kann, dass die geschlechtsbezogene Arbeit nun endlich als Querschnittsaufgabe der Sozialen Arbeit definiert werden kann und Frauen und Männer gleichermaßen einbezogen werden sollen (vgl. z.B. Scherr 2001, Liebe 2001). Gerade deswegen sind in diesem Buch auch die Jungen- und Mädchen-, Frauen- und Männerarbeit in den *Alltag der Sozialarbeit und ihrer Arbeitsfelder eingebettet,* konzipiert und auch entsprechend praxisbezogen aufbereitet. Wir sehen aber umso mehr, dass es weiterhin und erst recht eigenständiger Anstrengungen in Theorie, Praxis und Politik der Sozialen Arbeit bedarf, die Geschlechterfrage in ihrer Konflikt- und Bewältigungsdimension weiter und verbindlicher als bisher zu thematisieren und an einer professionell und sozialpolitisch verankerten Erweiterung von Handlungsspielräumen zu arbeiten. In der Gender Mainstreaming-Broschüre des Sozialministeriums von Rheinland-Pfalz (2001) steht – schon fast verschämt – der Hinweis, Gender Mainstreaming könne keine Frauenpolitik (und wir fügen hinzu: Männerpolitik) ersetzen. Wir müssen weiter formulieren: Erst wenn die Programmatik des Gender Mainstreaming in eine Spannung zur Geschlechterpolitik gebracht werden kann, wenn es also möglich wird, die *sozialstrukturellen Bedingungen* für die steuerungspolitisch konstatierten Störungen und Defizite gleichermaßen gesellschafts- und sozialpolitisch zu thematisieren und rückzubinden, wird die Soziale Arbeit über den kurzfristigen sozialtechnologischen Vorteil hinaus neuen gesellschaftlichen Raum in der Geschlechterfrage gewinnen können.

Im Grunde zeigt der Diskurs zum Gender Mainstreaming-Programm in der Sozialen Arbeit die bekannte Klemme auf, in der gesellschaftlich reflexive Sozialarbeit schon immer steht, wenn sie erkennt, dass sie politisch-administrativ funktionieren, d.h. Konflikte als Störfälle managen und nicht thematisieren soll. Gleichzeitig gibt es die inzwischen alte praktische Erfahrung, dass ohne die Thematisierung von sozialen Konfliktlagen und Ungleichheiten, wie sie mit der Geschlechterfrage verbunden sind, diese nicht nur verdeckt werden, sondern gerade in ihren Verdeckungen brisante familiale und soziale Probleme erzeugen können. Deshalb musste ja der demokratische Sozialstaat bislang immer „zugelassene Konflikträume", an deren Gestaltung vor allem auch die Sozialarbeit beteiligt war und ist, schaffen und fördern, um diese Kosten nicht in die Dimension sozialer Desintegration wachsen zu lassen. Das pragmatische Vertrauen darauf, dass dieser Raum weiterhin da ist und nun unter dem Legitimationsschein des Gender Mainstreaming-Programms genutzt werden kann, ist aber durch die gegenwärtige Gestaltungskrise des Sozialstaates und das Vordringen ökonomischer Denk- und Kontrollmuster im sozialen Sektor hinreichend erschüttert. Es baut aber immer noch darauf, dass sich letztendlich doch die sozialintegrative Notwendigkeit durchsetzt, Konflikte zuzulassen und auszutragen, um das soziale Gleichgewicht erhalten zu können. Dazu aber braucht es einen sozialpolitischen Diskurs in der Sozialarbeit und kann nicht so einfach auf die Fort- und Weiterbildung geschoben und damit wieder auf dem Rücken der MitarbeiterInnen ausgetragen werden. Dies ist das sozialpolitische Kernproblem des Gender Mainstreaming für die Sozialarbeit. Die pragmatische Wendung hingegen, nun könne man Genderfragen mit dem Hinweis auf das neue Programm endlich auch fachlich pushen, ist eher ein von außen eingeführtes Argument, für das nun das Gender Mainstreaming herhalten muss, das es aber nicht begründet. Wenn wir in diesem Buch ausdrücklich darauf insistieren, dass Soziale Arbeit nur dann professionelle Qualität für sich beanspruchen kann, wenn sie geschlechtsbezogen arbeitet, so tun wir das aus der Erkenntnis der Struktur und der Bewältigungslogik psychosozialer Probleme heraus. Sicher kann man darüber diskutieren, in welchem Ausmaß und bis an welche Grenzen einem dabei das Gender Mainstreaming- Programm legitimatorisch behilflich sein kann, aber nicht mehr.

Dennoch bleibt die Frage, ob die Verfachlichung der Geschlechterfrage, wie wir sie bei allem Insistieren auf ihre sozialpolitische Flankierung auch als dringend erachten, das Problem ausräumt, das mit der Behauptung aufgeworfen ist, die KlientInnen der Sozialarbeit wollten als Individuen und nicht als männliche oder weibliche Problemträger behandelt werden. Denn eine solche Haltung – von MitarbeiterInnen heute immer wieder massiv kolportiert – würde ja auch die Verfachlichung der Gender-Thematik blockieren. Die „neue Mädchengeneration", die nichts von Frauendiskriminierung wissen will, erscheint in diesem Lichte gleichsam als Vorhut der Gender Mainstreaming Programmatik. Sie wollen sozial und beruflich genauso dabei sein, erklären es aber nicht zur Frauen-, sondern zu ihrer Privatsache (Jugend 2002). Abgesehen davon, wie sich solche erhobenen Einstellungen zur tiefenpsychischen Befindlichkeit verhalten, die gerade in Lebenskrisen immer wieder aufbricht und gerade dann die jeweiligen Besonderheiten des Mann- und Frauseins bloßlegt, hat diese Argumentation einen Haken: Sie ist generationstheoretisch blind. Schon vor nun fast hundert Jahren hat die Sozialpublizistin Dora Frost in ihrem Essay über die „gegenwärtige weibliche Generation" (1914) gezeigt, wie die damaligen Mädchen die Erwartungen der frauenbewegten Mütter- und Großmüttergeneration als belastende bis stigmatisierende Zumutungen empfanden und sich lieber in der Unbefangenheit der Jugend einrichteten, statt Erbinnen der Frauenbewegung sein zu wollen. Elisabeth Busse-Wilson (1930) hat dies dann für die 1920er Jahre beschrieben. Typische Generationsbrüche haben wir auch in den 1960er und 1980er Jahren erlebt und so auch heute (vgl. dazu auch Rutschky 1998). Es ist sicher auch immer wieder ein Problem der feministischen Diskussion des 20. Jahrhunderts gewesen, dass sie die Mädchenfrage leicht überging und eben nicht sehen oder wahrhaben wollte, dass sich die Mädchen vor allem auch (erst) über den Jugendstatus und nicht über die Frauenfrage emanzipieren bzw. ihre Selbstständigkeit erreichen wollen. Die moderne „junge Generation", so formulieren wir es paradigmatisch seit der Generationstheorie Karl Mannheims (1970), tritt gleichsam neu in die gesellschaftliche Kultur ein und muss daher – zwangsläufig – in eine Haltung der „Rücksichtslosigkeit" gegenüber überkommenen, kulturellen und sozialen Definitionen geraten. Das bedeutet andererseits aber nicht, dass die Geschlechterfrage für die Jugendlichen keine Rolle spielt. Jugend in unseren Gesellschaften ist ja nicht nur subkultureller Ausnahmezustand, sondern immer noch auch Experimentierraum der Ablösung von der Familie, der Findung der Geschlechteridentität im Übergang zum Erwachsenwerden. In der Praxis der Sozialen Arbeit gibt es diesbezüglich inzwischen genügend Erfahrungen, wie die Befindlichkeit Jugendlicher hin- und hergerissen sein kann zwischen Abwehr von und Anziehung durch Geschlechterstereotype(n). Dies umso mehr bei den AdressatInnen der Sozialarbeit, die oft nur eine verkürzte Jugendzeit genießen können und sehr schnell und unvermittelt in geschlechtshierarchische Zonen und entsprechende Bewältigungsprobleme geraten. Aber auch der einfühlsame und dem Machotum abholde Junge kann später – unter dem Druck der Intensivierung der Arbeit und dem Einfluss betrieblicher Durchsetzungskulturen – zum dominant-maskulinen Typ mutieren. Deshalb bleibt der Jugendhilfe, vor allem wenn sie biografisch begleitende Hilfe sein will, nichts anderes übrig, als in die Balance zwischen geschlechtsdistanzierter „Jugend"-Arbeit und geschlechtsbezogener biografischer Unterstützungsarbeit zu gehen. Hier fällt übrigens die geschlechtsbezogene Sozialarbeit überhaupt nicht aus dem Rahmen. Es ist schon immer das leidige Problem der Sozialen Arbeit, dass sie zwischen der objektiven Lebenslage und den damit verbundenen Benachteiligungen und Belastungen ihrer KlientInnen und deren subjektivem Lebensgefühl unterscheidet, beides aber irgendwie zusammen sehen muss. Auch Sozialhilfeempfänger wollen nicht dauernd an ihren Status erinnert, vielmehr als „normale" Bürger behandelt und akzeptiert werden und trotzdem geht ihre soziale Benachteiligung zentral in die Reflexivität der sozialen Hilfe ein.

Doch zurück zu den grundlegenden Einwänden seitens der VertreterInnen des radikalen Konstruktivismus in der neueren Gender-Debatte, die ja in der Sozialarbeit heftig rezipiert wird und sogar schon in eine „konstruktivistische Option" (Neubauer/Winter 2002) übersetzt worden ist. Das konstruktivistische Hauptargument geht ja in die Richtung, dass Zweigeschlechtlichkeit als psychosoziales Ordnungsprinzip, als die „heterosexuelle Matrix" (Butler 1995/Krauß 2001), an der wir uns orientieren, Produkt eines sozialen Konstruktionsprozesses ist, der sich so in seiner ständigen Wiederholung verfestigt hat, dass uns inzwischen die Geschlechterpolarität fast als etwas Naturgegebenes, gleichsam als anthropologisches Axiom erscheint. Auch ein geschlechtsdifferenter Zugang in der Sozialarbeit enthalte somit die Gefahr, Geschlechterpolarität festzuschreiben, die angestrebte „Gleichheit in der Differenz" reproduziere somit immer wieder die gleiche Differenz, anstatt jenseits dieser sozial konstruierten Differenz und Polarität die Individuen als gleiche zu sehen und ihre verschiedenartigen Sexualitäten – seien sie nun hetero-, homo- oder transsexuell als unterschiedliche bzw. fließende Lebensstile des Begehrens zu akzeptieren. Damit wäre auch die Unterscheidung zwischen Sex und Gender aufgehoben, zwischen biologischer und sozialer Geschlechterkategorie, die immer wieder dazu verführe, vom unterschiedlichen Geschlecht (im Sinne von Sex) als naturgegebener Unterscheidungskategorie zu sprechen. Solange nämlich dies der Fall sei, bestehe die Gefahr, dass die mit dem Geschlecht verbundenen sozialen Definitionsstrukturen – geschlechtshierarchische Arbeitsteilung, unterschiedliche Mentalitäts- und Kompetenzzuschreibungen – die Definition des naturgegebenen, historisch-anthropologisch Verwurzelten erhielten. Man brauche sich dann nicht zu wundern, wenn Mädchen und Jungen, Männer und Frauen „geschlechtstypisch" reagieren, wenn sie geschlechtstypisch angesprochen werden.

Die Frage nach der sozialen Konstruktion und mithin Relativität von Sozialformen ist für die der Sozialarbeit zugewandte Forschung nichts Neues. Dass die Kernfamilie, wie wir sie heute kennen, nichts Naturhaftes ist, sondern eine „Erfindung" der bürgerlich-industriellen Moderne, ebenso wie die sie stützende Intimität der Mutter- und Gattenliebe (vgl. dazu Böhnisch 2001) wird seit langem thematisiert (vgl. Bauer 1988). Insofern gehört es z.B. nicht nur zur Reflexivität der Familienforschung, sondern auch der Familienhilfen, dass andere Familienmodelle denkbar sind und in der Interventionsperspektive auch für praktizierbar gehalten werden. Ebenso verhält es sich mit dem „Gendering", der sozialen Konstruktion des Geschlechterverhältnisses. Gerade in der Sozialen Arbeit bricht ja dauernd das Problem auf, dass „frauentypische" und „männertypische" Bewältigungsformen die psychosozialen Schwierigkeiten nicht beheben, sondern eher noch verstärken und verfestigen. Insofern war ja die kritisch-reflexive Sozialarbeit nicht nur erst seit heute daran interessiert, solche Typiken aufzubrechen, als sozial gemacht zu entlarven und diese Erkenntnis in Hilfeprozesse praktisch umzusetzen. Gerade dieses Buch wird immer wieder solche dekonstruktiven Strategien in der Jungen- und Mädchenarbeit, der Frauen- und Männerberatung aufzeigen können. Natürlich gibt es auch genug SozialarbeiterInnen, die immer noch oder immer wieder mit geschlechtsstereotypen Definitionen und Interventionsmustern arbeiten, weil diese in ihrem Selbst- und Fremdbild so verankert (und nicht professionskritisch aufgelöst) sind, dass sie auch den Zugang zu den KlientInnen notwendig prägen (wie könnten sie sonst auch eine helfende Beziehung aufbauen). Hier tut sich die Frage des geschlechtsreflexiven Professionsverständnisses auf, die natürlich gerade auch in diesem Buch zu thematisieren und auf die Theorie und Praxis der Sozialarbeit rückzubeziehen ist.

So weit kann eine geschlechtsreflexive Soziale Arbeit durchaus etwas mit dem konstruktivistischen Paradigma anfangen. Sie macht aber auch täglich Erfahrungen, welche von der Geschlechtersoziologie, die ja am eifrigsten mit dem Konstruktivismus hantiert, nicht erreicht und damit auch nicht aufgeschlossen werden können. Da es die Sozialarbeit mit tiefenpsychisch verankerten und somatisch gespiegelten Betroffenheiten und Befindlichkeiten zu tun hat, stößt sie auf leibseelische Empfindungslagen des *Mann- und Frauseins*, die nicht sozial dekonstruiert werden können. Sich als Mann oder Frau „definieren" oder sich als Mann oder Frau „fühlen" kann nicht so ohne weiteres in einen Topf geworfen werden. Eine geschlechtstypische Rückgebundenheit an die Natur des Menschen äußert sich dabei in den geschlechtsunterschiedlichen frühkindlichen Konstellationen der Mutterbindung und -lösung, der Suche nach Geschlechteridentität, der Pubertät und der sexualphysiologisch rückgebundenen psychosozialen Übergangs- und Krisenempfindungen im mittleren und späteren Alter. Es ist hier nicht die Stelle, um sich mit der tiefenpsychologischen und psychoanalytischen Borniertheit des soziologischen Konstruktivismus auseinander zu setzen. Dafür ist es aber umso mehr die Gelegenheit, darauf zu insistieren, dass sich aus den beziehungsintensiven Begegnungen, welche die Soziale Arbeit mit den Menschen hat, eigene Erkenntnisse gewinnen und relativierend in den sozialwissenschaftlichen Diskurs bringen lassen.

Ein Zweites: Auch die Soziale Arbeit reibt sich an historisch gewordenen Strukturen, die in den Menschen wirken und nicht über die Menschen und deren Praxis so einfach veränderbar sind. Wir wollen damit noch auf einer anderen Ebene vor einer naiven Übernahme der konstruktivistischen Geschlechtersoziologie warnen (vgl. dazu auch Lenz 2001). Historisch-gesellschaftliche Strukturen verselbstständigen sich gegenüber den Menschen, wenngleich sie in ihnen wirken. Der französische Soziologe Pierre Bourdieu hat diesen Sachverhalt in dem Konzept des *Habitus* (1979/1982) aufbereitet: Grundlegende gesellschaftliche Ordnungsmuster prägen die psychosoziale Befindlichkeit und Präsentation des Menschen und dieser ist – unbewusst – gehalten, ihnen folgen zu müssen oder sich von ihnen lösen zu wollen. Es ist schwer, aus seiner Haut herauszukommen. Das Geschlecht und die Geschlechteridentität stellen historisch-gesellschaftlich eine solche zentrale Ordnungskategorie der Gesellschaft dar. Wahrscheinlich ist sie auf Grund ihrer somatischen Rückgebundenheit auch die effektivste. Nicht umsonst ist der Kapitalismus jene Symbiose mit dem vorindustriellen Patriarchat eingegangen, die uns bis heute die geschlechtshierarchische Arbeitsteilung – so modernisiert sie auch inzwischen ist – gebracht hat. In diesem Bedeutungszusammenhang – als zentrale sozialökonomische Struktur- und Ordnungskategorie der Gesellschaft mit hohem Identitätswert – ist die Geschlechterdualität nicht so einfach fließend zu machen, wie das manche konstruktivistische Programmatik suggeriert. Wir werden im Kapitel über die gesellschaftstheoretischen Grundlagen sehen, dass heute, im Zeitalter des digitalen Kapitalismus, die Sache zwar lebensweltlich relativer, systemisch aber komplexer geworden ist: Männer und Frauen streben in den Lebenswelten zwar aufeinander zu, die Arbeitsstrukturen der neuen Ökonomien intensivieren aber jene Muster der externalisierten und sozial entbetteten Verfügbarkeit des Menschen gegenüber der Ökonomie, die bisher immer als „männlich" apostrophiert worden sind und in deren Sog auch längst die Frauen geraten sind. Die Dekonstruktion der Geschlechterdualität scheint sich also ökonomisch längst zu vollziehen, wenn, ja wenn da nicht ganz komplexe und scheinbar paradoxe Rückwirkungen auf die Lebenswelten wären, in denen die Geschlechterdifferenz dann doch wieder massiv ins Spiel kommt. Christa Wimbauer hat in ihrer empirischen Studie über „Organisation, Geschlecht und Karriere" (2000) entsprechend aufgezeigt, wie Männer und Frauen in einem hochtechnologisierten Forschungsbetrieb, wo längst die Gleichstellung in allen betrieblichen Fragen gilt, doch wieder geschlechtstypisch auseinander dividiert werden, wenn es um die Frage von Kinderwunsch und Familiengründung geht. Frauen fallen dann eher wieder aus der Karriere heraus („revolving door"), die Männer kommen aus dem Intensivierungsdruck der Arbeit nicht mehr heraus („abstract worker"). Karin Jurczyk (2001) hat das Dilemma und die Verlegenheit der sozialökonomischen Geschlechterproblematik deutlich gemacht, wenn sie auf neue Befunde verweist, nach denen sich Ehepartner auf Grund dieser betrieblichen Konditionen wieder auf herkömmliche geschlechtstypische Arbeitsteilung (Frau mehr Familie und Haushalt, Mann nur Arbeit) verständigen. Dass sie es nun „aushandeln" und nicht einfach als tradierte Muster übernehmen, macht es aber gleichzeitig komplexer und steigert überdies die Verlegenheit der Sozialwissenschaften. Für uns in der Sozialen Arbeit aber ist dies ein weiteres Indiz dafür, dass die Geschlechterthematik auf allen Ebenen des menschlichen Daseins in der Moderne wirkt, dass sie weder ein Naturhaftes noch ein einfach sozial konstruiertes Phänomen, sondern sich als *komplexes Bewältigungsproblem* für Männer und Frauen – aber auch für die (auf die Vermittlung von Lebenswelten und Systemen bezogene) sozialstaatliche Politik – stellt, das sich in den Problemstrukturen der Sozialen Arbeit besonders äußert.

„Die (radikal-)konstruktivistischen Überlegungen [...] stellen [...] eine geschlechterpolitische Strategie und Vision dar und sind keine Analyse der gegenwärtigen Lebenssituation von Mädchen" (Weber 2001, S. 77). Dehnt man diese treffende Charakterisierung auf die Empirie der Sozialarbeit insgesamt aus und verallgemeinert sie methodologisch vor dem Hintergrund der von uns dargestellten Ambivalenzen postindustrieller Vergesellschaftung, wird das Problem noch deutlicher: Die konstruktivistische Perspektive mag unsere konzeptionelle, methodische und interventionsdefinierende Reflexivität schärfen, sie kann aber nicht die *Empirie* der geschlechtsexpressiven wie geschlechtsambivalenten Befindlichkeiten und Verhaltensweisen der konkreten Menschen, mit denen es die Sozialarbeit zu tun hat, aufschließen. Gerade diese Ambivalenzen aber sind es, die die gegenwärtige Geschlechterszenerie so unübersichtlich machen und auch der dekonstruktivistischen Auflösung entziehen: Das Nebeneinander von „pazifizierter" (Schmidt 1993) und neu gewalttätiger Männlichkeit, von Nivellierung der Geschlechterrollen und regressiver Verstörung der Geschlechterbefindlichkeiten, die Gleichzeitigkeit von androgynen Lebensstilen und schroff geschlechtsabgrenzender Krisenbewältigung etc. Deswegen ist es nicht der konstruktivistische Ansatz, der uns in der Aufschließung der für die Sozialarbeit relevanten Empirie weiterbringt, sondern ein historisch-empirisches Konzept, das die hinter diesen Ambivalenzen steckende Spannung zwischen gesellschaftlicher Entwicklung und lebensweltlicher Praxis in ihren „Gesetzmäßigkeiten" herausarbeiten kann. Die Modernisierung der Geschlechterhierarchie im Zuge der neueren Transformation des Kapitalismus und die gegenwärtigen ambivalenten Formen des doing gender – so unsere grundlegende Hypothese – stehen in einem spezifischen Verhältnis zueinander. Wir glauben, das entsprechende theoretische Konzepte im Anschluss an den Diskurs zur *Entgrenzung der Arbeitsgesellschaft* und seinen geschlechtertheoretischen Implikationen (vgl. dazu grundlegend Appelt/ Sauer 2001) gefunden zu haben. Wir erweitern bzw. vermitteln dieses Konzept mit der Bewältigungsperspektive, welche sich gerade auf diese lebensweltliche Praxis im arbeitsgesellschaftlichen Strukturwandel bezieht: Damit kommen wir zu einer für dieses Buch und seine Argumentation leitenden Grundannahme, nach der die Entgrenzung der geschlechtshierarchischen Arbeitsteilung der Industriegesellschaft – gemäß der Entwicklungslogik des digitalen Kapitalismus (s.u.) – ein typisches Wechselspiel von gesellschaftlicher Freisetzung und ambivalenter lebensweltlicher Bewältigung mit sich bringt (s.u.). Die Dynamik des gesellschaftlichen Strukturwandels bewirkt die Öffnung für neue Sozialformen und Praktiken des Geschlechterverhältnisses genauso wie sie Männer und Frauen neuartigen Bewältigungsproblemen in der tendenziellen Auflösung der Trennung von Produktion und Reproduktion und in der Verschiebung von öffentlicher und privater Sphäre aussetzt. Gleichzeitig werden in diesem Entgrenzungsprozess – nun wissenssoziologisch interpretiert – Deutungen und Interpretationen des Sozialen und eben auch des Geschlechtlichen freigesetzt, die sich im Rückenwind der gesellschaftlichen Entgrenzungs- und Öffnungsprozesse entfalten und deshalb geradezu zwangsläufig dekonstruktivistischen Formen zustreben. Auch so kann der konstruktivistische Ansatz verortet werden. Auf jeden Fall ist es u. E. möglich, in diesem Bezugsrahmen von *Entgrenzung, Freisetzung und Bewältigung* (vgl. dazu auch ausf. Böhnisch 2002) die empirischen Widersprüchlichkeiten und Ambivalenzen der gegenwärtigen Szenerie der Geschlechterverhältnisse und des Geschlechterverhaltens nicht nur aufzuschließen, sondern auch so zu dimensionieren, dass sie dem Diagnostik- und Interventionsspektrum der Sozialen Arbeit zugänglich werden.

II. Grundprinzipien und Herausforderungen

1. Die Entgrenzung der Geschlechterhierarchie

Unsere Gesellschaft hat ein eigentümliches, aber bezeichnendes Doppelgesicht angenommen. Im Alltag erscheinen die Geschlechterrollen nivelliert, die Lebensstile von Männern und Frauen pluralisiert. Die Gleichstellung der Geschlechter wird offiziell in allen öffentlichen Bereichen angestrebt und die neuen Ökonomien und Informationstechnologien kennen keine Männer und Frauen mehr, nur noch abstrakte Zugänge und Erreichbarkeiten, die scheinbar für alle geöffnet sind. Männlichkeit und Weiblichkeit sind so *entgrenzt*, nicht mehr grundlegend und ausschlaggebend für die Ordnung und Strukturierung von Beziehungen. Gleichzeitig erfahren wir aus vielfältigen Befunden der Sozialforschung, aus Erfahrungen der Sozialarbeit und den Medien, dass es dessen ungeachtet Zonen geschlechtstypischer Zuordnung und Bewertung gibt, die nicht in dieses Bild passen wollen. Die Konkurrenzen auf dem Arbeitsmarkt und die Belastungen am Arbeitsplatz tragen verdeckt geschlechtstypische Züge. Häusliche und sexuelle Gewalt gegen Frauen und Mädchen ist ein offenes Thema in den Sozialwissenschaften und in den Medien geworden. Neustilisierte „naturalistische" Bilder von Männlichkeit und Weiblichkeit haben in den Selbstinszenierungen bei vielen Menschen an Attraktivität gewonnen. Die heutige Gesellschaft – so scheint es – entgrenzt und nivelliert die Geschlechter im gleichen Maße, wie sie sie – vor allem im Privaten – wieder freisetzt und verstärkt. Diese ambivalente Entwicklung liegt in der Struktur jener ökonomisch-technologischen Formation der kapitalistischen Wirtschaft begründet, die sich heute bei uns durchsetzt und die auch mit dem Begriff des *digitalen Kapitalismus* umschrieben wird.

Der digitale Kapitalismus mit seinen Hauptmerkmalen der ökonomisch-technologischen Rationalisierung (und damit verbundenen Tendenz zur Substitution des Humankapitals) und der Globalisierung ist durch Prozesse der sozialen Entbettung und Abstraktion gekennzeichnet, welche die Tendenz zur *Entgrenzung* der ökonomischen und sozialen Grundverhältnisse des Industriekapitalismus nach sich ziehen. Die Arbeitsbeziehungen sind immer weniger sozial reguliert; wie die Menschen damit zurecht kommen, wird den privaten Beziehungen überlassen. Der ökonomische Sachzwang dringt gleichzeitig in diese Beziehungsebene ein. Die Rationalisierung und Flexibilisierung der Produktion führt dazu, dass das Normalarbeitsverhältnis keine Selbstverständlichkeit mehr ist, sondern sich inzwischen schon für große Teile der Erwerbsbevölkerung aufgelöst hat. Dieses Normalarbeitsverhältnis – lebenslang gültiger Beruf, tarifliche und soziale Absicherung, Vollzeitarbeit – macht aber den ökonomisch-gesellschaftlichen Kern der Definition von Männlichkeit in Industriegesellschaften aus. Der digitale Kapitalismus gefährdet dieses gesellschaftliche Männlichkeitsbild, treibt aber auf der anderen Seite in seinen Rationalisierungs- und Abstrahierungstendenzen das „männliche Prinzip" der Externalisierung, des nicht Innehaltenkönnens, weiter voran. Männlichkeit wird also gleichzeitig – durch die Auflösung des Normalarbeitsverhältnisses – zurückgewiesen und – im ökonomisch-technologischen Strukturprinzip der Rationalisierung – neu gefordert. Der entbettete „abstrakte Arbeiter", sozial flexibel und verfügbar, ist zur scheinbar geschlechtsneutralen Leitfigur der neuen Ökonomien geworden. Vom Sozialen – der Regulierung von Lebenszusammenhängen – unberührt entwickeln sie sich hemmungslos nach dem Externalisierungsprinzip und – Innehalten ist der ökonomische Tod – fordern sie deshalb einen entsprechend externalisierten Habitus bei Männern *und* Frauen heraus. Auch Frauen werden hier von ihrem Berufsstatus her aus der Gebundenheit der familialen Reproduktionssphäre freigesetzt. Die Entscheidung über das Leben mit Kindern wird ihr privat – als Nachteil – aufgebürdet. Die Übereinkunft zwischen den Geschlechtern darüber, wie der Aufbau der Familie und die Erziehung der Kinder realisiert werden soll, war schon immer privat, doch heute liegt diese Aushandlung immer weniger in der freien Verfügung der Privatleute: Die Intensivierung der Arbeit und die im Lebenszuschnitt von Männern verankerte höhere Arbeitsverfügbarkeit (zur spezifisch weiblich orientierten Verfügbarkeit vgl. das Kapitel Mütterlichkeit und Fürsorge) wirken meist in der Richtung, dass sich in den Familien die herkömmliche Rollenaufteilung der Geschlechter wieder neu einstellt. Auch wenn Männer gerne ihre neuen sozialstaatlich gedeckten Ansprüche auf Teilhabe in der Familie und an der Erziehung für sich realisieren möchten, werden sie durch die intensivierte ökonomische Einbindung und Vernetzung daran gehindert. Die Frauen wiederum kommen vom Vereinbarkeitsproblem nicht los, die beruflichen Zugänge sind zwar offen, aber verlangen, so sie in Karrieren münden sollen, die ungewisse Zurückstellung des Kinderwunsches. Aber auch Männer können nicht mehr auf das Normalarbeitsverhältnis vertrauen, das bisher den zentralen Anker der Männerrolle und des männlichen Selbstverständnisses bildete. Nicht nur Männer, die arbeitslos sind, sondern auch viele, die inzwischen in prekären und unterbezahlten Beschäftigungsverhältnissen ihr Auskommen finden, werden so in ihrem Mannsein verunsichert. In der feministischen Diskussion wird in diesem Zusammenhang von der „Feminisierung" der Erwerbsarbeit gesprochen (Sauer 2001). Damit ist nicht nur gemeint, dass der Anteil der Frauen an der Erwerbsarbeit im letzten Vierteljahrhundert in den westeuropäischen Industriestaaten überproportional zugenommen hat, sondern auch, dass sich die Erwerbsarbeit zunehmend zum Feld beständiger Verunsicherung gewandelt hat, die Arbeitsverhältnisse sich informalisieren und die diskontinuierlichen und ungeschützten Arbeitsverhältnisse – die früher zuerst Frauen zugewiesen wurden, zunehmen. Das bedeutet für die Männer, dass viele von ihnen in Arbeitsverhältnisse geraten, die für die rollenbezogene Begründung und Symbolisierung der männlichen Erwerbs- und Dominanzrolle nicht mehr geeignet sind. Solche Männer unterliegen am ehesten der Gefahr, auf der Suche nach Ergänzungen und Kompensation einer fragilen Männerrolle auf naturalistische Konzepte von Maskulinität und auf die traditionelle „männliche Dividende" (Connell 1987) zurückzugreifen.

Der Strukturwandel der Arbeitsgesellschaft und die Erosion des Normalarbeitsverhältnisses vertiefen die soziale *Segmentierung* der Arbeitsgesellschaft. Männer in prekären Arbeitsverhältnissen – vor allem in den größer gewordenen sozialen Randzonen der Gesellschaft – klammern sich wiederum an traditionelle Rollenbilder männlicher Dominanz, um Selbstwert und Anerkennung trotz sozialer Benachteiligung aufrecht zu erhalten. Frauen fügen sich in so unterschiedliche Arrangements wie Familien- und Zuarbeitsrolle oder alleinige Verantwortlichkeit für Unterhalt, Hausarbeit und Überleben und finden darin jeweils Halt und Selbstwert im Erhalt der Familie und der Bewältigung der Alltagsaufgaben. Aber auch in den mittleren gesellschaftlichen Zonen, wo sich Männer und Frauen trotz ökonomischen Drucks und höheren Zukunftsrisikos auf Grund des ihnen verfügbaren kulturellen und sozialen Kapitals aus hierarchischen Geschlechterverhältnissen herausbewegt haben, kommt es immer wieder – vor allem in kritischen Lebenskonstellationen – zum Rückfall in traditionelles männliches und weibliches Bewältigungsverhalten.

Diese Resistenz aber auch Neuformation geschlechtshierarchischer Verkehrsformen und Bewältigungsmuster in den privaten Lebenswelten ist noch einmal verdeckt durch eine öffentliche und konsumtive Erfolgskultur, die von den neuen Ökonomien her ausstrahlt und von ihren Ideologien der Machbarkeit und Externalisierung gespeist wird. Diese in den Lebenswelten als „männlich" charakterisierten Prinzipien lösen sich von ihrer geschlechtstypischen Bindung und werden zu abstrakten und damit auch für Frauen verfügbaren Orientierungs- und Erfolgsprinzipien. So erhält – gleichsam unter der Hand der neuen Ökonomien und Technologien – das männliche Modell vom Leben eine große öffentliche Attraktivität. Nur erscheint es nicht mehr als männliche Dominanzkultur, sondern als geschlechtsübergreifende Erfolgskultur, in der Männer und Frauen als Individuen, als für sich *Einzige* aufeinander treffen. In dieser Erfolgskultur wird nicht mehr nach Männern und Frauen, sondern nach Gewinnern und Verlierern gefragt, wobei das Gewinnen und Verlieren in der Ideologie einer sozial entbetteten Durchsetzungskultur nicht mehr geschlechtshierarchisch rückführbar ist: Auch Frauen gehören längst zu den Gewinnern wie Männer immer schon auch zu den Losern.

Soziale Ungleichheit und Geschlechterhierarchie sind aus dem neuen ökonomistischen Blick der postindustriellen Gesellschaft verschwunden, bestehen aber weiter und werden neu verortet. Familiale Reproduktionsarbeit und flexibilisierte (Teilzeit)arbeit werden weiter von den Frauen getragen, während Männer noch mehr in den Sog intensivierter Arbeit geraten. Aber dies alles wird inzwischen primär auf den Koordinaten von Erfolg und Misserfolg, von Dazugehören und Ausgrenzung, verortet. Die soziale Frage und das Geschlechterproblem werden privatisiert: Die immer neuen Anstrengungen, die daraus entstehenden Konflikte privat zu lösen oder zu kompensieren, werden so unter der Hand zu Ressourcen des neuen Wachstums. Dem Fortschritt, dass Männer und Frauen inzwischen gleich ausgebildet in den Arbeitsmarkt eintreten, steht das Problem gegenüber, dass trotzdem – wenn nun auch verdeckt – die familiale Reproduktions- und Fürsorgearbeit weiter vor allem von den Frauen getragen wird, obwohl die Männer inzwischen unter Druck stehen, trotz Intensivierung der Arbeit sich häuslich zu engagieren, diesen Druck aber immer wieder abspalten müssen. Aus dem traditionellen geschlechtshierarchischen Modell, das in entsprechenden Institutionen und Verkehrsformen sichtbar war, ist ein Modell vielseitiger und nicht eindeutig benennbarer Diskrepanzen geworden, das Frauen und Männer gleichermaßen aufeinander zuführt und auseinander treibt. In diesem Orientierungsdilemma gedeihen die neuen Konflikte und Bedürftigkeiten, hinter denen die geschlechtshierarchischen Dynamiken weiter wirken und in denen geschlechtstypisches Verhalten als Bewältigungsverhalten immer wieder neu aufbricht.

Mit der politischen Anerkennung der Prinzipien von ökonomischem Wachstum und Erfolg, und der damit verbundenen gesellschaftlichen Akzeptanz einer Privatisierung der Konflikte und Belastungen werden die Erfahrungen des Betroffenseins in den Menschen entwertet, ihre daraus erwachsenden Ansprüche auf ein gutes Leben übergangen. Selbstwertverlust bei Männern einerseits und Einbuße an reproduktionsorientiertem Anspruch bei Frauen auf der anderen Seite sind solche übergangenen Bezugspunkte auch in den professionellen Vorstellungen von Hilfe. In mittelschichtsorientierter Perspektive wird dann dem Mann stillschweigend Freizügigkeit zugestanden, Frauen wird die Zurücknahme von Ansprüchen und selbstverständliche Doppelbelastung abverlangt.

Damit werden Formen des Doppelstandards neu etabliert, der die Geschlechterhierarchie als Hierarchie „gewachsener Privilegien" (den hegemonialen Habitus) zugleich bekräftigt und unsichtbar macht. Der Begriff „Doppelstandard" meint, das sich mit dem Wechsel des Bezugs von Männlichkeit zu Weiblichkeit der gesamte Bezugsrahmen der Bewertung ändert, wodurch Abwertung und Vereinseitigung zugleich legitimiert und unsichtbar gemacht werden. Dieses Prinzip, dass immer wieder in der amerikanischen Frauenforschung hervorgehoben wurde, verweist auf die dahinter wirksame Hierarchie der Entwertung der Reproduktionsorientierung gegenüber dem ökonomischen Wachstum. Damit wird das Feld der Beziehungsarbeit als grundsätzlich privates bestätigt. Das Professionelle darin wird entweder übergangen oder nur hoch formalisiert und in Analogie zur Ökonomie gesellschaftlich abrechenbar. Institutionelle Entwertung des Reproduktiven und Selbstentwertung gehen ineinander über.

2. Biografisierung und Geschlecht

Vor dem sozialstrukturellen Hintergrund der Individualisierung der Lebensverhältnisse scheint sich eine Biografisierung der Lebensführung und der Lebensperspektiven durchzusetzen. Losgelöst aus traditionellen Milieus und Rollenzumutungen, aber auch bei unsicheren Statusübergängen und unter dem Verlust an sozialökonomischer Sicherung tritt das Projekt des eigenen Lebens mehr und anders als zuvor in die Regie der individuellen Lebensplanung und Gestaltung. Damit scheinen zunächst auch die traditionellen Geschlechterrollen, welche – vor dem Hintergrund der geschlechtshierarchischen Arbeitsteilung und der geschlechtstypischen Sozialisation – für viele das Mannsein und Frausein sozial festlegten, in den Hintergrund getreten. Die Geschlechter haben sich – vgl. Jugend 2002 – in ihrer gesellschaftlichen Stellung angeglichen, „nivelliert", im Mittelpunkt der sozialen Aufmerksamkeit stehen offensichtlich nicht mehr *Männer und Frauen*, sondern die je *Einzigen* („Egotaktiker"). Die ökonomische Plausibilität ist schnell bei der Hand: Eine moderne flexibilisierte Arbeitsgesellschaft kann keine traditionellen und versäulten Geschlechterrollen gebrauchen. Die männliche Dominanz scheint zu schwinden, fungible und kommunikative Kompetenzen werden gebraucht, die Trennung von Produktion und Reproduktion ist öffentlich nicht mehr sichtbar, sondern in den Einzelnen – ob nun Männer oder Frauen – aufgehoben.

Dieses Bild spiegelt sich auch in den geschlechterrelevanten Befunden der Meinungsumfragen der 1990er Jahre wider. Der Typ des Mannes, der öffentlich nicht mehr auf seiner männlichen Überlegenheit besteht, der Frauen als beruflich gleichberechtigt akzeptiert und bereit ist, mit ihnen die Haus- und Beziehungsarbeit zu teilen, findet zunehmend Verbreitung. Es ist nicht unbedingt der „neue Mann", den sich die intellektuellen Männergruppen erträumen, sondern eher der pragmatische Mann, den eben die gewandelte Arbeitsgesellschaft dazu zwingt, sich geschlechterkooperativ zu verhalten (vgl. Zulehner/Volz 1998).

Dieses geschlechternivellierende Bild der öffentlichen Umfragen und Medienportraits steht in einem deutlichen Kontrast zu dem, was wir an traditionellem Geschlechterverhalten, ja neuen Zuspitzungen geschlechtsstereotyper Bewältigung erleben, mehr noch, was im institutionellen Kontext bestätigt wird und dessen sich die institutionellen Zuschreibungen bedienen. Man könnte nun einwenden – und das decken ja auch zum Teil die Umfragen – das Klientel der Sozialen Arbeit rekrutiere sich ja meist aus den sozialen Randzonen, und da seien doch die traditionellen Geschlechterrollen immer noch versäult oder werden deshalb neu aktiviert, weil das (öffentliche) Mannsein und das (familiale) Frausein oft das Einzige seien, über das die sozial benachteiligten Menschen noch selbst verfügen können. Wenn wir uns aber im Beratungs- und Therapiebereich umschauen, so sehen wir, dass auch in den mittleren Sozialgruppen traditionelle Männlichkeits- und Weiblichkeitsmuster besonders dann auftreten, wenn es um die Bewältigung von kritischen Lebensereignissen und -konstellationen geht, um Situationen also, in denen die gewohnten sozialen Ressourcen und Unterstützungssysteme, in die auch die Geschlechternivellierung eingelassen war, versagen, wegfallen und die Menschen auf sich selbst zurückgeworfen sind. Dabei bleibt die offene Frage, ob in den Institutionen ein Doppelstandard fast selbsttätig zur Wirkung kommt, der den KlientInnen in der Unterschicht Selbstdisziplinierung abverlangt insofern hier Scheitern sanktioniert wird und gegenüber Mittelschichts-Klientel eher Förderungsperspektiven entwickelt werden – dies auch insofern, als den Letzteren mehr soziales Kapital im Hintergrund zur Verfügung steht.

In diesem Zurückgeworfensein auf sich selbst, in der leibseelischen Hilflosigkeit, die sich nun auftut, tritt das Geschlecht in seiner Tiefendynamik hervor und beeinflusst das Bewältigungsverhalten. Hier treten auch die Risiken des Biografisierungsprozesses deutlich zu Tage. Je mehr die Einzelnen auf sich gestellt sind, desto stärker laufen sie in Gefahr, die sozialen Filter einzubüßen und damit schnell in unmittelbare Betroffenheiten mit leibseelischer Direktheit zu geraten. Das Geschlecht als leibseelischer Kern der Identität wird dann in einer tiefendynamischen Weise aktiviert, die von den Einzelnen meist nicht rational kontrollierbar und sozial vermittelbar ist. Man kennt sich dann in solchen Situationen nicht mehr, sieht sich mit der Nachtseite einer geschlechtsstereotypen Personalität konfrontiert, von der man glaubte, dass man sie längst sozial ad acta gelegt hätte.

Damit bilden – so unsere zentrale These – Geschlechterhierarchie und Geschlechterdifferenz kein gesellschaftsleitendes Ordnungsschema mehr, wirken aber als je private Bewältigungsschemata weiter. Denn mit der Biografisierung und Privatisierung der Geschlechterbezüge ist die Geschlechterfrage nicht aus der Welt. Die Ideologie der ökonomisch-technologischen Entwicklung, die sich von den Lebenswelten in ihrer Eigenlogik entkoppelt hat, aber auf sie zurückwirkt, trägt unübersehbar „männlichen", das heißt externalisierenden Charakter und übt damit Druck auf Männer und Frauen gleichermaßen aus. Damit stellt sich – in der Rückwirkung auf die Lebenswelten – die Geschlechterfrage: Frauen haben zwar inzwischen oft den gleichen Zutritt zu den neuen Kommunikations- und Wissensökonomien, werden aber wieder herausgeschleust, wenn sie ihre Tätigkeit mit Familie und Kindern vereinbaren wollen; Männer werden noch intensiver genutzt und verfügbar gehalten und damit noch weiter von der Familie entfernt, auch wenn es sie mehr denn je zu ihr hinzieht. Auch so spielt sich – nun auf einem neuen, modernisierten Level – die Geschlechterhierarchie auch in den mittleren Bevölkerungsschichten wieder ein: man einigt sich rational-pragmatisch unter dem Sachzwang der neuen Ökonomien auf die herkömmliche geschlechtstypische Arbeitsteilung und verspricht sich, diese nicht zu einer geschlechtshierarchischen verkommen zu lassen – solange es keine kritischen Ereignisse in der Beziehung gibt (vgl. dazu Jurczyk 2001).

Die Geschlechterfrage holt also die Menschen in einer Gesellschaft, die alles kontingent erscheinen lässt, auf der biografischen Bewältigungsebene ein. Sie strukturiert die Bewältigungsmuster. Auf dieser Bewältigungsebene ist auch die Sozialarbeit angesiedelt, wenn sie zu Menschen zu gelangen versucht und den Menschen helfen will, zu sich zu kommen. Die Grenze bildet hier also die gelingende (oder nicht gelingende) Thematisierung männlicher und weiblicher Betroffenheit – auch und gerade in ihrer alltäglichen Verschlüsselung. Auf dieser unmittelbaren personalen und interaktiven Ebene wird sie zu einer Schlüsselkategorie.

3. Bewältigung und Bedürftigkeit

In einer solchen auch diagnostisch brauchbaren Perspektive „Bewältigung" lässt sich die geschlechtstypische Eigendynamik aufschließen, die den Fallkonstellationen innewohnt, die die Sozialarbeit alltäglich zu bearbeiten hat. Schon bei der Eingangsdefinition von „Betroffenheit" ist deutlich geworden, dass in kritischen Lebenssituationen und -konstellationen, in denen die Menschen auf sich selbst zurückgeworfen und existentieller Hilflosigkeit ausgesetzt sind, geschlechtstypische Mechanismen personal, aber auch in der institutionellen Verstärkung wirken, die sich der rationalen Selbstkontrolle entziehen. Die allgemeine Erkenntnis dabei ist, dass Frauen in der Tendenz und Häufigkeit anders mit der inneren Hilflosigkeit umzugehen in der Lage sind als Männer. Diese sind in ihrem Bewältigungsverhalten eher „außen-orientiert", externalisiert, spalten Hilflosigkeit eher ab, rationalisieren sie, indem sie nach Gründen suchen, die außerhalb ihrer Betroffenheit liegen, projizieren ihre Hilflosigkeit auf Schwächere, auf etwas Störendes im jeweiligen Gegenüber. Die Kriminalitätsstatistiken geben eben über diesen männlichen Bewältigungstypus ein beredtes Zeugnis ab. Männer dominieren hier deutlich in außengerichteten, aggressivitätsbetonten Delikten. Aus der Beratungspraxis wissen wir, dass es für Männer schwierig ist, von sich und ihrer Hilflosigkeit zu erzählen (s.u.). Männer, so heißt es, können über alles reden, nur nicht über sich selbst; wenn sie aber einmal über sich reden wird dies übergangen oder abgewertet.

Frauen hingegen wird ein mehr „innengerichteter" Bewältigungsmodus zugeschrieben. Sie sind eher in der Lage, ihre innere Befindlichkeit zu thematisieren, sie spalten ihre Hilflosigkeit aber auch oft gegen sich selbst, nach innen ab: Autoaggressivität, Schuldübernahme (zum Beispiel für die Familie) und Zurücknahme der eigenen Interessen sind Ausdrucksformen dafür. Selbstkontrolle, Gewalt gegen sich selbst und Selbsthass zeigen sich nicht selten im frauentypisch häufigen Medikamentenmissbrauch oder auch in der Magersucht bei Mädchen.

Dieser geschlechtsdifferente Bewältigungsmodus ist vor allem sozial – über Generationen hinweg – *in der sozialen Vererbung entstanden* und deshalb nicht unveränderbar. Wir werden an späterer Stelle darlegen, dass es vor allem auch die gesellschaftlichen und kulturellen Kontexte sind, die Frauen immer wieder in diese Innenorientierung zwingen.

Auch wenn sich die Geschlechterrollen in Arbeitswelt und Öffentlichkeit annähern, zeigen die mannigfaltigen Erfahrungen im Umgang mit kritischen Lebenssituationen, die gerade in der Sozialarbeit gesammelt werden, dass diese Innen- und Außenorientierung immer wieder durchbricht, gleichsam eine kulturgenetische Konstante darstellt, die historisch unterschiedlich tief in den sozialen Prozessen eingelagert und mit ihnen verwoben ist. Psychoanalytische Erklärungsansätze zielen in diesem Zusammenhang darauf ab, dass Frauen ob ihrer Nähe zur Natur, die sich vor allem in ihrer Gebärfähigkeit äußert, einen besseren Zugang zu ihrem Selbst haben, eher in sich hineinfühlen und Hilflosigkeit ertragen und aussprechen können als Männer (vgl. dazu Gruen 1992). Gesellschaftliche Erklärungsansätze betonen, dass Frauen die durchsetzungsorientierte Gegenwehr – im informellen Interaktionszusammenhang, kulturell und institutionell, aberkannt wird. Wenn wir die Reflexion gegenüber dem hegemonialen Erfolgsmodell noch einmal aufnehmen, dann ist noch einmal zu differenzieren: Durchsetzungsfähigkeit wird Frauen z.B. im Rahmen der ökonomischen Funktion zugestanden.

Der Verweis auf einen übergreifenden kulturgenetischen Kern bedeutet aber nicht, dass dieses Außen und Innen als Dichotomie zu betrachten ist. Es ist vielmehr ein Spannungsverhältnis, das in Frauen und Männern gleichermaßen wirkt. Frauen und Männer, Jungen und Mädchen haben – wenn wir in unserer Symbolsprache bleiben – immer auch Anteile des anderen Musters in sich. Die Frage muss neu gestellt werden, ob sie sich in eine Balance von innen und außen beziehungsweise außen und innen bringen können. Wenn ihnen diese Balance sozial und kulturell verwehrt ist – den Männern der Zugang zu ihrer inneren Gefühlswelt, den Frauen der selbstbestimmte Außenbezug – sprechen wir von *Bedürftigkeit*. Damit meinen wir eine Befindlichkeit, die aus einer strukturellen, das heißt in der Regel nicht rational erkennbaren und kontrollierbaren Verwehrung eines triebbesetzten Bedürfnisses erwächst. Dieser Bedürftigkeitsbegriff ist psychodynamisch spezifischer als der allgemein in der feministischen Diskussion verwendete, der das grundlegende menschliche *Angewiesensein* auf die Mitmenschen meint, das vor allem die Frauen immer wieder reproduktiv beantworten müssen (vgl. dazu Eckart 1991). Geschlechtstypische Bedürftigkeiten steuern das Bewältigungsverhalten von Männern und Frauen. Sie sind ambivalent strukturiert und das bedeutet in der Diagnose- und Interventionsperspektive, dass in einer Verhaltensäußerung auch immer ein anderer oder entgegengesetzter Antrieb stecken kann. Das aggressive oder gar gewalttätige Verhalten mancher Männer spiegelt ihre Außenfixierung, ihren Abspaltungsdruck, unter dem sie stehen, genauso wider wie ihre verwehrte Sehnsucht nach gefühlter Geborgenheit und Anerkennung, die zu erreichen sie in kritischen Konstellationen nicht in der Lage sind und deshalb in den Zwang geraten, sie sich mit Gewalt holen zu müssen. Das Sich-Zurücknehmen und die Selbstzerstörung

53

bei Frauen ist genauso ein Ausdruck verwehrter weiblicher Aggressivität und sozialer Selbstbehauptung, die sie nicht erreichen können, weil sie in den verschiedensten Situationen immer wieder gelernt haben, dass sie ihnen nicht zugestanden wird.

Bedürftigkeit ist also eine psychodynamische Konstellation, die in der Regel sozial verdeckt ist, weil sie an gesellschaftliche Tabuzonen heranreicht. Männliche Gewalt korreliert in diesem Sinne mit gesellschaftlichen Macht- und Gewaltverhältnissen, die durch sie aktualisiert werden könnten. Männern wird gesellschaftlich ein über Macht und Gewalt herstellbares Bewältigungsmuster von Bedürftigkeit nicht nur nahe gelegt, sondern als legitimes Muster normativ abgesichert und damit gewissermaßen belohnt. Es wird umso mehr geadelt als es sich gegen einen äußeren, fremden Angreifer richtet; verfolgt und bestraft wird ein solches Muster, wenn die Gegner nicht in diesem Sinne definiert sind oder wenn es sich nachweisen lässt, dass das Verhalten sich eigentlich gegen Schwächere richtete. Eine weitere Legitimationsstrategie für „gute Gewalt" ist die Degradierung der Opfer als Fremde und Minderwertige. Im männlichen Muster werden Macht- und Gewaltverhalten gleichsam archaisch differenziert nach guter und schlechter Männlichkeit (vgl. Kersten 1995). In der weiblichen Zurücknahme hingegen spiegelt sich das Tabu der Industriegesellschaft, Fürsorge und Dasein für andere als Selbstverständlichkeit gelten zu lassen, nicht zu thematisieren, vorauszusetzen. In der feministischen Diskussion wurde diese Nicht-Thematisierung als gesellschaftliche Dimension der Entwertung von Frauenarbeit und stillschweigende Funktionalisierung herausgearbeitet. Auch moderne Gesellschaften sind demnach patriarchal strukturiert, insofern sie diese Fürsorge von Frauen beständig nutzen und als Naturressource behandeln, ohne für ihre Reproduktion aufzukommen.

Bedürftigkeit steuert das Streben nach *Handlungsfähigkeit* in kritischen Lebenskonstellationen. Jede Betroffenheit, die sich in Hilfebeziehungen äußert, hat mehrere, oft in sich gegensätzlich scheinende Seiten, die aber in der Bedürftigkeitsperspektive aufeinander bezogen sind. Deshalb ist es auch notwendig, den Zugang zur Person nicht über das Verhalten oder das Delikt zu suchen, sondern über die (pädagogische) Beziehung, in der diese Bedürftigkeit ihren Resonanzboden finden kann. Nur so wird es für den Sozialarbeiter oder die Sozialarbeiterin möglich, Hilfe suchendes oder interventionsauslösendes Verhalten als Bewältigungsverhalten zu erkennen, denn solches lässt sich zwar mit Fortschreiten der Hilfebeziehung auf „Gesetzmäßigkeiten" zurückführen, muss aber erst auch vom Helfenden selbst „gespürt" werden können. Hier zeigt sich die Kunst der helfenden Beziehung in der Sozialarbeit, Klienten offen zu begegnen, sie nicht vorab zu stereotypisieren (klientelisieren) und aus diesem Grunderlebnis heraus den Bezug zu Erklärungsmustern des Bewältigungsverhaltens zu suchen. Man könnte diesen Vorgang – analog der Theoriesprache – auch als *grounded intervention* bezeichnen.

4. Mütterlichkeit, Fürsorglichkeit, Beziehungsmacht

Mütterlichkeit ist eine zentrale Figur in der Geschichte der Pädagogik und Sozialarbeit. Sie gilt als Grundkategorie erzieherischen und fürsorgerischen Handelns, und es wurde in der Geschichte der Pädagogik und Sozialarbeit immer wieder versucht, dieses Konstrukt, das aus der Intimsphäre der Familie stammt, gesellschaftlich und öffentlich zu transformieren. Vor allem die Frauenbewegungen haben Mütterlichkeit immer wieder aufs Neue zu ihrem Symbol von eigenständigem gesellschaftlichem Auftrag gemacht und waren und sind bemüht, sie als gesellschaftliche Kategorie – „öffentliche, gesellschaftliche Mütterlichkeit" – ins Spiel zu bringen und auch kritisch den externalisierenden Tendenzen der industrialistischen „Männergesellschaft" entgegenzusetzen. Mütterlichkeit stellt sich somit als geschlechtstypische wie als verallgemeinerte Kategorie dar. Dies macht ihre Ambivalenz, Doppeldeutigkeit auch in der Sozialarbeit aus. Abgesehen davon, ob es überhaupt zulässig ist, Mütterlichkeit als gleichsam naturgegebene Kategorie allein den Frauen zuzuschreiben, wo man doch längst weiß, dass es eine soziale Konstruktion der Moderne im Kontext der Entstehung der bürgerlichen Kernfamilie ist (Bock/Duden 1977), stellt sich die für die Pädagogik und So-

zialarbeit weitergehende Frage, ob die Intimkategorie Mütterlichkeit so einfach über die Familie hinaus weiter ins Gesellschaftliche übertragbar ist. Mütterlichkeit entwickelt sich in
einem Zusammenspiel emotionaler Übertragungen zwischen
Mutter und Kind, ist später in die Intimstruktur der Familie
eingebunden und stammt damit aus einer anderen Welt als die
öffentliche Pädagogik und Sozialarbeit, die auf Berechenbar-
keit, Verallgemeinerbarkeit und überpersonale Verlässlichkeit
gegenüber den Klienten ausgerichtet ist. Intimität ist grenzenlos und bedrohlich, wenn sie nicht durch Selbstzurücknahme
gezähmt ist, während öffentliche Fürsorge und Soziale Sicherung formale Ansprüche, Grenzsetzungen gegenüber Machtmissbrauch und Verfahren verlangt. Das macht wieder generell die Problematik, die Gespaltenheit von auf mütterlich bezogener Fürsorglichkeit aus, denn es entwickelt sich eine bezeichnende Ambivalenz: Die SozialarbeiterInnen sind auf der
einen Seite professionell angehalten, fürsorgerisches Handeln
als verallgemeinertes Handeln zu organisieren, gleichzeitig
werden ihnen von den Klienten und Klientinnen intim-
emotionale, eben auf familiale Mütterlichkeit abzielende Erwartungen entgegengebracht, ganz so, wie die KlientInnen zu
bestimmten Zeiten auf sie angewiesen sind.

In diesem Zusammenhang hat sich in den letzten Jahren ein
weiteres Thema in den Vordergrund geschoben: Während in
der Hochzeit der Professionalisierungsdiskussion der Sozialarbeit die Frage nicht mehr zur Debatte stand, ob nun Männer
oder Frauen die besseren FürsorgerInnen seien, sozialarbeiterisches Handeln also gleichsam geschlechtsneutral dargestellt
wurde, ist in den letzten beiden Jahrzehnten mit der Wiederbe-
lebung des Beziehungsaspekts (Beziehungsarbeit, pädagogischer Bezug) die Frage nach den „weiblichen" und „männlichen" Anteilen der fürsorgerischen Beziehung wieder in den
Vordergrund gerückt. Der von den Frauen historisch adaptier-
ten Kategorie „Mütterlichkeit" wurde aus männerbewegten
Kreisen die Kategorie „Väterlichkeit" entgegengesetzt oder
zumindest danebengesetzt. Heute ist es mehr die Frage nach
einer gleichgewichtigen Elternschaft („Elterlichkeit"). Dennoch und insgesamt bleibt festzuhalten, dass „mütterliche" beziehungsweise „elterliche Fürsorge" eine Schlüsselkategorie
der modernen Sozialarbeit bleibt, die sowohl in ihrem Bezie-

hungs- als auch in ihrem Professionsaspekt die Gender-Thematik virulent hält.

Dass Mütterlichkeit, Väterlichkeit und Elternschaft soziale Konstrukte darstellen, die nicht von der Natur aus vorgegeben sind, zeigen die vielfältigen Erfahrungen in der Sozialen Arbeit, die es gerade in den Familienhilfen mit Frauen und Männern zu tun hat, denen die Fähigkeit verloren gegangen ist – oder sich nie entwickeln konnte – mit ihren Kindern fürsorglich und erziehend umzugehen, Elternschaft zu leben. Krisensituationen von Elternschaft zeichnen sich vor allem dadurch aus, dass in ihnen die biografischen Bewältigungsprobleme der Eltern selbst zum Ausbruch kommen und in der Beziehung zu den Kindern ausgetragen werden.

Die überforderte Fürsorglichkeit, der Mütter ausgesetzt sind, wirkt auch auf das professionelle Handeln in der Sozialarbeit. Dieses ist immer mit dem Problem konfrontiert, helfende Beziehungen verallgemeinern zu müssen und gleichzeitig – um Klienten überhaupt für diese Hilfe „aufschließen" zu können – sich geschlechtstypischen Beziehungserwartungen von Mütterlichkeit und Väterlichkeit auszusetzen. Das erfordert von den SozialarbeiterInnen ein wiederkehrendes Insichgehen, ob man das aushält, wie das in der eigenen Biografie verkraftbar ist und welche Eigenbedürftigkeit tangiert wird. Fürsorge für andere und Selbstfürsorge gehen immer ineinander über.

Das Problem wird oft noch dadurch erschwert, dass die Ebene der kompetenzorientierten Hilfen und die der Fürsorglichkeit auseinander fallen. Wenn SozialarbeiterInnen für Mädchen und Jungen „nachholende" Entwicklungsmöglichkeiten herstellen müssen, kennt jeder Jugendarbeiter und jede Jugendarbeiterin, wie Jugendliche in der Pubertät wieder in „regressive" Verhaltensweisen zurückfallen, und wie sie als SozialarbeiterInnen dann mit dem aggressiven Verhalten der Jugendlichen genauso umgehen müssen und können wie Mutter und Vater in der frühen Kindheit. Das heißt, sie müssen dieses Verhalten nicht nur aushalten, sondern auch fähig sein, den Jugendlichen daraus etwas zurückzugeben, ihre Aggressivität zu verstehen und gleichzeitig in der Beziehung so umzudeuten, dass die Jugendlichen einen Weg aus ihrer Befindlichkeit heraus finden können. Der englische Kinderpsychiater Winnicott hat dies einmal die „unzerstörbare Umwelt" genannt, die die PädagogInnen herstellen können müssen: Die Jugendlichen erhalten ein doppeltes Signal: Ihr Verhalten wird von den SozialarbeiterInnen mit einer eindeutigen Grenzsetzung aufgenommen. Gleichzeitig bekommen sie aber die Botschaft vermittelt, dass der Sozialarbeiter oder die Sozialarbeiterin weiter an ihnen festhalten, Interesse daran haben, wie es mit ihnen weitergeht. Achim Schröder 2002 nimmt für die Jugendarbeit ein weiteres Bild, das der Behälterfunktion von Mütterlichkeit in der frühen Kindheit auf: Aggressive Impulse eines Kindes müssen aufgenommen werden und in ein neues Bild von Sinnhaftigkeit verwandelt werden.

Uwe Uhlendorf (1997) hat in seinen diagnostischen Studien gezeigt, dass Kinder, die in ihrer Art von Aggressivität und seelischer Behinderung unheilbar scheinen, im Grunde das Problem haben, dass sie in ihrer kognitiven Entwicklung zwar vorangeschritten, in ihrer sozial-emotionalen Entwicklung aber stehen geblieben sind. Der Dreizehnjährige stellt sich kognitiv seinem Lebensalter entsprechend dar, verhält sich aber emotional wie ein Sechsjähriger. Wenn der Sozialarbeiter oder die Sozialarbeiterin hier eine unzerstörbare Umwelt und ein entsprechend förderndes Milieu aufbauen wollen, muss sich die Spaltung der Entwicklungsstadien des Jugendlichen in eine doppelte Hilfeperspektive umsetzen können. Sie müssen den Jungen gleichsam als Jugendlichen akzeptieren und als Kind ertragen und gleichzeitig immer wieder signalisieren und darin verlangen können, dass die kindliche Stufe verlassen wird.

Mädchen und junge Frauen sind an dieser Stelle oft einer entgegengesetzten einseitigen Behandlung ausgesetzt: Ihr aggressives Verhalten wird schneller mit Ausgrenzung beantwortet, statt es in dieser doppelten Anstrengung aufzunehmen. Zurücknahme und Anpassung an Entwicklungsanforderungen sollen selbstverständlich vorhanden sein. SozialarbeiterInnen sind z.B. mit jungen Müttern konfrontiert, die keine Befähigung haben, Sorge und Zuwendung dem Kind gegenüber zu entwickeln. Diese Fähigkeit muss dann von Grund auf entwickelt werden und das geht nur dadurch, dass man sich zu der Mutter wie zu einem Kind verhält, gleichzeitig sie aber auch in ihrer Erwachsenenseite fördert. Mütter, die ihre Kinder vernachlässigen, kommen aber mit der Anklage, das Kind sei undankbar. Damit bewältigen sie ihre eigene Bedürftigkeit, versuchen, die ihnen selbst entgangene Liebe vom Kind einzufordern. Dann haben sie keine Reserven mehr, um kindliche Aggressivität auszuhalten. Dieser Zusammenhang wird oft psychotisch – als abweichendes Verhalten – interpretiert, ist aber letztlich auf dieses Bedürftigkeitssyndrom zurückzuführen.

Wir sehen also, dass beziehungsorientierte Fürsorglichkeit in der Sozialarbeit in geschlechtsspezifisch gebrochenen Bedürftigkeitskonstellationen angefragt wird. Wie kann es nun SozialarbeiterInnen gelingen, gleichzeitig rational-professionell *und* fürsorglich zu handeln und dabei nicht in die „Fürsorglichkeitsfalle" oder vielleicht auch „Mütterlichkeitsfalle" zu geraten? Wir haben dargelegt, dass Mütterlichkeit auf die familiale Intimsphäre verwiesen ist und dass es problematisch wird, wenn sie einfach in die rationale Arbeitswelt der Regeln und Verfahren übertragen wird. Mütterlichkeit operiert, wie alle familial-intimen Verkehrsmuster mit emotional-affektiven Verhaltensweisen wie Liebe und Hass, Enttäuschung und Schuld, Zuneigung und Abwehr. Werden solche Muster unvermittelt in professionelle Hilfebeziehungen oder Organisationen verlängert, dann entstehen nichtkontrollierbare und emotional-affektiv verdeckte Machtstrukturen. Deshalb ist es wichtig, in Verfahren der Praxisberatung und Organisationssupervision solche (diskriminierenden) Verdeckungszusammenhänge aufzumachen und nach einer Balance von Beziehungsemotionalität und Regelhaftigkeit zu suchen (vgl. Kieper-Wellmer 1991).

Damit dies möglich ist, braucht es den sozialpolitisch durchzusetzenden Anspruch, öffentliche Zeiten und Räume dafür herzustellen und sie zu öffentlichen Regeln und Verfahren in Beziehung zu setzen. Vor allem die Sozialarbeit ist auf diesen öffentlichen Raum-Zeit-Zusammenhang der Herstellung von Fürsorglichkeit angewiesen, wenn sie sich nicht in bloßer Sozialtechnologie erschöpfen soll und Fürsorglichkeit dann wieder im Privaten, Verdeckten verbleibt. Gerade die Asymmetrie von nachgefragter Fürsorge und sozialem Druck zur Problemlösung in der helfenden Beziehung verlangen Arrangements, die nicht so linear sein können wie die sozialtechnologischen input-output Designs, bei denen die nichtstandardisierbaren, also affektiv-emotionalen Aktivitäten regelmäßig in einer Blackbox verschwinden. In einem solchen Sinn muss Sozialarbeit sozialräumlich gedacht werden, damit sie ihren eigenen Kreis der Reproduktion von Fürsorge über die unmittelbare Klientenbeziehung hinaus aufbauen kann: Netzwerke, Gruppenbezüge, Kontext- oder Praxisreflexion. Denn so, wie SozialarbeiterInnen KlientInnen aushalten und dennoch positiv und biografisch weiterführend rückspiegeln müssen, brauchen sie auch selbst Netzwerke und Gruppenbezüge, die *sie* aushalten, in denen sie sich fallen lassen können, ohne gleich negativ sanktioniert oder psychiatrisiert zu werden. Es ist auch hier der stützende Gruppenkontext, der den professionellen Status und Anspruch des Sozialarbeiters und der Sozialarbeiterin hochhält und gleichzeitig seine und ihre Bedürftigkeit anerkennt.

So wie der Sozialstaat in der Form der Sozialarbeit Räume und Zeiten geschaffen hat, um Mütterlichkeit und Fürsorglichkeit gesellschaftlich zu transformieren, zu öffentlichen Gütern zu machen, ist diese öffentliche Transformation in der Krise des Sozialstaats bedroht. Die notwendige Doppelung, die symmetrische Erzeugung von Fürsorglichkeit und sozialer Problemlösung ist gefährdet. Mit dem Verfließen der Grenzen zwischen sozialstaatlicher Gesellschaft und neokapitalistischer Wirtschaftsentwicklung bei enger gewordenen Gestaltungsspielräumen des Sozialstaats drängen sich ökonomistische Prinzipien sozialer Problemlösung in den Vordergrund. Da sie linear strukturiert sind, drängen sie Räume und Zeiten der Fürsorglichkeit wieder ins Private zurück. Da aber gleichzeitig auch das Private noch mehr in den Sog des neuen ökonomischen Rhythmus und Kalküls geraten ist – das abgesicherte Normalarbeitsverhältnis, das die Privatheit der Familien stabilisiert hat, ist nicht mehr die Regel – wandeln sich die Räume der privaten Fürsorglichkeit, vor allem dort, wo keine ökonomischen Überschüsse da sind, in Räume der regressiven Selbstsorge, die nurmehr Kraft für die eigenen Angehörigen, aber keine zusätzliche Energie mehr für andere hat. Im Gegenteil: Das ökonomische Konkurrenzprinzip wirft gerade hier seine Schatten, die Selbstsorge geht, wenn sie unter Druck gerät, mit Ausgrenzung anderer einher. Das Care-Prinzip, das den Frauen immer als Tugend in der Familie zugeschrieben worden ist, kann in solchen Überforderungssituationen umschlagen in Abschottung, Clanmentalität bis hin zu rassistischen Abwehr. Und diese werden dann wieder – nun noch verstrickter – zum Gegenstand der Sozialarbeit, die aber selbst für diese Verstrickungen keinen Raum mehr hat, sondern zum puren Interventionismus getrieben wird.

Deshalb ist es professionspolitisch notwendig, dass die Sozialarbeit für Räume und Zeiten zur Herstellung von Fürsorglichkeit kämpft und für eine Sozialpolitik eintritt, die die entsprechenden sozialstaatlichen Spielräume verteidigt. Eine entsprechende Konfliktorientierung setzt an diesem Zusammenspiel von verwehrten Reproduktionsbedingungen und privat verdeckten Konflikten an (vgl. Bitzan 2000), die gerade auch in ihrer jeweils geschlechtsspezifischen Brechung aufgeschlossen werden müssen.

5. Geschlechtstypische Arbeit als Konfliktfeld

Die Bezugnahme auf das Geschlecht bedeutet für die Soziale Arbeit einen professionellen Fortschritt im Sinne einer weiteren Differenzierung ihres diagnostischen und interventionsbezogenen Instrumentariums. Diese sozialtechnologische Sichtweise verkennt aber, dass geschlechtsreflexive Ansätze, wenn sie in geschlechtstypische Abhängigkeiten hineinreichen, zwangsläufig gesellschaftliche Konfliktfelder tangieren. Gleichzeitig bilden sich im Definitions- und Interventionssystem der Sozialen Arbeit traditionell geschlechtshierarchische Kontexte ab. Deshalb sind die entscheidenden Impulse für die Mädchen- und Frauenarbeit aus Gegenbewegungen – gerade auch zur Sozialarbeit – entstanden.

Die Soziale Arbeit hat in ihrer institutionellen Geschichte – vor allem in der Tradition der Familienhilfe – immer darauf gebaut, dass Frauen zurückstecken und Männer eine dominierende, außenbezogene Rolle spielen. Diagnosen und Anamnesen erzeugen vor dieser Hintergrundkonstellation den typischen defizitären Blick auf Familien, Mädchen und Jungen. Familien sind vor allem dann desorganisiert, wenn die Mütter dem Überforderungsdruck nicht mehr gewachsen sind, Mädchen gelten dann als auffällig, wenn sie mit den Herausforderungen und Widersprüchen der weiblichen Rolle nicht umgehen können und Jungen werden dann als problematisch eingestuft, wenn sie sich in der männlichen Rolle nicht mehr im Griff haben. Man könnte auch pointiert formulieren: Jungen geraten dann in das Interventionsfeld der Sozialarbeit, wenn sie ihre männliche Rolle – in die externalisiertes Verhalten eingebaut ist – überziehen, Mädchen, wenn sie aus der weiblichen Geschlechterrolle „fallen", wenn sie aggressive Lösungen suchen oder wenn sie die weiblichen Seiten überschreiten z.B. sexuelle Verfügbarkeit überziehen.

Geschlechtsreflexive Arbeit hingegen greift die traditionellen Männer- und Frauenrollen selbst an, trägt damit erst einmal einen Konflikt in die Sozialarbeit hinein und fordert dazu auf, diesen Konflikt und nicht das Rollenverhalten als diagnostischen Ausgangspunkt zu nehmen. Erst die Akzeptanz eines solchen Konflikts und sein Verstehen kann den Sozialarbeiter und die Sozialarbeiterin in die Zonen der Betroffenheit und Befindlichkeit der KlientInnen führen.

Dabei sind es zwei Grundkonflikte, die in der Arbeit mit Frauen und Männern aufbrechen können oder übergangen werden und die spezifische Bedürftigkeiten signalisieren. Bei Frauen ist es immer wieder die Frage, ob sie einen Anspruch auf ein eigenes Leben haben oder ob sie diesen für die Familie und die Kinder aufgeben müssen. Wenn den Frauen die Aufgabe dieses Anspruches wie selbstverständlich zugemutet wird – und das ist auch immer noch oft in den Familienhilfen der Sozialarbeit der Fall – dann verstärkt man den Druck auf sie. In der Praxis der Sozialarbeit hört man dazu oft: Die Frau darf diesen Konflikt gar nicht haben, er steht ihr und uns doch im Weg.

Bei Männern gibt es eine ähnliche Grundthematik des Konflikts. Sie stehen unter einem Normalitätsdruck, der durch das Diktat des Mithaltenmüssens geprägt ist. Ihre Eigenständigkeit ist gekoppelt an die unbedingte Verfügbarkeit in der Arbeit. Diese Verfügbarkeit wird oft auch in der Sozialarbeit bei Männern positiv bewertet, nicht verfügbare Männer gelten als rollenlos und damit schwer integrierbar. Angewiesenheitsängste und Furcht vor dem Scheitern strukturieren den verdeckten männlichen Grundkonflikt.

Diese Grundkonflikte bilden auch die diagnostischen Grundlagen einer geschlechtsreflexiven Sozialarbeit. Sie reichen aber über sie hinaus, in die gesellschaftspolitischen Konfliktfelder der Geschlechterhierarchie und der Asymmetrie von Produktion und Reproduktion hinein. Sie können deshalb nicht pädagogisch gelöst, höchstens befriedet werden. Von daher kann begründet werden, dass geschlechtsreflexive Soziale Arbeit auch immer zwangsläufig in Bezug steht zu einer Frauen- und Männerpolitik. Hierin liegt auch die Begründung dafür, dass das sozialtechnologische Programm des Gender Mainstreaming Geschlechterpolitik nicht ersetzen kann.

Sicher ist es eine Überforderung für viele Sozialarbeiter und SozialarbeiterInnen, ihnen auch ein geschlechterpolitisches Engagement aufzwingen zu wollen, wenn sie nicht bereit sind, ihre Praxis geschlechtsreflexiv auszurichten. Doch die Fähigkeit, geschlechtstypische Grundkonflikte zu erkennen und das Handeln danach auszurichten, bringt für sie wichtige diagnostische Einsichten, allerdings aber auch möglicherweise Konflikte in der eigenen Institution. Denn wenn man die Hilfebeziehung auf dieser erkannten Konfliktstruktur bei den KlientInnen aufbauen will, braucht man Raum und Zeit, in denen solche bislang verdeckten Konflikte auch von den KlientInnen ausgedrückt und ausgelebt werden können, damit sie der sozialen Erfahrung und Anerkennung zugänglich werden. Der zunehmend sozialtechnologische Zuschnitt der sozialarbeiterischen Institutionen mit dem damit verbundenen Druck auf Rationierung und Rationalisierung der Hilfebeziehungen lässt einen konsequenten geschlechtsreflexiven Ansatz deshalb meist nur in Projekten zu, die aus den Ämtern ausgelagert sind und über eine Budgetierung verfügen, die nicht primär auf Fallzahlen, sondern auf einen selbstgestalteten sozialen Raum ausgelegt ist.

Der Raum für Fürsorglichkeit und Pflege ist darüber hinaus in die geschlechtshierarchische Arbeitsteilung der sozialarbeiterischen Institutionen selbst eingewoben. Gröning (1995 für den Pflegebereich) und auch Bitzan/Klöck (1993 für die Arbeitsteilung in verschiedenen Modelleinrichtungen) haben gezeigt, dass – gerade auch unter Einsparungsdruck – solchen als weiblich definierten Kompetenzen alltäglich und systematisch Professionalität abgesprochen wird und diese gezielt in das private Engagement gerade in Richtung von Mitarbeiterinnen verschoben werden.

6. Parteilichkeit

Ebenso wie „Mütterlichkeit" und „Beziehungsarbeit" ist „Parteilichkeit" zu einer Maxime und Anforderung an sozialarbeiterisches Handeln aufgestiegen, die ihre Wurzeln in der Arbeiterbewegung hat und von der Frauenbewegung mit neuer Zielrichtung aufgenommen wurde (vgl. Kavemann 1997; Bitzan/Daigler 2001). Sie wendet sich gegen die defizitären Zuschreibungen, die auf Frauen und Mädchen angewendet werden, wenn es darum geht, Probleme zu benennen, zugunsten der Aufdeckung von Abhängigkeitsstrukturen, in denen die Personen stehen. Immer noch gelten Mädchen und Frauen, die in ihrer Kindheit sexueller Gewalt unterworfen waren und mit Verstörung und eingeschränkter Lebensfähigkeit weiterleben, als auffällig. Sie erhalten eingeschränkte Hilfe auf Grund ihrer Auffälligkeit und keinen Anspruch auf Aufarbeitung ihrer Verletzungen. Lebenslang bleibt ihre Fähigkeit, das Leben sorglos und selbst zu gestalten für sie unberechenbar bedroht. Für manche bleibt auch jede parteiliche Anstrengung, *zusammen* den Weg der Aufarbeitung und Bewältigung zu gehen vergebens; für sie bleibt als Ausweg vor den in der Seele wiederkehrenden Qualen nur die Selbstzerstörung.

Feministische Parteilichkeit hat sich vor allem an der Selbstverständlichkeit patriarchaler Macht- und Gewaltstrukturen entzündet. Der strukturellen Akzeptanz gesellschaftlicher Gewalt gegen Frauen musste der Anspruch und das Recht auf Schutz, Gegenwehr und Überwindung von Opfererfahrung entgegengesetzt werden. Parteilichkeit wurde zum Symbol einer Gegenwelt, in der etwas anderes – auch die Bestrafung der Täter – einklagbar wurde. Parteilichkeit wird seitdem in der feministischen Sozialarbeit als Haltung gesehen, Mädchen und Frauen Raum zu jener Selbstentwicklung zu geben, die ihnen von der Gesellschaft strukturell und in personalen Beziehungen in ganz unterschiedlichen Formen von Entwertung, Nichtachtung und Missdeutung ihrer Erfahrungen verweigert werden kann.

Auf mehreren Ebenen – im Kontext von Institutionen, die bis dahin Gewalt gegen Frauen übergingen, im öffentlich-politischen Kontext, im Raum von „äußerlich" normalen Familienbeziehungen musste und muss Parteilichkeit immer auch als gesellschaftlicher *Tabubruch* wirken. Dies gilt vor allem im Falle der gesellschaftlichen Tabuisierung sexueller Gewalt. Parteilichkeit als Tabubruch bedeutet, ein Konfliktfeld aufzuschließen, das gesellschaftlich stillgestellt ist, weil es gesellschaftlich gar nicht behandelt werden kann, insofern kein gesellschaftlicher Auftrag, kein öffentlicher Raum dafür da ist. Dieser Raum ist durch die autonomen Mädchen- und Frauenprojekte Schritt für Schritt aufgebaut und in einzelne Praxisfelder hinein getragen worden. In der letzten Zeit wird so auch eine Verantwortung der Institutionen eingeklagt. ASD und Einrichtungen der Jugendhilfe werden mit Anforderungen konfrontiert, die bis dahin mit Ausnahme einiger Anstrengungen dem individuellen professionellen Engagement und oft auch Risiko überlassen geblieben waren, mit Ausnahme wesentlicher Vorstöße bei Trägern. Eine jüngere Untersuchung belegt die große Distanz und Verunsicherung den doch häufig bekannten Tatbeständen sexueller Übergriffe gegenüber, denen Mädchen, Jungen – Mütter in ihrer Jugendzeit – ausgesetzt waren und sind (Klees 2002). Sexuelle Gewalt war – und ist immer noch – in den Privatbereich der persönlichen Beziehung und der Familie eingeschlossen. Das parteiliche Eintreten zum Schutz der Opfer hat dazu geführt, dass die gesellschaftliche Funktionalität des Tabus durchbrochen und damit der patriarchale Verdeckungszusammenhang gelüftet wurde. Diese Form der Parteilichkeit hat begonnen eine neue Norm zu setzen und auf ihrer Durchsetzung zu bestehen. Die positiven Folgen der Normsetzung für sich können heute im einzelnen Fall nachvollzogen werden. Dennoch müssen wir damit rechnen, dass dieser Schritt – auch z. B im großen Feld des Sextourismus als Einbruch in ein gesellschaftliches Tabu eine Art emotionales Chaos zur Folge hat. Dies wird in der öffentlichen Diskussion bisher nicht angemessen bearbeitet: Den Männern wird vorgeführt, dass sie gleichzeitig mächtig und bedürftig sind. Feministische Parteilichkeit in diesem Sinne zieht auch die Notwendigkeit zur Auseinandersetzung um das Mannsein in unserer Gesellschaft nach sich (vgl. Engelfried 1999). Die Institutionen der Erziehungshilfe dafür zu sensibilisieren, bedeutet sich auf langfristige Absicherung von Lern- und Veränderungsprozessen einzulassen, eine Kontinuität für Betroffene und MitarbeiterInnen herzustellen, in der es immer wieder möglich wird, für Unsicherheiten, Fehler, Überforderungen und bedrohliche Konfrontationen Raum zu haben und die Sicherheit, dass bei neuen und alternativen Schritten auf eine kollektive Basis im Team und in einem erweiterten Netzwerk gebaut werden kann.

Die Einforderung von Parteilichkeit für Mädchen und Frauen verlangt also, dass in weiten Bereichen immer neu eine Sensibilisierung für kaum sichtbare Diskriminierungen entwickelt wird. Es heißt die vielschichtigen Grundlagen für diese Diskriminierungen zu durchschauen und immer wieder einem Doppelstandard entgegentreten müssen, der Mädchen und Frauen gerade auch Motive und Anlässe von Gewaltanwendung aberkennt, ihrem abweichenden Verhalten den Sinn und genaue Beschäftigung entzieht (vgl. Schmerl 1999). Schließlich verbindet sich mit feministischer Parteilichkeit vor allem auch die Perspektive der Durchsetzung des Rechts auf eigene Reproduktionsmilieus für Frauen. Frauen, die für andere sorgen sollen, deren Fürsorge als unentgeltliche gesellschaftliche Ressource vorausgesetzt wird, für die selbst aber gesellschaftlich nicht gesorgt wird. Hier wird ein gesellschaftliches Problem zu einem Zeitpunkt benannt, zu dem die Reproduktion – die Voraussetzungen dafür, dass Mitmenschlichkeit und Solidarität entstehen und gelebt werden können – für breite Bevölkerungskreise gefährdet ist.

Von seinem Anspruch und seiner Praxis her ist also der Parteilichkeitsbegriff heute in der Sozialarbeit feministisch besetzt, er führt – wenn er nicht eingeengt wird – aber immer auch in die Welt der Bedürftigkeiten der Männer hinein. Gleichwohl ist er erst einmal feministisch blockiert, da Parteilichkeit darauf gerichtet sein musste und immer noch muss, männliche Gewalt und männliche Täterschaft überhaupt als existent zu setzen. Erst in den letzten Jahren konnte sich der feministische Täterblick differenzieren (das Unwissen, das Tabu, das Frauen davon ausnahm als Täterin, fähig zu sexuellen Übergriffen, benannt zu werden ist dabei, aufgebrochen zu werden). Und so wurden die Bedürftigkeiten von Männern in unserer Gesellschaft thematisierbar, wurde es möglich, einen Gewaltdiskurs zu führen, der die Männer nicht nur und allein als Täter, sondern auch als Menschen sieht, die in einem bestimmten Verhältnis zu der Tat stehen, das aufgeklärt werden muss. Die Trennung von Mensch und Tat, die erst den rechtsstaatlich abgesicherten pädagogischen Zugang zu dem Täter oder der Täterin ermöglicht, und ohne die eine professionelle pädagogische Arbeit der Rehabilitierung oder Resozialisierung überhaupt nicht möglich ist, bildet die allgemeine Basis für eine solche Parteinahme. Die Grenzen für eine Resozialisierung liegen im Feld der Täterarbeit bei sexuellen Übergriffen hoch, vielen bleibt der Zugang zu ihrer Tat weiterhin und mehrfach verschlossen (vgl. Heiliger 2001). Wie schwer dieser Zugang ist, wird aus der Täterarbeit mit Jugendlichen sichtbar: sie brauchen einen breiten haltenden Raum und die massive Konfrontation mit Gegenrealität, wenn sie sehen sollen, dass sie ihre Aggression und Angst zugleich in einem Übergriff auf eine wehrlose und geschwächte Person ausgelebt haben (vgl. Weidner u.a. 1997). Dass diese Täter eine Geschichte der immer wiederholten – von keiner Autorität gebremsten – Übergriffe auf sie selbst und gleichsam ebenso zugelassenen eigenen Gewalttätigkeit hinter sich haben, interessierte bis dahin keine Instanz maßgeblich. Dennoch bleibt es weiterhin schwer, Parteilichkeit für Jungen und Männer einzufordern, da sie ja als Vertreter männlicher Gewalt gesehen werden und bei ihnen die personale Verkörperung von geschlechtstypischer Abhängigkeit und Unterdrückung nicht gegeben scheint.

Jungen und Männern ist auf sehr grundlegende Art verwehrt, einen anerkannten Opferstatus und damit Parteilichkeit für sich zu beanspruchen (Lenz 2000). Wenn wir beim Konfliktfeld sexueller Gewalt bleiben, so wird dies bei den betroffenen Jungen besonders deutlich: Nicht nur, dass sich hier – im Kontrast zum Problem des sexuellen Missbrauchs an Mädchen – kein öffentlicher Diskurs entwickelt hat und damit ein prekäres Dunkelfeld entstanden ist. Die betroffenen Jungen selbst scheuen sich noch stärker als die Mädchen, sich als Opfer sexuellen Missbrauchs zu verstehen, sie bagatellisieren ihn eher, spalten die Hilflosigkeit in der Gewalterfahrung ab und sind nicht selten den Tätern gegenüber loyal. Dies hängt natürlich mit der Typik des Aufwachsens von Jungen zusammen: Die Sehnsucht nach einem männlichen Freund, die im latenten Homosexualitätstabu verwehrt ist, die Suche nach männlicher Geschlechteridentität, die sich bis in die Peergroup hinein mehr am äußeren Geschlecht als am inneren erotischen Erleben fest macht und schließlich die Angst, das Zugeben der eigenen Hilflosigkeit werde auf sie selbst zurückschlagen und sie in ihrer fragilen Männlichkeit noch weiter beschädigen. Missbrauchte Jungen sind also doppelte Opfer: Zum einen Opfer des Missbrauchs selbst, zum Zweiten Opfer gesellschaftlicher Tabuisierung dieses Vergehens. Gestützt wird diese Tabuisierung durch bestimmte Mythen, die sich bis heute hartnäckig – auch in therapeutischen Kreisen – halten: Danach „schade" den Jungen der sexuelle Missbrauch weniger als den Mädchen, da sie doch ganz unemotional damit umgehen könnten und – eher als die Mädchen – über die Gleichaltrigenclique stärker davon loskämen. So ist es auch nicht verwunderlich, dass Therapeuten und Psychologen dieser gesellschaftlichen Tabuisierung aufsitzen oder sich scheuen, daran zu rühren. Deswegen werden vergleichsweise wenige Hilfen für missbrauchte Jungen angeboten (vgl. dazu Bange 2000). Das Objekt der Männerberatung ist der Täter und nicht das männliche Opfer. Zur Täterfixierung hat auch der strukturelle Mangel an Mitgefühl unter Männern beigetragen. Für einen Mann als Opfer kennen unsere Gesellschaften nur die Ehrung als Held. Schwäche und Verletzung werden übergangen – dies ist die andere Seite der Täterfixierung, die auf die männlichen Opfer zurückschlägt. Parteilichkeit für missbrauchte Jungen muss also erst eine Wand von Vorurteilen und doppelten Tabuisierungen durchbrechen.

Auch männliche Opfer nichtsexueller körperlicher Gewalt – Gewalt von Männern gegen Männer – bleiben im Täterparadigma gefangen; sie sind somit auch Opfer im Banne des männlichen Tätergeschehens. Wird bei sexuellem Missbrauch das Opfersein der betroffenen Jungen per Tabuisierung übergangen, so geschieht dies bei Gewalt unter Jungen und Männern per öffentlich gesellschaftlichem Einvernehmen: Das Opferproblem wird einfach per Selbstverständlichkeit eskamotiert. Männer gehen eben untereinander „zur Sache" (so pflegen Fußballreporter auch hässlichste Fouls zu kommentieren). Dass vor allem auch junge unbeteiligte Männer Opfer von Gewalttaten sind, bleibt damit völlig außen vor. Natürlich wird das „Sonderproblem" der rassistischen Gewalt thematisiert. Aber dass die Opfer ausländischer Herkunft auch meist Männer sind, scheint kaum jemandem aufzufallen.

All dies zeigt, dass das Opferschicksal von Männern privat oder gar sozial geächtet bleibt. Männer als Opfer sind ihrem Schicksal überlassen, ihnen wird die Opferidentität gesellschaftlich doppelt verweigert: Zum einen ist ein sozial anerkannter männlicher Opferstatus nicht in die Dominanzkultur der männergesellschaftlichen Ökonomie integrierbar, denn hier gibt es nur Gewinner und Verlierer, aber keine Opfer. Jungenarbeiter, die auf Tagungen zur Geschlechterarbeit Parteilichkeit für Jungen und Männer als Opfer einfordern, werden auch meist entsprechend vorgeführt: Schlagen Männer und Jungen nicht schon genug Profit aus der männlichen Dominanzkultur, sollen sie jetzt auch noch zusätzlich belohnt werden? Männliche Opfer zahlen eben den Tribut für die Gewalt- und Konkurrenzkultur der Männergesellschaft.

Die Verfügbarkeit des Mannes in einer intensivierten Ökonomie, das strukturelle Verwehrtsein der Zugänge zur Familie und zu sich selbst sind zudem schwer in Parteilichkeit umzumünzen. Parteilichkeit sucht immer sichtbare Abhängigkeiten, lässt sich dann schlecht auf strukturelle Gewalt rückbeziehen, wenn diese nicht in sichtbares Verwehrtsein und messbare Benachteiligung, wie inzwischen bei den Frauen, mündet. Männliche Bedürftigkeit, die aus solchem Verwehrtsein resultiert, muss ihre parteiliche Annahme immer noch gegen die Bastion der Parteilichkeit für Frauen durchsetzen, obwohl – aus der Bedürftigkeitsperspektive – das feministische Interesse für eine Lockerung der ökonomischen Zurichtung des Mannes da sein müsste. Eine geschlechterorientierte Sozialarbeit, die in ihren Diagnosen und Hilfen an den Bedürftigkeitslinien entlang operiert, hat dagegen den Zugang, der auch Parteilichkeit für Jungen und Männer einschließt.

III. Grundmodelle geschlechtstypischer Sozialisation und Bewältigung

1. Sozialisationsmodelle als „Struktur hinter der Alltagswirklichkeit"

Heutige Sozialisationskonzepte betonen die *eigentätige* Auseinandersetzung der Person mit der sozialen Umwelt. Sie verweisen also auf eine Entsprechung innerseelischer Prozesse und Subjektstrukturen (Selbstbild, Identität, Kohärenzgefühl, Handlungssicherheit) und äußerer Handlungsbedingungen im unmittelbaren gemeinsamen sozialen Bezugsrahmen und im erweiterten Aufbau der sozialen Welt. In der Zeit der Erstausbildung von Basisstrukturen des Verstehens und der Persönlichkeit hat in unserer Gesellschaft die Frage nach dem Geschlecht schon in der frühen Kindheit eine zentrale orientierende Funktion, insofern in die Gesellschaftsordnung eine zweiseitige und (geschlechts-)hierarchische Matrix eingelassen ist. Auch wenn wir dann bis in das frühe Jugendalter vielseitige, grundlegende Elemente weiblicher und männlicher Muster der Eltern bzw. unserer unmittelbaren Bezugspersonen in uns aufnehmen und ausleben und später mit diesen Mustern als Frauen und Männer spielen können, so bleiben dennoch die Prinzipien innerer Entwicklung und äußerer Gesellschaftsstruktur eng aufeinander bezogen, in denen sich – historisch je unterschiedlich – Geschlechterhierarchie abbildet.

Die gegenwärtigen Muster geschlechtsbezogener Sozialisation sind an die Industriegesellschaft gebundenen. Ihr Hintergrund ist jenes System der Arbeitsteilung, welches die industriellen Gesellschaften des 19. und 20. Jahrhunderts prägte und bis heute in den Grundzügen vorhanden ist. Es ist eine *geschlechtshierarchische* Arbeitsteilung, weil die Produktions-

und Reproduktionssphären nicht nur voneinander getrennt sind, sondern auch in einem – von der gesellschaftlichen Bewertung her – hierarchischen Verhältnis zueinander stehen: Reproduktive Hausarbeit wird gesellschaftlich nicht nur geringer bewertet als außerfamiliale Erwerbsarbeit, sie wird auch als selbstverständlich und stillschweigend vorausgesetzt. Mit dem Beginn der Industrialisierung wurde sie im Bürgertum ausschließlich den Frauen zugewiesen, den Männern sollte die außerfamiliale Erwerbs- und damit die familiale Ernährerrolle gehören. Frauen arbeiteten, um etwas hinzuzuverdienen. Als die Frauen dann seit den 1920er Jahren und in der zweiten Hälfte des zwanzigsten Jahrhunderts, entsprechend den Entwicklungen in den Dienstleistungsberufen, in den bürgerlichen wie in den proletarischen Milieus erwerbstätig wurden, blieben sie weiterhin an die häusliche Sphäre gebunden. Dies wurde vor allen Dingen durch eine an Frauen und Männer unterschiedlich adressierte Sozial- und Familienpolitik erreicht. Sie hatten von nun an mit dem Problem der *Vereinbarkeit von Familie und Beruf* zu kämpfen. Für den Mann galt – und gilt eigentlich bis heute – diese Vereinbarkeitsfrage nicht oder noch nicht.

Dem gesellschaftlichen Modell der Trennung von häuslicher und erwerbsgesellschaftlicher Sphäre und den damit verbundenen geschlechtstypischen Zuordnungen und Bewertungen entspricht ein gesellschaftliches Bild des Weiblichen, das mehr auf das „Innen" gerichtet ist, und ein Bild des Männlichen, das dem „Außen" verhaftet bleibt. Beide Bilder sind in die Struktur und Ordnung des Alltags eingegangen, werden von den Menschen übernommen, wirken durch alle Lebensphasen hindurch, beeinflussen Erziehungs- und Arbeitsverhältnisse. Jungen und Männer gelten danach als „externalisiert", ihnen wird nahe gelegt, dass sie Probleme vor allen Dingen im „Außen" abhandeln. Dies bewirkt, dass ihr Zugang zu den eigenen Gefühlen blockiert ist, dass sie nicht über sich sprechen können, ihre Probleme manchmal aggressiv oder gar gewalttätig nach außen abspalten müssen. In Seminaren und Fortbildungen gibt es einen fast sicheren „Test". Man lässt den Satz: „Wenn Männer (Frauen) sich mies fühlen dann ..." mit bis zu drei Attribuierungen ergänzen. Dies geschieht anonym auf kleinen Zetteln, die die TeilnehmerInnen (Männer attribuieren Frauen, Frauen attribuieren Männer) – zusammengefaltet abgeben und sie dann – gemischt und neu verteilt – vorlesen. Untereinander, nach Männern und Frauen geordnet, ergibt das in der Sammlung auf der Tafel eine Art Polaritätsprofil, in dem die Verhaltenszuschreibung *innen* für die Frauen und *außen* für die Männer immer recht klar hervortritt.

Diese Zuordnung nach Profilen zeigt sich uns in den Seminaren heute genauso wie vor zehn Jahren, auch gerade bei jungen Leuten, von denen man doch inzwischen meint, dass sie in ihren Einstellungen die Geschlechtergrenzen ins Fließen gebracht, die Geschlechterstereotype überwunden und sich bei ihnen die Geschlechterrollen nivelliert haben. Der moderne junge Mann des beginnenden 21. Jahrhundert, so möchte man meinen, lebt doch nicht mehr nach dem traditionellen geschlechtshierarchischen Außenmodell. Er zeigt Gefühle, respektiert Frauen als Kolleginnen im Beruf und Öffentlichkeit, möchte familienorientierter sein und ist verantwortungsvoll in der Sexualität. So vermitteln es uns zumindest die Jugend- und Männerumfragen der letzten zehn Jahre. Aber Umfragen beziehen sich vor allem auf Einstellungen der sozialen Umwelt gegenüber, wie es in den Menschen innen aussieht, können sie nicht aufschließen. In unserer heutigen modernen Gesellschaft gelten hierarchische Geschlechterrollen als antiquiert, allerdings nicht nur aus ethischen und moralischen Gründen, sondern weil eine flexibilisierte und mobile postindustrielle Gesellschaft solche Trennungen und Brüche nicht gebrauchen kann. Gleichzeitig setzt dieselbe Gesellschaft, welche die Geschlechterrollen zu nivellieren scheint, in ihrer ökonomisch-technologischen Entwicklung alte Rollentrennungen und die Aufspaltung in geschlechtstypische Belastungen wieder neu frei. Frauen und Männer sollen gleich flexibel am Arbeitsmarkt und in der Berufswelt sein, der Intensivierung der Arbeit folgen, gleichzeitig aber auch Familien gründen, Kinder erziehen und alltäglich psychisch und sozial fit für den neuen Rhythmus der Arbeit sein (Nickel/Völker/Hüning 1999). Das männlich eingeordnete Erwerbsmodell, das auf der privaten Versorgungsarbeit der Frauen aufbaut, bleibt also als dominantes bestehen, die Reproduktionsarbeit bleibt wichtig, aber wenig geachtet. Die *gesellschaftliche Funktionalisierung* von Frauen für gesellschaftlich notwendige Reproduktionsarbeit und Gestaltung tragfähiger Beziehungen wird damit weiter privatisiert und somit zum Problem der Lebensführung von Frauen und weniger offenkundig von Männern. In einer neuen individualisierten, auf den Einzelnen zugeschnittenen Form sollen Männer wie Frauen damit untereinander und in privater Verantwortung gleich zurechtkommen.

Die geteilte Arbeitsgesellschaft treibt also mit den Männern und Frauen ein doppelbödiges Spiel. Auf der einen Seite scheint sie die alte geschlechtswirksame Trennung von Produktion und Reproduktion aufzulösen, indem sich auch für die Frauen der familiale Bereich ganz geöffnet hat und ihnen die gleichen Berufschancen zugesprochen werden wie den Männern; auf der anderen Seite müssen Männer und Frauen zusehen, wie sie mit der alltäglichen Reproduktion ihrer Lebensfähigkeit privat zurechtkommen und dies führt dazu, dass Frauen – wenn auch nun nicht mehr in „traditioneller" Selbstverständlichkeit, sondern ausgehandelt – wieder stärker an die Familien, Männer an die intensivierte Arbeit gebunden sind. Diese Doppeldeutigkeit schafft auch für Männer konfligierende Orientierungen: Männer mögen nun vielleicht auch gerne stärker an der Familie teilhaben, werden aber gleichzeitig durch die Arbeit weiter aufgesogen, müssen sich an die Arbeitswelt strikter binden als zuvor; Frauen wird das Problem der Vereinbarkeit wieder neu zugeschoben. In kritischen Lebenssituationen bricht so im Privaten das öffentlich verdeckte Geschlechterproblem wieder auf, halten die neu ausgehandelten Rollenvereinbarungen nicht mehr, fallen Männer (und Frauen) auf Befindlichkeiten des Mannseins und Frauseins zurück, die sie für sich überwunden glaubten und denen sie nun hilflos gegenüber stehen. Denn dieser Konflikt zwischen zwei Lebensbereichen und Arbeitshaltungen – hier erfolgsorientiert arbeiten dort auf die Lebenskräfte der anderen achten und für sie Zeit und Empathie aufbringen – wird gesellschaftlich negiert und ist deshalb auf „private Ressourcen" der Austragung angewiesen. (Wir möchten hier betonen, dass der Ressourcen-Begriff dem individualisierten Modell der *einseitigen* Verfügung über etwas entspricht und die Angewiesenheit auf die Pflege und Verantwortung in Beziehungen einfach *voraussetzt).* Die neue flexibilisierte Arbeitsgesellschaft bringt für Frauen noch immer grundsätzliche Vereinbarkeitsprobleme, die gemildert sind, solange sie in öffentliche und private Netzwerke eingebunden sind. Für beide, Männer und Frauen erzeugen sie aber auch unter guten Bedingungen geschlechtstypische Bewältigungsprobleme. Frauen in schwierigen Lebenslagen bleiben doppelt gefordert: Der Anspruch, das Leben zu meistern, ist zentriert auf die Fähigkeit, das gemeinsame Leben alltäglich zu sichern und das eigene dabei auszukosten. In Krisensituationen sind diese Frauen schnell von der Hilfe der Institutionen der Sozialarbeit abhängig, werden aber oft von ihnen nicht anerkannt, abgewertet und von Ansprüchen und Hilfen ausgeschlossen (vgl. dazu Faltermeier 2001). Männern hingegen, die unter dem Ausgrenzungsdruck der neuen Ökonomien stehen, die in prekären Arbeitsverhältnissen leben oder arbeitslos sind, ist der Rückgriff auf die traditionelle Maskulinität, die einem zumindest vorgaukelt, dass man als Mann mehr wert ist, oft die letzte subjektive Möglichkeit, Selbstwert zu erlangen und so einen gewissen Anerkennungsbezug zu haben. Diese Jungen und Männer sind im Klientel der Sozialarbeit häufig vertreten. Bei ihnen scheint das traditionelle männliche Sozialisationsmodell in ihrer Herkunftsbiographie nicht nur besonders prägnant ausgeprägt zu sein, sondern es speist auch ihr aktuelles Bewältigungsverhalten. Die Institutionen der Sozialarbeit unterstützen dabei den Erwerbskontext als dominanten, setzen an den Konflikten in der Dominanzkultur an und übersehen die männliche Bedürftigkeit (vgl. Hartwig 2000). Es ist hier grundsätzlich anzumerken, dass die *Institutionen der Sozialen Arbeit*, wie überhaupt Bildungs- und Betreuungseinrichtungen, in der geschlechtshierarchischen Deutung von Bewältigungsverhalten und der Zuschreibung von Problemlösungen ihre eigene Rolle spielen, indem sie Jungen/Männer und Frauen/Mädchen nun neuen Abhängigkeiten, Anforderungen und Belastungen ungleich aussetzen (Seus 1993). D.h. auch, dass sie die bei einzelnen Personen entwickelten produktiven Lösungen und daraus entstehenden Ansprüche und Konflikte oft übergehen und so Männer und Frauen, Jungen und Mädchen geschlechtshierarchisch auseinander dividieren. Dies geschieht aber unbemerkt, insofern alle unsere sozialen Zuschreibungen immer schon einen geschlechtshierarchisch gespaltenen Doppelstandard anwenden, der wechsel, je nachdem ob ein männlicher oder weiblicher Bezugsrahmen gewählt wird.

Interkulturelle Untersuchungen über die Verteilung und Bewertung von „Aggression" im Lebenszusammenhang von Frauen und Männern haben die grundlegende Bedeutung eines solchen Interpretationskontextes in seiner jeweiligen gesellschaftlichen Umgebung nachgewiesen und darin das hierarchische Prinzip und den Doppelstandard sichtbar gemacht. Auf der Suche nach Geschlechtsdifferenzen ist die Frage nach dem unterschiedlichen Maß von Aggressivität zentral (zusammenfassend Schmerl 1999, S. 204-206): Frauen sind grundsätzlich zu jeder Form von Aggression in der Lage, doch auch heute noch ist diese meist auf verbale Formen beschränkt. Das bevorzugte Ziel der weiblichen Aggression ist erst einmal eine Frau, dann der Ehemann, das hauptsächliche Motiv: Männer und ihr Verhalten. Gesellschaften unterscheiden sich untereinander in ihrem Aggressionsmaß und ihren Aggressionsmitteln mehr als dies beide Geschlechter tun. In (vorindustriellen) Kulturen ohne scharfe männliche Statusunterschiede, ohne strukturelle männliche Dominanz über Frauen und ohne Verherrlichung von Kriegertum und Big-Man-Hierarchien, von Vergewaltigung und von konkurrenter Güteranhäufung waren schwere Gewalttaten überhaupt extrem selten, systematische Gewalt zwischen Männern und Frauen war nicht existent und demzufolge waren auch Geschlechtsunterschiede im aggressiven Verhalten irrelevant.

Der Doppelstandard in der subjektiven und objektiven Bewertung der Aggressionen für beide Geschlechter zeigt sich in der kontrollierten Alltagsbeobachtung: Frauen betrachten Aggression als zeitweiligen Kontrollverlust, verursacht von übermäßigem Druck und gefolgt von Schuldgefühlen. Männer sehen Aggression als Mittel, Kontrolle über andere Menschen auszuüben, wenn sie das Bedürfnis empfinden, Macht und Selbstgefühl zu erlangen. Beide Geschlechter sehen eine enge Verbindung zwischen Aggression und Kontrolle, doch für Frauen ist Aggression ein Versagen von Selbstkontrolle, während es für Männer ein Mittel ist, anderen die eigene Kontrolle aufzuzwingen. Aggression ist für Frauen ein expressives Mittel, um ein Übermaß an Stress auszudrücken; für Männer hingegen ein Mittel, Konkurrenz, Konflikte und Zweifel an ihrer männlichen Autorität zu ihren Gunsten zu entscheiden. Frauen versuchen lange nicht aggressiv zu sein, verlieren spät und aggressiv die Beherrschung, was dann als unangemessene Reaktion gilt. Männer versuchen eher schnell Kontrolle gewinnen, da es für sie angemessen und prestigeträchtig ist (vgl. bis hierher Schmerl 1999). Hinter diesen äußeren Bildern werden schließlich, wie hinter einem *Verdeckungszusammenhang,* manipulative Formen von Macht bei Frauen, bei Männern seelische Überlastungen sichtbar.

Geschlechterhierarchie ist an vielen Stellen in unser Welt- und Selbstverständnis eingeschrieben – dies hat die Frauenforschung seit ihrem Anfang in den 1970iger Jahren als Ausgangspunkt für eine kritische Betrachtung gesetzt. In der herkömmlichen Kultur der Zweierbeziehungen gelten Liebe und Autonomie als Antagonismen, die sich gegenseitig ausschließen. Liebe und Fürsorge kann nicht anders als eine Abhängigkeitsbeziehung gedeutet werden, Individuation als Trennung und Leistung als Muster der Abgrenzung. In diesen Mustern wirkt Aufspaltung und Hierarchie, da Leistung höher zu bewerten ist als Fürsorge (vgl. hierzu vor allem Eckart 1988) und dies schlägt sich in der Hierarchie von Lebens- und Arbeitsbereichen und in der fortbestehenden geschlechtshierarchischen Arbeitsteilung nieder.

Die Unterschiede in der Funktion von Männer- und Frauenbildern zeigen sich schon im frühen Kindesalter, in eine Zeit also, in der die Interpretation von Geschlechtsunterschieden ein wichtiger Teil der Orientierung und Welterkenntnis ist. Auf der Suche nach der Wirkung von einseitigen Frauen- und Männerbildern in den Medien wird bei näherer Betrachtung deutlich, dass nicht nur Vorlieben und Aufmerksamkeiten (Mädchen betrachten vor allen Dingen Mädchenfiguren – Jungen Jungenfiguren), sondern auch die Umgangsweisen mit den Medien geschlechtsspezifisch strukturiert sind: Mädchen lieben Alltagsgeschichten – personenbezogenen, bewegten Alltag, der sicherlich nicht ohne Konflikte abgeht – den Typus des überlegenen Kämpfers lehnen sie meist für sich ab. Allerdings ist für sie das Angebot an interessanten Gestalten wesentlich eingeschränkter. Für Jungen spielen soziale Beziehungen besonders in Konkurrenz-Kampfgemeinschaften eine Rolle. Mädchen und Jungen bestärken durch ihre Rezeption Idealvorstellungen von Männlichkeit und Weiblichkeit. Mädchen suchen aber Abwandlungen und Veränderungen, indem sie bestimmte Seiten an den Figuren ausblenden. Implizite Gehalte werden umdefiniert. Jungen kombinieren dagegen Personen, damit neue, ihnen zusagende Helden entstehen.

Es sind aber nicht nur die hierarchischen Strukturen der industriekapitalistischen Arbeitsgesellschaft, die Männlichkeit (und Weiblichkeit) immer wieder neu und anders konstruieren. Wenn sich die Geschlechtsdifferenz historisch so hartnäckig hält, immer wieder neu aufbaut, hat das eben auch etwas damit zu tun, dass die Kategorie Geschlecht – so wie wir es eingangs dargelegt haben – an die Natur des Menschen heranreicht, sozial überformt aber leibseelisch so verankert bleibt, dass sie sich in einer *psychodynamischen Grundstruktur* – gleichsam kulturgenetisch – über die Zeiten hinwegsetzt. Wir haben dies mit Verweis auf psychoanalytisch orientierte Sozialisationsforschung bereits angeführt. Die entsprechenden Hypothesen verweisen auf die nicht eingestandene Abhängigkeit von Männern gegenüber einer prinzipiellen (nicht nur der realisierten) Gebärfähigkeit der Frauen. In dem den Frauen zugeschriebenen engeren Bezug zu Naturabhängigkeit und mitmenschlicher Angewiesenheit bleibt aber auch die erotische Verstrickung von Männern verdeckt. Andererseits basiert darauf ein Anspruch von Männern, sich im Feld der Technik allein behaupten zu können. Frauen hingegen – so die entsprechende Kehrseite der Argumentation – könnten sich scheinbar allein durch ihren „Naturbezug" den instrumentellen Anforderungen der Gesellschaft und ihrer einseitigen Logik besser entziehen. Dieses Phänomen ist nicht nur in der Ethnologie der Stammesgesellschaften vielfach diskutiert worden. Wir wissen, wie Männer vor, bei und nach der Geburt des ersten Kindes diese „Naturabhängigkeit" der Frau als plötzliche Fremdheit empfinden und sich in alle möglichen Tätigkeiten in Arbeit und Freizeit stürzen, um ihre Hilflosigkeit zu kompensieren. Männer sind in ähnlicher Weise hilflos, wenn eine Frau zum Beispiel in ach so rational geplanten und kontrollierten Sitzungen ihre Gefühle zu dieser Runde äußert, wenn sie ausbricht und die Tür in allen Belangen hinter sich zuschlägt. Ihr Verhalten wird dann von den Männern meist pathologisiert, sie gilt als hysterisch und unberechenbar. Diese „Naturabhängigkeit" der Frau, die nicht als biologisches Axiom, sondern ihr in kultureller Formung scheinbar allein zugeschrieben wird, ist aber nicht das Einzige was Frauen anders seelisch (psychodynamisch) antreiben kann als Männer und Männer in ihrer Reaktion dazu bringt, den „Mann herauszukehren", obwohl sie es meist gar nicht wollten und oft selbst darüber erschrocken sind. Deutlicher noch erschließt sich die psychosoziale Rückgebundenheit an die Natur des Geschlechts in der leibseelischen Entwicklungszeit der frühen Kindheit und der Pubertät, in denen die tiefenstrukturellen Weichen für das Leben gestellt werden. Jungen müssen sich – anders als Mädchen – früh von der Mutter ablösen, um die Orientierung an einer männlichen Geschlechteridentität zu finden und werden in der Pubertät dann auch mit einer entsprechend anderen körperlich-seelischen Dramaturgie konfrontiert als die Mädchen. Der beständige Zweifel, ob man „ein richtiger Mann ist" sitzt im Durchschnitt bei Jungen und Männern genauso tief, wie die auf der Suche nach Männlichkeit schlummernden homosexuellen Antriebe, die bei den meisten zwar die Heterosexualität nicht tangieren, ob ihrer gesellschaftlichen Ächtung (Homosexualitätstabu in der männlichen Erziehung) die innere Hilflosigkeit des Mannes und die Neigung, sie durch verstärkte Abspaltung von Maskulinität zu überwinden, aber noch verstärken.

So gesehen ist das männliche und weibliche Sozialisationsmodell ein äußerst komplexes und ambivalentes, das sowohl in seiner gesellschaftlichen, wie auch in seiner tiefenpsychischen Dimension uneindeutig, in den Formen wechselnd, in der Grundstruktur aber relativ stabil und eindeutig erscheint. Das führt dazu, dass über diese scheinbare Eindeutigkeit Ambivalenzen negiert werden bzw. dass diese Eindeutigkeit hilft, Ambivalenzen zu bewältigen. Das bedeutet, dass Jungen in modernen Gesellschaften mit den entsprechenden – wenn auch gewandelten – Strukturen der hierarchischen Arbeitsteilung und Frauenabwertung in ein solches Sozialisationsmodell hineinwachsen und es darauf ankommt, welche biografischen Chancen sie haben, die damit verbundenen Probleme des Aufwachsens und der Lebensführung zu *bewältigen*. Wenn wir hier also im Folgenden von männlicher und weiblicher Sozialisation sprechen und entsprechende Sozialisationsmodelle vorstellen, dann meinen wir nicht, dass Jungen und Mädchen, Männer und Frauen bei uns so *sind*, sondern dass sie in diesem Kontext aufwachsen und die Widersprüche und Konflikte im Inneren und Äußeren zu bewältigen haben, wobei es heute gerade die Institutionen sind, die von neuem geschlechtshierarchische Lösungen, die zugleich geschlechtstypische Risiken enthalten, forcieren (Hartwig 1999).

Geschlechtsreflexive Soziale Arbeit zielt also einmal darauf ab, diese Zwänge und Widersprüche zu durchschauen und Raum für Hilfen zu entwickeln, die dazu beitragen können, diese Bewältigung für den Einzelnen offen zu gestalten, so dass er/sie ein zugleich persönlich befriedigendes wie sozial verträgliches und soziale Integration förderndes Menschsein erreichen kann. Gleichzeitig ist die Sozialarbeit von ihren Zugangsmöglichkeiten zur geschlechtstypischen Tiefenstruktur her der gesellschaftliche Ort, von dem aus – gleichsam *seismographisch* – die Gesellschaft immer wieder darauf aufmerksam gemacht werden muss, dass unter der scheinbar sozial- und geschlechtsnivellierenden Oberfläche der modernen Arbeits-, Medien- und Konsumwelt die Geschlechterdynamik weiter und möglicherweise bewältigungsintensiver, wirkt. Wenn man diese beiden Grunddimensionen der geschlechtsspezifischen Sozialisation aufeinander bezieht, dann wird uns noch einmal der Sinn des doppelten Begriffs von Sozialisation deutlich: Als Prozess des Aufwachsens – und später des sich Behauptens und Entfaltens in der Gesellschaft – in aktiver Auseinandersetzung mit der stofflichen und sozialen Umwelt *und* mit sich selbst. Dieses „mit sich selbst" bedeutet in diesem Zusammenhang nicht nur, dass man in seinem Leben dauernd die Identitätsbrücke zwischen seiner Umwelt und sich suchen muss, sondern dass man auch immer wieder von dem in einem schlummernden Mannsein und Frausein eingeholt wird. In einem anderen Bild von modernisierter Geschlechtsidentität geht es also nicht allein um Vielseitigkeit, um die Freiheit der Wahl, sondern weiter auch um die Einsicht in den gesellschaftlichen Zwang zur Abwertung und Ausgrenzung weiblich definierter Lebensvollzüge, um die Kritik der Negation von grundlegender Angewiesenheit, der Ausblendung von Angst und Verletzbarkeit, die gesellschaftlich nicht zugelassen sind. Die doppelte Verankerung geschlechtsspezifischer Strukturen und die grundlegenden Schwierigkeiten, unsere Haltungen zu verändern, sollen deshalb im Folgenden noch einmal mit dem Habitusbegriff beleuchtet werden, denn die Verknüpfung von leibseelischer und gesellschaftlicher Dimension ist im Begriff des (männlichen und weiblichen) *Habitus* eingefangen.

Das Habituskonzept, wie es Pierre Bourdieu entwickelt hat, besagt, dass das Männliche und das Weibliche in Männern und Frauen inkorporiert, das heißt in die leibseelische Körperlichkeit und das soziale Grundverhalten gleichermaßen eingeschrieben ist. Männlichkeit und Weiblichkeit werden gleichsam unbewusst praktiziert, Männer und Frauen verständigen sich nach einer geschlechtstypischen Grammatik, die Handlungen Form geben kann, ohne dass sie selbst formuliert werden muss (Bourdieu 1987, 1993). Das „Außen" bei Männern und das „Innen" bei Frauen stellen also typisch durchschnittliche Habituskontexte dar, die Frauen und Männer aus sich heraus praktizieren, die oft unvermittelt und für sie selbst überraschend in Situationen aktiviert werden. Bourdieu geht in diesem Zusammenhang davon aus, dass es dieser Habitus ist, an dem sich die zwischenmenschlichen Beziehungen orientieren und der sie steuert, weil er die soziale Ausgangslage des jeweiligen Individuums signalisiert. Im Habitus spiegelt sich die soziale Herkunft, die Lebenslage des Einzelnen gleichermaßen, wie seine innere Befindlichkeit, die biografisch einzigartig ist, aber dennoch mit der jeweiligen sozialen Lage verbunden und damit mit anderen vergleichbar. Männer und Frauen aus der Unterschicht haben einen in der Grundstruktur ähnlichen maskulinen oder femininen Habitus. Der liegt sicher offener zutage als in den Mittelschichten, weil die Verbindung zwischen hierarchischen Sozialverhältnissen – stärker autoritäre Erziehung in der Familie, sichtbar eingebunden in hierarchische und abhängige Arbeitsverhältnisse und der Geschlechterhierarchie – offensichtlicher ist. Männliche Dominanz und weibliche Zurücknahme werden aber zum Teil nur inszeniert gegen die in der Unterschicht und der weiblich besetzten familialen Reproduktionssphäre. Das darf also die SozialarbeiterInnen nicht dazu verleiten, den augenscheinlich männlichen oder weiblichen Habitus stereotyp anzunehmen, vielmehr sollten sie immer wieder nach Situationen in Sprache und Beziehung zu suchen, in denen dieser Habitus aufgebrochen ist, und das Erlebnis vermittelt werden kann, auch einmal „aus seiner Haut heraus" kommen zu können: Männer und Frauen müssen spüren können, dass ihnen mit dem „eindeutigen" männlichen oder weiblichen Habitusverhalten vieles verwehrt ist, nach dem sie sich eigentlich sehnen.

In jedem Sozialisationsprozess, wenn wir ihn als Bewältigungsprozess verstehen, steckt die immer wiederkehrende Suche nach Handlungsfähigkeit im Zurechtfinden mit seiner äußeren Umwelt und mit sich selbst. Von diesem Streben nach „habitueller Sicherheit" (Meuser 1998) sind auch Eltern und Erzieher geformt. Auch wenn moderne Mütter sich wünschen, dass ihr Junge nicht so maskulin wie im gängigen Männerstereotyp wird, drängen sie in bestimmten Situationen – aber auch oft im Unbewussten darauf, dass er ein „richtiger Mann" wird, weil er sich doch später einmal in der Gesellschaft durchsetzen muss. Mädchen setzen sich damit auseinander oder ziehen schon immer in Betracht, dass sie einmal die Möglichkeit haben werden, in einer Familie oder mit Kindern der Konkurrenzwelt nicht so ausgesetzt zu sein wie die Jungen. So setzt sich eine Grundstruktur des geschlechtlichen Habitus durch, die sich auf den ersten Blick nicht so sehr in der sozialen Umwelt abbildet, sondern im Denken und Fühlen der Menschen, die die Dualität und Hierarchie der Geschlechter weiterhin hinter versachlichten, äußerlich nivellierten Sozial- und Geschlechterordnungen spüren.

Diese innere Orientierungsfunktion des Habitus macht es auch so schwierig, pädagogisch einzuwirken. Wenn ich meine maskuline Dominanz aufgeben soll, wo habe ich dann noch einen Halt? Wenn ich mich als Frau zurücknehme, dann habe ich zwar keinen Einfluss auf die Situation, ich bin mir aber sicher, zumindest sozial verstanden zu werden? Diese Dimension der Ver(un)sicherung kommt auch ins Spiel, wenn es darum geht zu erklären, warum Männer und Frauen, die in sozialen Situationen und Konstellationen ihr Geschlechterverhalten flexibler aufeinander beziehen, es gleichsam nivellieren können, in kritischen Lebenssituationen auf geschlechtstypisches Bewältigungsverhalten zurückfallen. In der Geschlechterbefindlichkeit steckt also eine existentielle Vergewisserung: Die Frage des pubertierenden Jungen „Bin ich ein richtiger Mann?" bezieht sich nicht so sehr auf die äußeren Geschlechterrollen, sondern auf die innere existentielle Seite des Habitus. Deswegen ist es für SozialarbeiterInnen wichtig, *zuerst* danach zu fragen, warum sich die betreffenden Männer und Frauen, Jungen und Mädchen in den kritischen Situationen so männlich oder so weiblich verhalten *müssen*, Erst dann, wenn diese Akzeptanz für die KlientInnen spürbar ist, können Wege gefunden werden, wie männliche Dominanz abgebaut werden und weibliche Zurücknahme aufbrechen kann.

Modelle weiblicher und männlicher Sozialisation sind also innere Ordnungsmodelle, die sich in die Menschheitsentwicklung wie in den einzelnen Menschen gleichsam kulturgenetisch eingeprägt haben. In diesem Sinne ist der Sozialisationsprozess ein andauernder Bewältigungsprozesse: Die Suche nach Selbstwert, sozialer Anerkennung und nach der Möglichkeit etwas bewirken zu können verbindet sich mit der wiederkehrenden Anmutung, wie ich darin sichtbar und einordenbar werde und so verläuft sie immer an der Grenzlinie habitueller Unsicherheit und Sicherheit. In den Hilfebeziehungen der Sozialarbeit stoßen meist unterschiedliche Habituskonstellationen zusammen. Der männliche Berater trifft auf den männlichen Klienten, beide haben die habituelle Grundstruktur des Männlichen, aber sie weisen oft eine unterschiedliche soziale Herkunft auf. Die soziale Komponente des Habitus und die darin enthaltene Chance, mit der habituellen Grundstruktur des Männlichen jeweils anders umzugehen, komplizieren die Hilfebeziehung. Der Klient versucht üblicherweise – im Übertragungsverhalten – beim Sozialarbeiter die maskuline Grundstruktur anzusprechen, die er aus sich heraus spürt und die ja beim männlichen Sozialarbeiter im Kern vorhanden ist. Der Sozialarbeiter hingegen hat es schwer, sich und den Klienten von dieser maskulinen Kernstruktur wegzubringen, da er darin für sich selbst schon eine Stärke und im Versagen dieser Struktur aber eine Schwäche sieht. Und wenn er selbst diese überwunden hat, dann kann er ihm ja nicht so ohne weiteres die sozialen Mittel dafür verschaffen, die er selbst stillschweigend über einen langen biografischen Prozess und vielleicht auch per sozialer Herkunft erworben hat. Liebau (1992) hat zurecht darauf hingewiesen, dass die soziale Herkunft und die sozialen Chancen die dichotom verinnerlichte Grundstruktur der Geschlechtlichkeit entweder verstärken oder nivellieren können. Sozial benachteiligten Männern und Frauen sind neue Haltungen auch per institutioneller Zuschreibung verwehrt, sie sind mehr auf das *für sie erreichbare* Vergewisserungs- und Orientierungsmuster Geschlecht und seine Eindeutigkeit verwiesen, als Frauen und Männer in sozial gesicherten und sozial teilhabenden Lebenslagen. Männlichkeit und Weiblichkeit sind also inkorporierte Konstrukte, auf die Menschen zurückgreifen können und auf die sie zurückgeworfen werden, und die männliche und weibliche Sozialisation scheint – trotz aller Modernisierung – dadurch bestimmt, dass diese Bewältigungskonstellation sich für die Einzelnen immer wieder neu auftut. Das macht trotz aller (wiederkehrenden) Angleichungstendenzen zwischen den Geschlechtern die scheinbar überdauernde Grundstruktur geschlechtstypischer Sozialisation in modernen Industriegesellschaften aus. In diesem Sinne – nicht als Wirklichkeit, sondern *als Struktur hinter der Alltagswirklichkeit* – wollen wir die folgenden Modelle der Geschlechtersozialisation verstanden wissen.

2. Männliche Sozialisation

„Für die Jungen im zweiten Lebensjahr ist die Entdeckung des biologischen Unterschiedes [...] von großer Bedeutung. Ist ihm sein Penis doch nunmehr nicht länger bloß Organ lustvoller Ausscheidungen. Er wird für ihn Quelle des Stolzes und Lustempfindens. [Dies] markiert [...] eine einschneidende Wendemarke seines Lebens: Er ist anders als sein erstes Liebesobjekt, mit dem er sich über so lange Zeit als Einheit wähnte [...] Er ist anders als seine Mutter. Das ist neben den freudigen Gefühlen dieser Zeit auch verwirrend und beängstigend für ihn. [...] Die Entdeckung des Geschlechtsunterschiedes überkommt ihn zu einer Zeit, wo er aktiv die Loslösung von der Mutter erprobt und hin und her pendelt zwischen der Vergewisserung ihrer Nähe und der Erprobung seiner erworbenen autonomen Fähigkeiten" (Menzel 1993, S. 14/15).

„Auf dem Hintergrund männlicher Abwesenheit beinahe in der gesamten Sozialisation des Jungen [...] ist es nahe liegend, dass es keine Untersuchungen gleichen Umgangs [wie über die Mutter-Sohn-Beziehung, d. Verf.) über die Wechselwirkung der Interaktion zwischen Sohn und anwesendem Vater gibt. Es wird lediglich auf seine Bedeutung für die Herausbildung der männlichen Geschlechteridentität hingewiesen. Dass diese Lücke nicht gänzlich verkannt bleibt, dafür sorgen die Jungen [später, der Verf.] selbst. [...] In der Adoleszenz (Prozess der geistigen und körperlichen Reifung) sind sie vorwiegend mit heimlichen Fragen befasst, die sich auf ihre Normalität beziehen oder darauf, welche Rolle sie übernehmen sollen. Ihre Gefühlslagen sind durchaus mit jenen der frühen Kindheit [...] zu vergleichen. [...] Für die Söhne ist es von großer Wichtigkeit, ob sich bei ihnen alles normal entwickelt. Damit verbunden ist [die] Angst, im anderen Falle den Zugang zur [Jungen-] Gruppe zu verlieren. Die Gruppe ist die äußere Hülle, die das Eindringen ungebetener Einflüsse abwehren hilft. [...] Hier finden Jugendliche die kollektivierte Ich-Stärke, die ihnen als Einzelne abgeht" (Ebd. S. 22).

Durch diese prägnante Strukturierung der Zweizeitigkeit männlicher Sozialisation, wie sie uns hier der Sexualpädagoge und Sozialarbeiter Manfred Menzel vorgelegt hat, zieht sich ein Grundmotiv: Das Aufwachsen von Jungen ist durch die Suche nach männlicher Geschlechteridentität im Bindungs-/Ablösungsverhältnis zur Mutter und in dem – mit ihm konkurrierenden und ihn zugleich suchenden – Verlangen nach dem „männlichen" Vater (oder einer vergleichbaren männlichen Bezugsperson) bestimmt. Für den Jungen ist es aber schwer über den Vater – oder eine ähnlich nahe männliche Bezugsperson – die Alltagsidentifikation zu bekommen, die er braucht, um in ein ganzheitliches – Stärken und Schwächen gleichermaßen verkörperndes – Mannsein hineinwachsen zu können. Die Väter sind ja nicht nur räumlich (z.B. über die Berufsrolle), sondern oft auch „mental" abwesend, wenn sie zu Hause sind, sich aber wenig um die häusliche Beziehungsarbeit kümmern. Diese obliegt meist der Mutter, die sich dem Jungen in ihren Stärken *und* Schwächen zeigt. Die Schwächen des Vaters und seine alltäglichen Nöte des Mannseins, des

Ausgesetztseins und der Verletzungen im Beruf werden dagegen für den Jungen nicht sichtbar. So erhält er ein einseitiges Vaterbild, das durch die „starken" Männerbilder, die der Junge mit zunehmendem Alter über die Medien wahrnimmt, noch verfestigt wird. Dies führt bei ihm zwangsläufig zur „Idolisierung" des Mannseins und zur Abwertung des Gefühlsmäßigen, Schwachen, „Weiblichen", da er die eigenen weiblichen Gefühlsanteile, die er ja seit der frühkindlichen Verschmelzung mit der Mutter in sich trägt, immer weniger ausleben kann. Neuere Väterstudien zeigen, dass sich eine höhere Beziehungs- und damit alltägliche Vorbildqualität entwickelt, wenn Väter zeitlich und emotional intensiver in der familialen Sphäre der Söhne auftauchen. Freilich hat sich dabei noch nicht viel Grundlegendes an der Struktur väterlichen Familienengagements im Sinne männlicher Beziehungs- und Hausarbeit geändert. Dazu braucht es auch gesellschaftlicher Vorgaben der Anerkennung und Förderung männlicher Hausarbeit. Denn auch die Feminisierung der Erwerbsarbeit lässt in diesem Zusammenhang ambivalente Folgen erwarten. Indem das Normalarbeitsverhältnis erodiert, prekäre Arbeitsverhältnisse im Sinne von mangelnder sozialer Sicherung, schlechter Bezahlung und Arbeitsplatzunsicherheit auch die Männer erreichen, werden sich viele erst recht an die traditionelle Erwerbsarbeit klammern, wenn die alternativen Bereiche der Hausarbeit keine anerkannte Männerrolle versprechen. Deshalb ist es schon in der Kindheit für den Jungen wichtig, eine Mutter zu erleben, die sowohl dem Vater als auch dem Jungen gegenüber anerkannte Selbstständigkeit über die Familie hinaus verkörpert und damit signalisiert, dass sie dem Jungen auch soziale Rollenvorbilder anbieten kann. Dies ist wohl auch der Punkt, an dem die Forderung von Sozialpolitikerinnen, die Frau in der Familie müsse eine „exit-option" haben (d.h. materiell und sozial gegenüber dem Manne unabhängig sein können, wenn die Partnerschaft selbstbestimmt funktionieren soll) für das Aufwachsen und die Erziehung von Jungen bedeutsam wird.

Ist die Mutter dagegen eher abhängig und daher mit schwachem Selbstwertgefühl ausgestattet, kann sich bei ihr die unbewusste Tendenz verstärken, den Sohn als männlich stark erleben zu wollen. Gleichzeitig ist sie aber in dieser Zumutung an den Jungen auch wieder nicht eindeutig: „Je wertloser sich frau als Subjekt fühlt, desto größer werden ihre Widerstände sein, sich auf die vielfältigen Anforderungen des außerordentlich komplexen Prozesses der Symbiose und ihrer Auflösung einzulassen, desto schwerer fällt es ihr, das Kind aus der Symbiose zu entlassen, weil die Verheißungen unerfüllt geblieben sind". Der Junge „soll ihren (unbewussten) Ängsten vor Sinnentleerung und Identitätsverlust entgegenwirken, indem er unerfüllte erwachsene Bedürfnisse befriedigen helfen soll, was er nicht kann" (Menzel 1993, S. 16). Diese gespürte Überforderung kann den Jungen weiter in den Sog der Idolisierung des Männlichen und Abwertung des Weiblichen treiben lassen.

Wie sie diese Einflüsse integrieren können, hängt einerseits von den persönlichen Identifikationen – die je nach Mutter-Vater-Konstellation unterschiedlich sind – und den gesellschaftlichen Erfahrungen, die Jungen machen, ab. Diese Unterscheidung ist wichtig, da es ja keineswegs an den Eltern allein liegt, in welches Geschlechterrollenverhalten ihre Kinder hineinwachsen und manche Eltern sich wundern, warum ihre Kinder, trotz elterlicher Versuche einer geschlechtsemanzipatorischen Erziehung, traditionelle Geschlechterrollenstereotype übernehmen. Schließlich fällt ins Gewicht, dass die Jungen im Kindergarten und in der Grundschule kaum auf männliche Erzieher/Kindergärtner oder Lehrer treffen und somit auch hier wieder Vorbilder des Mannseins fehlen (s.u.). Dies ist die Kehrseite des – nur bedingten – Vorteils, dass sie dort weibliche Zuwendungen erfahren.

Jungen werden in eine Welt hineingeboren, in der das Männliche immer noch die Norm verkörpert, in der mithin Konkurrenz, Macht und männlich besetzte Positionen hoch bewertet und in einer unübersehbaren Selbstverständlichkeit anerkannt sind. Deshalb ist es nicht verwunderlich, dass Eltern in der Regel darauf achten, dass die Entwicklung ihrer männlichen Kinder ohne Abweichung von dieser gesellschaftlich gestützten (Männlichkeits-) Norm verläuft. Sie tun das – weil männliche Norm und herrschende Norm zusammenfallen – weniger aus einem reflektierten Geschlechterrollenverständnis heraus, sondern aus der Absicht, ihren Jungen zur Gesellschaftstüchtigkeit zu erziehen. Schon hier werden die Weichen dafür gestellt, dass Jungen viel weniger als Mädchen lernen, sich in Frage zu stellen, und auch weniger angehalten werden, auf andere Rücksicht zu nehmen. Die Gesellschaft verlangt nun einmal von den Männern Durchsetzungsvermögen, Konkurrenzfähigkeit. Jungen müssen sich deshalb für konkurrentes und rücksichtsloses Verhalten kaum verantworten, ihr Handeln wird anders – man könnte sagen gesellschaftlicher – ausgelegt als das der Mädchen, welches eher persönlich bewertet wird.

Dass die Stärken und Fähigkeiten der Mädchen schon in der Kindheit nicht sozial zum Zuge kommen, die Jungen wiederum nur geschlechtseinseitig erzogen werden, bleibt nicht ohne Einfluss auf die Bewältigungskompetenzen und Bewältigungsmodi von Jungen und Mädchen in kritischen Alltagssituationen. Mädchen müssen ihre Schwierigkeiten nach innen aushalten, oft mit sich selbst ausmachen. Jungen können sie nach außen, meist ohne Rücksicht auf andere bis zur Gewalttätigkeit ausagieren. Da sie aber in der eingeschlechtlichen Illusion des „besonderen Mannseins" aufwachsen, lernen sie nicht, sich mit sich selbst auseinander zu setzen, gegenseitige, kommunikative und kooperative Bewältigungsmuster sind ihnen fremd. Sie praktizieren daher eine Kette von Scheinlösungen, die so lange sozial gut zu gehen scheinen, solange die Umwelt das männliche Dominanzmuster stützt. Was aber in den Jungen vorgeht, was sie spüren, aber nicht erleiden können (dürfen), was ihnen an Bewältigungskompetenzen – gerade auch für später – fehlt, wird übergangen, kommt nicht zur Sprache. „Kleine Helden in Not", so lautet zutreffend der Titel eines von Schnack und Neutzling (1990) anschaulich geschriebenen Sachbuches, in dem diese Szenerie der geschlechtsstereotyp versteckten Lebensuntüchtigkeit von Jungen plastisch geschildert wird.

Dieses Modell des geschlechtstypischen Aufwachsens ist im Alltag in der Regel verdeckt, erst auf den zweiten oder dritten Blick sichtbar. Das hängt zum einen damit zusammen, dass die Beteiligten – Erzieher, Eltern, Nachbarn, Freunde, Öffentlichkeit, aber auch die Jungen selbst – ihr Verhalten als der Normalität entsprechend betrachten. LehrerInnen und KindergärtnerInnen schwören darauf, dass sie Jungen und Mädchen gleich behandeln und dass sie alles tun, um die außenorientierte Aggressivität der Jungen einzudämmen und den Mädchen beziehungsvolle Unterstützung zukommen lassen. Oft bleiben sie dabei einer folgenreichen Paradoxie verhaftet. Selbst wenn Jungen immer wieder wegen ihres aggressiven Verhaltens bestraft werden, fühlen sie sich subjektiv belohnt, weil sie merken, dass sie mit diesem Tun Aufmerksamkeit auf sich ziehen. Die Mädchen dagegen werden eher an die Person des Erziehers oder der Erzieherin gebunden. Quer durch alle Koedukationsnormen in Kindergarten und Schule zieht sich also eine räumlich strukturierte männliche Durchsetzungskultur, die zwar in der Schule negativ sanktioniert, von der Konkurrenzgesellschaft aber später belohnt wird. Mädchen schreiben die besseren Noten, Jungen setzen sich aber eher am Arbeits- und Jobmarkt durch. Der räumliche Blick kann uns die Zusammenhänge erklären.

Denn Mädchen und Jungen unterscheiden sich im Alltag, besonders in ihrer Freizeit vor allem darin, wie sie sich in Körper und Ausdruck bewegen. Männliches Verhalten ist über sich hinausgehend, Räume beanspruchend, besetzend, territorial. Mädchen und jungen Frauen bleibt meist nur die Selbststilisierung in der Mode, im auf den eigenen Körper begrenzten Ausdrucksverhalten. Dies trifft besonders auf die Jugendlichen zu (mit denen es die Sozialarbeit zu tun hat), die von ihren begrenzten sozialen und kulturellen Möglichkeiten her auf traditionelles Geschlechtsrollenverhalten angewiesen sind. Jungen und Männer können das Laute meist von sich geben, Mädchen müssen an sich halten, es an ihren Körper anheften. Laute Mädchen werden schief angeschaut, laute Jungs sind selbstverständlich. Für junge Mädchen gilt die Definition dessen, was „anständig" ist. Ob eine Bewegung kontrolliert oder nicht kontrolliert wird, wie man den Raum nutzen kann und wie man in ihm beschränkt ist – sichtbar oder unsichtbar – beeinflusst das Selbstwertgefühl und das Bewusstsein von eigenen Fähigkeiten und Vermögen. Die räumliche „Haltung" ist immer auch Ausdruck einer „seelischen" Haltung: Jemanden abdrängen, sich breit machen, jemanden übergehen, oder sich beschränken, zurücknehmen, verläuft in der alltäglichen Erfahrungswelt über die direkte wie über die Metasprache der Körper. Mit dem Begriff des ‚Habitus' (s.o.) ist dies ausgedrückt. Raum ist aber mehr als nur körperlich beanspruchtes Territorium. In Räumen sind Bedeutungen, Festlegungen, Macht- und Besitzansprüche enthalten, sie sind „besetzt" und werden so auch erfahren. Räume sind von Jungen und Männern besetzt, vorstrukturiert, man kann in ihnen keine eigenen Erfahrungen als Mädchen oder Frau machen. Eigene Räume als Mädchen zu suchen heißt, damit auch eigene Erfahrungen in weiblicher Selbstständigkeit machen wollen. Dazu gehört auch, dass Räume traditionell in private und öffentliche Räume aufgeteilt werden. Dies hat eine geschlechtsspezifische Struktur: Frauen waren (und sind in vielen Bereichen immer noch) auf das Private verwiesen, das Öffentliche ist vor allem männlich. Die Problematik sexueller Gewalt in der Familie zeigt uns, wie ideologisch besetzt diese Trennungen von „öffentlich" und „privat" sind: Der Privatraum galt vor allem für Mädchen und Frauen schon immer als Schon- und Schutzraum, der öffentliche Raum als Raum der Gefährdung. In der Diskussion um sexuelle Gewalt in den Familien haben sich diese Bedeutungen eher verkehrt, zumindest ist massiv in Frage gestellt, ob die Familie auch immer dieser Schutzraum ist (s.u.).

3. Jungen als Jugendliche

An diesem Sozialisationsmodell stoßen sich die Jungen – gerade in der Entwicklungszeit der Pubertät – genauso wie sie es mehr oder minder inkorporieren. Es ist ihnen nicht bewusst. Auch nicht den Eltern: Viele von ihnen möchten ja, dass die Jungen keine Machos werden, dass sie gefühlvoll aufwachsen. Gleichzeitig wollen sie aber auch, dass sie mithalten, sich durchsetzen, später in der Gesellschaft „ihren Mann" stehen können. Und die Jungen selbst erfahren ja außerhalb der Familie, welche Rollen von Mann und Frau erwartet und wie sie von ihren Spielkameraden gehänselt werden, wenn ihre Mutter nicht der gängigen Frau-, Familien-, und ihr Vater nicht der üblichen Erwerbsmännerrolle entspricht. Die Eltern, vor allem die Mütter, sind da oft sehr gespalten. Weniger die kleinen Jungen selbst. Den männlichen Antrieb spüren sie zwar schon als Kind in der Tiefe ihres Jungeseins, aber es ist vorerst die Eltern, die ErzieherInnen und LehrerInnen, die sie als Jungen oder Mädchen betrachten und den männlichen oder weiblichen Blick entwickeln. Jungen werden nicht einfach als Jungen groß, sondern sie werden zu Jungen erzogen. Natürlich ist da diese tiefenpsychologische Spannung, der vorpubertäre Drang zur Findung der Geschlechteridentität. Aber mit der Jugend scheint das alles wieder offen. Da interessiert nicht so sehr, ob man schon ein Mann ist, sondern da steht das Ausleben der pubertären Jugendphase im Vordergrund – und das kann sich gerade gegen die herrschenden Erwartungen und Idolisierungen von Männlichkeit, wie sie den Jungen aus der Welt der Erwachsenen entgegengebracht werden, richten. Jungen wollen erst einmal Jugendliche sein und da spricht es dagegen, sich jetzt schon am gesellschaftlichen Lebensentwurf „Mann" zu orientieren. Diesen Tenor finden wir in einer Ende der 1990er Jahre erschienenen Jungenstudie, in der nicht frauenabwertende und männeridolisierende Machos auftreten, sondern sensible Jugendliche, die Beziehungen suchen, Mädchen akzeptieren, den anderen Jungen als empathischen Freund finden wollen.

Reinhard Winter und Gunter Neubauer, die Autoren dieser Studie geben sich dennoch überrascht: Sie hatten wohl erwartet, dass Abwertung und Idolisierung bei den von ihnen befragten Jungen offen hervortreten und wunderten sich, dass für die Jungen – obwohl qualitativ interviewt und deshalb auch bereit, aus sich heraus zu gehen – Männlichkeit kein Thema war. „Mannsein heißt Erwachsensein und das ist nicht attraktiv" (1998, S. 153). Eine Ausnahme machten die „ressourcenarmen", also sozial benachteiligten Jugendlichen, für die maskuline Dominanz zählt. Die meisten Jugendlichen kamen aber nicht aus diesem Kreis. Für sie stand Maskulinität nicht im Vordergrund. Sie orientierten sich eher an der individuellen Beziehungs- und Persönlichkeitsthematik: „Die vielfach beschworenen und von den Schlüsselpersonen ständig zitierten Eigenschaften traditioneller bzw. reduzierter Männlichkeit wurden von den befragten Jungen und männlichen Jugendlichen auf die Frage nach den Vorstellungen davon, was oder wie ein Mann sein sollte, nur ganz selten benannt. Im Gegensatz zu unserer Annahme, dass dies viel stärker der Fall sei, konzentrierten sich die Aussagen auf den – auf Grund von Individualisierung zentralen – Bereich der Persönlichkeit bzw. Persönlichkeitsentwicklung." (S. 154). „Für viele Jungen ist das Mannsein und Mannwerden eine sehr selbstverständliche Angelegenheit. Einige verweisen dabei darauf, dass sie das ‚schon herausfinden' oder sich erarbeiten, ‚verdienen' werden, so dass es zum jetzigen Zeitpunkt nicht sinnvoll wäre, sich darüber groß Gedanken zu machen. Für andere scheint es noch keine Anlässe gegeben zu haben, sich mit dem Thema zu befassen, es ist ihnen noch ‚zu weit weg'." (S. 151).

Interessant ist vor allem an dieser Jungenstudie, dass auch erwachsene Experten und „Schlüsselpersonen", also Fachleute aus pädagogischen und medizinischen Bereichen, die mit Jungen zu tun haben, befragt wurden. Die meisten von ihnen haben die Vorstellung, dass Jugendliche schon junge Männer seien und sich mithin männliche Einstellungen und männliches Verhalten im Sinne des Abwertungs-/Idolisierungsmodells bei ihnen zeigen müssten. Insofern sieht die Studie eine deutliche Diskrepanz zwischen den Zuschreibungen der erwachsenen Schlüsselpersonen und Experten an die Jungen und den offenbarten Einstellungen der Jungen selbst. Die Ergebnisse legen nahe, dass dort, wo Jungen ihre Jugend ausleben und sich mit sich selbst auseinander setzen können, ihre – gesellschaftlich übergangenen – inneren Qualitäten frei werden können. Die offene Jugendarbeit kann ein solcher Ort sein, wo die Jungen ein emotionsreiches und gestaltungsoffenes Milieu finden und Gelegenheit haben, aus sich heraus zu gehen. Dort aber, wo sie früh dem Druck der geschlechtsarbeitsteiligen Gesellschaft und mithin männlichen Erwartungen ausgesetzt sind – Schule, Ausbildung, Lehrstellenproblem – ist diese Chance kaum gegeben. Die Jugendlichen der Studie beklagen sich auch entsprechend über das geschlechtstypische Sanktionsverhalten der Schule Jungen gegenüber.

Dass die erwachsenen Schlüsselpersonen die Jungen viel männlicher wahrnehmen als es diese selbst tun, hat wohl zweierlei Gründe. Der eine scheint in der Studie selbst zu liegen: Jugendarbeiter und Berater begegnen Jungen im Alltag anders als die Interviewer, die Jugendliche direkt auf ihr Inneres ansprechen. Zum Zweiten sind die Erwachsenen in die geschlechtshierarchisch-arbeitsteilige Gesellschaft eingebunden, reflektieren in diesem Zusammenhang selbst über Männlichkeit und Mannsein und schließen von daher, von ihrem biografischen Gewordensein, auf die Jugendlichen. Uns geht es ja allen so, dass wir uns später nicht mehr an den Teil unserer Jugendzeit erinnern können, der „außerhalb der Gesellschaft" in der Unwirklichkeit der Pubertät lag. Deshalb erleben die erwachsenen Männer und Frauen die Jugendlichen nicht als Jugendliche, sondern eben als junge Männer und junge Frauen. Ein Problem, dass auch die Frauenforschung hat, wenn sie Schlüsselpersonen befragt, welche die Mädchen nicht als Jugendliche, sondern als junge Frauen sehen. Deshalb kann man auch als Erwachsener nicht die innere Sprache der Jugendlichen sprechen, sondern sich mit ihnen nur über die Segmente der Jugend verständigen, die in der gesellschaftlichen Realität liegen: Schule, Ausbildung, Öffentlichkeit. Da zeigen auch die Jugendlichen der Winter/Neubauer-Studie männliche Einstellungen: „Überraschend oft wird auch die hohe Bedeutung von Verantwortungsübernahme und Verantwortlichkeit benannt. Ein Mann sollte ‚an die Zukunft denken und an die Familie'. [...] An manchen Stellen tauchen dabei Erwartungen an die Männlichkeit auf, die mit spezifischen Schwierigkeiten in Verbindung gebracht werden (können). So wird mit Blick auf die Bedrohung zwischen Untergehen und Ausgeschlossen werden auf das Spannungsverhältnis zwischen „sich durchsetzen können" und „sich integrieren" [...] verwiesen. An einigen Stellen wird betont, dass sich Männer im Griff haben müssen also über ausreichende Selbstkontrolle verfügen sollten – dies allerdings nicht in Bezug auf Übergriffe oder Gewalt, sondern eher als Präsentation in der Öffentlichkeit oder gegenüber Mädchen." (S. 155/156). Hier zeigt sich dann doch wieder eine Vermischung von geschlechtsunbefangenem Jugenderleben und geschlechtsbefangenem Jungmännerhabitus.

Vor allem dort, wo die Schatten der Arbeitswelt auftauchen und sich schon – wie in der Bildungskonkurrenz in der Schule, bei der Suche einer Lehrstelle, beim Problem der Übernahme in einen Beruf, bei der Erfahrung von Arbeitslosigkeit in der Familie – andeuten, ahnen die Jungen, was ihnen als Männer einmal blüht. Andere Jugendstudien, welche vor allem diese gesellschaftsbezogenen Segmente der Einstellungen von Jugendlichen ansprechen – z.B. die 12. Shell-Studie Jugend 1997 – zeigen dies deutlich: Die Jugendlichen sind gespalten, sie möchten eigentlich ihre Jugendzeit ausleben, kommen aber nicht so richtig dazu, weil sie schon früh soziale Risiken – und da sie diese nicht kalkulieren können – Gefahren auf sich zukommen sehen. So stehen auch die Jungen heute mit einem Bein neben und mit dem anderen Bein schon mitten in der Gesellschaft. Deswegen ist auch ihre optimistische Gegenwartsorientierung (vgl. Jugend 2002) so stark, sie dient dazu, diese Spaltung zu neutralisieren. So können zwar die Schatten der sozialen Risiken immer wieder vertrieben, Bedrohungen aber nicht aufgelöst werden. Die Jungen leben sich aus, aber sie sind nicht mehr unbefangen, sie versuchen – unbewusst – in diesem Ausleben auch den sozialen Druck zu bewältigen. Scheinbar unbefangenes jugendliches Experimentieren und Stressbewältigung vermischen sich dann oft, ohne dass es die Jungen merken. Gerade aus der alltäglichen Szene des Drogengebrauchs Jugendlicher wird immer wieder berichtet, dass hier die Schwelle des Übergangs vom neugierigen jugendkulturellen Experimentieren mit Drogen hin zum Gebrauchen Müssen, zur Abhängigkeit von Drogen liegt.

Deshalb ist es nicht verwunderlich, dass das Erwachsensein und damit die erwachsene Männlichkeit für viele der Jungen nicht attraktiv ist, weil sich mit ihr oft nicht mehr das Bild von Selbstständigkeit und Anerkennung, sondern von Bedrohung und Sorge verbindet. Wenn man dann aber einmal erwachsen ist, wird man mit männlichen Bewältigungsmustern konfrontiert, die einem in der Jugend noch gleichgültig waren, nach denen man aber aus seiner erwachsenen Männlichkeit heraus zwangsläufig greifen muss, zumal die Erwachsenenwelt heute nur wenig sichere und verfügbare Orientierungs- und Integrationsmuster bereithält. Überkommene Geschlechts- und Familienrollen sind da nicht von ungefähr wieder attraktiv, wenn auch im modernen Gewand (vgl. dazu u.a. Jugend 2000). Deshalb kommt es darauf an, ob man in der Jugend auch die Chance hatte, Erwachsenen zu begegnen, die einem keine Männlichkeitsmuster aufzwingen wollten, sondern vermitteln konnten, dass gerade auch Erwachsenenrollen fragil sind und immer wieder biografisch zur Disposition stehen. Nur so konnten sie sich der Besonderheit der Jugend öffnen und einen Bezug zur Befindlichkeit der Jugendlichen herstellen. Die Erfahrung als Jugendlicher, dass Erwachsene auch anders sein können, bewährt sich, wenn man selbst erwachsen ist und nach Lebensmustern sucht. Insofern gibt auch die Winter/Neubauer-Studie Hinweise in diese Richtung, indem sie aufzeigt, dass Jugendliche an solchen „anderen" Erwachsenen, die beziehungsfähig sind und selbst ihr Inneres zeigen können, interessiert sind.

Die Winter/Neubauer-Studie führt uns damit geradewegs in den Prozess der lebensphasentypischen Konstruktion von Männlichkeit unter dem Aspekt der Bewältigungsbedingungen und -chancen. Dort, wo Jungen (und Mädchen) so unter sich sein können, dass für eine Zeit lang der Einfluss der Erwachsenengesellschaft in den Hintergrund rückt, kann auch die Geschlechtstypik zurücktreten. Das zeigt sich bei Kindern im Vorschul- und Grundschulalter, die auf sich selbst und untereinander bezogen spielen oder sich erproben genauso wie in jenen Jugendräumen, in denen man sich von seinem Inneren her einbringen kann, in denen man sich eben nicht von seinem Äußeren her präsentieren und durchsetzen muss. Gleichzeitig bricht aber auch in solchen Räumen immer wieder Geschlechtstypisches auf, formiert sich Jungesein und Mannwerden als Bewältigungskonstellation im Streben nach einer Geschlechteridentität, die Handlungssicherheit verheißt. Der bewältigungsbezogene Blick, wie er auch die Studie – zumindest implizit – durchzieht, macht uns dafür sensibel, dass bei Jungen und Männern das Innen da ist, dass es aktiviert werden kann, wenn es Raum und Beziehung bekommt und dass es dort, wo es verloren scheint, meist nur verwehrt ist. Jugend zeigt sich auch hier, in der Selbstfindung männlicher Identität, als „zweite Chance" (Erdheim 1988). Für die offene Jugendarbeit und die Sozialarbeit mit Jungen auf der Straße und in den Gruppenangeboten der Erziehungshilfen, die ja meist mit „ressourcenarmen Jugendlichen", die über diesen Beziehungsraum biografisch nicht verfügen, arbeiten, formuliert sich aus diesen Erkenntnissen die grundsätzliche Aufgabe: Jungen und jungen Männern solche Räume zu ermöglichen und Jugend als „zweite Chance" der männlichen Identitätsfindung wenigstens in ihrem Einflussbereich erfahrbar und erlebbar zu machen (vgl. dazu das Kap. Jungenarbeit).

4. Weibliche Sozialisation

Im Kontrast zu den Jungen erhalten Mädchen in ihrer Beziehung zur Mutter in der Kindheit eher Möglichkeiten der Identifikation, erfahren aber dafür mehr restriktive und abwertende Geschlechtszuschreibungen und werden im Verhalten anders als Jungen kontrolliert und beschränkt. Sie werden eher auf sich und ihre innere Befindlichkeit verwiesen und angehalten, auf andere Rücksicht zu nehmen, als das bei den Jungen der Fall ist. Schwierigkeiten müssen sie aushalten, dürfen klagen und Gefühle zeigen, müssen die Konflikte mit anderen aber nicht selten mit sich selbst ausmachen. Diese Widersprüchlichkeit wird noch einmal kompliziert durch die neuen Mädchenbilder, die auch für Mädchen und junge Frauen Durchsetzungswillen und Problemlosigkeit signalisieren – sie *gesellschaftlich* in ihren eigenwilligen Wünschen, Problemen und Lösungswegen aber kaum wahrnehmen.

Mädchen sind von früher Kindheit an mehr an die Familie gebunden und es wird von ihnen erwartet, dass sie diese Bindung gestalten. Diese Bindung ist ambivalent: Zum einen können sie graduell immer noch weniger sozialräumliche Kompetenz entwickeln, zum anderen ist die Familie vor allem für Mädchen nicht der Ort des Schutzes, als der sie allgemein gilt. Der ambivalente Mechanismus von Schutz und Kontrolle, der von vielen Eltern aufgebaut wird, kann dann sozialräumliches Experimentierverhalten von Mädchen durch eine insgeheim sexualisierende Umdeutung einengen. Übergriffe gegen sie in der Familie und in der Öffentlichkeit werden dagegen tabuisiert. Die Sozialisationsbedingungen von Mädchen unterscheiden sich daher darin, wie viel familiärer Rückhalt, Anerkennung und Eigenwillen ihnen gegeben werden kann.

Gerade weil wir wissen, wie wichtig die Aneignung der räumlichen Umgebung und (später) jugendkultureller Räume für die Entwicklung sozialer Schlüsselkompetenzen der Selbstbehauptung und Interessendurchsetzung ist und dass Kinder und Jugendliche nicht nur in der Schule, sondern auch über selbstbestimmbare Räume und Beziehungen lernen, wiegt eine sozialräumliche Benachteiligung von Mädchen besonders schwer. Sie können in der binnenzentrierten Schule noch so oft bessere Leistungen als die Jungen erbringen, im offenen

Übergang in den Beruf unterliegen sie oft zwangsläufig der – am Arbeitsmarkt abgesicherten – Durchsetzungs- und Verdrängungs'kompetenz' der Jungen und Männer.

Immer noch ist in den Kindergärten beobachtbar, wie sich die Mädchen mehr in der Mitte bei den Erzieherinnen aufhalten, sich gleichsam an sie binden, und sich in Spielecken zurückgezogen haben. Von vielen Erzieherinnen werden die Mädchen deshalb als Ordnungs- und Ruheelement der Einrichtung geschätzt. Die ihnen angebotenen Spiele sind entsprechend regelkonformer und friedlicher, während den Jungen die offene Peripherie des Tobe- und Risikoverhaltens überlassen wird. So entwickelt sich jenes Paradox, das sich in der Schule fortsetzt und das Erzieherinnen und LehrerInnen so schwer begreifen können, wenn sie meinen, dass sie doch die Jungen mehr kontrollieren und strafen als die Mädchen. Damit wird aber den Jungen auch mehr Aufmerksamkeit entgegengebracht: Sie lernen, dass man durch Rücksichtslosigkeit und Risiko im Mittelpunkt stehen kann. Jungen spüren – gerade in der Pubertät, wo sie es brauchen – dass sie sich hier an Normen ,abarbeiten', Grenzen austesten können. Dabei sind die Dynamik und die offenen Risiken der Pubertät für die Entwicklung der Mädchen genauso wichtig wie für die Jungen.

Sozialräumliche Benachteiligung nimmt für Mädchen inzwischen andere Formen an: Sie liegt weniger im von ihnen selbstverständlich beanspruchten Bewegungs- und Aneignungsverhalten als der ihnen hierin von Erwachsenen entgegengebrachten Beachtung. In dieser gemeinsamen Nutzung und Erkundung setzen sie sich aktiv mit Restriktionen und Risiken auseinander, entwickeln gemeinsame Spielkultur und Aneignungsformen. Diese werden jedoch weniger beachtet oder ernst genommen – sie finden in einem Alter statt, in dem Jungen noch kindlicher sind, Mädchen einen Vorsprung haben, also im Alter von acht bis dreizehn Jahren; Mädchen aus bildungsfernen Schichten können hier ungebundener sein, insofern ihre freie Zeit nicht ganz vom Lernen beansprucht wird. Diese Freizügigkeit setzt einen Cliquenzusammenhang voraus, was in diesem Alter oft noch reine Mädchencliquen sind. Auffallend sind die in diesem Alter bestehenden Ansprüche auch auf risikoreiche Räume, in denen Mädchen sich zwar bedroht fühlen könnten, diese dennoch offensiv aufsuchen. Die Auseinandersetzungen mit Einschränkungen ändern sich je nach Altersstufe; sie wachsen mit dem Alter, indem sie stärker der Kontrolle des fremden Blicks unterworfen werden und wo sie selbst mehr Interesse am Experimentieren mit erwachsenen Beziehungsrollen untereinander und mit Jungen haben (vgl. dazu Schön 1999).

Die Mädchen selbst nehmen die geschlechtstypischen Zuweisungen und die mehr nach innen gerichtete Erziehung zunehmend und in neuer Qualität also vor allem in der Pubertät – im Alter von 12 bis 17 Jahren – wahr. Während die Jungen nach männlicher Geschlechteridentität in einer Kultur des Risikoverhaltens suchen, müssen sich die Mädchen mit der in ihnen gewachsenen weiblichen Geschlechteridentität, die ihnen bisher eher offen und harmonisch erscheinen konnte, nun in dem Maße auseinander setzen, als diese gesellschaftlich-kulturell als problematisch definiert wird (vgl. Hellferich 1994). Dies gelingt je nach den biografischen Möglichkeiten, die Familie und soziale Umwelt bieten, unterschiedlich. Dabei spielt nicht nur die materielle Lage der Familie eine Rolle, sondern auch die Frage, inwieweit Mädchen kulturelle Spielräume des Aufwachsens erhalten oder ob sie weiter durch zweideutige Geschlechterzumutungen seitens der Eltern und der sozialen Umwelt blockiert werden.

In der mittleren Jugendphase drängen die Mädchen genauso nach Eigenständigkeit, versuchen sich kulturell in ihrer Familie selbstständig zu machen und merken, dass ihnen diese Eigenständigkeit – mehr als bei den Jungen – verwehrt oder ihnen nur sehr zögernd und mit vielen Befürchtungen von den Eltern zugestanden wird. Hier wirkt jener typische ambivalente Mechanismus von Schutz und Kontrolle, der das Verhältnis von Eltern und ihren Töchtern von der Kindheit an kennzeichnet und der dann zu vielen Missverständnissen und Konflikten führen kann, wenn er verdeckt bleibt: Eltern wollen ihre Tochter schützen, haben Angst, dass ihr ‚draußen‘ etwas zustoßen könnte und merken oft nicht, das dies vor den Mädchen als passive und ungerechte Kontrolle empfunden werden muss. Wenn die Eltern ihre Schutzvorstellungen nicht offen mit der Tochter besprechen, wenn sie nur Andeutungen machen, dann fühlen Mädchen eher ein diffuses Misstrauen und im Falle schlechter Erfahrungen dann auch von ihren Eltern eher im Stich gelassen als geschützt. Mädchen müssen aber von früher Kindheit an ohne Misstrauen und ohne Unterstellung die Chance haben, sich ihre Umwelt anzueignen, Erfahrung und Sicherheit im räumlichen Verhalten zu gewinnen.

Die Eltern und andere Bezugspersonen im sozialen Umkreis des Kindes merken oft gar nicht, dass Mädchen schon relativ früh diesen Konflikt spüren und bewältigen müssen. Die körperliche Phase der Pubertät beginnt und entwickelt sich bei ihnen früher – zwischen 9 und 11 Jahren – als bei Jungen. Bei allem werden sie in dieser Pubertät mit ihren körperlichen Veränderungen der Geschlechtsreifung zum ersten Mal mit einem Weiblichkeitsbild konfrontiert, das sie von sich aus schwer integrieren können und deshalb immer wieder von den äußeren Erwartungen – auch denen der Eltern – abhängig macht: Sie sollen sich auf der einen Seite reizvoll zeigen, sie sollen sich aber auch gleichzeitig zurückhalten. Die Mädchen spüren, dass ein fremder und funktionalisierender Blick auf sie gerichtet ist und dass die körperliche Freizügigkeit, die Wildheit der Kinderspiele, die sie mit den Jungen teilten, nun gebrochen ist. Die Dynamik der Pubertät, in der Selbstwert und Selbstwirksamkeit aufgebrochen werden, setzt aber Wünsche des Auslebens frei, die nun auf eine Umgebung treffen, die tendenziell von ihnen gleichzeitig Zurückhaltung verlangt. Die Mädchen merken, dass sie vom Urteil anderer abhängig sind. Fremdbestimmung und Abwertung wirken so in eine Entwicklungszeit hinein, in der die Mädchen sich selbst erleben und erfahren möchten, in den Formen anders, aber im Prinzip ähnlich wie es die Jungen in der Gleichaltrigenkultur dürfen und wie es diesen nicht nur gestattet, sondern zugedacht ist. Sicher sind diese Beschränkungen Mädchen gegenüber heute nicht mehr so normativ-repressiv wie früher. Aber in der modernisierten Form existieren sie weiter: Mädchen sollen sich zurücknehmen, keine Ecken und Kanten haben, sich einfügen. Von ihnen wird erwartet, dass sie fleißig sind, Leistung bringen, den Erwartungen problemlos entsprechen. Dabei wird übersehen, welche eigene Leidenschaften und Kompetenzen sie entwickeln; man sieht nur, dass sie Erwartungen erfüllen oder übertreffen, man übersieht aber ihre eigene gestalterische Tätigkeit und ihren Eigensinn auch und gerade da, wo sie die Überschreitungen an den Tag legen, die nicht auf der Folie von exotischer Weiblichkeit oder der Jungen-Ähnlichkeit interpretiert werden können (vgl. Bitzan/ Daigler 2001).

Dieses Verdecken und Übergehen beginnt schon damit, dass man gemeinhin davon ausgeht, dass Mädchen ihre Pubertät nach innen gerichtet und deshalb relativ „problemlos" durchlaufen. Das führt dann auch dazu, dass dort wo dieser Innenzwang nach außen bricht – z.B. beim Symptom Magersucht – eher pathologisiert wird, als gesehen wird, dass es sich hier um extreme Bewältigungsmuster einer Mädchensozialisation handelt, die – unterhalb dieser Auffälligkeitsschwelle – ihre eigenen ambivalenten Probleme hat. Sie erleben genauso ihre Unwirklichkeits- und Allmachtsphantasien wie die Jungen, nur sind sie – auf Grund der hier stärker nach innen gerichteten Leistungsorientierung und gleichzeitigen familiengebundenen weiblichen Sozialisation – auf die Eltern und weniger auf die soziale Umwelt gerichtet. Genauso wie die Jungen brauchen die Mädchen aber die Möglichkeit, sich an der sozialen Wirklichkeit, ihren Normen und Barrieren abarbeiten zu können. Der dafür notwendige soziale Raum wird aber den Mädchen – in einer Art von abwertendem und missdeutendem Desinteresse – oft verweigert. So richten sie sich dann meist gegen die innere Familie, vor allem gegen die Mutter. Die Mutter wird als Frau erkannt und ihr wird – weil viele Mädchen die Abwertung von Frauen in ihrer sozialen Umgebung und im Privaten und Gesellschaftlichen nun spüren und wahrnehmen – mit Aggressivität begegnet. Die Mutter wird so zum bevorzugten und abgewerteten Objekt der eigenen Hilflosigkeit (die zudem auf sie projiziert wird) und Ziel von Anforderungsdruck. Dies mischt sich in der weiblichen Orientierungsproblematik und schafft eine mehrdeutige Konfliktkonstellation (vgl. Debold/Wilson, Malavé 1997). Die feministische Pädagogik hat sich auf das innere Konfliktverhalten des Mädchens und ihren Weg in die Eigenständigkeit konzentriert, die Mutter, die zurückgelassen wird, bleibt aber im Bewusstsein der Mädchen zusammen mit unbewältigten Verlusterfahrungen präsent. Aber auch wenn die Mutter als Frau nicht abgewertet ist, wenn man so werden möchte wie die Mutter, führt der gesteigerte Selbstbehauptungs- und Dominanztrieb der Pubertät zum Rivalitätskonflikt mit der Mutter in der Form eines Verdrängungskonflikts. Gleichzeitig werden die Mädchen dabei – auch als ein Resultat der nach innen gerichteten Sozialisation – verstärkt in Schuldgefühle getrieben.

Wurde in den Ausführungen zur männlichen Sozialisation vor allem beklagt, dass Jungen im frühen bis mittleren Kindesalter wenig alltägliche männliche Vorbilder haben und im Kindergarten und der Grundschule meist von Frauen betreut werden, so entsteht ein ähnliches Problem nun für die Mädchen in der Pubertät. Denn hier geht es ja auch um den Übergang in den Erwachsenenstatus und dieser ist in der Gesellschaft weitgehend männlich definiert. Das Vereinbarkeitsmodell zwischen Familie und Beruf, seine Ansprüche und Konflikte, das von Frauen gewählt werden soll, wird immer noch nicht so offen thematisiert, dass es in der Wahrnehmung der Jugendlichen zumindest gleichberechtigt neben das Modell der Erwerbstätigkeit tritt. Auch die Ablösung von den Eltern, die als zentrale Entwicklungsaufgabe im Jugendalter gilt, wird entlang ihrer Verschiedenheit wenig thematisiert: Sind Mädchen auch in ihrem Ablösungsprozess stärker familienbezogen als jugendkulturorientiert, wie das bei den Jungen mehr der Fall ist? Suchen sie die Anerkennung durch den Vater, um sich aus der engen identifikatorischen Bindung der Mutter lösen zu können, bleiben aber weiter an der Mutter „hängen", weil sie sie als emotionalen Rückhalt suchen? Das geschieht meist in aggressiver Auseinandersetzung in einem ‚Pull and Push' Verhalten, das die Mädchen aber wie selbstverständlich leben, während viele Mütter darunter leiden.

Der Ablösungsprozess der Mädchen aus der Familie steht also in einem Spannungsfeld von Gebundenheit und Aggression, ist in sich offen-ambivalent und muss mit hohen Energien bewältigt werden. Die Stärke und Qualität dieser Auseinandersetzung mit dem Vater, mit der Mutter werden aber meist nicht wahrgenommen oder übergangen. Kein Wunder dass die Mädchen, da sie keine äußere Resonanz bekommen, auf Tauchstation gehen, sich zurückziehen, unnahbar scheinen und gleichzeitig angepasst. Dies bestärkt wiederum das Geschlechtsstereotyp, von dem die Botschaft ausgeht, dass die

Mädchen allerhand aushalten und schon mit sich selbst zurechtkommen. Auch die neuen Mädchenbilder geben vor, dass Mädchen scheinbar keine Bewältigungsprobleme kennen und – als emanzipierte Mädchen – auf einer Spaß- und Stärkeoberfläche „dahinschweben". Sie checken alles, von Freundschaft über die Partnerschaft, über den Umgang mit den Eltern, bis zur richtigen Berufswahl. Sie scheinen das Feminine und das Coole in einem zu beherrschen. Damit aber sind Konflikte nicht gelöst, sondern übergangen und auf krisenhafte Bewältigungssituationen ist man nicht vorbereitet (vgl. dazu Stauber 1999). Hier ist auch der Punkt, wo die digitalisierte Industriegesellschaft, die keine Probleme und Geschichten will, sondern auf schnelle machbare Lösungen drängt, die Geschlechter zu nivellieren scheint. Jungen und Mädchen werden gleichermaßen in dieses „problemlose" Demonstrationsverhalten gedrängt, das verhindert, zu sich zu kommen und dass einen doch gleichzeitig einzig erscheinen lässt. Da diese Konflikte meist nur in kritischen Lebensereignissen und -konstellationen auch nach außen hin aufbrechen und sonst die Jugendlichen den Eindruck erwecken, dass sie in der Problemlosigkeit der Konsumgesellschaft virtuos herumsurfen, hat es die Sozialarbeit bei entsprechenden Fällen schwer, die Notwendigkeit einer problemorientierten Bewältigungspädagogik einzufordern: Dann wird sie weder von der Öffentlichkeit noch von den Mädchen und Jungen selbst verstanden.

All dies zeigt, dass man aufpassen muss, das Aufwachsen, die Sozialisation von Mädchen stereotyp mit dem Etikett der „Innenorientierung" zu belegen. Man muss sehen, dass Mädchen der Drang nach außen verwehrt ist und dass sie deshalb immer in der Spannung zwischen Innen und Außen stehen. Denn dieses Verwehrtsein macht die Bedürftigkeit, die Konflikthaftigkeit des Selbsterlebens bei vielen Mädchen aus. Mädchen sind nicht nur familienzentriert, wie das die Geschlechterforschung nahezu festgeschrieben hat, sondern sie leben zwischen dem Verwiesensein auf das Innen und dem Bedürfnis nach dem Außen. Diese Spannung ist meist verdeckt, zurückgenommen, überformt und bricht oft erst in kritischen Situationen als aktives Konflikt- und Bewältigungsverhaltens auf. Die Zuschreibung des Innen bürdet Mädchen aber eine falsche Verantwortung auf, wo sie mit ihren Ansprüchen nach Anerkennung auf

Abwertung stoßen, wo ihnen Geborgenheit und Schutz gerade verweigert wird. Immer wieder spüren sie stattdessen die Erwartung: Du bist verantwortlich für dich und das Wohlergehen der Personen in deinem Umfeld. Deshalb trauen sie sich oft nicht zu sagen, wie es ihnen wirklich geht. Sie spalten es nach innen ab, so dass sie sich noch mehr für andere verantwortlich oder gar schuldig fühlen: gegenüber den Eltern, für die Qualität der Beziehung zu Freundin und Freund, gegenüber sich selbst. Wenn Mädchen mit ihrem Freund streiten, haben sie oft ein schlechtes Gewissen, wenn der Streit nicht geschlichtet und die Beziehung angespannt ist. Dieses selbstprojektive Verantwortungs- und Schuldbewusstsein wird von der familialen Umwelt erwidert und verstärkt. Mädchen sind für Eltern eher eine Projektionsfläche für eigene familiale Konflikte als Jungen.

Zwar enthält die moderne weibliche Rolle inzwischen verschiedene Möglichkeiten für Frauen, aus sich herauszugehen und so dem Druck nach innen auszuweichen. Dies aber soll maßvoll geschehen; das modernisierte Geschlechterrollenstereotyp lässt zwar ein „Ausleben" zu, dies soll aber nicht zu expressiv und vor allem nicht aggressiv sein.

Hier könnten wir die Befunde (s.o.) Untersuchung zur weiblichen Aggressivität noch einmal aufnehmen: Aggressives Verhalten und Erleben von Mädchen wird anders bewertet und selbst erfahren als das bei Jungen der Fall ist. So wie Frauen Aggression als Kontrollverlust betrachten, der von übermäßigem Druck verursacht ist, dem dann meist Schuldgefühle folgen, verinnerlichen auch Mädchen früh, dass „Ausrasten" ein weiblicher Ausnahmezustand ist, für den man sich eigentlich schämen müsse. Jungen und Männern dagegen wird aggressives Verhalten zugestanden (es darf nur nicht „über die Stränge schlagen") und Jungen und Männer empfinden deshalb Aggressionen bis an die Grenze zur Gewalt eher selbstverständlich und als Mittel, Kontrolle über andere Menschen auszuüben, wenn sie zu Selbstwert und sozialer Anerkennung gelangen wollen (Schmerl 1999). So ist es nicht verwunderlich, dass es nur wenig ritualisierte Formen für das Ausleben von Aggressivität für Mädchen und Frauen gibt. Zugestanden werden ihnen fürsorgliche (für jemanden leiden) oder autoaggressive Muster. Deshalb ist es nicht verwunderlich, dass Medikamentenmissbrauch vor allem bei Mädchen und Frauen verbreitet ist. Mädchen nehmen Medikamente als Mittel dafür, etwas auf sich zu nehmen. Dies ist legal und auch viele Ärzte handeln nach diesem Weiblichkeitsstereotyp, wenn sie immer wieder Beruhigungsmedikamente und Antidepressiva verschreiben. Für Jungen dagegen sind in unseren kulturellen Traditionen ritualisierte Formen der Außenaggression (vor allem in Cliquen) für den Aggressionsabbau da, heute allerdings in zunehmend entgrenzten Formen und deshalb nicht mehr so selbstverständlich verfügbar.

Wenn Aggressivität bei Mädchen immer wieder gedämpft wird, kann sie dennoch explosiv zum Ausbruch kommen. Dann geraten Mädchen schnell in die Falle der Degradierung, weil sie die Aggressionsform überbetonen und ihre Körperlichkeit einsetzen. Deshalb ist ein exzessiver Aggressionsabbau für Mädchen kaum entlastend, eher eine Gratwanderung, weil sie schnell in die Gefahr der geschlechtstypischen Stigmatisierung, die unter die therapeutische Behandlung fällt oder sozial unverstanden bleibt, kommen können. Dies kann ihnen auch in der Sozialarbeit passieren, sei es in der Mädchenarbeit oder Frauenberatung; die Einsicht, dass Mädchen Räume und Ermunterungen für Aggressionsabbau brauchen, ist hier nicht selbstverständlich. Hinweise können Untersuchungen liefern, die zeigen, dass Frauen sich vor allem davor fürchten bei Aggressivität sozialen Rückhalt untereinander zu verlieren (Leeb 1998). Diese wahrscheinliche Reaktion wird gestützt durch die Einsicht aus der Untersuchung von Beziehungen von Mädchen untereinander, dass Mädchen ihren Geschlechtsgenossinnen eher Loyalität und Verständnis verweigern als Jungen.

Ein weiteres zweischneidiges Problem in der Entwicklung von Mädchen und ihrer geschlechtsstereotypen Deutung ist neben dem Problem der verwehrten Aggressivität das Problem der ambivalent gedeuteten Körperlichkeit. Wenn Mädchen nachgesagt wird, dass sie körperbewusster als Jungen seien, so ist damit meist nicht die Intensität ihres Erlebnisses angesprochen. Denn Mädchen werden in der Regel während ihrer Erziehung immer wieder mehr oder minder über ihren Körper diszipliniert, weil sie – vergleiche den Mechanismus von Schutz und Kontrolle – latent und manifest als „gefährdet" eingestuft werden. Dieser Gefährdungsaspekt wird Mädchen oft dann zum Verhängnis, wenn es um Experimentier- und Risikoverhalten geht. Während bei Jungen riskantes Verhalten eher selbstbestimmt definiert wird, weil Risiko und Experiment als Teile „männlichen Bewährungsverhaltens" gelten, erleben Mädchen öfter, dass ihr Risiko nicht ihnen gehört, sondern fremdbestimmt ist. Das reicht von den alltäglichen Missdeutungen, die dem Mechanismus von Schutz und Kontrolle geschuldet sind bis hin zu massiv riskantem Verhalten, wo sich die Mädchen dann allein gelassen sehen: Ob es nun riskante Sexualität mit einem verantwortungslosen Typen ist, der das Risiko auf das Mädchen abschiebt oder der Konsum von Drogen. Bei Mädchen ist man mit dem Etikett Selbstgefährdung schneller bei der Hand als bei Jungen.

Aus der inzwischen langen Reihe geschlechtsspezifischer Schuluntersuchungen wissen wir, dass Mädchen beim Arbeiten in der Schule die Pflicht- und Leistungsseite stärker als die Lustseite betonen. Wenn man Mädchen nach Leistung fragt, sind es immer Dinge, die ihnen schwer fallen, die sie dann in den Vordergrund stellen: Pflicht, Belastung, aber kaum Lust an der Anstrengung. Diese diffuse Belastungszuschreibung von Leistung und Pflicht ist auch der Grund, warum Mädchen mehr leistungssteigernde Mittel einnehmen als Jungen. Denn für viele Mädchen lautet die versteckte Botschaft: Wenn du mit dem, was du kannst, ankommen willst, musst du mehr können als die Jungen und Männer. Das kann auch zu einer geschlechtstypischen – nämlich verdeckten – Konkurrenz unter den Mädchen selbst führen. Gerade im Alter zwischen 8 und 12 Jahren achten Mädchen untereinander darauf, dass keine von ihnen besser ist als die anderen. „Streberin" ist eine typisch negative Zuschreibung in dieser Entwicklungsphase. Da es die Zeit ist, in der die Ablösung von der Mutter beginnt, und Gleichaltrigenbeziehungen gesucht und verstärkt werden, sind auch hier schon wieder Verwehrungen und Behinderungen für eine eigenständige Mädchenkultur eingezogen.

In der Mädchenkultur gibt es traditionell nicht die offene und ritualisierte Interaktionsform des „Sich-Messens unter Gleich-

altrigen", wie das bei Jungen und bei ihren Gleichaltrigen-
gruppen der Fall ist. Mädchen können deshalb soziale Konkurrenzen, die – so lange sie in sozial verträglichen Grenzen
bleiben – wichtig sind für die eigene Verortung, nicht offen
austragen. Zwar ist die Mode ein öffentliches Konkurrenzme-
dium für Mädchen, sie ist aber über den Konsummarkt weitgehend fremdbestimmt und lässt ihnen wenig Raum für selbst-
tätigen jugendkulturellen Wettbewerb.

Wenn andererseits Mädchen eigene Regeln und Rituale erfin-
den – in Spielen oder Geselligkeitsformen – so wird dies von
der Kindheit an oft sozial wenig beachtet. Mädchen werden in
ihrer Gleichaltrigenkultur kaum ermuntert, ihr Experimentieren wird so gut wie nicht thematisiert. Sie müssen sich schon
Jungencliquen anschließen und zuordnen, wenn sie experi-
mentelle Jugendkultur ausleben wollen. Dort aber sind meist
wiederum die Jungen dominant.

Deshalb sind auch bei Konflikten unter Gleichaltrigen meist
die Jungen im Blick, machen auf sich aufmerksam und dabei
wird meist übersehen, dass Mädchen wissen, was sie *nicht*
wollen (Schmidt u.a. 1993). Dieser konkrete Standpunkt der
Ablehnung traditionellen Männerverhaltens wird aber meist
nicht als solcher erkannt und gewürdigt – auch nicht in der
Pädagogik – die Mädchen gelten einfach als nicht beteiligt
und damit nicht auffallend. So ist es kein Wunder, dass viele
Mädchen sich darin fügen, traditionelle Männerrollen, wenn
es um ihre Bekannten und Freunde geht, zu akzeptieren. Sie
bleiben so nach außen im Sog der Männerdominanz, obwohl
sie nach innen das Potential gehabt hätten, sich selbstbestimmt
davon abzusetzen, Kontraste zu finden, Konflikte auszutragen.
Um öffentlich aggressiv zu sein, müssen Mädchen sich an
Jungencliquen anschließen. Das in letzter Zeit beobachtete
Gewaltverhalten bei einer größeren Anzahl von Mädchen ist
deshalb auch als Streben nach jugendkultureller Teilhabe im
Anschluss an männliches Verhalten zu bewerten. Diese strukturell erzwungene Ausrichtung am Männerverhalten führt
auch dazu, dass gleichaltrige Mädchenfreundschaften, die inzwischen kulturell akzeptiert sind (Stauber 1998), immer wieder dann abgewertet werden, wenn die Mädchen heterosexuelle Beziehungen aufnehmen. Deshalb muss es ein wichtiges

Arbeitsprinzip in der Sozial- und Jugendarbeit mit Mädchen und jungen Frauen sein, dass ihnen Raum und Unterstützung und Anregung gegeben wird, ihre gelebte Kritik am Männerverhalten artikulieren und ihre Bedürfnisse dazu in Kontrast setzen zu können (vgl. Schön 1999, Heinemann 2000).

5. Mädchen als Jugendliche

Mädchen emanzipieren sich über die Jugend und Jugendkultur, sie erhalten viele ihrer Stärken nicht über ein zukünftiges Frausein, sondern über diese Jugendlichkeit. Es ist eine eigene Kraft, die immer wieder eingedämmt und kanalisiert wird, weil sie nicht – wie etwa bei den Jungen – genug kulturelle Formen findet. Deshalb ist die Freisetzung von Unbefangenheit und Selbstinszenierung über eine Jugendkultur, zu der sich Mädchen Zugang verschafft haben, einer der ausschlaggebenden Gründe für das Selbstbewusstsein vieler heutiger Mädchen. Gleichzeitig muss aber auch gesehen werden, dass viel Überschüssiges angesichts der frühen sozialen Belastungen auch wieder verbraucht wird. Dies kann aber nur mit einem bewältigungsorientierten Zugang aufgeschlossen werden. Diese Überlagerung der Jugendphase mit Bewältigungsproblemen führt dazu, dass vieles, was in der Familie dem Mädchen aufgebürdet wurde, nicht mehr in jugendlicher Unbefangenheit weggesteckt werden kann, sondern in individuellen, innerpsychischen Krisenerfahrungen ausgetragen werden muss. So erleben wir auf der einen Seite eine Nivellierung des Generationenkonflikts, aber gleichzeitig entwickelt sich eine Gewissensangst, eine Reflexivität bezüglich der Eltern und entsprechend eigener Anfechtungen gegenüber sich selbst. Über diese innere Bewältigung, die durch das Funktionieren-Müssen im Alltag, in der Ausbildung und im Beruf verdeckt wird, wird viel an überschüssigen Lebensenergien der Mädchen verbraucht.

In den Beziehungen zu Freundinnen und Freunden wird zwar viel ausgelebt, aber auch viel untereinander bewältigt. Die „beste Freundin" muss viel auffangen, ist oft überlastet und erzeugt dadurch selbst wieder Schuldgefühle bei der anderen. Gleichzeitig *wollen* Mädchen sich ausleben. Wir haben es also mit einer Mischung aus Bewältigungs- und Spaßkultur zu tun. In der Spaßkultur gleichen die Mädchen immer öfter den Jungen, die Bewältigungskultur ist aber immer noch sehr geschlechtstypisch nach innen gerichtet. Das Modell weiblicher Sozialisation, dass wir anfangs aufgemacht haben, ist also ein alltagsverdecktes Bewältigungsmodell.

Wichtig ist auch, dass Mädchen ihre Konflikte heute stärker in eigene Regie nehmen wollen. Sie wollen sie unter sich bewältigen und hier nicht im Banne „feministischer Bevormundung" stehen (vgl. Hagemann-White 1998). „Neu" scheint uns auch, dass mit der stärkeren jugendkulturellen Freisetzung der Mädchen die inneren männlich-weiblichen Bezüge zur Geltung kommen. Die heutige Generation der Mädchen erscheint *zugleich* weiblich zurückgenommen und männlich aggressiv. Man nimmt heute genauso Formen der Externalisierung bei Mädchen wahr, die dann allerdings wieder ‚typisch weiblich' eingefangen werden (z.B. beleidigt sein). Dies kann aber auch zu extremen Schwankungen, Inkonsistenzen und Ungewissheiten in der Identitätsfindung führen. So wird immer wieder von Mädchenarbeiterinnen berichtet, dass Mädchen „je nach Tagesform" in ihren Stimmungen von externalisiert – aggressiv wie seelisch – zurückgezogen aber trotzig – stark wechseln. In den Worten der Bindungstheorie gesprochen: Mädchen internalisieren nicht nur das Arbeitsmodell der Mutter/Frau, sondern genauso das väterliche Arbeitsmodell und setzen es in eine innere Beziehung zueinander (Bowlby 1995). Die Vereinbarkeitsproblematik hat also ihre Tiefenstruktur. Diese Tiefenstruktur wird in einem psychodynamischen Modell als der vielseitig mögliche innere Selbstbezug in einer Spannung zwischen männlich-weiblich aufgefasst und als Chance aber auch Überforderung behandelt (vgl. Benjamin 1995).

Für Mädchen, die im Kindesalter die Chance hatten, ihre inneren Konflikte den Eltern gegenüber offen anzuzeigen und damit auch akzeptiert wurden, besteht später die Chance der produktiven Freisetzung von Konflikten in einem gewissen lernenden Nachgang zu den Eltern. Die Arbeitsmodelle der Eltern stehen zur Verfügung, nicht weil die Tochter konfliktfrei ist, sondern weil sie damit umgehen kann, weil ein Bezug zu den inneren Konflikten herstellbar ist. Wenn dazu noch der

Vater weibliche Bezüge und die Mutter männliche Bezüge vermitteln können, dann verfügt die Tochter über eine Mehrzahl innerer Modelle. Diese haben natürlich ihre Tücken, erzeugen auch Leiden, aber dies kann nun eher produktiv bearbeitet werden. Männliche und weibliche Muster können so gleichzeitig freigesetzt werden.

Aus psychodynamischer Sicht erfolgt also keine Nivellierung, sondern eine Freisetzung von solchen unterschiedlichen Modellen, die aber alltags- und konsumkulturell meist verdeckt sind. Aber auch diese äußeren Ausdrucksweisen sind nicht eindeutig. Die hohen Plateauschuhe der Mädchen haben genauso etwas von Männerschuhen, wie sie weibliche Chiffren darstellen. Auf der Plateausohle muss man ja gehen wie Männer, kann man nicht trippeln. Zum männlichen Gehen aber sind sie wieder zu hoch, so dass die Mädchen wieder „unmännlich" in ihren männlichen Tretern wirken. Auch die kurzen Jacken sind eigentlich Fliegerjacken, sie werden aber für die Mädchen wiederum so eng gemacht, dass es auf das Etikett „weiblich" passt. Die Idee, dass man weiblich bleiben muss, um in Beziehungen leben zu können, bleibt als äußerer Anpassungszwang erhalten. Unter diesen äußeren Bildern, die – wie wir gesehen haben – auch schon gebrochen sind, verlaufen die tiefendynamischen Ströme.

Viele Mädchen schwanken also heute zwischen Gleichheit und Differenz. Das bringt zugleich Streben nach Selbstsicherheit und erzeugt Unsicherheit. Dies wird von PädagogInnen noch geschürt, wenn sie nach „eindeutigen" Definitionen suchen. Schon Monika Savier hat Ende der 1970er Jahre den PädagogInnen vorgeworfen, dass sie mit ihren emanzipatorischen Vorgaben bei vielen Mädchen nur Unsicherheit erzeugen. Sie hatte diese innere Inkonsistenz – wie ätzend Mädchen sein können, wie sie die Pädagogin das eine Mal auflaufen lassen und dann auf einmal wieder anhänglich sein können – schon zu einer Zeit bemerkt, als alles noch nach geradliniger Emanzipation rief. Savier forderte die Jugendarbeit auf, eine Mädchenjugendkultur zu ermöglichen, in der die Mädchen ihre Konflikte selbst thematisieren und gegenseitig bearbeiten können.

Heute wechseln sich in der Jugendkultur produktive und krisenhafte Bewältigungssequenzen ab. Vieles wird in der Jugend freigesetzt, ohne dass es sozial wieder eingefangen wird. Das Moratorium greift nicht mehr als Grenze. Deshalb sind Mädchenfreundschaften, die sich erweitert haben und auch junge Männer einbeziehen, die „etwas aushalten" inzwischen auch zu Bewältigungskulturen geworden.

In die Einrichtungen der Jugendhilfe, vor allem in die Erziehungshilfen, kommen meist jene Mädchen, bei denen – schon über Generationen hinweg – die Eltern und Großeltern keinen Rückhalt mehr bieten konnten. Das äußert sich nicht nur im Versagen oder Scheitern dieser Mädchen, sondern auch darin, dass sie sich mehr an Konflikten zumuten und Halt suchen in schwierigsten Beziehungen als andere. So geraten sie von einer riskanten Beziehung in die andere. Das wäre an und für sich nichts Neues, wenn heute nicht so früh schon Lebensenergie gebraucht würde, um mit sozialen Belastungen zurecht zu kommen. Auf der anderen Seite ist es inzwischen schon so, dass Konflikte stärker als früher in Beziehungen ausgetragen werden können, dass dadurch Beziehungen zwar eher auseinander gehen, aber die Mädchen und Frauen nicht mehr in ihnen gefangen sind.

Im Kontrast dazu gibt es aber auch einen Beziehungspragmatismus, den manche Mädchen an den Tag legen, ihre Beziehungsansprüche reduzieren und sich einigermaßen cool durch Schule und Ausbildung lavieren. Mädchen suchen sich oft ihre Partner nach der „Bewältigungslücke", die sie gerade haben. Das ist z.B. der Fall, wenn sie mit dem Vater nicht klarkommen oder sie einfach einen Halt suchen, ohne befürchten zu müssen, dauernd etwas zurückgeben zu sollen. Die seelischen Ressourcen spielen in der Jugendzeit für Mädchen meist eine größere Rolle als die materiellen. Auch das traditionelle weibliche der „Zurücknahme" ist unter Mädchen weiter vertreten. Wenn die Mädchen zu viel zurücknehmen müssen, mag das auch funktionieren. Bei zu viel Zurücknahme werden sie depressiv. Sie können dann nirgendwo mithalten und finden keine Freunde. Das weibliche Muster der Zurücknahme funktioniert also nur dann, wenn es in Balance gehalten wird zu eigener Aktivität. Deshalb sind die Übergangsräume als symbolisch-kulturelle Objekte so wichtig (s.o.).

Da sich die Bewältigungsarbeit von Mädchen vor allem in Beziehungen abspielt, ist das Umgehen mit Regeln – im Verhältnis der Mädchen zueinander – ein zentrales Problem. Während es in der männlichen Jugendkultur immer nach Regeln – seien sie noch so konkurrenzbesetzt und externalisiert – abgeht, schlagen bei Mädchen untereinander Gruppenkonflikte oft emotional um, wird entweder mit emotionalem Abbruch oder ungerichteter Aggressivität reagiert. Sicher hängt dies damit zusammen, dass Mädchen seit der Kindheit immer noch weniger sozialräumliche Kompetenz und Selbstständigkeit erlangen können als die Jungen. Im psychoanalytischen Diskurs wird die immer noch dominante Mutterbindung der Mädchen als Begründungszusammenhang ins Feld geführt. Denn im mütterlichen Beziehungskontext gibt es das Dritte der Regelhaftigkeit nicht. Da Mütterlichkeit emotional und damit „grenzenlos" ist (Gottschalch spricht z.B. von der Tiefenangst der Männer, von Müttern und Frauen „verschlungen" zu werden), haben Mädchen wenig gelernt, sich an Grenzsetzungen zu erproben. So nimmt es nicht Wunder, wenn Sozialarbeiterinnen berichten, dass Mädchen feste Regeln untereinander eigentlich nur in Bezug auf Jungen haben. Das macht sich auch im Alltag der Gleichaltrigenkultur bemerkbar, wenn Mädchen in männerdominierten Cliquen nicht zum Zuge kommen, emotional „hinunterfallen", wenn Jungen sie mit ihren Regeln überfahren, ausmanövrieren, links liegen lassen. Deshalb gehört es für die Mädchenarbeit zum Kern, den selbstbestimmten Umgang mit Regeln zu erweitern. Das wird vor allem auch in der koedukativen Arbeit versucht. Hervorzuheben ist hier das Berliner Beispiel, nachdem Projekte mit Mädchen in der Gemeinwesenarbeit so durchgeführt werden, dass sie sich auch offiziell bei der Aufstellung von Regeln und der Kontrolle ihrer Einhaltung beteiligen können (Heinemann 1999). Ähnliches werden wir am Beispiel der Wiener Mädchenarbeit kennen lernen (s.u.). Eine solche Arbeit muss aber vor allem auch auf Mädchenräume bezogen werden. Denn meist stellen Mädchen Regeln für koedukative Räume auf, damit Jungen und Männer sich besser fühlen, verfügen aber selbst über kein Regelwerk für Beziehungskonflikte untereinander. Das setzt sich dann im Frauenalter fort. Bei Frauenprojekten kann man immer wieder beobachten, dass Konfliktkonstellationen tabuisiert, übergangen werden. Seminare zu Konflikten unter Frauen gibt es kaum. Männer machen die Geschäftsordnungen, Frauen scheinen sich auf ihre emotionale „Macht der Mutter" zu verlassen, diese reicht aber nicht aus, weil sie eben grenzen- und damit regellos ist. So negieren immer wieder Frauen ihre eigene Machthierarchie, wundern sich, wenn sie sich spalten, aber Konflikte nicht untereinander austragen können und haben Schwierigkeiten damit, die männliche Seite in sich zuzulassen.

6. Männliche und weibliche Lebensbewältigung

Wenn aus Jungen und Mädchen Männer und Frauen geworden sind, geht man landläufig davon aus, dass die jeweilige Geschlechtsidentität gefunden, die Geschlechterrollen sich formiert haben und sie sich mit zunehmendem Alter aufeinander zubewegen. Nur bei kritischen Lebensereignissen bricht geschlechtypisches Bewältigungsverhalten oft in einer Art und Weise wieder auf, wie man sie angesichts des sonst alltäglich geordneten Rollenverhaltens nicht vermutet hätte. Gleichwohl gab (und gibt) es einen geschlechtstypischen Bruch im Leben von erwachsenen Männern und Frauen, der unter den Begriffen „midlife-crisis" bei Männern und „empty nest-Syndrom" bei Frauen bekannt ist. Es sind typische Integritätskrisen: Männer kommen im mittleren Leben an einen Punkt ihrer Karriere, an dem sie gezwungen sind, biografisch Bilanz zu ziehen, an dem sie in das Verhängnis geraten, dass sich ihre Hoffnungen auf Karriere und entsprechendes Lebensgefühl zerschlagen haben, wo das männliche „Es geht immer so weiter" in sich zusammenbricht und wo es gilt, einen realistischen Ausgangspunkt für den weiteren Lebensweg zu finden. Bei vielen Frauen tritt diese Integritätskrise dann ein, wenn die Kinder aus dem Haus sind und das weitere Leben sich nicht wie bisher auf der gewohnten Familien- und Mutterrolle aufbauen lässt.

Inzwischen sind solche Integritätskrisen im Erwachsenenalter längst häufiger geworden. Der Strukturwandel der Arbeitsgesellschaft und die damit verbundene zunehmende Erosion des

112

Normalarbeitsverhältnisses haben dazu geführt, dass immer wieder krisenhafte Einbrüche, in denen das Bisherige entwertet und das Zukünftige unübersichtlich und riskant scheint, im Laufe der mittleren Biografie eintreten. Die heute entsprechend hochgehaltene Formel vom Zwang zum „lebenslangen Lernen" verbirgt dabei die Wirklichkeit eines Bewältigungsprozesses, in dem die Menschen damit umgehen müssen, dass bisher Erlerntes entwertet, neue Sozial- und Lebensbezüge aus dem nun ungeschützten Selbst heraus entwickelt werden müssen. Männer und Frauen können sich nicht mehr darauf verlassen, dass sie so etwas wie eine feste Rollenidentität im mittleren Alter erreichen können, spüren vielmehr die Gefahr, dass man wieder auf frühere Lebensstufen und auf sich selbst zurückgeworfen wird. In diesen kritischen Lebensereignissen bricht dann meist auch die Geschlechtsbefindlichkeit, die von den nivellierten Geschlechterrollen in Arbeit und Öffentlichkeit überdeckt ist, wieder auf und bewegt das Bewältigungsverhalten. Damit ist die Sozialarbeit konfrontiert und davon ist sie auch immer wieder überrascht. Denn sie ist in ihren Institutionen und Verfahren immer noch mehr an Sozialrollen denn an Geschlechterbefindlichkeiten und deren zwiespältigen Dynamiken orientiert. Je verdeckter diese sind, desto notwendiger wird es, das Wissen über diese tiefer liegenden Geschlechterdynamiken in Diagnose und Intervention eingehen zu lassen.

Auf den ersten Blick scheint es gar nicht so kompliziert, denn die KlientInnen verhalten sich oft so, wie sie es aus den geschlechtstypischen Sozialrollen übernommen haben. Männer reagieren in kritischen Lebenssituationen meist außenorientiert, spalten ihre innere Hilflosigkeit ab, Frauen meist innenorientiert, gegen sich selbst, nehmen sich zurück oder lassen es die Kinder spüren. Dieses dualistische Bewältigungsmuster hat sich inzwischen auch als Orientierungsmodell ins Interventionsverständnis der modernen Sozialarbeit eingeprägt. Damit aber schleicht sich eine neue Gefahr ein: SozialarbeiterInnen glauben dann oft, dass Männer und Frauen so *sind*, wie sie sich geben. Es ist also ein zweiter Schritt notwendig: Wenn man erkannt hat, dass das gezeigte Bewältigungsverhalten geschlechtstypische Züge trägt, dann gilt es nach den ambivalenten Tiefenstrukturen und damit nach den Bedürftigkeiten zu fragen, die hinter diesem Verhalten liegen. Gleichzeitig sind die sozialen und kulturellen Kontexte einzubeziehen, in denen dieses geschlechtstypische Bewältigungsverhalten von den Betroffenen erwartet und abverlangt wird. Dennoch muss aber das geschlechtstypisch gezeigte Verhalten erst einmal akzeptiert werden, da es den Betroffenen Bewältigungssicherheit gegeben hat – auch wenn es abweichendes Verhalten ist – und man erst über diese primär akzeptierende Haltung (nicht gleichzusetzen mit gutheißen) zur Befindlichkeit der KlientInnen vordringen kann.

Das geschlechtsbezogene Bewältigungswissen für Diagnostik und Intervention muss also selbst wieder einer eigenen Reflexivität unterzogen werden. Deshalb werden wir im Folgenden – gleichsam modellhaft – darstellen, wie Männer und Frauen im Durchschnitt und in der Tendenz sich typisch verhalten, wenn sie kritischen Lebenssituationen ausgesetzt sind, um dann weiter zu fragen, welche tiefendynamischen Bedürftigkeiten hinter solchem Verhalten stehen können und in welche kulturellen und sozialen Erwartungs- und Bestätigungskontexte es eingebunden ist. Dabei ist – wie beim geschlechtsbezogenen Sozialisationsmodell – auch hier wieder zu betonen, dass Männer und Frauen ihrer sozialen Lage und ihrem, in der Biografie erworbenen, kulturellen Kapital entsprechend unterschiedliche Bewältigungsvoraussetzungen haben, die darüber entscheiden, ob sich das Bewältigungsverhalten sozial destruktiv, sozial verträglich oder sozial konstruktiv gestaltet. Diese Verbindung von sozialer Lage und Geschlecht, wie wir sie im Sozialisationskapitel in den Begriff des männlichen und weiblichen Habitus gebracht haben, lässt sich auch hier wieder als geschlechtstypischer, aber in der Geschlechtstypik sozial variierender Bewältigungshabitus darstellen.

7. Das männliche Bewältigungsmodell

„Für den Mann ist sein Inneres eine gefährliche Zone. Er betritt sie nur ungern. Für ihn stellt sie ein Minenfeld dar. Und jeden Moment kann er auf eine Gefühlsmine treten, die seine männliche Identität zerfetzt. Also empfindet er einen Widerwillen gegen jeden, der ihn dazu nötigt, diese

Todeszone zu betreten. [...]. Die Sphäre des Mannes ist also die Außenwelt. Da fühlt er sich wohl. [...] Der Mann zieht die Außenwelt vor, weil sie die Innenzustände im Modus der Übersichtlichkeit präsentiert. Die Sachen da draußen helfen ihm, auch seine Innenzustände zu kontrollieren. Der Mann denkt deshalb nicht über seine Befindlichkeit nach, er sortiert nicht seine Gefühle und analysiert sie mit Freundinnen. Stattdessen verleiht er ihnen die Formen der Außenwelt, um sie besser im Griff zu haben. Die Außenwelt ist schlichtweg die Form, mit der der Mann seine Innenwelt ordnet. Denn es geht ihm um Kontrolle. Deshalb hat er stets Angst, die Kontrolle über sich zu verlieren. [...] Männer haben also nicht die Wahl, entweder über die Außenwelt oder ihr Inneres Auskunft zu geben. Ihr Inneres ist ihnen in aller Regel verschlossen. Wenn nicht, reden sie nicht gern darüber" (Schwanitz 2001, S. 100-102).

Treffender und gefährlicher zugleich kann man den durchschnittlichen männlichen Bewältigungstypus nicht wiedergeben. Denn hier ist eine bestimmte Interpretation unterlegt, die das Schwanitzsche Männerbuch zum Bestseller und für Männer und Frauen gleichermaßen attraktiv gemacht hat. Den Männern wird signalisiert: So wie ihr euch verhaltet, seid ihr und das ist gut so, weil es das Wesen des Mannes ausmacht. Problematisch wird es erst, wenn es Grenzen überschreitet, wenn sich ein Mann nicht mehr unter Kontrolle hat. Und den Frauen wird bedeutet: Wenn ihr wisst, dass Männer so sind, dann könnt ihr auch mit ihnen umgehen, könnt in die Lücken stoßen, die sie nicht besetzen und ihnen dort aus dem Weg gehen oder sie mütterlich besänftigen, fürsorglich kontrollieren, wo sie nicht zu ändern sind. Im Schwanitzschen Männerbuch kommen die kaputten oder destruktiven Männer nicht vor, wie sie uns in der Sozialarbeit immer wieder begegnen. Wo bei ihm das männliche Verhalten seine Grenzen überschreitet – im Fußballstadion, im Alkoholkonsum, im Lärm – sieht er den archaischen Hordentrieb des Mannes aufbrechen. Männer sind schon immer so gewesen. Deshalb gehen wir unter Vorbehalt an das männliche Bewältigungsmodell heran, wir wissen, dass mehr dahinter steckt. Aber wir müssen es erst einmal auf uns wirken lassen, um es auch beschreiben, analysieren zu können, wenn es uns begegnet.

Männer verhalten sich im Durchschnitt so, mehr oder minder offen oder verdeckt, sozial verträglich oder unverträglich. Aber sie sind nicht so. Dennoch ist es für SozialarbeiterInnen im ersten Schritt, wenn sie es mit Männern in kritischen Lebenssituationen zu tun haben, wichtig, dass sie sich auf dieses Verhalten akzeptierend einstellen. Das heißt, der betroffene Mann „braucht" eine deutliche Resonanz und Entgegnung, die auf sein Außenverhalten gerichtet und entsprechend strukturiert ist, bevor man sich an sein Inneres wagen kann. Er braucht eine klare, grenzensetzende Norm. In der Männerberatung (s.u.) muss von Anfang an deutlich gemacht werden können, was geht und was nicht geht. Bei Situationen familialer Gewalt oder sexuellem Missbrauch ist – das hat die Frauenhausarbeit gelehrt – von Anfang an eine grenzensetzende, z.B. polizeiliche Intervention notwendig, die den Mann aus dem Außengleichgewicht bringen und ihn für eine pädagogische Krisenintervention öffnen kann. Das bedeutet nicht, dass man sich auf die männlichen Außenstrategien einlassen muss, sondern dass man beim Betroffenen die steife Kontrolle über die Situation, die einen Zugang zu seinem Inneren verhindert, schrittweise aufzuweichen versucht.

Vieles an aggressivem und destruktivem männlichen Bewältigungsverhalten in Krisensituationen ist nach außen abgespaltene und in Unterdrückung Schwächerer umgewandelte innere Hilflosigkeit. Da in unserer Gesellschaft Hilflosigkeit nicht als positives soziales und kulturelles Gut anerkannt ist, vielmehr als Schwäche gilt, als soziale Impotenz, ist sie in der männlichen Gesellschaft ein Tabu. Es gibt keine Räume, in denen Männer ihre Hilflosigkeit ausdrücken können. Alles muss erklärt, rationalisiert werden können. Wenn – wie bei kritischen Lebensereignissen – die Außenwelt zusammenbricht, bisherige soziale Beziehungen nicht mehr greifbar sind, wird die Unfähigkeit, der Mangel, mit seiner eigenen Hilflosigkeit umzugehen, sie sich einzugestehen und auszudrücken für den Mann zum psychosozialen Bumerang. Nicht umsonst sind Männer gewaltgefährdeter, wenn sie dazu getrieben werden, ihre Hilflosigkeit außen zu bekämpfen, auf Andere, Schwächere zu projizieren.

Viele Männer sind in einer riskanten Zwangslage und spüren dies. Auf der einen Seite nimmt die Intensivierung der Arbeit zu, werden sie noch mehr nach außen getrieben, gleichzeitig bietet die Arbeit nicht mehr die Sicherheit und Selbstverständlichkeit, mit der das Mannsein bei den meisten bisher im Außen aufgehen konnte. Das Gespenst des rollenlosen Mannes geht in der Männerwelt genauso um wie der damit verbundene Drang, sich wenigstens als maskulin zu inszenieren, wenn schon die männliche Dominanz, die patriarchale Dividende nicht mehr arbeitsgesellschaftlich abgesichert ist. Nun rächt sich, dass Männer über Generationen hinweg keine Erfahrungen mit dem Problem der Vereinbarkeit von Familie und Beruf haben, keine alternativen Rollenvorgaben, an denen sie sich neben und außerhalb der Arbeit sozial orientieren könnten.

Die Soziale Arbeit ist ein Beziehungsfeld, in dem Jungen und Männer Ermunterung und Anerkennung für anderswo als „unmännlich" geltendes Verhalten erlangen und dabei spüren können, dass es in ihnen und um sie herum etwas bewirkt. Sie können erfahren, dass ausgesprochene Hilflosigkeit nicht den sozialen Tod, sondern soziale Lebendigkeit bringen kann. Diese Erfahrung stellt sich in der Beziehung zum Sozialarbeiter und später vielleicht in der Gruppe Gleichbetroffener her (vgl. das Kap. Männerberatung). Das bringt aber auch den Sozialarbeiter in die Bedrängnis, dass er in seinem Mannsein angesprochen und womöglich in seine eigenen Hilflosigkeiten getrieben wird. Darauf müsste er schon in der Ausbildung vorbereitet werden. Natürlich ist es leichter auf Distanz zu gehen, wenn man die „Fälle" geschlechtsneutral behandelt. Das ist aber dann eine Sozialarbeit, die nicht durch den männlichen Außenpanzer hindurchdringt und immer wieder abprallt. Hier bleibt dann nichts anderes übrig – der Mann will es ja nicht anders – ,als die Klienten weiterzuschieben'. Auch so werden stigmatisierende Hilfekarrieren programmiert.

Den Mechanismus der *Externalisierung*, der Außenorientierung und des mangelnden Selbstbezugs des Mannes in Verhalten und Einstellung, haben wir inzwischen immer wieder kennen gelernt. Auch, dass sich hinter vielen außengeleiteten Verhaltensweisen Wünsche, Sehnsüchte und andere Gefühle verbergen, die nicht von Innen her ausgedrückt werden können und deshalb nach Außen abgespalten werden müssen. So kommt es, dass in vielen der externalisierten Verhaltensweisen von Männern, vor allem dann, wenn sie sich antisozial äußern, die *Bedürftigkeiten* nicht vermutet oder gesehen werden, die dahinter stecken. Dieses nach Außen-gedrängt-Sein, Bei-sich-selbst-nicht-innehalten-Können führt auch dazu, dass Männer es schwer haben, Empathie zu zeigen, das heißt sich in die Gefühle anderer hineinversetzen zu können. Der Mangel an Empathie stärkt natürlich das Konkurrenzverhalten, das von Männern traditionell in der Arbeitswelt erwartet wird und schwächt die Sensibilität für Fürsorglichkeit. Männer mögen es nicht so sehr, wenn jemand Probleme hat, sie wollen, dass es, sie oder er funktioniert. Das fängt schon in der Familie an: Wenn die Jungen schlechte Zeugnisse nach Hause bringen, wenn sie gar auffällig werden, dann ist es eher die Mutter, die sich um die Nöte des Jungen kümmert, versucht, an ihn heranzukommen, ihm die Möglichkeit gibt, seine Befindlichkeit zu zeigen. Der Vater orientiert sich meist am Außen, an den mangelnden Leistungen oder an der Tat. Für ihn ist daran entscheidend, dass der Sohn nicht funktioniert; und wenn der Sohn nicht funktioniert, dann könnte es auch so aussehen, dass der Vater nicht funktioniert. Wenn Männer arbeitslos werden, dann fühlen sie sich vor allem deswegen entwertet, weil sie die Angst überfällt, dass sie nicht mehr funktionieren und dass sie nun überhaupt nichts mehr wert sind. Deshalb ist es auch so wichtig, bei Wiedereingliederungsprojekten mit langzeitarbeitslosen Männern darauf zu achten, dass sie Gelegenheiten bekommen, zu zeigen, dass sie auch Fähigkeiten und Kompetenzen außerhalb der Arbeit – im kulturellen und sozialen Bereich – haben und dass sie diese Fähigkeiten entwickeln können.

Die Orientierung am *Funktionieren-Müssen* durchzieht alle männlichen Lebensbereiche. Auffällig und problematisch ist der Bereich der männlichen Sexualität. Auffällig, weil die Pornoindustrie, aber auch die Medien, den sexuell potenten, den funktionierenden Mann in einer Art und Weise kreiert haben, dass Jungen und Männer – zumindest wenn sie unter sich sind – diesem Maßstab überhaupt nicht mehr entgehen können. Gerade weil die Suche nach männlicher Geschlechteridentität im Lebenslauf tiefenstrukturell durch Idolisierung des Männlichen und Abwertung des Weiblichen gekennzeichnet ist und dieses Muster in der Pornoindustrie nicht nur reproduziert wird, sondern in den mechanischen Rahmen des Funktionierens gestellt wird, eignet es sich als Verständigungsmuster über männliche Sexualität. Schon in den Jungencliquen wird damit geprotzt, dass es wieder und wie oft es funktioniert hat und keiner wird es wagen zuzugeben, dass es bei ihm nicht funktioniert. Hier fangen die Probleme für viele Männer schon an: In einer pornografisierten Welt, in der Männern vorgegaukelt wird, sie könnten so viel Sex haben wie sie wollen, wenn sie nur funktionieren, scheint es für junge Männer, die Probleme mit ihrer Sexualität haben, die nicht so leicht eine Partnerin finden, sozial tödlich, dies gegenüber anderen zuzugeben. Gerade hier wachsen Bedürftigkeiten. Denn die Männer spüren, dass Sexualität mehr ist als nur das Funktionieren von Geschlechtsorganen, sie merken auch, dass die Mädchen, mit denen sie gerne zusammen sein möchten, auch anderes erwarten, als nur sexuelle Funktionstüchtigkeit und haben gleichzeitig Angst, dass sie in dieser Gefühlswelt nicht zurechtkommen, und dies kann sie wieder in die Orientierung des Nicht-Funktionierens zurückwerfen.

Das männliche Externalisierungsprinzip beinhaltet also auch immer eine Warnung vor dem Innen: Wenn du dich Gefühlen hingibst, dich mitreißen lässt, dann bist du verloren, ausgeliefert, dann hast du keine *Kontrolle* mehr über dich selbst, dann kannst du nicht mehr funktionieren. Um immer funktionieren zu können, müssen Männer alles unter Kontrolle haben. Udo Lindenbergs Song „Jonny Controletti" aus den 1970er Jahren hat dieses männliche Prinzip ironisiert, in den Wildwest- und Actionfilmen, in den unterschiedlichsten Varianten der Computerspiele in den Spielhallen oder zu Hause ist dieses Prinzip enthalten. Der Controller, die Playstation ist der verlängerte Arm des Mannes. Cool bleiben, keine Gefühle zeigen, die Risiken fest im Auge – ein zwanghafter Habitus, der in der Idolisierung der Männlichkeit aber vielfach ästhetisiert und selten ironisiert ist. Alles unter Kontrolle haben bedeutet für viele Männer auch, dass in ihren Einflussbereichen alles funktioniert, auch dort, wo sie nicht anwesend sind. Am Beispiel des abwesenden Vaters, der dennoch sich darauf verlassen kann, dass die Mutter ihn in der Familie hochhält, seine Kontrollprinzipien gegenüber den Kindern vermittelt, kann man diesen Zusammenhang gut nachvollziehen.

Mit dem Prinzip der Kontrolle hängt das Prinzip der *Rationalität* eng zusammen. Rational eingestellt sein und rational handeln bedeutet für viele Männer wiederum, keine Gefühle zulassen, sich einer Sachlogik entweder intellektuell, aber meist auch nur hierarchisch (Dienst an der Sache) zu unterwerfen. Einer vorgestellten Sachlogik gehorchen, auch wenn man sie nicht versteht, ist für viele Männer noch weniger riskant, als Gefühlen nachzugehen. Wiederum: Blinder Gehorsam der Rationalität und Sachlogik gegenüber gelingt dann, wenn man Gefühle nicht an sich heranlässt, das heißt, wenn man sie abwertet und in Bereiche außerhalb der Rationalitätsbezirke von Arbeit, Beruf und öffentlicher Präsenz verbannt. Dieser Aspekt der Entemotionalisierung scheint uns am männlichen Rationalitätsprinzip das Wichtigste, weniger der klassische ideologische Dualismus zwischen rationaler männlicher und weiblicher emotionaler Welt; hier liegt eher die kulturelle Tradition der Abwertung des Emotionalen, weil dem Weiblichen zugeschrieben. Heute macht uns folgende Entwicklung zu schaffen: Je emotionsloser die Arbeits- und Berufswelt durch stetige Rationalisierungsprozesse wird, desto mehr konzentrieren sich die endgültig zurückgedrängten emotionalen Bedürfnisse der Männer auf die Familien. Das Problematische dabei ist, dass viele Männer diese Entemotionalisierung nicht bemerken, dass sie den immer neuen Sachlogiken weiter folgen und diese Entwicklung als selbstverständlich ansehen. Ebenso selbstverständlich ist ihnen dann das Bedürfnis, ihre Gefühlswelt in der Familie zu finden, besser gesagt: von der Familie bereitgestellt zu bekommen. Wehren sich Frau oder Kind dagegen, wird dies von Männern als Widerstand gegen diese Selbstverständlichkeit und damit als illegitim angesehen. Hierin liegt der Grund dafür, dass viele Männer, die Gewalt in der Familie ausüben, dies gar nicht als Gewalt begreifen, da sie der Meinung sind, sie holten sich nur etwas, was ihnen zustünde und betrachten dies als ganz „normal", also auch als rationalen Vorgang.

Externalisierung, Kontrolle und emotionslose Rationalität korrespondieren bei Männern oft mit dem sozialen Orientierungsmuster der Benutzung, besser des *Gebrauchs*. Nicht umsonst ist in der männerbündlerischen Sprache vom „eine Frau gebrauchen" die Rede. In den männlichen Konkurrenzsystemen der Wirtschaft, aber auch in der Verwaltung und Politik werden andere benutzt und gegeneinander ausgespielt, um selbst voranzukommen und die eigenen Ziele durchzusetzen. Die Prinzipien der Konkurrenz und Benutzung liegen also wieder genauso eng beisammen, wie ihnen der Verlust an Empathie gemeinsam ist. Und auch hier wirken wieder Abstraktionen: Männer weisen es oft empört zurück, wenn man ihnen vorhält, sie würden den oder jenen Menschen benutzen, denn sie sehen in diesem Verhalten nicht den konkreten Menschen, sondern das abstrakte Prinzip, das sie dann auch entsprechend rationalisieren.

Das Gefühle-zurückhalten-Müssen, der fehlende Selbstbezug und der Zwang, sich und andere unter Kontrolle zu haben, führt oft dazu, dass Männer eigenartig stumm sich selbst gegenüber sind. Mit dieser männlichen Eigenart, dem Prinzip der *Stummheit*, ist nicht gemeint, dass Männer nicht reden. Sie reden viel und wiederholt, ritualisiert, über alles mögliche – Autos, Wetten, Technik, Frauen, Fußball, die Chefs, abwesende Konkurrenten etc. – nur nicht über sich selbst. „Ein Mann, ein Wort" heißt es in der Umgangssprache, „eine Frau, ein Wörterbuch"; Männer behaupten dementsprechend, Frauen gäben sich preis, maßten sich an, in ihnen zu lesen und sie merken dabei nicht, dass sie ihre eigene Unfähigkeit zum Selbstbezug, zum Sich-Öffnen, abwertend auf Frauen abspalten. Über was soll man auch von sich reden, wenn der Kontakt zu einem selbst fehlt? In Jungencliquen kann man oft das Ritual beobachten, dass, wenn sich junge Männer emotional angegangen fühlen und dabei einen Anflug von Hilflosigkeit spüren, sie den vermeintlichen Angreifer mit einem aggressiven „Was ist?" anfahren und dann die entsprechend aggressiv untermalte Antwort „Nichts!" bekommen. In diesem Ritual steckt die gegenseitige männliche Einverständigkeit über diese Stummheit. Männer verstehen sich auch ohne Worte, sie funktionieren ja in einer externalisierten Rationalität im – militärisch-hierarchischen oder funktionslogischen – Dienst an einer Sache, die dann nicht selten ritualisiert und mythisiert wird und – im Namen der Ehre – jenseits allen Zweifels liegt: ‚Über Ehre brauchen wir nicht zu reden'.

Wenn wir uns das Zusammenspiel dieser männlichen Einstellungs- und Verhaltensmuster ansehen, so fällt uns immer wieder ihr Zwangscharakter auf: Männer können nicht anders, deshalb sind sie auch sehr einsam, und müssen einsame Entscheidungen „gegen ihr Gefühl" treffen. Männer verhalten sich also gegen sich selbst, tun sich selbst Gewalt an. Auch von dieser Seite muss man das männliche Gewaltproblem beleuchten, nicht nur von der Täterseite. Das Thema „Männer als Opfer" steht an. Dabei geht es hier um strukturelle Gewalt, um den von vielen gespürten, aber nicht rational begreifbaren Zwang, unter dem sie stehen, sich selbst zu verletzen, zu zerstören, um dem gesellschaftlichen Erwartungsbild oder Idol von Männlichkeit nahe zu kommen. Schon die Verletzungen kleiner Jungen müssen sichtbar, präsentierbar und heldenhaft erzählt sein. Mit Unfällen im Haushalt – wenn man beim Geschirrspülen oder Putzen hilft – lässt sich kein männlicher Staat machen, das geht auch erwachsenen Männern so. Verletzungen gelten als männliche Symbole, wenn sie mit außerhäuslichem Risikoverhalten verbunden sind. Die Parole ‚hart gegen sich selbst sein' beinhaltet auch immer: Keine Gefühle sich selbst gegenüber und damit auch nicht gegenüber anderen zeigen. Gewalt gegen sich selbst und Gewalt gegen andere liegen bei manchen Männern eng beieinander.

Dieser schwierige Zugang zum eigenen Selbst, der für männliches Verhalten charakteristisch ist, wird Männern im Alltag meist gar nicht zum Verhängnis. Es gehört zur sozialen Normalität, dass Männer so sind, es wird ja von den Männern gesellschaftlich abverlangt und in der sozialen und familialen Umwelt des Mannes hat die Frau genug Strategien entwickelt, um damit umzugehen. Prekär werden solche männlichen Verhaltens- und Einstellungsmuster für den Mann aber spätestens dann, wenn er in kritische Lebensereignisse gerät, bei denen sich seine Umwelt nicht mehr auf ihn einstellt, in denen die männlichen Bewältigungsmuster nicht mehr funktionieren und sich schließlich gegen ihn selbst wenden. Kurzum: Kritischen Lebensereignissen – wie z.B. Überforderungen in Beruf und Beziehung, Arbeitslosigkeit, Verlust der Partnerin, Berufsunfähigkeit, Altersübergang, Sucht – erzeugen Stresszustände, in denen typisches männliches Bewältigungsverhalten freigesetzt wird und nach einer entsprechenden Logik abläuft: Ein ähnliches Bewältigungsdilemma verspüren aber auch Männer in mittleren Jahren, wenn sie eine kritische Phase oder Brüche in ihrer Lebens- und Arbeitsbiografie erleben, aber auch junge Männer, die als junge Erwachsene unter sozialem Statusdruck stehen, aber keinen Zugang zur Arbeitswelt und selbstständiger Lebensführung finden. Stress ist ein diffuses Erlebnis, dass man rational nicht lokalisieren kann, dem gegenüber man sich ausgesetzt, hilflos fühlt. Stress ist damit ein kritischer Zustand, d.h. eine Situation, der man nicht habhaft werden kann. Es überkommt einem ein Gefühl der Hilflosigkeit, das man aber zur gleichen Zeit wie es aufkommt, bekämpfen, von sich abspalten muss. Gerade Jungen und junge Männer können schwer diese Hilflosigkeit aushalten, zu sich kommen, sie haben Angst vor dieser Hilflosigkeit und versuchen sie wegzudrücken. Wir haben ja am Muster der männlichen Sozialisation gesehen, wie es männlichen Jugendlichen seit ihrer Kindheit verwehrt ist, zu sich und den eigenen Ängsten und Gefühlen zu kommen, und wie sie in ihren Empfindungen und Verhaltensweisen immer mehr nach außen gedrängt werden.

Krisenhafte Ereignisse und Verläufe werfen einen auf sich selbst zurück, machen einen handlungsunfähig, schneiden oft die Möglichkeiten und Unterstützungen ab, die man bisher hatte, um psychosozial bedrohliche Situationen abzuwehren. In solchen Konstellationen sind der eigene Selbstwert, die Erfahrung sozialer Anerkennung und das Gefühl etwas bewirken zu können – alles Grundvoraussetzungen für eine handlungsfähige Persönlichkeit – empfindlich gestört. Alles sinnliche Streben geht nur dahin, wieder Selbstwert und Anerkennung zu bekommen und somit handlungsfähig und sozial identisch zu werden. Dieser Antrieb erfolgt nicht aus dem Kopf, sondern aus dem Bauch heraus: *Alles* in dem jungen Mann strebt nach der Erlangung dieses psychosozialen Gleichgewichts bzw. der Handlungsfähigkeit, egal mit welchen Mitteln dies auch immer sei. Hier kommt es nun darauf an, was der Mann im Laufe seiner Biografie an Kompetenzen erworben hat, diese Krise, diesen emotionalen Zustand des Ungleichgewichts aufzuheben, wieder ins Gleichgewicht zu kommen. Hat er gelernt, darüber zu reden, in sozialen Beziehungen, Unterstützung zu suchen, das Problem für sich zu erkennen? Oder bleibt ihm nur ein Abspalten seiner Hilflosigkeit bis hin zur

Extremform der Gewalt? Am Beispiel der Gewalt kann man auch die Typik männlichen Bewältigungsverhaltens gut, wenn auch drastisch, erklären.

Gewaltverhalten – Gewalt gegen Personen und Sachen – ist vor allem männliches Verhalten, das zeigen die Kriminalitätsstatistiken in den europäischen Ländern. Wenn wir uns das Gewaltverhalten junger Männer anschauen – z.B. im Bereich der Gewalt gegen Ausländer, aber auch die Gewalt unter jungen Männern selbst, über die oft wenig gesprochen wird – dann fällt auf, dass die Täter oft gar keine direkte Beziehung zu den Opfern haben, dass also das Gewaltverhalten eine extreme Form der Bewältigung eigener Lebensschwierigkeiten, eigener Hilflosigkeit ist. Bei den Tätern sind meist der Selbstwert, die soziale Anerkennung und das Gefühl, etwas bewirken zu können, nachhaltig gestört und die Tat dient dazu – was dem Betreffenden gar nicht so bewusst ist – zumindest für kurze Zeit zu Selbstwert, Anerkennung und Wirkgefühl zu gelangen. Junge Männer, die sich ausgegrenzt und sozial abgehängt fühlen, machen durch solche Taten auf sich aufmerksam, finden Anerkennung in Cliquen, haben das Gefühl, etwas bewirkt, andere unter ihren Willen gezwungen zu haben. Zumindest in der „Gewaltsekunde" sind sie oben, haben soziale Orientierung, erfahren Zugehörigkeit, auch wenn es sich dabei um eine delinquente Bezugsgruppe handelt.

Für die Sozialarbeit ist es wichtig, diese subjektiven und verdeckten Beweggründe männlichen Gewalthandelns zu verstehen. Das bedeutet nicht, dass die Gewalttaten gutgeheißen werden; aber man bekommt nur pädagogischen Einfluss, wenn man Personen und Gewaltdelikt auseinander hält. Der pädagogische Zugang zu diesen jungen Männern muss über die Dimensionen Selbstwert, Anerkennung und Wirkgefühl versucht werden. Die Erfahrungen aus der Krisenintervention mit straffällig gewordenen Jugendlichen und jungen Männern zeigen uns, dass die SozialarbeiterInnen, die mit jungen Tätern arbeiten, oft die Ersten in ihrem bisherigen Leben sind, die ihnen ermöglichen, von sich und aus sich heraus zu sprechen, ihre Ängste und Hilflosigkeiten herauskommen zu lassen.

Was uns beim Gewaltverhalten junger Männer immer wieder zu schaffen macht, ist die Tatsache, dass sie kein Gefühl für die Opfer entwickeln. Das kann bei körperlichen Gewalttaten so weit gehen, dass die Täter weiter auf ihr Opfer einschlagen, auf ihm herumtrampeln, auch wenn es am Boden liegt, und erst nachlassen, wenn sie von anderen weggerissen werden. Dies wird auch als neuer, bisher nicht gekannter Zug von Brutalität gesehen. Erklären lässt sich das aber wiederum über das Bewältigungsmodell der Abspaltung und der Abstraktion. Der Täter erkennt im Opfer nicht die konkrete Person, sondern schlägt auf seine eigene Hilflosigkeit ein; das Opfer ist der Träger der Hilflosigkeit des Täters.

Der Abspaltungsprozess selbst hat dann – so zeigen die Erkenntnisse aus der Stress- und Bewältigungsforschung – eine typische paradoxe Logik: Die eigene Hilflosigkeit wird auf andere, Schwächere projiziert, der Hass auf sich selbst (in dieser Hilflosigkeit) wandelt sich um in den Hass auf andere, dem Täter hilflos und schwächer erscheinende Menschen: Ausländer, Behinderte, Schwule, „anders" erscheinende Jugendliche – aber auch die Gewalt gegen Frauen und Kinder in der Familie fällt unter diesen Erklärungszusammenhang. Das Opfer als Träger der eigenen Hilflosigkeit ist somit nicht mehr als konkretes Gegenüber, als Mensch erkennbar. Man schlägt auf die eigene Hilflosigkeit ein, prügelt sie heraus, indem man dem anderen Gewalt antut. All dies sind emotionale, somatische Vorgänge, die dem Täter rational kaum zugänglich sind. Wie oft erleben wir in Gerichtsverfahren bei familialer Gewalt, dass die gewalttätigen Männer sich ihre Tat nicht erklären können, dass sie weiter behaupten, dass sie doch die Frau oder das Kind lieben, es wäre einfach über sie gekommen, hätte sie „übermannt". Hier zeigt sich der körperliche, somatische Antrieb, der hinter solchen Taten steckt, der dazu führt, dass sich das Verhalten verselbstständigt und dass die Täter Wohlbefinden bis hin zu Lust verspüren, wenn sie die Tat – manchmal gleichsam im Rausch – vollbringen.

8. Das weibliche Bewältigungsmodell

Wenn „typisch weibliche" Bewältigungsmuster erkannt werden, so müssen sie in den Kontext gebracht werden, in dem man sie Mädchen und Frauen abverlangt und die sie innerlich übernehmen, um orientierungs- und handlungsfähig zu bleiben. Die geschlechtsbezogene Reflexivität und die Richtung der Intervention in der Sozialarbeit bleibt also auch hier wieder nicht an den typischen Mustern hängen, akzeptiert sie zwar im ersten Schritt, weil sie die Frauen so gewohnt sind, versucht aber Anknüpfungspunkte für ein Veränderungshandeln in der zweiten Ebene der psychodynamischen und sozialen Kontexte zu suchen.

Die Beziehungs- und Fürsorgeleistungen, die Frauen erbringen, sind vor allem durch die Unmittelbarkeit der Leistung gekennzeichnet. Aus dieser Unmittelbarkeit heraus ist es schwer, Ansprüche für sich zu stellen. Mädchen und Frauen müssen vielmehr lernen, dass sie für die Beziehungsseite in ihrer Unmittelbarkeit verantwortlich sind und ziehen daraus Einfluss, aber auch Erfahrungen von Abhängigkeit und Scheitern. Das sieht man sogar dort, wo starke Frauen politisch oder in Selbsthilfebezügen aktiv sind und über Ressourcen verfügen: Sie sehen sich dennoch dazu gedrängt, ein eigenes Einflussfeld der Sorge zu schaffen, das die Männer dann letztlich entlastet. Das kann man auch in der Sozialen Arbeit beobachten: Wenn Managementfehler gemacht oder Ressourcen abgebaut werden, sind es die Frauen, die – vor allen Dingen stillschweigend und selbstverständlich – immer noch etwas von allem übernehmen, einspringen. Von Frauen wird z.B. im Pflegebereich unter der Hand erwartet, dass sie, wenn keine Handlungsspielräume mehr da sind, ihre Weiblichkeit als Ressource einbringen – ohne dass diese in Anerkennung oder offizielle Bewertung einfließen würde,. (vgl. Gröning 1995). Ihr entsprechendes Engagement wird aber dann nicht als Arbeit beschrieben, sondern immer wieder informalisiert oder bagatellisiert. Eine Care-Haltung wird unter diesen Bedingungen zur Falle.

Dieser äußere soziale Erwartungs- und Zumutungskontext, in dem weibliches Bewältigungsverhalten steht, bildet sich auch bei vielen Frauen psychodynamisch ab. Indem Frauen mehr in Beziehungen denken, suchen sie Konflikte und Mängel auch eher im Beziehungsbereich und geraten damit zwangsläufig in den Sog, die Fehler erst dort und dann bei sich zu suchen. In Konfliktsituationen sind sie oft verunsichert, welche Ansprüche sie für sich und an die Umgangsregeln stellen sollen, da sie sich gleich den Kopf über die Probleme anderer mit zerbrechen. Hier zeigt sich ein Grundmuster weiblichen Bewältigungsverhaltens in Konflikt- und Krisensituationen: Frauen tendieren dazu, das Problem erst nach innen zu nehmen und zu bearbeiten und es dann erst wieder nach außen zu geben, anstatt einen Punkt zu setzen und die Grenzen gleich nach außen zu signalisieren. So nehmen sie den Konflikt in sich hinein und bringen sich damit wieder um ihre Eigenständigkeit im offenen Konfliktaustausch anderen gegenüber, sie machen es von Anfang an zu *ihrem* Konflikt.

Man kann dieses Problem psychoanalytisch an die weibliche Sozialisation und hier vor allem an die Mutter-Tochter-Beziehung rückbinden. Mütter tendieren aus ihrer eigenen Bewältigungsbefindlichkeit dazu, den Töchtern ein Ich-Ideal zu vermitteln, sie auch in dieser Richtung unter Druck zu setzen, das innen gebunden ist, das von der Tochter selber zu erfüllen ist (du bist nicht gut genug). Die Orientierung an der sozialen Durchsetzung und am Konflikt mit anderen, die Jungen in der männlichen Sozialisation eher mitgegeben wird, bleibt dabei auf der Strecke.

In diesem innengerichteten Bewältigungsmodell haben es Mädchen und Frauen auch schwer mit ihrer Aggressivität – als Selbstbehauptung, die sich gegen andere richten kann – umzugehen. Frauen rasten oft erst aus, wenn sie nicht mehr können, gehen erst dann in den Konflikt, wenn das Maß überschritten ist. Wenn Aggressivität dann ausbricht, werden ihre Reaktionen meist eher als „Kontrollverlust" interpretiert. So wird ihnen das aggressive Verhalten dann als anormal („die spinnt"), pathologisch („die ist ja hysterisch") oder als sozial destruierend zurückgespiegelt: „Wie kannst du hier diesen Staub aufwirbeln, du machst uns damit alles kaputt". An diesem Konfliktdilemma wird deutlich, wie weibliches Bewältigungsverhalten rückgebunden ist an ein kulturelles Bild, das die sozialen Erwartungen steuert, und wie dieses Bild übernommen ist und psychodynamisch als Selbstverlust wirkt.

Dass sich Frauen selbst disziplinieren und reduzieren, dass sie die Schuld bei sich suchen, Aggressionen eher gegen sich selbst wenden und ihre Probleme mit Befindlichkeitsstörungen verbinden und sich deshalb meist nur über Krankheitssymptome nach außen wenden können, kann also aus diesem Modell des *innengeleiteten Konflikts* erklärt werden. Viele kritische und belastende Lebenssituationen bei Frauen lassen sich in der Erkenntnis aufschließen, dass sie zu spät in den Konflikt gegangen sind. Um ein Extrembeispiel zu nennen: Nicht wenige Frauen, die wegen Totschlags in der Partner-Beziehung eine Gefängnisstrafe verbüßen, sind deshalb in ihre Tat getrieben worden, weil sie zu spät in den Konflikt gegangen sind. Das manifeste Schuldbewusstsein, das diese Frauen bewegt, übergehend, formuliert dies ein von Humphrey Bogart kolportierter Ausspruch: ,Eine Frau drückt hundertmal beide Augen zu, das letzte mal aber nur eines, um zu zielen'".

Vor diesem Hintergrund ist es Hauptaufgabe der Sozialarbeiterin oder des Sozialarbeiters in entsprechenden helfenden Beziehungen Frauen darin zu bestärken, dass sie Normen nach außen setzen, Grenzen früh aufzeigen und damit auf ihre persönliche Integrität und Selbstständigkeit achten. Dazu gehört aber auch vor allem der Wille und die Kraft zur Veränderung, mit dem sich Mädchen oder Frauen selbst nach außen wenden müssen: „Du willst für dich etwas ändern". Damit ist natürlich das Risiko verbunden, dass sie gleich in Konflikt geraten oder scheitern und – da sie ja doch vor allem in Beziehungen denken – Verlustängste auftreten. Deshalb brauchen sie Rückhalt, um die Erfahrung machen zu können, dass sie für ihre Konfliktbereitschaft und im Konfliktgeschehen nicht fallen gelassen werden (vgl. Kap. Beratung und Begleitung von Frauen).

Dem Prinzip der männlichen Externalisierung entspricht im Bewältigungsspektrum vieler Frauen das Prinzip *Innen*. Die amerikanische Sozialpsychologin Carol Gilligan (1984) hat in einer Untersuchungsreihe mit weiblichen und männlichen jungen Erwachsenen versucht, das weibliche Bewältigungsprinzip Innen zu strukturieren. Am Beispiel von Konfliktlösungen zeigt sie, dass Frauen vor allem in Beziehungsgeflechten denken und sich bei der Konfliktaustragung für das Wohl anderer verantwortlich fühlen. Frauen sind danach in ihrem Sozialverhalten stärker auf Beziehungen angewiesen, fürchten, durch Leistungsdruck und Konkurrenz isoliert zu werden, während Männer Angst haben, durch Bindungen ihrer Selbstständigkeit (und damit Konkurrenzfähigkeit) verlustig zu gehen. Sie schreibt den Frauen das Bewältigungsprinzip des *Care* zu, der Anteilnahme und Fürsorglichkeit, des Gebens und Helfens, möglichst ohne andere dabei zu verletzen.

Die feministische Kritik an dieser Interpretation des Weiblichen hat Birgit Rommelspacher (1992) in der Richtung formuliert, dass sie Gilligan vorwirft, die von ihr so definierte Care-Moral aus den historischen Entstehungsbedingungen der herrschenden geschlechtshierarchischen Arbeitsteilung herauszulösen und die damit verbundenen Zurücknahmen, die sich Frauen auferlegen, nicht mehr zu erkennen. Sie fragt dagegen, ob Fürsorglichkeit und Rücksichtnahme nicht auch Ausdruck von Macht in der Ohnmacht und „Aggressionshemmung" sein können, die verhindern, dass Frauen auch praktische Stärke zeigen und sich gegen andere – vor allem gegen Männer – durchsetzen können.

Zwar wird konzediert, dass die Innenorientierung Mädchen und Frauen Vorteile bringt, indem sie eher Zugang zu ihrer eigenen Innenwelt haben als Jungen und Männer und früh lernen, ihre eigenen Gefühle wahrzunehmen, auszudrücken, sich von ihnen leiten zu lassen und sensibel für die Gefühle anderer zu sein. Diese Innenorientierung werde allerdings von der Außenwelt – in der Kindheit und Jugend sowie von den Eltern – als minderwertig gegenüber der Außenorientierung der Jungen und Männer empfunden. Mädchen und Frauen werden Schwäche, Trauer und das Bedürfnis nach Geborgenheit eher zugestanden als Jungen und Männern, werden aber nicht zu den Stärken von Mädchen und Frauen gerechnet, die man fördern soll, sondern eher zu den Eigenheiten, die sie haben und die man den Männern nicht unbedingt zumuten sollte. Angesichts der mangelnden Anerkennung dieser Fähigkeiten von außen versuchen Mädchen und Frauen in der Regel auch nicht, sich nach außen zu artikulieren, sondern fressen vieles in sich hinein und empfinden es als selbstverständlich, dass sie ihre Lebensschwierigkeiten bei sich behalten, in einer *Symptomatik der Verschwiegenheit* verbergen. SozialpädagogInnen müssen deshalb einen Blick dafür entwickeln können, was Mädchen und Frauen mit sich herumtragen und es stellvertretend deuten können. In der sozialpädagogischen Arbeit mit Mädchen und jungen Frauen sind deshalb weibliche Persönlichkeiten als Gewährsfrauen gefragt; Frauen, die Mädchen und junge Frauen ermuntern und ihnen vorleben können, dass man seine Lebensschwierigkeiten nach außen tragen kann. Dabei gilt es, tradierte Muster aufzulösen, die Frauen auf die ihnen zugeschriebenen fürsorgerischen und empathischen Fähigkeiten festlegen. Sie sollten sich vielmehr in ihrem Eigensinn und ihrer Differenz selbst thematisieren können, die Angst verlieren, sich ohne männliche Rückendeckung öffentlich zu bewegen und nicht immer versuchen – von der Familie bis in den Beruf hinein – ihre Autorität von der männlichen abzuleiten.

In der Praxis der Sozialpädagogik und Sozialarbeit finden wir in diesem Zusammenhang aber noch höchst widersprüchliche Zugänge zur Bewältigungsdimension des Frauseins. Auf der einen Seite konservieren viele der Familienhilfen in den Allgemeinen Sozialen Diensten (ASD) ein Frauenbild, das die Frau als Mittlerin in Familienkonflikten „benutzt" und arbeiten bewusst oder unbewusst mit dem Bild der Mutter als Garantin des Familienzusammenhalts, die zurückstecken und etwas aushalten kann. Auf der anderen Seite wollen die Frauenhäuser und Frauenberatungen die Mutter als Frau stärken und eher aus der Familie, die ihnen das eigene Frausein verwehrt, herauslösen und zu einer eigenen Lebensdefinition auch *gegenüber* ihrer Familie bringen. Allerdings scheint es uns in der durchschnittlichen Praxis der Allgemeinen Sozialdienste immer noch so, dass „gängige" Männlichkeits- und Weiblichkeitsdefinitionen übernommen werden, dass man mit diesen durchschnittlichen Typen männlichen und weiblichen Bewältigungsverhaltens arbeitet und „rechnet" und damit einem ambivalenten Vorgang *geschlechtstypischer Klientelisierung* zuarbeitet Die Sozialarbeit will ja an den Bedürfnissen ihrer Klienten ansetzen, sie heute sogar als „Kunden" gewinnen. Was soll sie da die Klienten „umerziehen". Vielleicht „wollen" auch viele dieser Klienten gar nichts anderes und drohen eher orientierungslos zu werden, wenn sie ihr gewordenes Geschlechterverständnis aufgeben sollen: „Die traditionelle Frauenrolle verspricht geordnete und sichere Lebensverhältnisse, sie erscheint einfacher und übersichtlicher als die Entwicklung einer eigenen Lebensperspektive als Frau." (Holzkamp/Rommelspacher 1991, S. 18)

Im Lebenszusammenhang von Unterschichtsfamilien ist zudem die Stärke und das Selbstbewusstsein einer Frau und auch der Tochter oft über die allseitige Verantwortung für materielles und soziales Überleben begründet. Wenn sie schließlich durch Überlastung an den Rand der Handlungsfähigkeit gerät, dann haben Soziale Dienste ihre Rolle im doppelten Mandat meist doch wieder an der Sozialen Kontrolle orientiert: Sie konstatieren viel eher ein Versagen, als dass sie auf die fordernde Haltung einer Klientin reagierten oder zu massiver Unterstützung alle Quellen ausschöpften.

Ebenso ambivalent für die Sozialarbeit sind Befunde, welche die gängigen Definitionen des Frauseins und die weiblichen Bewältigungsprinzipien des *Innen* von ihrer dunklen Seite her thematisieren: So wird darauf aufmerksam gemacht, dass Frauen ihre fürsorglichen Tugenden primär im Binnenbereich der Familie erworben haben und gleichzeitig keine oder wenige (zumeist nur über den Mann vermittelte) Erfahrungen mit der gesellschaftlichen Außenwelt haben. Diese ist für sie unübersichtlich und kann zur Bedrohung werden, wenn die eigene Familie in eine Krise gerät. Dann versuchen Frauen, wenn die Sorge um die Familie in Angst umschlägt, diese Angst von der Familiensituation abzuspalten und auf Schwächere – z.B. sozial schwächere oder ausländische Familien – zu projizieren. Vor diesem Hintergrund kommen Holzkamp/Rommelspacher zu dem Schluss, dass „in der den Frauen abverlangten Fürsorge für den (eigenen) Mann, das ‚eigene‘ Kind, strukturell Ausgrenzung und Fremdenfeindlichkeit angelegt sind" (1991, S. 19). Aber auch in der Familie selbst können die den Frauen zugeschriebenen fürsorglichen Haltungen umschlagen, vor allem dann, wenn die Familie strukturell überfordert ist (s.u.). Von der Mutter wird dann alles erwartet: Sie soll wie selbstverständlich die Familie zusammenhalten, auch wenn sie sich dazu nicht in der Lage fühlt. Diese Überforderung kann zur Gewalt gegen Kinder und schließlich zur gemeinsamen Selbstzerstörung führen.

Die idealisierte Zuschreibung weiblicher Tugenden schränkt Frauen ein, sie klammern sich daran, auch wenn sie sehen, dass sie damit bei den Kindern und in der Ehe nicht zurechtkommen. Sie machen sich dann verantwortlich für das Fehlverhalten der Kinder oder des Ehemannes und sind zwischen Schuldgefühlen und hilfloser Wut auf sich selbst, gegenüber dem Partner und gegenüber den schwächeren Kindern hin und her gerissen (vgl. dazu Zeltner 1996). Die Grenzen zum Übergriff, vor allem gegen Kinder werden mit verkehrenden Beziehungsvorstellungen verwischt: die hat mich geärgert, die ist nicht dankbar. Aber auch in Beziehungen können schwer wiegende Missdeutungen geheime Machtansprüche und Enttäuschungen stützen. Die mangelnde Sorge für sich – die Vernachlässigung als Mädchen, die manchmal von Generation zu Generation weitergegeben wurde und nicht selten verstärkt wird durch einen Mangel an Sorge für Frauen im sozialpolitischen Kontext, schlägt um in die Unfähigkeit zu sorgen, in Destruktion. Frauen und Mädchen leben daher in einer eigenen Art der Angewiesenheit auf Beziehungen: Sie brauchen Beziehungen zur Klärung von „Beziehungsproblemen", für sie geht es um die Klärung, Bekräftigung und offene Durchsetzung der eigenen Ansprüche. Der Verlust von sozialer Einbindung lässt deshalb gerade Frauen und Mädchen in Desorientierung geraten.

Nun setzt das die Erkenntnisse von C. Gilligan nicht so ohne weiteres außer Kraft. Es zeigt nur, dass der soziale Kontext und die soziale Praxis wichtig sind, in denen Frauen sich bewegen, dass relativ geschlechterumgängliche Kommunikationskulturen (Gilligans Untersuchungsfeld) eben etwas anders sind als eine sozial bedrohte Unterschichtfamilie oder eine Mittelschichtfamilie in der Erziehungs- und/oder Beziehungskrise.

Festzuhalten bleibt die Ambivalenz des Prinzips Innen, die darin besteht, dass Frauen sich mit ihren eigenen Betroffenheiten wenig aktiv nach außen wenden können und wollen. Sie fressen es eher in sich hinein und empfinden es als selbstverständlich, dass sie ihre Lebensschwierigkeiten für sich behalten – oder auch für sich behalten müssen.

Die Sozialarbeit in der Familien- und Lebensberatung hat also nicht nur mit der *Stummheit der Männer*, sondern auch mit der *Symptomatik der Verschwiegenheit* bei den Frauen zu kämpfen. Dies wird nicht nur bei eigenen Bewältigungskrisen, sondern auch bei familialen Krisen und Katastrophen, wie sexueller Gewalt, zum Problem. Deshalb müssen SozialpädagogInnen einen Blick für das Gebaren und das Ausdrucksverhalten der Männer und Frauen entwickeln können, um ihnen – gebunden an eine manifeste Einzelsituation – eine Frage „auf den Kopf zusagen" zu können und damit die Situation schaffen, in der zunehmend die eigene Befindlichkeit offen gelegt werden kann. Oft spüren die SozialarbeiterInnen auch in diesen Situationen Erleichterung bei den KlientInnen. Nun darf diese, wegen der Systematik vielleicht doch etwas zu sehr ins Duale geratene Typologie nicht den Eindruck aufkommen lassen, Männer „besäßen" vorwiegend externalisierte und Frauen „hätten" nur nach innen gerichtete Fähigkeiten. Schon das geschlechtstypische Sozialisationsmodell im Kindes- und Jugendalter hat uns gezeigt, dass es Mädchen und Jungen unterschiedlich *verwehrt* wird, Außen- und Innenkompetenzen zu entfalten, aber auch und vor allem mit beiden Seiten offen und anerkennend wahrgenommen zu werden. Die Geschlechterdualität konstituiert sich also nicht aus einem Kompetenz-, sondern aus einem *Dominanzproblem*: Die geschlechtshierarchische Arbeitsteilung gibt vor, was sich in den verschiedenen Lebensbereichen durchsetzt, und selektiert gleichzeitig die Zugänge und Gratifikationen für Männer und Frauen. Männliche Außenorientierung ist damit eine Funktion gesellschaftlich abverlangter, d.h. struktureller männlicher Dominanz.

Spätestens an dieser Stelle könnte nun der Einwand kommen, hier würde eine Dichotomisierung des Mann- und Frauseins, eine Festschreibung einer Geschlechterdualität betrieben, welche in der Wirklichkeit der Verhältnisse der Geschlechter doch gar nicht mehr so deutlich gegeben sei. Inzwischen gebe es doch Schüler-, Berufs- und Konsumkulturen, in denen Männer und Frauen selbstbewusst und gleichberechtigt miteinander umgehen. Abgesehen von der Frage, inwieweit solche Beobachtungen überhaupt unabhängig von der jeweiligen sozialen Schicht verallgemeinerbar sind, wird der Unterschied zwischen System- und Sozialintegration nicht beachtet. Auch wenn im sozialintegrativen lebensweltlichen Bereich Männer und Frauen sich immer wieder aufeinander zu bewegen und sich im Alltäglichen Selbstverständlichkeiten der gegenseitigen Anerkennung und Verständigung schaffen, ist damit der weiterwirkende systemintegrative Zwang zur geschlechtshierarchischen Arbeitsteilung nicht außer Kraft gesetzt, sondern kann gerade in der Krise der Arbeitsgesellschaft zur „Mystifikation" der Geschlechtsneutralität führen (Benjamin 1990). Das systemintegrative Hierarchieprinzip wirkt strukturell und übt dort seinen Zwang aus, wo es Männer und Frauen nicht mehr kommunikativ und diskursiv in der Hand haben, geschlechtshierarchische Einwirkungen abzubauen: in der Arbeitslosigkeit, bei konflikthaften Scheidungen, in überforderten Familienkonstellationen, aber auch in alltäglich verschärften Konkurrenz- und Stresssituationen. Uns geht es also in der Sozialpädagogik nicht darum, die Geschlechterdualität zu verstärken, sondern zu erkennen, dass in psychosozialen Krisensituationen, dort, wo sozialintegrative Muster versagen, männliche und weibliche Bewältigungsprinzipien bewältigungsintensiv hervortreten.

Wir begreifen also, dass die Gesellschaft aus ihrem Verständnis der geschlechtshierarchischen Arbeitsteilung heraus Männer und Frauen in ihren Verhaltensmöglichkeiten so definiert, dass sie auch in dieses geschlechtshierarchische System passen. Das geschieht weniger über Zwang, sondern verläuft über hegemoniale kulturelle Prozesse, in denen Geschlechter sozialisiert und sozial geformt werden (s.o.), und in denen Männer und Frauen solche Definitionen in ihr Selbstbild integrieren und so zur alltäglichen Normalität werden lassen, dass Gegenentwürfe des Mann- oder Frauseins nicht nur schwer durchsetzbar sind, sondern auch immer wieder subjektiv zurückgewiesen und sozial ausgegrenzt werden.

9. Sexualität

Petra Milhoffer hat in ihrer empirischen Studie über kindliche Sexualität (2000) das Dilemma aufgezeigt, das entsteht, wenn man den Anteil der Sexualität am Sozialisationsprozess und Bewältigungsverhalten „bestimmen" will. Was ihre Untersuchung – wieder einmal – bestätigen kann, ist, dass Sexualität „wirkt" und dass dieser Wirkvorgang ein gleichzeitig innerer, triebbesetzter (wobei „Trieb" eine sozial gerichtete Tiefenkraft meint) *und* ein äußerer, sozial zugeschriebener ist. Die Begierden drängen nach Befriedigung und treffen gleichzeitig auf eine soziale Welt, in der die Ordnung der Begierden und der Befriedigung eingelassen ist und dies wirkt wieder auf die Begierde und die Richtung ihrer Befriedigung zurück (vgl. Hagemann-White 1988). „Sexuelle Sozialisation vollzieht sich alltäglich durch soziale Handlungen, durch emotionale Signale und Bewertungen, durch Vorbilder und Unterstellungen, durch Erwartungen und Vorschriften. Sie stellt die Weichen für den Umgang mit sexueller Neugier, mit sexuellem Begehren und sexueller Selbstinszenierung und [...] damit [...] für das Selbstbewusstsein, das Körpergefühl und das Sozialverhalten eines Menschen" (Milhoffer 2000, S. 155). Sexuelles Begehren wird danach einerseits sozial erzeugt, andererseits und gleichzeitig hat es aber auch eine anthropologische Grundlage, stellt ein Grundbedürfnis dar, wie der Wunsch „nach Sattwerden und Wärme, nach Nähe und Zuneigung, es ist beeinflusst von Geltungsbedürfnis und Macht, von Sehnsucht und Neugier, von Angst und Aggression, von Eifersucht, Neid und Rivalität" (ebd. S. 155).

Dass also tiefenpsychisch-körperliche und soziale Faktoren der Sexualität im seelischen und körperlichen Empfinden zusammenwirken, ist wohl unbestritten, sagt aber noch nichts darüber aus, welche psychosoziale Antriebskraft das Sexuelle in bestimmten Konstellationen haben kann. Wir wissen aus der Entwicklungspsychologie viel über die sexuellen Antriebe und Irritationen, welche die psychodynamischen Vorgänge der Reifezeit beeinflussen, auch wenn es die ‚klassische Pubertät' der sozial geschürten Verdrängungen so nicht mehr gibt (vgl. Schmidt 1993). Die inzwischen gut ausgebaute Forschung zur sexuellen Gewalt zeigt uns wiederum, dass sexuelle Unterdrückung eine intime Folie für Machtverhalten und Kompensation eigener – meist männlicher – psychischer Ohnmacht darstellt. Hier ist das Sexuelle also wieder stärker von dem Sozialen überlagert, obwohl es sich als „Triebtat" äußert. Gleichzeitig ist sexuelle Gewalt das Thema „an dem fundamentale Geschlechtsunterschiede in Bezug auf sexuelle Erfahrungen nicht mehr zu übersehen sind" (Lange u.a. 1993, S. 198). In den klinischen Forschungsbilanzen erfahren wir, dass es unterschiedliche hormonale Dispositionen gibt, welche *eine* Ausgangslage für heterosexuelles oder homosexuelles Begehren bilden. In der Praxis der sozialen Arbeit gibt es zwar eine Reihe von Alltagstheorien über die Wirkkraft des Sexuellen in kritischen Lebenskonstellationen und bei sozial destruktivem Verhalten –, jeder Sozialarbeiter und jede Sozialarbeiterin hat eine solche im Kopf – es gibt aber kein verlässliches Modell dafür, wie der sexuelle Antrieb nun tatsächlich wirkt und wie er zu lokalisieren ist.

Der radikal-konstruktivistische Ansatz geht aber davon aus, dass männliches und weibliches Begehren sozial gemacht, entsprechend erwartet sind und von Männern und Frauen alltäglich entsprechend reproduziert und praktiziert werden. Dass es männlich und weiblich differente psycho-physische Innenkräfte gibt, die das Begehren antreiben, wird eigentlich verneint. Damit wendet sich dieses konstruktivistische Konzept gegen die Annahme einer „leibseelischen Eigendynamik" des sexuellen Begehrens und damit gegen die These, dass sich sexuelles Begehren in kritischen Lebenskonstellationen somatisch freisetzen und die sozial gerichtete Selbstkontrolle außer Kraft setzen kann. Damit wird zum Beispiel in Frage gestellt, was männliche Täter für sich zur Entlastung in Anspruch nehmen, nämlich dass sie sich in der Tatsituation „nicht mehr gekannt" haben, „übermannt" worden sind.

Gleichzeitig wissen wir aber, dass nach den Erkenntnissen der Bewältigungsforschung das Streben nach psychosozialem Gleichgewicht und entsprechender Handlungsfähigkeit auch somatisch gesteuert ist und dass in kritischen Konstellationen, in denen die sozialen Unterstützungs- und Kontrollbezüge versagen oder schwach ausgebildet sind, das Somatische verhaltensbestimmend hervortreten und geschlechtstypische Züge tragen kann, deren Formung dann auch wiederum sozial beeinflusst ist. Deshalb wollen wir im Folgenden versuchen, aus diesen Erkenntnissen und Erfahrungen heraus ein Plausibilitätsmodell „Sexualität als Bewältigungsmuster" zu entwickeln, in dem die eigendynamische Wirkungsrichtung des Sexuellen thematisiert werden kann, ohne dass dabei der Einfluss des Sozialen vernachlässigt wird. Dabei kann – so Anne Schwarz in ihrer kritischen Bilanz des neueren Sexualitätsdiskurses in Deutschland – die soziale Überformung des „jedem Menschen qua Natur Eigenen" – eben der triebbesetzten Sexualität – dahingehend strukturiert werden, dass „Sexualität bzw. die jewei-

ligen sexuellen Ausdrucksmöglichkeiten [...] in ihrer Gestalt-
barkeit abhängig [sind] vom Faktor der Macht: Es gibt keine
individuelle sexuelle Freiheit. So wie einzelne Menschen Sexualität [...] und ausdrücken können und dürfen, spiegeln sie gesellschaftliche und geschlechtsspezifische Machtinteressen
wieder" (Schwarz 1998, S. 102/103). Hier ist von Unterdrückung nicht aber von Leugnung der Triebstruktur die Rede.

Insofern darf die leibseelische Eigendynamik des sexuellen
Begehrens gegenüber dem Sozialen nicht unterschlagen werden. Denn gerade für den sozialpädagogischen Zugang ist die
Erfahrung wichtig, dass die Jungen und Mädchen, Männer
und Frauen Sexualität als etwas „ihnen Eigenes" erleben und
sich darüber die Probleme der Selbst- und Fremdbestimmung
des Sexuellen thematisieren lassen. In diesem Zusammenhang
bietet sich ein Rückgriff auf die moderne Psychoanalyse der
Geschlechter an, die versucht (tiefenpsychische) Trieb- und
(soziale) Identitätsdimension in ein Spannungsverhältnis zueinander zu bringen. Wenn man männliche und weibliche Sexualität nur als soziale Konstruktion und in diesem Sinne täglich erneuerte soziale Praxis sieht, die Ängste und Sehnsüchte
bei Mädchen und Jungen, ein „richtiger Mann" und eine „richtige Frau" zu werden, lediglich als sozial gesteuert sieht, dann
wird von dieser Seite her das intime Eigenempfinden von
selbstzugehöriger Körperlichkeit und sexuellem Eigenerleben,
auf das sich gerade Jugendliche immer wieder beziehen, ver-
dunkelt. Insofern kann es nicht einfach heißen, das Soziale
formt das Sexuelle, sondern das Soziale trifft auf die Eigendynamik des sexuellen Selbst, nimmt sie in Griff, kann sie aber
nicht auflösen, so dass sie immer wieder „aufbrechen" kann.
Dieses Aufbrechen ist dann aber keineswegs „archaisch",
sondern sucht sich wieder seine sozialen Wege. Als Erkenntnis bleibt: Das Innen ist durch das Soziale maßgeblich geformt, kann aber nicht durch es erklärt werden. Diesem offenen Problem begegnet man heute in der sozialwissenschaftlichen Sexualforschung mit dem Verweis auf die gestiegene
Ambivalenz in der Entwicklung von Verhältnissen und Verhalten: „Natürlich verläuft die skizzierte Entwicklung (der
Entsexualisierung des Mann-Frau-Verhältnisses", Einf. d.
Verf.) voller Widersprüche und sie wird durch viele Ereignisse bis zur Unkenntlichkeit entstellt. Gesellschaftlich stehen

wir vor einem Paradox: Neue Kodifizierung, oder noch zuge-
spitzter „Pazifizierung" der männlichen Sexualität einerseits,
andererseits unübersehbare, vielleicht sogar noch verstärkte
sexuelle Aggression, Machtausübung und Gewalt von Männern gegenüber Frauen. Die Mädchen unserer Studie, gerade
16 oder 17 Jahre alt, haben zum Teil massive Erfahrungen mit
sexueller Gewalt und sexuellem Zwang" (Schmidt 1993,
S. 11). Der Sexualwissenschaftler Gunter Schmidt, von dessen
Replikationsstudie zur Jugendsexualität hier die Rede ist, sieht
diese Ambivalenz als krisenhaften Ausdruck eines „langsa-
me(n), von Rückschlägen immer wieder unterbrochenen
Wandel(s) der kulturellen Zweigeschlechtlichkeit [...] Der
Umbruch alter, früh sozialisierter Selbstverständlichkeiten ist
schwer zu ertragen" (S. 11).

Abgesehen von der problematischen Vorstellung einer historischen Linearität sozialen Wandels fällt auf, dass die beschrie-
benen menschlichen Verhaltensweisen lediglich als reaktive
Ausdrücke „geschlechtlicher Verstörtheit" (ebd.) gewertet werden – gleichsam als Übergang von einer alten Geschlechteridentität in eine neue. Gerade aber diese implizite Identitätskon-
struktion übergeht das triebdynamische Innenleben. In der psychoanalytischen Geschlechterforschung wird der Identitätsbegriff deshalb vor allem dort relativiert, wo er die These enthält,
dass der innerpsychische Zustand des Menschen nach dem
Ordnungsmodell der sozialen Identität beschaffen ist: Ideen wie
die von der „Identität" dienen als stützende Verblendung angesichts des äußeren Zerfalls und des inneren Chaos. Eine der
Möglichkeiten, wie „Identität" gedacht werden kann, ist in der
Tat diese: als eine notwendige Abwehr, als unvermeidlicher
und universeller Ausdruck des psychischen Bedürfnisses nach
Ordnung und Kohärenz in der Sicht des Einzelnen von sich
selbst (May 1991, S. 176). Die Annahme einer innerpsychischen Ordnung, die sich mit dem Identitätsbegriff verbindet,
wird vor allem dort stumpf, wo Männer und Frauen kritischen
Lebensereignissen, Erlebnissen des Scheiterns, der Ohnmacht
und des Verlusts ausgesetzt sind. Dann zeigt sich, dass hinter
dem Konstrukt von Identität Triebbedrängung lauert, die alles
durcheinander bringt und dass eine „feste Vorstellung von uns
selbst [...] oft Abwehrcharakter hat (ebd. 182).

Wir kommen also mit einem alleinigen sozialen Konstruktionsmodell nicht aus, brauchen ein psychosexuelles Modell, das mit dem sozialen Modell der Entwicklung des Mann- und Frauseins korrespondiert. Im Mittelpunkt dieses Modells steht die Frage, wie Jungen und Männer, Mädchen und Frauen das Mannwerden und Mannsein, das Frauwerden und Frausein von innen heraus leibseelisch erleben. Während im sozialen Konstruktionsmodell dem Jungen die Geschlechtlichkeit analog seiner körperlichen Geschlechtsteile von Eltern und anderen von Anfang an zugeschrieben wird, muss er sie – nun psychodynamisch gesehen – selbst erst entdecken und erspüren. Er erfährt früh die Problematik, dass der Penis von ihm nicht beherrschbar ist, dass Erektionen unvorhersehbar und aus nicht kontrollierbaren Regungen auftreten. Hier ist schon bald das Dilemma angelegt, das auch später bei erwachsenen Männern in der Impotenzangst gipfelt: Der Mann ist nicht Herr seiner Sexualität, seine Geschlechtlichkeit scheint auch unabhängig von ihm agieren zu können. Hier wird plausibel, wie psycho-physisch bedingte Kontrollangst und soziale Kontrollorientierung beim Manne zusammenwirken können. Gleichzeitig erzeugt die unkontrollierte Erektion beim Jungen Lust, aber auch wiederum das Gefühl (über eine gewisse Schamanmutung hinweg), dafür nicht verantwortlich zu sein. Dies kann wieder mit der sozialen Verantwortungslosigkeit korrespondieren, in die Männer bei intensivierter Arbeit und Konkurrenzdruck stärker als Frauen getrieben werden. Menstruation und Verhütung bei Mädchen und Frauen sind dagegen weniger mit Lust als mit körperlicher Eigenkontrolle verbunden, damit korrespondieren soziale Zuschreibungen, die Mädchen und Frauen das Begehren absprechen oder übersexualisieren, dämonisieren. Durchgängig ist bis heute zu beobachten, dass der Ort der weiblichen Sexualität übergangen, die Klitoris immer noch nicht offen benannt wird. Auf der anderen Seite sind Mädchen und Frauen durch die Regelmäßigkeit und Erwartbarkeit der Menstruation angehalten, sich mit ihrem Körper zu beschäftigen, Eigensorge und -verantwortlichkeit zu entwickeln. Dies geht wieder mit der sozialen Zuschreibung der „weiblichen" Eigenschaften „Fürsorglichkeit und Empathie" zusammen.

Diese Beispiele zeigen, dass ein wechselseitiges Spannungsverhältnis zwischen somatischen Antrieben und sozialen Zuschreibungen besteht, das man gar nicht für sich in (biologischen) Sex und (sozialen) Gender isoliert betrachten und in seiner Wechselwirkung auseinander reißen kann, dessen Gegenseitigkeit und die darin enthaltene *Bewältigungsdynamik* aber aufgeschlossen werden müssen. Insofern sind wir wieder an dem Punkt, an dem wir uns schon einmal gefragt haben, ob der Konflikt zu dieser Unterscheidung nicht als sozialwissenschaftlich hausgemacht erscheint, wenn wir von der prinzipiellen sozialen Gerichtetheit von Triebregungen ausgehen. Wichtig ist vielmehr, dass und wie sich die gesellschaftlichen und alltäglich-sozialen Bezüge verändern, die *Sexualität als soziales Verhalten* regulieren und gleichzeitig als *somatischen Antrieb* dort *freisetzen*, wo die bisherige soziale Regulation unter dem Druck kritischer Lebensereignisse und Konstellationen versagt, Sexualität also unter *Bewältigungsdruck* kommt. Über Letzteren können wir aber aus den Umfragen zum Sexualverhalten wenig erfahren. Nicht nur, weil sie nur die gesellschaftszugewandte Seite der Einstellungen zum Sexualverhalten erfassen können (s.o.), sondern weil sie auch in der Regel keine differenzierten Aussagen über soziale Randgruppen machen, die sie entweder schlecht erreichen oder in der Blackbox des Minderheitsspektrums belassen. Hier aber wird es für die Soziale Arbeit erst interessant. Denn sie ist in ihrer Praxis weniger damit konfrontiert, was und wie Menschen unter psychosozial ausbalancierten und sozial integrierten Lebensbedingungen denken und empfinden, sondern mit dem, was in kritischen Bewältigungskonstellationen freigesetzt und gleichzeitig verwehrt wird. Damit kommen wir wieder in die mehrschichtige Dimension der Bedürftigkeit. Solche Bedürftigkeiten und Verwehrungen sind in der Tendenz geschlechtstypisch, nicht nur weil sie von sozialen Erwartungen und Zumutungen ausgehen, sondern weil diese auch auf geschlechtsunterschiedliche physisch-psychisch beeinflusste Antriebe von Sexualität treffen.

Vor diesem Hintergrund ist es plausibel, dass das weibliche Begehren aus der Erfahrung einer ganzheitlichen sexuellen Körperlichkeit heraus, wie es dann besonders der Menstruations-, aber vor allem auch später der Gebärvorgang vermittelt, immer wieder in Spannung gerät zu unkontrollierten, zwanghaften und potenzsuchenden Formen des männlichen Begehrens. Dies dann sozial eingelassen in männerdominante geschlechtshierarchische Sozialverhältnisse lässt dann jene Tendenz zur „Zwangsheterosexualität" entstehen, die in der feministischen Forschung immer wieder beklagt wird: Mädchen und Frauen spiegeln sich im Blick des heterosexuellen Partners, verlassen sich auf sein Urteil, geben damit ein Stück ihres Selbst an jemand anderen ab. Auch wenn die Mädchen heute freier geworden sind als früher, ihr eigenes Begehren über den Partner auszudrücken und mit Selbstinitiative und Grenzziehung souveräner umzugehen (vgl. Schmidt 1993, Milhoffer 2000) so ist die soziale Umgebung in dieser Hinsicht doppeldeutig. In den Medien und vor allem in der Werbung werden beide Bilder reproduziert: Die selbstständig begehrende *und* die begehrte Frau, die sich immer wieder in den Männern spiegeln muss. Dazwischen geistert das Bild der tigerhaften, vampirhaften „gefährlichen Frau", die das Abgründige des weiblichen Begehrens symbolisieren soll und diese wird wieder konterkariert von der „jungenhaften" Frau, die ihre traditionelle Weiblichkeit abgelegt und sexuelle Beziehungen zur Verhandlungssache gemacht hat.

Angesichts dieses medialen Definitionskampfes um das Weibliche haben die Mädchen und Frauen wenig Zeit und Raum, zu sich zu kommen, in sich hineinzuhorchen und von ihren Empfindungen her, ihre Sexualität zu entwickeln. Die Sehnsucht nach diesem betretbaren Innenraum steigt in dem Maße, in dem sich die Symbolik der Außenwelt an Sexualisierungen und Desexualisierungen gleichermaßen überschlägt. Die Menstruation ist längst als fester hygienischer Marktanteil in Medien und Öffentlichkeit gebucht, aber diese Hygienisierung verdeckt, dass sie als Empfindungsraum übergangen und damit zurückgewiesen wird. Nicht umsonst hat die Frauenbewegung gefordert, ritualisierte Formen und schützende Räume für das Zu-Sich-Kommen im Befindlichkeits- und Stimmungsbereich der Menstruation zu schaffen und anzubieten. Dem kommt auch die Erfahrung entgegen, dass Mädchen heute selbstbewusster sind im Bezug auf Körpergefühl und sexuelle Erfahrung, sich damit auseinander setzen und sich gegenseitig beraten und dass entsprechende Angebote in der Jugendarbeit und Jugendberatung gesucht und genutzt werden.

Kernpunkt für die Berücksichtigung der Sexualität in der Sozialen Arbeit mit Mädchen und Frauen ist in diesem Zusammenhang, dass die begehrende Seite bei den Mädchen und Frauen nicht zurückgewiesen, als etwas nicht Zulässiges und Gefährliches übergangen und damit unter der Hand aberkannt werden darf. In der feministischen Diskussion um das weibliche Begehren versucht man inzwischen, den Blick auf Frauen *und* Männer in der Wechselseitigkeit ihres Begehrens zu richten. Dabei wird deutlich gemacht, dass es auch von den Frauen abhängt, dass sie sich Raum für eigenes Begehren schaffen, dass sie männliche Partner zu differenzierten – vor allem auch fürsorglichen und nicht nur sexualisierten – Formen des Begehrens ermuntern, dass sie spüren, dass auch ihr Begehren das aus ihnen kommt, ausstrahlend und ergreifend ist (Sichtermann 1991). Diese Differenzierungen sind deshalb wichtig, weil sie zum Beispiel in der Frauen-, aber auch in der Männerberatung dazu führen können, Schuldübernahmen und Schuldzuweisungen aufzulösen und Eigenanteile herauszuarbeiten.

Aus der sexualpädagogischen Mädchenarbeit – weibliche Identität und sexuelle Gewalt sind hier die Hauptthemen (vgl. Bültmann 2000) – wird heute immer wieder berichtet, dass die Mädchen an dieser Stelle freier sind als früher, dass sie das Begehren ausdrücken können, dass sie in neuer – selbstverantwortlicher – Weise vorsichtig geworden sind, dass sie viel mehr über ihre Sexualität wissen, nicht sorglos sind in ihren Beziehungen und auch auf Jungen treffen bzw. sie suchen, die bereit zur Verständigung sind. Trotz dieses gestiegenen Wissens um und die erhöhte Selbstverantwortlichkeit in der Sexualität werden aber viele junge Frauen früh schwanger. Das wird in die Richtung gedeutet, dass Sexualität und Schwangerschaft für die meisten dieser Frauen Bewältigungsformen, Substitute für entgangene und gesuchte Anerkennung, Zuwendung und Zuneigung sind. Im eigenen Kind erhoffen sie sich oft die Liebe und Zuneigung, die sie selbst zu Hause nicht erfahren haben, das Kind wird zum Objekt der nachgeholten Liebe. Dieser Zusammenhang zeigt, dass das Grundbedürfnis nach Sexualität eng verbunden ist mit den Grundbedürfnissen nach Nähe, Zuneigung und Anerkennung. Auch der gesellschaftliche Status, Mutter zu sein, den man über eine Schwangerschaft erreichen kann, kann – gerade bei Frauen in der Unterschicht, die sonst wenig Eigenständigkeit und Anerkennung haben – ein substitutives Motiv sein.

Die Kenntnis dieser substitutiven Funktion ist für Diagnostik und Hilfeorientierung in der Sozialen Arbeit vor allem dort von Bedeutung, wenn es darum geht zu erkennen, wie Mädchen und Frauen über diesen substitutiven Prozess in Abhängigkeit geraten können, dass sie die Fähigkeit zur Grenzziehung verlieren, Sehnsucht nach Geborgenheit und nachgeholter Liebe in jemand anders hinein projizieren und die Verantwortung für das eigene Wohlergehen an den Mann oder Partner völlig abgeben. Im Frauenhaus oder in der Beratung tauchen immer wieder Frauen auf, die an jemanden geraten sind, in den sie alles hineingelegt haben und dessen grenzverletzendes Verhalten sie nicht mehr gespürt oder bagatellisiert haben. Hier können gescheiterte Beziehungen aufgeklärt und Selbstbezüge zurückgeholt werden.

Deshalb ist es schon in der Jugendarbeit wichtig, dass sie in ihren Konzepten und Programmen auch Räume und Beziehungsangebote vorsieht, in denen Mädchen und Jungen herausfinden können, was man gegenseitig darf und nicht darf, wie Missverständnisse überstanden werden können und wo Grenzverletzungen anfangen. Dabei ist immer daran zu denken, dass jenseits der Frage von Sexualität als Lust- und Erfahrungsgewinn auch nach der Beziehungsqualität – wie geht es dir dabei? – gefragt werden muss. Mädchen und Jungen, müssen selbst spüren können, was gut und erlaubt ist. Bei Mädchen und Jungen, die das nicht kennen, bieten sich Möglichkeiten im Alltag des Jugendhauses, das Gefühlsleben auf eine neue Basis zu stellen. Das kann vor allem auch dadurch geschehen, dass man als Sozialarbeiter oder Sozialarbeiterin den Mädchen und Jungen signalisiert, wo bei einem selbst die Grenze ist, wo man aber auch gegenüber Jungen und Mädchen zu weit gegangen ist und wie wichtig es für die Beziehung ist, sich zu respektieren. Im Jugendhaus sollte durchaus ein erotisches Klima sein: nicht ein sexualisierendes, sondern eines der gegenseitigen Zuneigung und der wechselnden Signale des Sich-Wohlfühlens. Dies ist dann auch der Beitrag zur Schaffung einer Atmosphäre des Vertrauens, die für pädagogische

Beziehungen und Beratung in der Jugendhilfe gebraucht wird. SozialarbeiterInnen übergehen oft diese Alltagsdimension, nehmen sie einfach voraussetzend an und sehen dabei nicht, dass sie auch erst geschaffen werden muss.

Bei Jungen und Männern ist diese Bewältigungsfunktion der Sexualität als Substitut für die Kompensation anderer Bedürfnisse ebenso ausgeprägt, durch die physisch-psychische Konstellation aber stärker dem Hang zur Abspaltung und Durchsetzung ausgesetzt. Hinter männlicher Sexualität verbirgt sich immer wieder mehr als nur das Begehren nach sexueller Aktivität mit dem anderen oder dem gleichen Geschlecht. In ihr ist vieles von dem aufgehoben und verfremdet, was Jungen und Männern im Lebenslauf verwehrt ist und was abgewehrt werden musste: Sehnsüchte und Ängste, Gelegenheitsphantasien und Furcht vor Hilflosigkeit, Suche nach Verschmelzung und Bindung und gleichzeitig Zurückstoßen und Abwertung. Die männliche Sexualität stellt also gewissermaßen ein Intimbild des spannungsreichen Mannseins zwischen Idolisierung und Abwertung dar. Im Bereich der Sexualität wird deutlich, wie Männer und Frauen im Verlauf der Zeiten kulturell und sozial gemacht worden sind, wie aber gleichzeitig auch das ursprünglich Naturhafte triebgeformt aufbricht und auch so von den Jungen und Männern selbst empfunden wird. Vielleicht ist es ein Zeichen der Krise des modernen Mannseins, wenn Jungen und Männer darauf immer wieder pochen, dass es bei ihrer Sexualität um „den Trieb" geht, dem sie folgen müssen. Das Wort vom „Trieb" geht verdächtig häufig in den Cliquen von Jungen und jungen Männern in einer Zeit um, in der das Mannsein entgrenzt ist und Frauen in allen Lebensbereichen gleichgezogen haben. Das Pochen auf den Trieb scheint gleichsam jener biologistische Anteil an der männlich-patriarchalischen Dividende zu sein, die auch moderne Männer letztlich immer wieder dann einklagen, wenn sie sich in ihrem Mannsein bedroht fühlen. An all dem wird empirisch deutlich und ist nicht zu übersehen, dass das Bedürfnis nach Sexualität, der Wunsch, sexuelle Regungen und Lust zu erfahren, zwar kulturell und sozial geformt ist, dass aber die geschlechtlichen Innenreize des Körpers nicht nur eine auslösende Eigendynamik entfalten können, sondern darin Jungen und Männer auch immer wieder in Selbstkonfrontationen verwickeln und verstricken. In dieser Deutung steckt mehr als in dem einfachen biologischen Modell der Triebabfuhr, das Jungen und Männer nicht selten subjektiv für sich beanspruchen. Sexualpädagogik mit Jungen braucht deshalb einen doppelten Blick: „die Auseinandersetzung mit der männlichen Sexualität in ihren offensichtlichen, aber auch in ihren verborgenen, abgewerteten Dimensionen (Winter 1993, S. 5).

In der männlichen Sexualität verbergen sich Sehnsüchte nach dem Innen, gleichzeitig muss sie dafür herhalten, dass Männer sich vor diesem Innen drücken können: Männer sind halt so. Diese Abspaltung der Sexualität vom Selbst und ihre Abstraktion (in der Koppelung von Männlichkeit und Sexualität) führt zwangsläufig zur Mythenbildung männlichen Sexualverhaltens. Mythen ermöglichen Umgang mit Lebensproblemen, die angstbesetzt sind. Bernie Zilbergelt hat Anfang der 1980er Jahre in seinem Buch „Männliche Sexualität" (1983) solche Mythen aufgelistet: Männer zeigen keine Gefühle, Sex ist Leistung, der Mann übernimmt die Führung, der Mann ist immer bereit, Sex braucht Erektion, Sex muss problemlos sein.

Gleichzeitig – so Zilbergelt – betonen viele Männer immer wieder, dass solche Mythen und Stereotype keinen Einfluss auf sie ausüben. Das deutet darauf hin, dass dahinter tiefer gehende Ängste liegen, die unter der Decke der Zivilisation schlummern: Versagens- und Unterlegenheitsängste gegenüber der Frau, deren Sexualität von Männern nie ganz verstanden werden kann, weil gerade auch aus ihr fast naturmythische Eigenkräfte aufbrechen können, die der rationalitäts- und funktionsfixierte Mann so nicht erklären, aber als Irritationen und Ausschließungen spüren kann. Der sexuelle Ausschluss vor und nach der Geburt des Kindes, die Angst vor dem Versagen der Erektion, die auf die Frau ausgerichtet und deshalb von ihr abhängig ist, sind Beispiele dafür.

Nun gibt es nicht nur Männermythen, sondern auch Frauenmythen über männliche Sexualität, die gleichermaßen widersprüchliche Befürchtungen und Erwartungen an die Männer signalisieren und letztendlich oft die Männermythen stützen. So geistert immer noch der Frauenmythos über das männliche Sexualverhalten: „Männer wollen immer nur das Eine" als kollusiver, weiblich einverständlicher Mythos herum. Immer noch hält sich das Stereotyp, Männer bräuchten mehr Sex als Frauen, wie es der Hite-Report zum männlichem Sexualverhalten (1982) vor zwei Jahrzehnten aufgefunden hat.

Hinter dieser Fassade, des auch durch diese Mythen externalisierten und zwanghaften männlichen Sexualverhaltens, tut sich aber eine weite und widersprüchliche Welt auf, die es in Beziehungen und vor allem auch in der Jugendpädagogik immer wieder zu beleben gilt. Sexualität als Inbegriff intimer Neugier, als Spannung und Wunsch von Abwehr muss keine destruktive sein, wenn man sie an sich selbst erfährt und nicht über Abstraktionen abspaltet. Jungenarbeit und Männerberatung sind Orte wo das *Empfinden* in respektvollen Beziehungen zu anderen erlebt und immer wieder neu angeregt werden kann.

IV. Arbeitsformen geschlechtstypischer Sozialarbeit

1. Der andere Blick auf die Sozialisationsfelder – Familie, Kindergarten, Schule, Beruf und Jugendhilfe in der Geschlechterperspektive

Die Kinder- und Jugendhilfe ist von ihrem gesellschaftlichen Auftrag her begleitend, unterstützend und korrigierend auf die Sozialisationsfelder Familie, Kindergarten, Schule, berufliche Ausbildung und Resozialisierung bei Delinquenz bezogen. Nur selten tritt sie – wie zum Beispiel im Bereich der familienersetzenden Maßnahmen in den Erziehungshilfen – als eigenständige Sozialisationsinstanz auf und ist auch dort noch meist in ihrer kompensatorischen Definition gefangen. Da ja die Jugendhilfe ihre „Fälle" und Zuständigkeiten in der Regel so zugewiesen bekommt, dass sie wenig Möglichkeiten hat, von der Problematik auszugehen, die in dem jeweiligen Erziehungsfeld steckt und die zum Scheitern des Einzelnen beigetragen hat. So beginnt bis heute im Grunde jeder Jugendhilfefall damit, dass er ein Scheitern an der Normalität repräsentiert: Die nicht funktionierende Familie, das Schulversagen, die Berufsunreife. Der/die Einzelne steht in seinem/ihrem Verhalten vor den Problemen der Institution.

Deshalb ist es notwendig, dass die Jugendhilfe in ihrem diagnostischen Zugang nicht nur die Bewältigungsprobleme der Familien, der Jungen und Mädchen erschließt, sondern genauso fragt, was die offiziellen institutionellen Definitionen, die der Jugendhilfe von Seiten der Familienpolitik, der Schule und der Berufsausbildung mitgegeben werden, vorenthalten bzw. verschleiern. Denn die Jugendhilfe bekommt immer das soziale Ergebnis von den Erziehungsinstitutionen präsentiert, muss aber, wenn sie dieses soziale Ergebnis am Menschen bewerten will, die soziale Wirklichkeit der Institutionen und nicht nur ihre institutionellen Zielsetzungen hinterfragen können.

Wenn man so will, könnte man sagen, dass die Jugendhilfe das *diagnostische Verstehen*, das sie ihren KlientInnen aus der Bewältigungsperspektive entgegenbringen muss, verbinden muss mit einem *diagnostischen Misstrauen* gegenüber den Institutionen, an denen ihre KlientInnen gescheitert sind. Aus dieser Sicht stellen sich Familie, Schule und Arbeitswelt zuerst einmal als *Verdeckungszusammenhänge* dar, die es im Blick auf das Bewältigungsverhalten der KlientInnen aufzuschließen gilt. Im zweiten Blick wird man sehen, dass diese Verdeckungszusammenhänge vor allem geschlechtstypisch strukturiert sind. Wenn wir aus den Erfahrungen der Jugendhilfe heraus wissen, wie unterschiedlich Mädchen und Jungen ihre Familien, die Schule und die berufliche Integration bewältigen, dann sehen wir jetzt, dass in diesen Institutionen Bewältigungsvoraussetzungen enthalten sind, dass sie – trotz der geschlechtsneutralen Außenfassade – in ihrem Inneren geschlechtstypisch bewegt und zusammengehalten werden. Wenn wir dies begreifen, dann wird uns auch deutlich, dass die Bruchstellen des sozialen und desintegrativen Verhaltens bei Kindern und Jugendlichen gerade auch in den Geschlechterdefinitionen der Institutionen liegen, an denen sie scheitern.

Verdeckungszusammenhang Familie

In unserer Gesellschaft und somit auch in der öffentlichen Jugendhilfe steht die reproduktive Funktion der Familie im Mittelpunkt. Diese reproduktive Funktion resultiert aus dem gesellschaftlichen System der Arbeitsteilung, die in ihrer unterschiedlichen Wertigkeit von Produktion und Reproduktion geschlechtshierarchisch angelegt ist. Diese geschlechtshierarchische Arbeitsteilung ist in der Familie abgebildet. Die traditionelle Familie kennt entsprechende Geschlechterrollen: Die Beziehungs- und Hausarbeit ist den Frauen zugeordnet, der Außenbezug, die „Ernährerrolle" den Männern.

Diese gesellschaftliche Reproduktionsfunktion und die ihr zugeordneten Geschlechterrollen bilden sich aber nicht so in der Binnenwelt der Familie ab, wie sie in der Rationalität der Gesellschaft definiert sind. Familie und Gesellschaft sind zwei unterschiedlich strukturierte Sphären. Die Familie, als in der Regel auf Abstammung und Verwandtschaft beruhende Primärgruppe, ist durch intime persönliche Beziehungen definiert, die Gesellschaft ist durch das rationale System der Arbeit geprägt. Zusammenhalt und Konflikt haben dadurch in der Familie ein anderes Gesicht als in der Gesellschaft. In der Familie herrschen tiefenpsychische Dynamiken, in der Gesellschaft institutionalisierte Verfahren vor. Familien sind durch basale Zugehörigkeit und Bindung, Liebe und vorsoziale Empathie zusammengehalten, werden durch Hass, Schuldgefühle und Verlustängste auseinander getrieben. Diese tiefenpsychischen Komplexe sind geschlechtstypisch geprägt.

Wenn sich also die Gesellschaft der Familie als Reproduktionsort bedient, dann setzt sie das Wirken dieser geschlechtstypischen Intimstrukturen voraus. Soziale Reproduktion im Sinne der Bearbeitung gesellschaftlich erfahrener Lebensprobleme in der Familie bedeutet also, dass diese Probleme zu Intimproblemen der Familie werden und dass gesellschaftlich davon ausgegangen wird, dass sie dort geschlechtstypisch wirken und bearbeitet werden. In der Familie bildet sich also nicht nur die geschlechtshierarchische Arbeitsteilung mit ihrer entsprechenden Rollenstruktur ab, sondern wirken auch männliche und weibliche Bewältigungsmuster, die zwar immer in einer sozialen Spannung zu den rationalen Verfahren der Problemlösung und Konfliktbewältigung der Gesellschaft stehen, dennoch aber – besonders in kritischen Situationen, in denen die bisherigen sozialen Ressourcen versagen – ihre psychodynamische Eigenkraft entfalten. Wenn Familien nachhaltig überfordert werden, dann werden in ihren Intimstrukturen diese männlichen und weiblichen Bewältigungsmuster in ihrer Eigendynamik freigesetzt. Die Familie enthüllt ihr männliches und weibliches Gesicht.

Vor diesem Hintergrund heißt die Ausgangsfrage einer geschlechtsreflektierenden Sozialarbeit nicht, ob die Familie funktioniert oder nicht funktioniert, sondern: wie rekonstruierbar „familienbiografische" Überforderungskonstellationen das in der Familie steckende geschlechtshierarchische Gewaltverhältnis in einer Art und Weise aktiviert haben, dass es sozial destruktiv wirken musste. Indem wir die Familie als geschlechtshierarchisches Gewaltverhältnis betrachten, denunzieren wir sie nicht, sondern unterlaufen produktiv und für die Diagnostik entscheidend den geschlechtsneutralen Verdeckungszusammenhang Familie. Dieses geschlechtshierarchische Gewaltverhältnis hat zwei Ebenen: Zum einen das Mann-Frau-Verhältnis, zum anderen das geschlechtsdifferente Eltern-Kind-Verhältnis: Männer/Söhne, Männer/Töchter, Frauen/Söhne, Frauen/Töchter.

Heute wird in der Familiensoziologie und Familienforschung konstatiert, dass die klassische hierarchische *Generationenfamilie* zunehmend dem Typ der *Aushandlungsfamilie* weicht, dass aber dennoch beide nebeneinander stehen (wobei in sozial benachteiligten Milieus der Generationenfamilientypus eher noch vorherrscht) und in Krisensituationen das generationenhierarchische Moment immer wieder hervorbricht. Üblicherweise aber werden beide Familientypen meist nur allgemein im Verhältnis der Mitgliedsrollen oder der Subjekte zueinander thematisiert (vgl. dazu im Überblick Böhnisch/Lenz 1997). Dass es sich bei beiden um geschlechtsgeprägte Verhältnisse handelt, kommt meist nicht oder nicht ausreichend zur Sprache. Dies ist uns erst möglich, wenn wir die Familie als verdecktes geschlechtshierarchisches Intimverhältnis begreifen, das im Alltag produktiv ausbalancierbar ist, das aber in Krisensituationen destruktiv aufbrechen kann. Dann verhalten sich Männer und Frauen oft „geschlechtstypisch" und versuchen die Familie in den Sog dieser geschlechtstypischen Bewältigungsdynamik zu ziehen: Die Männer, indem sie von der Familie selbstverständliche emotionale Stützungen verlangen und diese manchmal auch mit Gewalt bei Frauen und Kindern holen wollen, die Frauen, indem sie die Folgen der Gewaltdynamik auf sich und die Kinder ziehen. Wir gehen also von der These aus, dass sich in der Jugendhilfe anfällige Familienkonflikte auf eine freigesetzte Geschlechterdynamik in der Familie beziehen lassen.

Die Familie gerät in der gegenwärtigen Gesellschaft unter einen doppelten Überforderungsdruck (vgl. allgemein Rerrich 1988). Zum einen wird mit zunehmender Entemotionalisierung der Arbeitsgesellschaft (durch Abstraktion und Digitalisierung der Arbeitsvorgänge) der Druck auf die Familie, dies emotional auszugleichen, verstärkt. All das, was Männer und Frauen und später auch Jungen und Mädchen in einer emotional entleerten Funktionswelt nicht finden, sollen die intimen Beziehungen in der Familie bringen. Und wenn es die eigene Familie nicht gebracht hat, dann soll es die neue, selbstgegründete Familie bringen. Viele Konflikte und Überforderungen aus Frühverheiratungen, mit denen es die Jugendhilfe zu tun hat, sind darauf zurückzuführen, dass sich die Frauen und Männer etwas von ihrer frühen Ehe und ihren Kindern erwarten, das sie selbst in ihren Familien entbehrt haben. So wie sie aber selbst Vernachlässigung und Gewalt in ihrer Herkunftsfamilie erfahren haben, haben sie nicht gelernt, ihre Beziehungen und ihre Erziehungsstile anders zu gestalten. So werden Überforderungskonflikte gleichsam über die Generationen hinweg vererbt.

Das zweite Überforderungsproblem liegt in dem bereits hergeleiteten Umstand, dass die Verständigungs- und Konfliktstruktur der Familie anderen Logiken folgt, als denen der Arbeitswelt. So werden soziale Konflikte, die außerhalb der Familie eigentlich durch Verfahren gelöst werden müssten, in die Intimstruktur der Familie umgesetzt, werden zu tiefenpsychischen Ängsten und Bedürftigkeiten, die dann nicht mehr rational entwirrbar sind. Wie oft erleben es SozialarbeiterInnen, dass Männer und Frauen von sich sagen, dass sie sich bei dem, was sie getan oder wie sie sich in der Vertiefung der Familienkrise verhalten haben, „selbst nicht mehr gekannt" haben.

Bedürftigkeit und Gewalt liegen deshalb in den geschlechtstypischen Krisenszenarien familialer Konflikte eng zusammen. Bedürftigkeit entsteht, wenn einem etwas verwehrt wird, das – so meint man – einem selbstverständlich zusteht. Familiale Geborgenheit wird gesucht, ist aber so selbstverständlich nicht zu finden, erscheint verwehrt und mehrt den Antrieb, sie sich dann eben mit Gewalt zu holen. Bedürftigkeiten können nur durch Kommunikation, Empathie und Respekt voreinander aufgelöst werden. Das setzt aber voraus, dass Männer und Frauen lernen, zu sich zu kommen, die Quelle der Bedürftigkeit bei sich zu suchen und nicht auf andere abzuspalten oder sich selbst zum Feind zu machen. Familienhilfe in diesem Sinne ist damit genauso geschlechtsbezogene Einzelhilfe wie die systemisch orientierte Aufbrechung der geschlechtshierarchischen Versäulungen und die Ermunterung zur Veränderung der Geschlechterrollen.

In dieser Verbindung von systemischem und geschlechtsdifferentem Zugang lassen sich zwei typische Kristallisationspunkte des Zusammenhalts und des Zusammenbruchs von Familien erkennen. Der frauentypische Kristallisationspunkt ist mit dem landläufigen Sprichwort „die Frau hält die Familie zusammen" umschrieben. Aus Frauenhäusern wird immer wieder berichtet, dass Frauen, auch wenn sie vom Mann stark unter Druck gesetzt oder geschlagen werden, aus Schuldbewusstsein wieder in ihre Familie (zu ihrem Mann) zurückkehren, weil sie denken, sie würden durch ihr Weglaufen die Familie auseinander bringen. Hier wirkt jener intime Mechanismus der Schuldübernahme, der kognitiv nicht so ohne weiteres aufzulösen ist.

Männer interessiert dagegen vor allem, ob ihre Familie „funktioniert". Sie fühlen sich immer noch in einer gewissen Ernährerrolle, für die Absicherung der Familie zuständig, sind sie doch auch auf das Funktionieren der Familie angewiesen: Die Familie muss funktionieren, damit der Mann *draußen* arbeiten kann, und darin muss er sich auf die Familie verlassen können. Aus diesem einseitigen Funktionsverständnis heraus haben es viele Männer nicht gelernt, sich in die Rolle und Befindlichkeiten der anderen Familienmitglieder hineinzuversetzen und können es deshalb oft nicht verstehen, dass ihnen Zuwendungen, die sie in selbstverständliche Funktionsansprüche kleiden, von der Ehefrau oder den Kindern verwehrt werden. Hier sitzt ein Keim von Männern ausgeübter familialer Gewalt gegen Frauen und Töchter genauso wie gegenüber den Söhnen: Söhne stehen unter besonderem Funktionsdruck von Vätern und hier liegt auch der Bezugspunkt männlichen Konkurrenzverhaltens in der Familie.

Kinder als Mädchen und Jungen sind in dieser Konstellation immer das schwächste Glied, da ihre Geschlechterbefindlichkeit noch stärker von der geschlechtsneutralen Kinderrolle verdeckt und deshalb am wenigsten thematisiert wird. Wenn Partnerkonflikte auf die Kinder projiziert werden, dann kommt es oft zu geschlechtstypischen Demütigungen des Kindes: Das Abwehrverhalten der Mädchen gegenüber der elterlichen Bedrohung wird nicht selten sexualisiert („Herumtreiberinnen"), das der Jungen funktionell entwertet („zu nichts nutze"). Damit werden die Kinder ins Mark von Selbstwert und Anerkennung getroffen, worauf sie wieder geschlechtstypisch reagieren. Bei Straßenkindern (vgl. Permien/Zink 1998), die unter dem Druck von Familienkonflikten auf die Straße gegangen sind, können wir beobachten, dass Mädchen in der prozesshaften Abarbeitung der ihnen in der Familie zugefügten Demütigungen sich oft übersexualisiert präsentieren, Jungen dagegen ein betont funktionsloses Herumhängen demonstrieren.

Im geschlechtstypischen Zugang der Familienhilfe kommt es aber nicht nur darauf an, den so hermetisch erscheinenden Verdeckungszusammenhang Familie aufzubrechen, sondern – aus dieser Logik heraus – das Zustandekommen der Familie, die „Familienbiografie" geschlechtstypisch zu rekonstruieren. Maria Rerrich hat darauf verwiesen, dass beim Zustandekommen einer Partnerschaft immer „zwei Ehen" geschlossen werden. Frauen haben oft ganz andere Vorstellungen von Ehe als Männer. Viele Frauen erhoffen sich von der Beziehung die Lösung von eigenen Familienkonflikten, die Möglichkeiten des Erlebens von Solidarität, Fürsorglichkeit und Gemeinsamkeit, während bei den meisten Männern die Familie selbstverständlich den männlichen Status begründet und deshalb funktionieren, ihn komplettieren muss. Hier scheint wieder der männliche Funktions- und der weibliche Beziehungsaspekt in den geschlechtstypischen Erwartungen an die Familie durch. Nun kommt es im Weiteren darauf an, ob diese unterschiedlichen Erwartungshaltungen gegenseitig akzeptiert und ritualisiert werden oder ob es eine Verständigung darüber im Sinne eines Ausgleichs geben kann. Diese Problematik hat sich in dem Maße weiterentwickelt, in dem die Familie im Strukturwandel der Arbeitsgesellschaft „entgrenzt", stärker denn je in den Sog der Arbeitswelt hineingezogen worden ist.

Intensivierung und Neustrukturierung der Arbeit beeinflussen nicht nur die verfügbare Zeit und den Rhythmus des Zusammenlebens, Männer und Frauen geraten auch in unterschiedliche Dynamiken von Bindung und Distanz ihrer Familien. Frauen suchen berufliche Selbstständigkeit und geraten damit in neue familiale „Vereinbarkeitsfallen", Männer streben in die Familien hinein, werden aber gleichzeitig stärker denn je vom neuen Sog intensivierter Arbeit „weggezogen". Die Sehnsucht nach einer „heilen" Familie wächst bei beiden in dem Maße, in dem diese nicht erreichbar ist. Aus dem Verlangen nach der „heilen" wird die Wirklichkeit der „hilflosen" Familie. Wo Hilflosigkeit herrscht, setzen geschlechtsdynamische Bewältigungsprozesse ein.

Beziehen sich diese Aussagen vor allem auf Mittelschichtfamilien, so lassen sich auch in benachteiligten Familien neue, „zusätzliche" Überforderungsprobleme ausmachen. Die Segmentierung der Arbeitsgesellschaft (vgl. Böhnisch/Arnold/Schröer 1999) lässt die unteren Einkommen stagnieren, das Gespenst der „Armut in Arbeit" (vgl. Ehrenreich 2001) auch in Deutschland umhergehen. Armut aber – so die weltweite Erfahrung – zementiert die traditionellen Geschlechterrollen, setzt geschlechtshierarchische Mechanismen des männlichen (Gewalt-) Verhaltens und der weiblichen Zurücknahme immer wieder neu in Kraft.

In beiden Konstellationen spielt es – bezüglich der Art und Weise wie die damit verbundenen Konflikte bewältigt werden – eine große Rolle, welchen Zugang die Partner zu ihrem Selbst haben. Hier wirkt die Faustregel, die uns der Schweizer Psychoanalytiker Arno Gruen an die Hand gegeben hat: Je besser der Zugang zu sich selbst ist, desto besser ist man in der Lage, seine eigene Hilflosigkeit zu thematisieren, desto eher hat man auch die Kompetenz, sich in andere hineinzuversetzen. Deshalb ist es so notwendig, mit den Familienmitgliedern einzeln und zwar geschlechtstypisch zu arbeiten, denn erst wenn sie in ihrer Bedürftigkeit zu sich selbst kommen, nicht mehr auf andere abspalten oder in sich hineinfressen müssen, gibt es eine Chance, sich des/der anderen neu zu vergewissern. Allerdings kann das auch der Beginn der Erkenntnis sein, dass man in einer ritualisierten Beziehung gelebt hat und dass diese Beziehung dann nicht mehr halten kann, wenn sie unter dem Zeichen des Respekts der gegenseitigen Befindlichkeiten und Betroffenheiten neu aufgebaut werden soll.

Der männerlose Kindergarten

Der Kindergarten ist der Ort der ersten – partiellen – Ablösung der Mädchen und Jungen von der Familie. Da diese Ablösung aber nur teilweise ist, da das Kind materiell und sozial noch ganz abhängig von der Familie bleibt, ist es angemessener, nicht von Ablösung, sondern von einem ersten verbindlichen Heraustreten des Kindes aus der Familie zu sprechen. Da das Kind noch fest in der Familie verwurzelt ist, muss die erste außerfamiliale Institution, in die es hinaustritt auch familienzugewandt, das heißt familienähnlich strukturiert sein. Deshalb ist die *Kindergärtnerin als Frau* eine so zentrale Figur, ist es – angesichts der Geschlechterrollenverteilung in der Familie – auch (immer noch) plausibel, dass es so wenig oder so gut wie keine Männer im Kindergärtnerberuf gibt. Denn die Kindergärtnerin spielt gleichsam eine Übergangsrolle: Sie ähnelt der Mutter, ist aber gleichzeitig familienunabhängig. Für das drei- bis vierjährige Kind, ob Junge oder Mädchen, das noch sehr stark mutterzentriert ist (noch in der Mutter-Kind-Dyade verhaftet und ohne alltäglichen Bezug zum meist abwesenden Vater) verkörpert sie gleichermaßen die Mutterfigur und trotzdem die „andere" Frau. Damit erhalten die Jungen und Mädchen über diese Gleichzeitigkeit der Verkörperung von Mütterlichkeit und familienweggewandter, sozial gerichteter Weiblichkeit einen ersten – freilich familienrückgebundenen – Zugang zur außerfamilialen sozialen Welt.

Gleichzeitig wird im Kindergarten für viele Kinder zum ersten Mal eine Gleichaltrigenkultur hergestellt. Die Kindergärtnerin gehört dem Jungen oder Mädchen nicht allein (oder zusammen mit den Geschwistern) wie die Mutter, sondern es spürt, dass er/sie auch Bezugsperson der anderen Kinder ist und so erlebt sich das Kind zum ersten Mal in einer außerfamiliären Vergleichs-, Konkurrenz- und Gruppenkultur. In ihr wirken dann auch die ersten außerfamilialen Definitionen, wie Mädchen und wie Jungen sich zu verhalten haben. Hier kommt es auch darauf an, wie die Kindergärtnerin und andere Bezugspersonen im Kindergarten das Kinderverhalten als erstes und frühes Geschlechterverhalten wahrnehmen und reflektieren und wie sie selbst die Herausbildung von Geschlechterrollen zulassen, das heißt als Ordnungsschemata des Kinderalltags übernehmen.

In Kindergärten lässt sich durchaus schon ein geschlechtstypisches räumliches Feld beobachten, denn es zeigt sich früh, wie unterschiedlich Jungen und Mädchen sich Räume aneignen. Die Mädchen sieht man oft um die Erzieherin geschart oder in festen Spielecken, während die Jungen ihren Raum dauernd verändern, unruhig sind, toben. Dadurch ziehen sie die Aufmerksamkeit der Erzieherin immer wieder auf sich. Auch wenn sie zurechtgewiesen werden, lernen sie: Wenn man sich auffällig verhält, erregt man Aufmerksamkeit, kann sich präsentieren, bewirkt etwas von sich aus, verändert Situationen. Die Mädchen dagegen passen sich eher den „ruhenden" Regeln an, werden von der Kindergärtnerin darin bestärkt, weil sie die Mädchen als ordnende Gruppe, als Ruhepol für einen strukturierten Arbeitsalltag braucht. Deshalb ist es im Kindergarten so wichtig, früh die Rollen zu vertauschen, den Mädchen Raum zu geben, dass auch sie sich einmal „gehen lassen" können und Umgebung verändern lernen; den Jungen dagegen, dass sie mehr zu sich kommen lernen, sich in Gegenseitigkeit und nicht nur in Konkurrenz zu bewegen. Eine solche „geschlechtsflexible" Erziehung für Mädchen und Jungen (vgl. dazu Klees-Möller 1997) geht davon aus, dass beide Geschlechter schon früh im Kindesalter Selbstvertrauen, Gruppenverhalten und Empathie entwickeln müssen, um *Gemeinsamkeiten* erkennen zu können (vgl. Verlinden 1995). Da im Kindergarten das sozialemotionale vor dem kognitiven Lernen steht, kann das tägliche Gemeinschaftserlebnis als Medium geschlechtsflexibler Arbeit genutzt werden.

Trotzdem gilt weiter, dass die Jungen ab nun im Kindergarten männliche Identifikationsmöglichkeiten suchen, die ihnen in der eigenen Familie vom Vater im Alltag oft nicht geboten werden können. Vor diesem Hintergrund entwickeln sich Ansätze kleiner Jungencliquen, die gegenseitig Jungenverhalten einüben und kontrollieren. Die Jungen, die sich an „Mädchenspielen" beteiligen und dazu enge Freundschaften mit Mädchen eingehen werden „bestraft", es wird gegenseitiger Druck ausgeübt, in gewissem Sinne werden schon männliche Zugehörigkeiten erprobt. An den Kindergärtnerinnen werden nicht nur die mütterlichen, sondern auch die ersten „sexuellen" Seiten wahrgenommen. Darauf sind die Kindergärtnerinnen meist nicht vorbereitet. Die Ausbildung ist immer noch weitgehend geschlechtsneutral, man spricht nur von „Kindern" und verschließt die Augen davor, dass Sexualität im Kindergarten schon eine diffuse und damit ambivalente Rolle spielt. Bei Jungen im Alter von fünf Jahren kann man schon durchaus von einem „kritischen Alter" sprechen, wenn ihr Frauenbild von der mütterlichen zur weiblich-sexuellen Seite hin- und herschwankt. Dies wird plausibel, wenn man bedenkt, dass die Kindergärtnerin eine „soziale Übergangsperson" ist, in der sich familiales Mutterbild und öffentliches Frauenbild gleichermaßen spiegeln. Umgeben von einer sexualisierten Alltagswelt der Medien und angetrieben durch erste jungenbündlerische Abgrenzungen von den Mädchen entwickeln sich die ersten sexualisierten Blicke auf die Erzieherin. Ihre körperliche Nähe wird gesucht – durchaus wieder in der Doppeldeutigkeit des Strebens nach Wärme und Geborgenheit wie der sexuellen Neugier – und es kommt darauf an, wie sie darauf vorbereitet ist und wie sie reagiert. Oft weichen die Erzieherinnen diesen ersten Anzeichen sexueller Neugier und Irritation bei den Jungen aus, wollen sie nicht sehen, empfinden sie als bedrohlich, weil sie sie aus dem Blick der Erwachsenen heraus interpretieren: „Das bedeutet [...], dass Sexualität bereits in diesem – sehr harmlosen – Stadium für Jungen tabuisiert wird" (Kerber 1991, S. 23). Gerade in dieser kritischen Phase, welche Jungen im Kindesalter durchleben, sind Ansätze von Jungen- und Väterarbeit im Kindergarten notwendig. Auch kleine Jungen brauchen hin und wieder separierte Räume, in denen sie unter sich sein können. Wichtig sind auch die Väternachmittage, an denen die Kinder mit ihren Vätern im Freispiel zusammen sein können, die Väter den Alltag des Kindergartens kennen lernen und die Kinder ihnen ihre Welt zeigen können. Väter kommen dann nicht so schnell in Versuchung, ihren Jungen immer nur den einfallsreichen und starken Vater vorzuspielen, ihnen Events und Ausnahmesituationen zu bieten, sondern sie müssen sich in den Alltagsrhythmus einpassen. Gerade aber dieses alltägliche Erleben des Vaters oder männlicher Bezugspersonen ist wichtig für die männliche Identifikation (s.o.).

Was Mädchen und Jungen im Kindergarten also brauchen, sind männliche Bezugspersonen. Die Jungen, damit sie nicht früh in den Strudel der Idolisierung der Männlichkeit und der Abwertung des Weiblichen geraten, wenn sie nicht die Chance bekommen, in der Beziehung wahrzunehmen, dass Männer und Frauen, trotz der augenscheinlichen Differenz Gleiches und Gleichwertiges vollbringen können; die Mädchen, damit sich ihr Bezugsfeld erweitert, indem sie eine männliche Bezugsperson erfahren, in der eine korrektive Spannung zu den Jungen aufgebaut ist, die ihnen gleichzeitig ablösende Möglichkeiten eröffnet und den Jungen vermittelt, dass das, was Mädchen zugeschoben wird, für sie genauso attraktiv sein kann.

Mehr Männer im Kindergarten wird es aber erst dann geben, wenn sich die Vaterrolle und die Formen der Anwesenheit des Vaters in der Familie verändert haben. Niemand komme mit dem Argument, die Kindergartenarbeit sei zu schlecht bezahlt. Es gibt in der Sozialarbeit auch andere Tätigkeiten, die von Männern ausgeübt werden (Jugendarbeit, Pflegerdienste etc.), die auch nicht besser bezahlt werden. Denn solange die Mutter die alltags- und beziehungsstrukturierende Hauptrolle spielt, spielen muss, der Vater aber nur unzureichend als Erziehungs- und Beziehungsperson anwesend ist, solange wird auch die Mutterrolle die Erziehungsrolle bleiben, die Familienbindung und Familienablösung im Kindesalter maßgeblich steuert. Kindergärtner wird es also erst dann in breiter Anzahl geben, wenn es viele Väter gibt, die Berufs- und Hausarbeit genauso zu vereinbaren gelernt haben, wie es Frauen tun müssen.

Das zentrale Erziehungsmedium des Kindergartens ist das *Kinderspiel*. Im Kinderspiel drückt sich die für die pädagogische Kindheit typische Spannung von Erziehung und kindlichem Eigenleben aus. Kinder können aus sich heraus experimentieren, spüren, dass sie etwas bewirken; sie lernen aber genauso Grenzen und gegenseitige Rücksichtnahmen kennen und sollen das Gefühl haben, dass sich diese aus ihrem eigenen Verhalten heraus ergeben und deshalb so notwendig für das Sozialverhalten sind. Sicher sind es in vielen Kindergärten heute nicht mehr die klassischen Geschlechtsstereotypen der Kinderspiele, die vorherrschen. Dennoch sind geschlechtstypische Aneignungsformen geblieben, wenn Mädchen und Jungen mit denselben Materialien und Spielgaben ganz unterschiedliche, nämlich geschlechtsstereotype Dinge anfangen (vgl. auch Neubauer 1991): Wenn Jungen Schaumstoffteile nehmen, um aufeinander einzuschlagen, Mädchen dagegen sie verwenden, um eine Wand um sich zu ziehen, teilen sich die Geschlechter. Besonders wichtig wird die geschlechtsreflektierende Arbeit, wenn der Kindergarten – im Sinne des Situationsansatzes (vgl. Zimmer 1997) – Explorationen in die Alltags- und Arbeitswelt der Erwachsenen unternimmt. Inzwischen gibt es auch im kleinstädtischen Bereich genug Konstellationen, wo Männer und Frauen das Gleiche tun (zum Beispiel bei der Polizei, der Post, im Handwerk) und die Kinder erleben können, dass Männer und Frauen Gleichwertiges tun, obwohl sie oft unterschiedlich an dieses Gleiche herangehen. Die Kinder lernen so produktive Differenz, aber nicht Hierarchie kennen.

Die geschlechtsneutrale Schule

SozialarbeiterInnen, die mit SchülerInnen arbeiten, haben es vor allem mit Kids und Jugendlichen aus den Förder-, Haupt- und Berufsschulen zu tun. Es sind Kids mit niedrigem Selbstwertgefühl, kaum sozialer Anerkennung und wenig Chancen in der Schule, von sich aus etwas bewirken zu können. Die Schule bietet ja traditionell nur *ein* Leistungsspektrum an, in dem man sich zeigen und auf sich aufmerksam machen kann. So nimmt es nicht Wunder, dass manche dieser Kids durch Verhaltensauffälligkeiten auf sich aufmerksam machen, die wiederum geschlechtstypisch geprägt sind. Bei männlichen Schülern reicht es von alltäglichen „unterrichtsfremden" Auffälligkeiten bis hin zu Gewalt (hier sind die Jungen deutlich überrepräsentiert), bei den Mädchen schwankt es zwischen somatischen Auffälligkeiten bis hin zum psychischen Druck, den sie auf andere (meist auf Mädchen) ausüben.

Die Schule ist von ihrer Struktur her diesen Problemen gegenüber zweifach blind: Einerseits hat sie nur die *Schülerrolle* im Visier, also nur den Ausschnitt der Persönlichkeit der Jugendlichen, der sich auf die Lern- und Leistungserwartungen sowie die Verhaltensanpassung an die Unterrichtsorganisation bezieht, zum anderen glaubt sie mit ihrem *Koedukations*edikt, geschlechtstypische Unterschiede im Sinne von Benachteiligungen ausgeglichen zu haben. Dabei zeigen aber geschlechtsspezifische Schüleruntersuchungen, dass in der Schule – wie schon im Kindergarten angelegt – ähnlich geschlechtstypisches Verhalten freigesetzt wird: Mädchen sind im Durchschnitt mehr unterrichtszentriert, Jungen aktivitätsgedrängter und deswegen unterrichtsstörender (vgl. dazu Enders-Dragässer/Fuchs 1989, Breidenstein/Keller 1998). Jungen werden wegen ihres Verhaltens im Durchschnitt auch mehr bestraft als die Mädchen. Das führen Lehrer und Lehrerinnen gerne an, wenn ihnen von der Geschlechterforschung vorgehalten wird, dass sie den Jungen mehr Aufmerksamkeit zukommen lassen als den Mädchen; sie strafen sie ja! Dass sich dabei ein verdecktes soziales Curriculum entwickelt, können die meisten nicht verstehen: Jungen erfahren unbewusst, dass sie durch antisoziales Verhalten Aufmerksamkeit auf sich ziehen, das Unterrichtsklima ändern und sich – indem sich Lehrer und Klasse ihnen zuwenden – zumindest situativ durchsetzen können. In der Struktur der Schule ist also angelegt, dass sie eine männliche Durchsetzungskultur und eine Kultur der weiblichen Zurücknahme fördert. Die Mädchen erbringen zwar im Durchschnitt die besseren Leistungen, wenn es aber um das Sozialverhalten und das soziale Durchsetzungsvermögen geht, vor allem nach der Schule in der Konkurrenz um die beruflichen Chancen, wirkt sich die männliche Dominanz- und Durchsetzungskultur deutlich aus, zumal sie sich in der sozialen Umgebung und der Gesellschaft spiegeln kann. „Die Schule ist zwar nicht die Verursacherin des geschlechtsabhängig segmentierten Arbeitsmarktes, sie wirkt aber offensichtlich nicht der Einengung des inhaltlichen Spektrums der Kurswahlen der Mädchen (und Jungen) und in deren Folge auch der Einengung der Berufs- und Studienwahlen entgegen. Zudem gelingt es in der Schule nicht, dass Mädchen ein ihren Leistungen entsprechendes Selbstbewusstsein entwickeln" (Nyssen 1999, S. 4).

Solche geschlechtstypischen Effekte treten in der Schule umso stärker hervor, je mehr sie für viele Kids und Jugendliche zum alltäglichen Sozial- und Beziehungsraum wird, in dem Gruppenerlebnis, soziale Anerkennung und Wirkmöglichkeiten auch jenseits des Unterrichts gesucht werden. Diese Versozialräumlichung der Schule hält in dem Maße an, in dem die Räume für Kids in der Freizeit enger, die Gruppenmöglichkeiten kleiner und die Aufnahme von gegenseitigen Beziehungen schwieriger werden. Sie setzt geschlechtstypisches Verhalten, das bisher verdeckt war oder außerhalb der Schule ausgelebt wurde, nun im Schulalltag frei. Deshalb ist es notwendig, dass die Schule selbst für eine Schülerkultur sorgt, die – im Kontrast zur koedukativen Vorgabe des Unterrichts – von der Gegenseitigkeit und den gleichen Entfaltungsmöglichkeiten der Geschlechter geprägt ist. Diese unterrichtsübergreifende Neuorientierung der Schule bezüglich ihrer Geschlechterperspektive wird in der Fachliteratur inzwischen unter dem Begriff der „reflexiven Koedukation" gefasst (vgl. dazu Kreienbaum 1999): Mädchen und Jungen sollen als je individuelle Persönlichkeiten mit ihren eigenen biografischen Vorerfahrungen und potentiellen Kompetenzen erkannt und gefördert werden. Dazu muss aber die Schule Räume und Beziehungen bieten, in denen sich solche in der allgemeinen Schülerrolle verdeckten und übergangenen individuellen Vermögen freisetzen und erproben können. Versucht wird dies über „monoedukative" Gruppen, in denen Mädchen und Jungen jeweils für sich neue Verhaltensmuster erproben, die über die erlernten geschlechtsstereotypen Muster hinausgehen und geschlechtspartnerschaftliche Empathie erzeugen können und über Trainingsprogramme, in denen Mädchen Selbstbehauptung und Jungen das Einander-Helfen einüben und Lehrer und Lehrerinnen aber gerade auch Schüler- und Schülerinnen als ModeratorInnen ausgebildet werden. In entsprechenden Projekten liegen auch die neueren Ansatzpunkte für eine geschlechterreflexive Kooperation von Schule und Jugendhilfe. Da die Möglichkeiten der Schule, sich in Richtung Sozialraum – was sie faktisch, aber verdeckt, ist – zu entwickeln begrenzt sind, ist es nur folgerichtig, dass sie sich in den alltagsbezogenen Raum der Jugend- und Sozialarbeit öffnet. Hier sind – in gemeinsamen Projektwochen – die Bedingungen des offenen sozialen Experimentierens gegeben, der jugendkulturelle Gruppencharakter tritt gegenüber dem Zwangscharakter der Schulklasse hervor. Die Jugendarbeit kann mit dem geschlechtsnivellierenden Medium der Jugendkultur arbeiten. Der Dominanzdruck kann von den Jungen genommen und das Sichzurücknehmen der Mädchen „aufgelöst" werden, so dass die Jungen zu sich kommen, die Mädchen aus sich herauskommen können. Bei solchen Projekten sollte immer darauf geachtet werden, dass Mädchen nicht gleich wieder die reproduktiven Tätigkeiten übernehmen, sondern dass die Rollen anders verteilt werden. Wenn Fahrten geplant und organisiert werden, sollten es geschlechtsgemischte Vorbereitungskomitees sein, die gleich zu Beginn festlegen bzw. einen Vertrag darüber abschließen, wie alle gleichberechtigt beteiligt werden können (vgl. zu den Bedingungen der Kooperation Dithmar/ Maier-Warnke/Rose 1999).

Grundsätzlich bleibt der Schule aber auch in ihrer inneren Schulorganisation die Aufgabe, dass in den Lerninhalten und den unterrichtlichen Umgangsformen eine größere Solidarität unter den Geschlechtern übermittelt und vorgelebt wird. Das bedeutet auch, dass Lehrer und Lehrerinnen die Chance bekommen, die Spannung zwischen der Lehrerrolle (die auch nur wieder ein Ausschnitt ihrer Persönlichkeit ist), welche die Schule ihnen abverlangt und der Lehrerpersönlichkeit, die die Schüler herausfordern, zu reflektieren. In der Lehrerrolle tritt der Umstand zurück, dass Lehrer auch Männer und Frauen sind; dieses wiederum wird aber in dem Maße freigesetzt, in dem die Schüler sozialräumlich agieren und LehrerInnen entsprechende Beziehungsaufforderungen erfahren. Wenn LehrerInnen mit ihrem Mann- und Frausein nicht im Kontext ihres Lehrerseins umgehen können, dann müssen sie zwangsläufig – von ihrer Rollenorientierung her – in traditionelle, das heißt von der Schulorganisation her praktikable Geschlechterorientierungen verfallen (vgl. dazu Keller 1997). Dann suchen sie weiter die Mädchen als ruhenden Leistungspol und lassen den Jungen den Auffälligkeitspol. Dann wird auch die geschlechtshierarchische Ordnung in den Lehrerzimmern genauso wenig in Frage gestellt, wie die faktische geschlechtshierarchische Arbeitsteilung im organisatorischen Alltag vieler Schulen: Die Frauen sind eher für die kulturellen und sozialklimatischen Belange zuständig, die Männer für das technische Funktionieren der Schule. Unsere Erfahrungen zeigen, dass die Lehrer und Lehrerinnen, welche die Problematik der

sozialräumlichen Erweiterung der Schule erkannt, die pädagogischen Erziehungsaufforderungen der Schüler gespürt und
das Geschlechterverhältnis der Lehrer und Lehrerinnen untereinander zum Anstoß genommen haben, am ehesten bereit
sind, von sich aus die Kooperation mit der Jugendhilfe zu suchen, um ihren LehrerInnenberuf besser sozialpädagogisch
stützen zu können. Die behutsame und schrittweise Konfrontation der subjektiven Selbstverständlichkeit der Koedukation
(„ich behandle doch alle gleich") mit dem tatsächlichen Wirken des verdeckten Geschlechtercurriculums hat sich dabei in
sozialpädagogischen Fortbildungen mit LehrerInnen als stra-
tegischer Anknüpfungspunkt für die Entwicklung einer solchen sozialpädagogischen Reflexivität in der Schule erwiesen.

Jugendhilfe und Beruf

Mit dem ökonomischen und technologischen Strukturwandel
der Arbeitsgesellschaft, der nicht nur zu einem relativ gleich
bleibenden Sockel von struktureller Massenarbeitslosigkeit
geführt, sondern auch die Übergänge in den Beruf und Berufsperspektiven insgesamt für viele junge Leute fragil gemacht hat, ist die Jugendberufshilfe von einer problemgrup-
penbezogenen Einzelfallhilfe zu einem – bis in die Mitte der
Jugendpopulation hineinreichenden – Unterstützungs- und
Übergangssystem, zu einer sozialpädagogischen Infrastruktur
für Jugendliche und junge Erwachsene in den europäischen
Industriegesellschaften geworden (vgl. dazu im Überblick
Fülbier/Münchmeier 2001). Auf der einen Seite gibt es Familien, die genug ökonomisches und kulturelles Kapital besitzen,
um ihren Kindern Umwege zu gestatten, damit sie nicht der
negativen Dynamik des beruflichen Scheiterns und der Aussichtslosigkeit von Berufsperspektiven ausgesetzt sind: Sie
sollen experimentieren können, Unterschiedliches ausprobieren, bis in die Mitte des zweiten Lebensjahrzehntes oder gar
bis zum dreißigsten sich ein solides und reflexives biografi-
sches Fundament geschaffen haben, von dem aus sie für die
zukünftigen Wechselfälle einer flexibilisierten Arbeitsgesellschaft gerüstet sind. Auf der anderen Seite stehen die vielen
Familien, die diesen ökonomischen und kulturellen Kapital-
stock nicht besitzen und die ihre Jugendlichen früh den neuen

Risiken der Arbeitsgesellschaft aussetzen müssen. Die Jugendberufshilfe hat es mit der letzteren Gruppe zu tun. Sie organisiert nicht nur Stütz- und Ausbildungsprojekte für die jungen Männer und jungen Frauen, die von ihrer niedrigen Schulbildung her wenig Chancen haben, in einen qualifizierten Arbeitsmarkt zu kommen, sondern zunehmend auch für Leute, die gut ausgebildet sind, die aber in ihrem Beruf oder im Arbeitsmarkt überhaupt nicht zum Zuge kommen, weil es in ihrer Region keine Stellen gibt. In der Jugendberufshilfe muss man in diesem Zusammenhang aber mit dem Klassifikationsbegriff „sozial Benachteiligte" operieren, eine personalisierende Definition, welche die Betroffenen in ihren experimentellen Möglichkeiten immer wieder entscheidend einschränkt. Denn diese Zuschreibung verweist sie auf die Rangierplätze außerhalb des Arbeitsmarktes: Je mehr und je wechselhafter der ökonomisch-technologische Strukturwandel Arbeit substituiert und Arbeitskräfte „freisetzt", umso enger werden die Möglichkeiten, das Korsett der sozialen Benachteiligung aufzumachen. Eine offene Ausgrenzung erfahren Mädchen, die heute immer noch ihres Geschlechts wegen abgelehnt werden. Deshalb wäre es sinnvoll, statt von Benachteiligung vom „verwehrtem Zugang" zu sprechen. Dann würde sich die sozialökonomische Bringschuld vom Einzelnen weg mehr auf das gesellschaftliche Arbeitsregime verlagern: Welche Spielräume werden eröffnet, um es den Betroffenen zu ermöglichen, Kompetenzen zu entwickeln, d.h. Fähigkeiten, die in ihnen stecken, aufzuschließen, auch wenn sie nicht gleich in den ersten Arbeitsmarkt vermittelbar sind (vgl. Walther 2000).

In der Jugendberufshilfe bilden sich aber nicht nur die Risiken der neuen Ökonomie ab, sondern vor allem auch die Geschlechterkonkurrenzen, die vor dem Hintergrund der gleichberechtigten Bildungschancen und vergleichbaren Bildungsabschlüssen von Jungen und Mädchen nun in der Berufsfindung auftreten. Das, was wir am Beispiel des versteckten Geschlechtercurriculums der Schule diskutiert haben, dass Jungen unter der Hand antisoziales Durchsetzungsverhalten lernen, kommt nun zum Zuge. Darüber hinaus ist abzusehen, dass das Problem der ungleichen Vereinbarkeit von Familie und Beruf weiter seine Wirkung zeigen wird, wenn man davon ausgeht, dass die zunehmende Intensivierung der Arbeit gerade in den jüngeren Erwachsenenjahren ein Engagement „rund um die Uhr" verlangt, das Männer – unterstellt man gemeinsame Familienplanung – eher managen können als Frauen.

Dennoch hat sich im mittleren Bereich der qualifizierten Berufe eine deutlich stärkere Geschlechterangleichung vollzogen als in der breiten Peripherie niedrig qualifizierter und prekärer Arbeitsverhältnisse, aus denen sich viele KlientInnen der Jugendberufshilfe rekrutieren. In diesen Bereichen herrscht unübersichtliche Flexibilität: Man verliert einen Job, findet woanders einen neuen und es kommt darauf an, wie *ungebunden* man ist. Hier haben die Männer die besseren Karten als die Frauen: Diese sind stärker ans Haus und die Familie gebunden – vor allem in den sozial unteren Schichten, wobei sie aber innerhalb der traditionellen geschlechtshierarchischen Arbeitsteilung eine dennoch umfassend verantwortliche Rolle spielen und nutzen. Während allerdings für die Frauen eine Familienarbeit noch statusangemessen ist, ist das für die Männer bisher noch nicht der Fall. Die Arbeitslosenforschung zeigt uns, wie schwer es für arbeitslose Männer ist, auch wenn sie in ihrer Familie mithelfen, ihr männliches Selbstbild zu erhalten, da sie nicht gelernt haben (s.o.) ihr Mannsein mit einem In-der-Familie-Sein zu verknüpfen. Die *geschlechtshierarchische Versäulung* ist es also, welche maßgeblich verhindert, dass die Sozial- und Arbeitsbiografien der Jugendlichen wieder in Fluss kommen. Diese Versäulung, die im Bildungs- und Ausbildungssystem noch koedukativ überformt oder aufgeweicht ist, tritt in den offenen und prekären Übergangsbereichen, mit denen es die Jugendberufshilfe zu tun hat, wieder deutlich hervor. Dabei ist es nicht nur die Ausgrenzungsdynamik des Scheiterns an Übergängen, die geschlechtstypische Bewältigungsmuster freisetzt. Das gesamte regionale Übergangs- und Vermittlungsregime, d.h. die geschlechtsstereotypen Vorstellungen und Bilder, wie sie in der Arbeitsverwaltung, den regionalen Unternehmen, der Öffentlichkeit und den Vereinen tradiert und inzwischen modernisiert sind, muss in den Blick genommen werden, soll es zu einer Öffnung der Übergangssysteme in Richtung von *Ermöglichungsräumen* kommen können, in denen die Entwicklung und Erprobung einer selbstbestimmten Lebensperspektive für die Jugendlichen – abgelöst von den Geschlechtsfixierungen – gefördert werden kann (vgl. Krafeld 2000). Wenn sie aber keine selbstbestimmte Lebensperspektive entfalten können, geraten sie immer wieder in die Situation, sich auf Kosten anderer behaupten oder – bei den Mädchen – gegen sich selbst gerichtet zurücknehmen zu müssen. Dabei zeigen die Befunde der geschlechtsbiografischen Berufs- und Übergangsforschung, dass z.b. auch Mädchen und junge Frauen, die auf den Status „sozial Benachteiligte" verwiesen sind, trotz aller verwehrten Zugänge an einer übergreifenden beruflichen Lebensperspektive orientiert sind, die sie aber immer wieder zurückschrauben und sich dann mit geschlechtstypischen Verengungen zufrieden geben müssen (vgl. dazu Schittenhelm 1998).

Im Mittelpunkt der Qualifizierung sollten dabei die reproduktiven Kompetenzen stehen, die Männer und Frauen gleichermaßen erwerben und ausbilden müssen, um zu *sozialen* Schlüsselkompetenzen zu gelangen. Die gewerblich-technischen Fähigkeiten sollten eher über Module vermittelt werden, die zeitlich unterschiedlich und tätigkeitsvielfältig einsetzbar, damit von herkömmlichen Berufsbildern und ihren geschlechtstypischen Konnotationen abgelöst sind und so Mädchen und Jungen gleichermaßen zugänglich werden. Solche Qualifikations- und Kompetenzprojekte müssen – gerade für die sozial zurückgezogenen Mädchen und Frauen, aber auch für die in marginalisierten Cliquen abgesonderten jungen Männer – *nahräumlich* und *niederschwellig* angelegt sein. Die Niederschwelligkeit wird in diesem Zusammenhang vor allem *soziokulturell* hergestellt: Cafés, Treffs und jugendkulturelle Events stellen den Kontakt und schließlich auch die problemorientierte Verständigung mit den Jugendlichen her (vgl. zu solchen Projekten „Jugend, Beruf, Gesellschaft. Zeitschrift für Jugendsozialarbeit" seit 1992).

In der Praxis der Jugendberufshilfe sind diese Chancen in zunehmend mehr Projekten gegeben. Im Durchschnitt stellt sie sich aber weiterhin als gesellschaftlicher Ausfallbereich dar, in dem die benachteiligenden Bedingungen weiter wirken, ja aus geschlechtsreflexiver Sicht noch verstärkt werden: In vielen Projekten der Jugendberufshilfe bildet sich die geschlechtshierarchische Arbeitsteilung ab – Jungen in traditionellen Männerberufen, Mädchen in traditionellen Frauenberufen –, bringen die Jugendlichen selbst aus ihren Herkunftsmilieus verfestigte geschlechtshierarchische Einstellungs- und Verhaltensmuster mit und nutzen die Professionellen diese geschlechtshierarchischen Vorgaben als Ordnungsmuster der Projekte.

Solange die Jugendberufshilfe auf den immer noch tendenziell geschlechtshierarchischen ersten Arbeitsmarkt fixiert und entsprechend nur in dieser Richtung gefördert wird und keinen eigenen Experimentierraum ausbilden kann, wird sie diese geschlechtshierarchische Struktur nicht nur behalten, sondern den Jugendlichen auch mögliche Zugänge in neue – geschlechtsflexible – ökonomische, soziale und kulturelle Gestaltungsbereiche der sich wandelnden Arbeitsgesellschaft versperren. Denn erfahrungsgemäß verstärken sich in den gesellschaftlichen Randzonen die Ungleichheiten, die schon in der Mitte der Gesellschaft da sind. Die Jugendlichen laufen hier somit in Gefahr, einer doppelten Benachteiligung ausgesetzt zu sein: Zur Benachteiligung aus ihren Herkunftsmilieus kommt die zweite Benachteiligung in den Einrichtungen der Jugendberufshilfe, in denen sie oft auf die Statusbarrieren der sozialen Randzonen festgelegt werden. Die Erfahrungen zeigen, dass sich in Jugendberufshilfekursen und Beschäftigungsprojekten, die nach der klassischen Arbeits- und Berufswahl geordnet sind auch die entsprechende geschlechtsstereotype Dynamik durchsetzt: Jungen wollen auf den Bau, Mädchen in den Friseursalon. Gleichzeitig zeigen Beschäftigungsprojekte, die neue reproduktive Ökonomien entwickeln und mit rollenpluralistischen Experimentier- und Lebensräumen verbinden (zum Beispiel Recycling- und Rückbaubereich, ökologischer Garten- und Landbau), dass Mädchen und Jungen gleichermaßen zum Zuge kommen und den gleichen Tätigkeiten ihr eigenes geschlechtsdifferentes Bild abgewinnen können, ohne gleich wieder in geschlechtsstereotype Abgrenzungen und Tätigkeitshierarchien zu verfallen.

Die Jugendhilfe als Verdeckungszusammenhang

Geschlechtsreflektierende Arbeit in der Jugendhilfe wird also nicht nur dadurch erschwert, dass das geschlechtshierarchi-

167

sche Verhältnis sich in den Sozialisationsfeldern abbildet und von den Menschen selbst reproduziert wird, sondern auch dadurch, dass die Jugendhilfe selbst durch solche geschlechtsstereotypen Ordnungsmuster geprägt ist. Dies umso mehr, als sich ihr Klientel aus jenen sozialen Schichten rekrutiert, die in ihrer Lebensbewältigung oft sehr deutlich und einseitig durch traditionelle Geschlechterrollen bestimmt, ja auf sie angewiesen sind. Deshalb können sich oft *kollusive* (einverständige) Beziehungsverhältnisse in der Jugendhilfe entwickeln: Die KlientInnen verhalten sich geschlechtsstereotyp, das erleichtert und stabilisiert die Diagnose und Prognose auf Seiten der Jugendhilfe und die SozialarbeiterInnen selbst strukturieren dann auch ihre Hilfen und Angebote – meist unbewusst, oft aber durchaus intendiert – geschlechtstypisch im Sinne der traditionellen Geschlechterrollen. So nimmt es nicht Wunder, dass sich bis heute das geschlechtsdichotome Innen-Außen-Schema in der Angebots- und Interventionsstruktur der Jugendhilfe abbildet. Wir wollen dies an den Beispielen der Jugendarbeit, der Erziehungshilfen und der Sozialarbeit mit delinquenten Jugendlichen kurz beleuchten und den Weg zu einer auf sich selbst bezogenen Geschlechterreflexivität der Jugendhilfe aufzeigen.

Das Verdikt der Frauenbewegung der 1970er Jahre, die *Jugendarbeit* orientiere sich in ihren Angeboten am männlichen Habitus und bilde damit primär männliche Jugendkultur ab, geht der Jugendarbeit bis heute nach. Dass dieser Vorwurf nur zum Teil das Problem trifft, haben wir in den grundlegenden Überlegungen bereits angesprochen. Jugendliche sind Mädchen und Jungen, aber eben auch Jugendliche. Das heißt: Geschlechtsreflektierende Arbeit in der Jugendhilfe hat zwei aufeinander bezogene, oszillierende Säulen; zum einen die Mädchen- und Jungenorientierung, zum anderen die gemeinsame Jugendkultur.

Die Jugendarbeit ist seit ihren Anfängen vor hundert Jahren in ihren Geselligkeitsformen und gruppenkulturellen Stilen sehr stark von der Jugendbewegung geprägt. Sie hat von ihr die Form (bündische Gruppenkultur) übernommen, die Idee (Selbsterziehung der Jugend) aber pädagogisch domestiziert (vgl. dazu Böhnisch/Schröer 1997). Dies geschah in den

1920er Jahren bewusst, die Jugendbewegung sollte pädagogisch umdefiniert und so in die Organisationskultur der Erwachsenengesellschaft integriert werden. Mit der pädagogischen Übernahme verschwand auch die ‚innere Dimension' der Jugendbewegung als ideologisches Bezugsmoment der Jugendarbeit, wurde in ihrer pädagogischen Rezeption gleichsam unterdrückt: Die inneren Bedürftigkeiten, die die Jugendlichen in der Jugendbewegung ausleben wollten, die Suche nach dem gleichgeschlechtlichen Freund, die bei den Jungen bis heute unter dem Damoklesschwert des Homosexualitätstabus steht, die Suche nach anderen Vätern, nach einem anderen Verhältnis zu Mädchen, nach einer Gemeinschaft ohne Konkurrenz (vgl. Böhnisch 1997). Diese inneren Anteile, stark mit der Pubertät verbunden, waren pädagogisch nicht integrationsfähig, nicht nur weil sie Erwachsenen schwer zugänglich sind, sondern weil in ihnen auch der Keim für die emotionale Abkehr der Jugend von der Gesellschaft steckt. Für die Jugend, so hieß von nun an die Formel, sollte ein Raum *in der Gesellschaft* geschaffen werden, in dem sie ihre jugendgemäßen Entwicklungs- und Übergangsprobleme ausleben, sich als junge Generation darstellen konnte. Indem dieser Außenbezirk der Jugend schon in der Jugendbewegung stark männerdominiert war, erhielt die Männerdominanz nun ihre pädagogische Ausgestaltung.

Die männliche Dominanz dieser äußeren Jugendkultur ist aber nicht nur dadurch gegeben, dass Jungen – vor dem Hintergrund männlicher Sozialisation – in ihrem Habitus raumbeherrschender sind als Mädchen, sondern auch, dass diese außengerichtete Gleichaltrigenkultur immer wieder männerbündlerisch, durch Jungencliquen geprägt ist, welche das Geschehen beherrschen. Wir haben das ambivalente Verhältnis der Jungen in der Ablösung von ihrer Familie als Ablösung von der Dominanz der Mutter und Frau beschrieben: Man(n) ist von ihr in seinem Innern, den gesuchten Gefühlen abhängig, muss aber diese Gefühle überwinden, um der männlichen Geschlechterrolle zu entsprechen. Das gleichzeitige Angezogensein von den Frauen und dem Abwertungszwang dem Weiblichen gegenüber übertragen sich nun auf die Struktur und den Zusammenhang der Jungenclique. Man ist hier zum ersten Mal unter Männern, der gemeinsame Zusammenhalt geschieht über die Abwertung des Weiblichen, das einen aber auch immer wieder anzieht. Die Mädchen in den Cliquen bekommen diese Ambivalenz zu spüren; zu den größten Ängsten in solchen Cliquen gehört, dass ein Mitglied von einem Mädchen „herausgebrochen" wird.

Mädchen spielen entsprechend ambivalente Rollen in den Jungencliquen. Sie werden nach außen domestiziert und nach innen gebraucht. Sie sind aber mehr als nur ein Anhängsel, sie sorgen oft für den inneren Zusammenhalt, den Ausgleich der immer wieder nach außen strebenden, innen hohlen Clique. Inzwischen sind sie wesentlich selbstbewusster geworden, versuchen eigene Cliquenkulturen innerhalb und außerhalb der Jungencliquen, denen sie angehören, zu entwickeln, und zeigen den Jungen auch deutlich, dass und wie diese auf sie angewiesen sind.

Mädchen waren und sind aber nicht nur Mitglieder von Jungencliquen, weil sie die Jungen als Geschlechtspartner suchen und umgekehrt, sondern weil sie selbst für ihre Ablösungsprozesse die Jugendkultur brauchen. Da die Familienbindung der Mädchen bis in das höhere Jugendalter hinein stärker und verbreiteter ist als bei den Jungen, ist die weibliche Gleichaltrigenkultur bis heute weniger cliquenhaft als bei den Jungen, sondern mehr durch wechselnde Zweierbeziehungen (beste Freundin) ausgebildet.

Mit der Individualisierung und Entstrukturierung der Jugendphase sind die klassischen festen Jungencliquen eher weniger geworden und den wechselnden Jugendszenen gewichen, in denen auch Mädchen eigene und situationsdominante Rollen spielen, so wie dies auch in den Schülerkulturen der weiterführenden Schulen zu beobachten ist. Generell gilt weiter, dass Mädchen und Jungen eine öffentliche Jugendkultur brauchen, um ihre soziokulturelle Selbstständigkeit sozial nutzen und entfalten zu können. Sicher hat in Deutschland – um den historischen Faden seit der Jugendbewegung fortzuspinnen – die Studentenbewegung der 1968er Zeit den Initialschub für diese öffentliche, *in der Gesellschaft* als eigene soziale Szene mit eigenen Ansprüchen auftretende Jugendkultur gegeben. Diese studentenbewegte Kultur war zwar männerdominiert, sie brachte aber auch sehr viele selbstständige und öffentlich agierende Frauen hervor. So gesehen war die Kinderladenbewegung in der Folge der Studentenbewegung der Versuch junger Frauen, die Vereinbarkeitsfrage (Familienbindung durch Mutterschaft und gleichzeitiges Studieren) zu lösen, umso eigenständig in die öffentliche Studentenkultur eintreten zu können.

Für das Gros der Mädchen war es aber die westdeutsche Jugendzentrumsbewegung Mitte der 1970er Jahre, in der vor allem in den Mittel- und Kleinstädten eine breite Bewegung öffentlicher und selbstbestimmter Jugendkultur entstand, in der auch sie als Mädchen ihre eigenständige Rolle spielen und so Anfänge einer gleichberechtigten und gemeinsamen Jugendkultur entstehen konnten. Wichtig war und ist dabei – für die Mädchen mehr als für die Jungen – dass mit diesem Öffentlichwerden eine *selbstbestimmte* Jugendkultur nicht mehr als abweichend galt, sondern als eine der Sphären der Normalität einer modernen Gesellschaft.

Wenn wir im Bild dieses Zusammenspiels von Geschlechterdifferenz und gemeinsamer Jugendkultur bleiben, ergibt sich für eine geschlechtsreflektierende Jugendarbeit eine Aufgabenstellung, die sich in folgenden Faustregeln zusammenfassen lässt: Zum einen kann es nicht mehr einfach heißen, dass die Jugendarbeit an den Bedürfnissen und Interessen der Jugendlichen ansetzen soll, sondern es muss lauten: Die Jugendarbeit muss an den *Bedürftigkeiten* der Jungen (was Jungen verwehrt ist) und an den *Begrenzungen* der Mädchen – (wie Mädchen sich zurücknehmen müssen) – ansetzen können, wenn sie die Potentiale aufschließen will, die in Jungen und Mädchen stecken, oft aber in geschlechtsstereotypen Fixierungen blockiert sind.

Mädchen und Jungen in den Erziehungshilfen und in der Delinquenz

In den Anfängen der *Heimerziehung* vor über hundert Jahren in Deutschland wurde das Grundmuster geschlechtsstereotyper Zwangserziehung geprägt, mit dem sich die Heimreformbemühungen des 20. Jahrhunderts zwar immer wieder auseinander setzten, den Geschlechterbezug darin aber wenig thematisiert haben. Das Erziehungsheim als Kontroll- und Disziplinierungsagentur, die Erziehungsverhältnisse als Gewaltverhältnisse wurden aufgedeckt und in zahlreichen Projekten bis heute überwunden, die geschlechtstypische Grundstruktur dieser Erziehungsverhältnisse aber nie richtig aufgebrochen. So fehlt heute immer noch eine systematische geschlechtsreflektierende Geschichte der Heimerziehung und Jugendfürsorge.

Das Kontroll- und Disziplinierungsmuster, dass in der traditionellen *Heimerziehung* und den *Erziehungshilfen* den Mädchen entgegengebracht wurde (und zum Teil heute noch entgegengebracht wird) kann man mit dem Begriff der *Sexualisierung* („Sittsamkeit") umschreiben. Schon in der Alltagssprache ist der Begriff „Straßenmädchen" negativ besetzt, während „Straßenjunge" neutraler oder gar positiv gedeutet wird. Hier sieht man wieder, wie stark die sozialräumliche Definition in die Entstehung von Geschlechterstereotypen hineinwirkt. Alle erzieherischen Bemühungen waren deshalb vor allem darauf gerichtet, die Mädchen wieder zu „refamilialisieren", in ihre klassische innenbezogene und verhäuslichte Geschlechterrolle zu zwingen. Das führte nicht selten in der Geschichte der Heime und Erziehungshilfen dazu, dass sich die Mädchen gegen diese Refamilialisierung durch aggressive Provokationen wehrten. Dies hat die Heim- und ErziehungshilfepädagogInnen aber meist noch weiter darin bestätigt und bestärkt, die Wiederverhäuslichung der Mädchen zu betreiben. Diesem Druck zur Wiederverhäuslichung sind Mädchen heute allgemein weniger, in Krisenzeiten (Arbeitslosigkeit) aber doch immer wieder ausgesetzt. In Italien wird sogar von einer „Refeudalisierung" gesprochen, wenn Mädchen, die keine Arbeit finden, wieder in ihre Familien zurückkehren müssen und dort in typische hausgebundene Geschlechterrollen gezwungen werden, die oft noch abhängiger und demütigender sind als die Rolle, die sie als Jugendliche in der Familie spielten. Auch in den Einrichtungen der Erziehungshilfe in Deutschland – Heime, Wohngruppen, Betreutes Wohnen – treten immer noch und immer wieder geschlechtsstereotype Zuweisungen auf. Deshalb ist die teambezogene Reflexion und Verständigung über die „Lebenslagen und Bedürfnisse von Mädchen heute und ihre zentralen Themen und Konfliktfeldern"

(Daigler/Finkel 2001, S. 92) ein basic in der Mädchenarbeit in den Erziehungshilfen geworden.

Ansätze der Mädchenarbeit in den Erziehungshilfen können sich aber immer noch nicht als Querschnittsprogramm durchsetzen, da die Verfasstheit der Jugendhilfe und ihrer Erziehungshilfen zur doppelten Benachteiligung (vgl. Birtsch 1996) der Mädchen beiträgt. Dies meint, dass Mädchen nicht nur gesellschaftlich, sondern auch durch die strukturellen Eigenarten des Jugendhilfesystems zusätzlich benachteiligt sind. Diese strukturelle Benachteiligung äußert sich vor allem darin, dass „den Interventionen der Erziehungshilfe [...] (traditionelle) Normalitätsdefinitionen zu Grunde (liegen)", „typische weibliche Rollenerwartungen" das Handeln bestimmen, die „Familienorientierung der Jugendhilfe" diskriminierend für die Mädchen wirkt und die „praktizierte Koedukation" die Benachteiligung für die Mädchen fortschreibt. Letzteres meint, dass in dieser koedukativen Praxis die geschlechtstypischen Belange der Mädchen nicht zum Zuge kommen, da sie oft – indirekt – an der männlich bestimmten Jugendkultur orientiert ist (Kriener/Hartwig 1997, S. 197-200). Von zentraler Bedeutung ist in diesem Zusammenhang die Frage, welche Chance Mädchen rechtzeitig erhalten, erfahrende sexuelle Gewalt (s.u.) in der Jugendhilfe offen legen zu können, zumal von der Erfahrung her Mädchen bei der Suche nach Hilfe selbst erst spät aktiv werden und sich von der Familie lösen (Finkel 2000). Auch hier wirkt sich fatal aus, dass bis zur Pubertät Mädchen und Jungen meist geschlechtsneutral als „Kinder" gesehen werden. Das Kontroll- und Disziplinierungsmuster Jungen gegenüber war dagegen weniger die Sexualisierung, sondern die *Gewaltsamkeit*: Jungen sollen durch Gewalt – früher meist körperliche Gewalt – „gebrochen" werden, damit sie sich in die durchschnittlichen Verhaltensnormen von Männern einfügen. Das Erziehungsmodell war das der Unterwerfung (wie heute noch in Gefängnissen), die Brechung des Willens, die Zähmung männlicher Gewalt durch männliche Gewalt.

Wenn man sich moderne Muster der „Konfrontationspädagogik" mit aggressiven Jugendlichen anschaut (s.u.) dann liegt schon der Eindruck nahe, dass sich an diesem Muster – nur in modernisierter Form – gar nicht so viel geändert hat. Es wird auch immer wieder auf Erziehungserfolge verwiesen – autoritären Charakteren kann man nur durch autoritäre Intervention begegnen – aber es bleibt genauso nicht aus, dass die Gegenwehr von den Jungen nach denselben Mustern abläuft, wie sie die Erziehung prägen: mit Gewalt. Ähnlich wie sich Mädchen durch überbetonte und provokante Sexualisierung ihres Verhaltens gegen sexualisierende Unterdrückung wehren, wehren sich Jungen durch demonstrative Gewalttätigkeit gegen gewaltsame Unterdrückungsakte, denen sie in der öffentlichen Erziehung – wenn auch nicht mehr körperlich, sondern eher seelisch – immer noch ausgesetzt sind. Natürlich ist es bei antisozial bis gewalttätig agierenden Jungen und jungen Männern richtig, ihnen mit der Sanktionsnorm Einhalt zu gebieten, da sie in ihrem Verhalten außenfixiert sind (s.o.). Aber gleichzeitig müssen sie spüren, dass sie nicht fallen gelassen werden, dass das erzieherische Interesse an ihnen ins Innere führt, dass ihr Wert als Mensch gefragt ist, den sie selbst in sich abwehren und der pädagogische Bezug an diesem ansetzt und nicht an der Verhaltensdefinition. Gelingt dieser Zugang nicht, dann schnappt die kollusive Falle zu, fühlen sich die ErzieherInnen in ihrem gewaltförmigen Reaktionsmuster bestätigt. Der englische Psychologe Laing (1989) hat hierfür den Begriff der Kollusion (lat. colludere = Zusammenspiel) geprägt: Ein scheinbar gegenläufiges Verhalten (die Sanktion als Gegenreaktion) passt strukturell zusammen. Dieses Grundmuster der geschlechtstypischen Kollusion kann man heute – inzwischen säkularisiert – immer noch sehen: Dissozialität wird bei Mädchen eher psychiatrisch, bei Jungen in gewaltbesetzten Deutungsmustern interpretiert.

Heute, wo sich die klassische Heimerziehung als geschlossene Unterbringung in Deutschland weitgehend aufgelöst hat, hat die Jugendhilfe die Chance, in ihren offenen Formen der Tagesbetreuung, der Wohngruppen und des Betreuten Wohnens, die Erziehungshilfen als *eigenen Raum der biografischen Ermöglichung* zu gestalten (Menz 2002). Je mehr sich die Erziehungshilfen biografisch orientieren und damit von ihrer „familienersetzenden" Rolle emanzipieren können, desto mehr werden sie darauf gestoßen, geschlechtsdifferente Entwicklungs-, soziale Integrations- und Durchsetzungsprobleme zu berücksichtigen. Im Vordergrund steht also die Frage nach den Potentialen und nicht nach den Defiziten: „Wie entwickeln sich die Jungen bei uns? Welche Potentiale können sie hier entfalten?" (Neubauer 2002, S. 125). Wie weit sie das können, hängt natürlich ab von der sozialen Umgebung, in der die Wohngruppen angesiedelt sind und von der Stärke des arbeitsgesellschaftlichen Außendrucks, unter dem sie stehen und der sie immer wieder in klassische Geschlechterrollenorientierungen zwingt. Vor allem aber kommt es im Betreuten Wohnen darauf an, wie die Betreuer und Betreuerinnen selbst ihr Mannsein und Frausein vor den Jungen und gegenseitig verstehen, gestalten und vorleben. „Die Jungen [...] haben häufig schwierige, oberflächliche oder kaum vorhandene Beziehungen zu ihren tatsächlichen Vätern. Sie haben starkes Interesse an einem erwachsenen Mann, der sie einerseits akzeptiert, aber ihnen andererseits auch neue Lernerfahrungen vermittelt [...] Die Jungen können erkennen, wie er lebt und arbeitet, welche Werte er vertritt und wie er sie handelnd umsetzt, wie er mit anderen Männern, Frauen und Kindern umgeht" (Merten-Melching/Sturzenhecker 2002, S. 132).

In der Statistik zur *Jugendkriminalität* finden wir typische Deliktstrukturen, in denen sich männliche und weibliche Konflikt- und Bewältigungsmuster widerspiegeln. Bei der nach außen gerichteten Kriminalität – Sachbeschädigung, Körperverletzung, Vandalismus, offene Diebstähle – sind Jungen überrepräsentiert. Bei Mädchen überwiegen die intimen, versteckten Delikte, wie zum Beispiel der Ladendiebstahl, der darauf hinweist, dass Mädchen und Frauen sich aus partnerschaftlichen oder familialen Abhängigkeiten befreien, durch das Delikt unbewusst darauf aufmerksam machen wollen. Gewalt gegen sich selbst (zum Beispiel mit Medikamentenmissbrauch, Magersucht) ist bei Mädchen stärker vertreten als bei Jungen. Untersuchungen zu Gewalt in der Schule zeigen, dass Mädchen mehr am Mobbing beteiligt sind.

In der Zwischenzeit hat auch im Bereich der Justiz – trotz zunehmenden Kontrolldrucks seitens der Politik – das Verständnis dafür eingesetzt, dass *neben* der gesellschaftlichen Sanktions- und Resozialisierungsabsicht bei straffälligen Jugendlichen eine Krisenintervention notwendig ist, die auf die subjektiven – geschlechtstypischen – Befindlichkeiten der Jugendlichen wirkt und die eigene, die Bewältigungsseite der Tat zum Zuge kommen lässt (vgl. Enke 2002).

Mädchen und Jungen sind aber nicht nur jeweils anders Täter, sie sind auch anders Opfer. Bei Delikten an Mädchen kommen die Täter oft aus dem Nahraum, während die Jungen häufig Opfer unbekannter Täter werden. In den Gewaltstatistiken spiegelt sich das in der Regel so wider, dass junge Männer von ihnen fremden jungen Männern überfallen werden, während bei Mädchen eher eine Beziehung zu den Tätern existiert.

In der Jugendgerichtshilfe – hier ist vor allem an die ambulanten Maßnahmen wie Trainingskurse etc. gedacht – treten meist Jungen und junge Männer auf, Mädchen kommen kaum vor; bei ihnen handelt es sich eben eher – vergleiche Kriminalitätsstatistik – um versteckte, wenig nach außen gerichtete Straftaten. Delikte von Jungen drehen sich heute oft um das Auto: Autodiebstahl, Fahren ohne Führerschein, alkoholisiertes Fahren etc. Das Auto und der Straßenverkehr sind zum Stilmittel männlicher Dominanz geworden. Für die Sozialarbeit ist es in diesem Zusammenhang wichtig, dass sie erkennt wie Mädchen sowohl in der Tatdefinition als auch in der Kontrolldefinition nicht in ihrer Selbstständigkeit, sondern in Abhängigkeit gesehen werden. Die eigenen Bezugspunkte von Bewältigung und Handlungsfähigkeit können nicht hervortreten, da die Delinquenz nicht als eigenständiges Bewältigungsmuster anerkannt wird. Wenn Jungen dagegen für delinquentes Verhalten bestraft werden, werden sie gleichzeitig kriminalisiert und *anerkannt*. Die Stigmatisierung als männlicher Krimineller stattet die Aktivität – auch wenn es ex negativo ist – mit Sinn aus. Nicht umsonst sind die neuen „Stigmaaktivisten" junge Männer: Sie berufen sich auf dieselben Werte, wie sie die hegemoniale Männerwelt für sich beansprucht: Ehre, Schutz von Frauen, Disziplin (Kersten 1995) etc. Die erzieherischen und psychologisierenden Definitionen, der vor allem die Mädchen ausgesetzt sind, sind dagegen Definitionen der Aberkennung. Weibliche Kriminalität wird damit nicht als Aktivitäts- und Konfliktgeschehen anerkannt. Weibliche Delinquenzformen unterliegen der Bagatellisierung, Naturalisierung und Psychiatrisierung und werden entsprechend stärkeren erzieherischen und familialen Kontrollen unterworfen, den öffentlichen Kontrollzonen und damit auch den Regeln entzogen. Deshalb muss jedes Interventionsverhalten, dass SozialarbeiterInnen in Beziehung zu delinquenten Mädchen und Frauen entwickeln erst einmal diese Tabuisierung weiblicher Aggressivität und Delinquenz, wie sie in der Gesellschaft vorherrscht, durchbrechen und die entsprechenden herrschenden Definitionen auch für sich selbst abbauen.

2. Äußere Symptomatik und innere Diskrepanzerfahrung – Zugänge zu einer geschlechtsbezogenen Kasuistik

In der sozialpädagogischen Literatur zum „Fallverstehen" (vgl. im Überblick Hörster 2001) hat sich ein komplexes Modell herauskristallisiert, in dem drei Ebenen in einem Spannungsverhältnis aufeinander bezogen sind: Zum einen die Art und Weise, wie im beruflichen Alltag der Sozialarbeit etwas zum Fall wird und professionell angenommen werden muss; Zum Zweiten, was sich hinter diesem Fall verbirgt und ob und wie dies im beruflichen Handeln aufgeschlossen werden kann („im Fall") und schließlich drittens, wie sich das Fallverstehen in den Beziehungen zwischen SozialarbeiterInnen und KlientInnen und darüber hinaus entwickelt. Man spricht von einer „Vorderbühne" und „Hinterbühne": „Die unbewusst wirksamen Beziehungsphänomene des dynamischen Hintergrundes zu zeigen und deutlich zu machen, wie die Bedeutung des Geschehens auf der Vorderbühne der beruflichen Situation hiervon jeweils in unterschiedlicher Weise abhängt, ist das zentrale Anliegen dieser kasuistischen Tätigkeit" (Hörster 2001, S. 920).

Es gibt wohl kaum einen Bereich in der sozialarbeiterischen Tätigkeit, wo soziale Interaktion und tiefenpsychische Dynamiken so ineinander übergehen, dass das Wirken von geschlechtsbezogenen Mechanismen eigentlich unabweisbar ist. Dennoch findet man keine durchgearbeiteten Ansätze einer geschlechtstypischen Kasuistik. Das mag damit zusammenhängen, dass die Profession einem doppelten Abstraktionsvorgang aufsitzt: Zum einen wird versucht, den Fall als sachlichen, rationalisierbaren Konstruktionsmechanismus aus der trüben Gemengelage der ungeklärten Definitionen, Beziehungen und Gefühle herauszulösen, zum Zweiten wird dann an dem so „gereinigten" Konstrukt das Ziel verfolgt, Fallverstehen „methodisch besser kontrollieren zu können" (Hörster 2001, S. 922). Man könnte in diesem Zusammenhang ironisch argwöhnen, dass damit in die Kasuistik eine Externalisierungstendenz gelegt ist, die sie selbst wieder zum geschlechtsproblematischen Fall macht. Und so ist es auch kein Wunder, dass sich in der Fachdiskussion eine Kluft zwischen Empathie und Rationalität, mithin ein „verdoppeltes Vermittlungsproblem" (Olk 1986) auftut: „Einerseits Freisetzung selbstbestimmter Handlungsmöglichkeiten mit zielgerichteten Änderungen" zu verknüpfen, was eine Vermittlung von „symmetrisch-diffusen" Kommunikationsformen (als Mitmensch und Partner) mit „asymmetrisch-spezifischen" Kommunikationsformen (als Fachautorität) einschließt. Die andere Seite des Problems ist die Vermittlung von sozialer Kontrolle unter Einschluss von Sanktionsmitteln mit „Hilfe, verstanden als Unterstützung der eigenen Bemühung des KlientInnen zur Wiedererlangung der Autonomie seiner Lebenspraxis" (B. Müller 2001, S. 1200). Hier zeigt sich schon das Grundproblem, das darin besteht, dass die Kasuistik immer noch weitgehend in eine Sozialarbeiter-Klienten-Dyade eingebunden ist und dass es in der Praxis darauf ankommt, diese immer wieder zu öffnen und das Fallverstehen sowohl von der sozialarbeiterischen Seite her kommunikativ zu vernetzen als auch die Klienten in einen sozialen Zusammenhang zu bringen, in dem sie in ihren Stärken und Schwächen neu gesehen werden können, so dass eine positive „Verschiebung" (Hörster) des Falles nicht nur im Kopf des Sozialarbeiters oder der Sozialarbeiterin, sondern auch im sozialen Umfeld möglich ist.

Wir wollen im Folgenden versuchen, vor diesem theoretischen Hintergrund den Prozess des Fallverstehens so zu rekonstruieren und wieder aufzubauen, dass die geschlechtsbezogene Dynamik – auf allen drei Ebenen – einigermaßen aufschließbar ist. Dem liegt die These zugrunde, dass die geschlechtsbezogene Rekonstruktion notwendig ist, um vor allem die Ambivalenzen aufklären und mit ihnen umgehen zu können, welche das Fallverstehen und das Umgehen mit dem Fall so schwierig machen. Auf solche Ambivalenzen wird zwar immer wieder in der Kasuistikdiskussion hingewiesen, sie werden abstrakt beschrieben, aber sie bleiben so lange eine Black Box, als ihre geschlechtsbezogene Dynamik nicht erkannt wird.

Das Spannungsfeld der drei Ebenen, welches für ein kasuistisches Problem charakteristisch ist, beschreiben wir im Folgenden als Spannungsfeld von äußerer Symptomatik, innerer Diskrepanzerfahrung der KlientInnen und der Entwicklung der Beziehungen zwischen SozialarbeiterInnen (oder anderen) und KlientInnen. Die äußere Symptomatik bestimmt sich in der Art und Weise, wie im familialen und institutionellen Zusammenhang (Schule, Ausbildung, öffentliches Auftreten) etwas sichtbar wird, weil es so definiert ist: Als abweichend von der herrschenden Normalität, sei es nun aktuell oder potentiell. Die innere Diskrepanzerfahrung wiederum, die hinter dieser äußeren Symptomatik im KlientInnen zu vermuten ist, folgt dagegen anderen Gesetzmäßigkeiten als der Definitionsprozess der äußeren Symptomatik. Die KlientInnen spüren, dass mit ihnen etwas nicht in Ordnung ist, dass sie sich im Ungleichgewicht befinden und streben nach Handlungsfähigkeit, oft ungeachtet der Norm, auf die die äußere Symptomatik bezogen wird. Die SozialarbeiterInnen – aber auch LehrerInnen und andere – nehmen diese äußere Symptomatik zur Kenntnis, müssen sich damit auseinandersetzen, sind dabei in ihren Normalitätsvorstellungen und geschlechtstypischen Erwartungen berührt. Gleichzeitig tut sich bei professionell geschulten SozialarbeiterInnen – aber vielleicht auch bei LehrerInnen – selbst eine innere Diskrepanzerfahrung auf, sie haben die professionell gestützte Vermutung oder vielleicht nur das Gefühl, dass hinter dieser äußeren Symptomatik etwas stecken muss, gleichzeitig aber auch oft die Angst, dem nachzuspüren, weil sie befürchten, dass sie dann überfordert sind.

Auf allen drei Ebenen wirkt eine geschlechtshierarchische Dynamik: Sowohl die äußere Symptomatik ist durch die Geschlechtypik abweichenden Verhaltens und seiner öffentlichen und institutionellen Rezeption bestimmt (vgl. dazu Böhnisch 2001), genauso wie sich in der inneren Diskrepanzerfahrung die geschlechtstypischen Bedürftigkeiten spiegeln. Schließlich ist auch das Interpretationsverhalten der SozialarbeiterInnen von geschlechtsstereotypen Definitionen genauso wie von der biografischen Erfahrung der Bewältigung des eigenen Mann- oder Frauseins geprägt. Wir wollen dies nun an den einzelnen Ebenen durchspielen.

Schon die äußere Symptomatik, in der der Fall zum Fall wird, stellt einen komplexen Zusammenhang dar. Es ist ja nicht nur das Verhalten des (zukünftigen) Klienten, das öffentliche Aufmerksamkeit erregt, sondern es kommen ja oft genug Jugendliche oder erwachsene Männer und Frauen zur Sozialarbeit und zeigen ihr Problem selbst an, haben ein Anliegen, das von ihnen schon vordefiniert wird. Dann tritt der Definitionsmechanismus der Institutionen ein. Dieser bewegt sich in rechtlichen, institutionellen, aber auch sozialpädagogisch-diagnostischen Bezugssystemen. Diese wiederum greifen auf theoretische Hintergrundannahmen der psychosozialen Entwicklung, der Familienforschung oder der Bewältigungstheorie zurück. Schließlich wird das Ganze in der Regel handlungsbezogen gefiltert: Was kann ich überhaupt in einer Institution angesichts dieses Falles leisten, wo sind die Grenzen, kann ich sie überspringen oder muss ich versuchen, den Fall in diesen Grenzen zu halten? In all diesen Bezügen wirken geschlechtstypische Muster, sei es im Bewältigungsverhalten der Klientel, in den Definitionsmustern der Institutionen oder der Handlungsorientierung der SozialarbeiterInnen. Aber auch in den wissenschaftlichen Bezugstheorien, die herangezogen werden, sind implizite Geschlechtertheorien aufgebaut: So in familientheoretischen und familiensystemischen Ansätzen in Theorien Abweichenden Verhaltens, in Persönlichkeitstheorien. Überall sind implizite, nicht reflektierte Bilder von Männlichkeit und Weiblichkeit enthalten.

Ein geschlechtsreflexives Fallverstehen steigert aber nicht nur deswegen die professionellen Anforderungen, weil in die äußere Symptomatik und ihre Definitions- und Interpretationsmuster geschlechtstypische Bezüge eingelagert sind, sondern weil darüber hinaus im Bereich der inneren Diskrepanzerfahrung, die KlientInnen und SozialarbeiterInnen zumindest emotional miteinander teilen, Ambivalenzen entstehen, die nicht linear auflösbar sind. Man muss vielmehr „doppelt denken". Nehmen wir den Fall eines auffälligen Jungen, dessen Verhalten relativ deutlich darauf zurückzuführen ist, dass ihm der Vater die Anerkennung verweigert und ihn dies massiv spüren lässt. In dieser Verweigerung liegt aber auch gleichzeitig die Bedürftigkeit des Vaters, die der Sohn wiederum spürt, aber genauso nicht zulassen darf, wie er seine Ohnmacht gegenüber dem Vater über eigenes antisoziales Verhalten bis hin zur Gewalttätigkeit abspalten muss. Wenn die SozialarbeiterInnen diese Spannung und Ambivalenz nicht im Kopf haben, dann werden sie weder dem Kind noch dem Vater gerecht. Natürlich kompliziert die Bedürftigkeit des Vaters den „Fall". Deshalb ist es wichtig, nach Lösungen zu suchen, in denen diese Spannung nicht zur Black Box wird, sondern verräumlicht und damit entlastet werden kann. Der Junge soll die Chance erhalten – zum Beispiel im Betreuten Wohnen – sich einen neuen Anerkennungsraum aufzubauen und es soll ihm gleichzeitig ermöglicht sein, von da aus Beziehungen zum Vater aufrecht zu erhalten und neu zu ordnen. Gleichzeitig muss aber versucht werden, den Vater, der den Auszug des Sohnes in der Regel als Kontrollverlust bzw. Versagen des Sohnes begreift, das seine Bedürftigkeit nur noch steigert (und damit die Gefahr ihrer gewalttätigen Abspaltung erhöht) in einen Beratungsprozess (vgl. Kap. Männerberatung) einzubinden. Die operationalen Begrifflichkeiten, mit denen die Diskrepanzerfahrungen bei Vater und Sohn erfasst werden können, sind Bedürftigkeit und Abspaltung, die wieder im Kontext eines geschlechtsreflexiven Bewältigungskonzepts ihren subjektiven Sinn und ihre interpretative Gestalt erhalten (vgl. dazu das Kap. Schlüsseldimensionen männlicher und weiblicher Bewältigungsmuster). Schreibt man diesem Vater-Sohn-Beispiel exemplarischen Charakter zu, so lässt sich strukturell Ähnliches auch im weiblichen Fallbeispiel darstellen: Eine Frau ist von ständigen Depressionen heimgesucht, vernachlässigt ihre Familie: der klassische Fall, wo das Interpretationsmodell der systemischen Familienhilfe auf den Plan gerufen und nach Substitution der Mutterrolle, nach Entlastung der Frau in der Familie gesucht wird. Das familiensystemische Modell bietet sich umso mehr an, als die Frau überhaupt nicht sagen kann, woran sie leidet. Erst biografiezentrierte Gespräche bringen es an den Tag, dass die Frau an einer geschlechtstypischen Diskrepanzerfahrung leidet. Sie selbst kommt aus einer Familie, in der sie wenig Zuneigung und Anerkennung erfahren hat, von Eltern, um die sie sich aber nun mit zunehmendem Alter kümmern muss und aus ihrem Verständnis der Frauenrolle heraus auch kümmern will. Die Liebe, die ihr entgangen ist, sucht sie nun bei ihrem Kind, spürt aber, dass sie damit keine richtige Mutter sein kann. In der gleichzeitigen Sorge um die Eltern und dem Schuldgefühl, keine gute Mutter sein zu können, kann sie ihre Sorge um sich selbst nicht ausleben und versinkt deshalb in Depressivität. Auch hier sind die geschlechtstypische (weibliche) Bedürftigkeit – es ist ihr verwehrt, eine gute Mutter zu sein, obwohl sie es gern möchte – und Abspaltung (Selbstspaltung durch Schuldübernahme) erkennbar. Es kommt nun darauf an, inwieweit es der Sozialarbeit gelingt, das Leiden der Frau daran, keine gute Mutter zu sein (obwohl sie psychisch gar nicht dazu in der Lage ist, eine zu sein) zu erkennen und *anzuerkennen*. Das heißt ihr Recht auf das Kind muss angenommen, anerkannt werden und trotzdem und gleichzeitig muss ihr deutlich werden, dass sie diese Mutterrolle nicht praktizieren kann. Beides muss aber praktisch so aufeinander zugeführt werden, dass es für die Frau vereinbar ist, dass sie handlungsfähig bleiben kann und ihr Bewältigungsgleichgewicht nicht in der Depression suchen muss. Es bietet sich hier eine Pflegestelle an, bei der gesichert ist, dass die Mutterbeziehung – ohne konkurrent zu sein – zu dem Kind aufrecht erhalten werden kann in einem neuen kleinen Netzwerk, in dem auch der Sozialarbeiter/die Sozialarbeiterin ein gemeinsamer Anlaufpunkt und mit den Pflegeeltern verbunden ist. Es müssen deshalb auch Pflegeeltern gesucht werden, die bereit sind in dieses Netzwerk zu treten und selbst aushalten können, dass die Mutter noch in Beziehungen zu ihrem Kind steht.

Während die Diskrepanzerfahrungen bei Frauen und die weibliche Bedürftigkeit im Alltag der Sozialen Arbeit, nicht zuletzt durch die sozialpolitische Anerkennung der Frauenthematik, inzwischen eher erkannt werden, können die meisten SozialarbeiterInnen mit dem Problem der männlichen Bedürftigkeit immer noch wenig anfangen. Dies, obwohl es geradezu auffällt, dass im Fachdiskurs über die Kasuistik – vor allem, wenn er von Männern geführt wird – in erster Linie männliche Fallbeispiele im Vordergrund stehen. Natürlich sind Jungen und Männer auf Grund des Externalisierungsdrucks männlicher Sozialisation (s.o.) eine besonders auffällige Gruppe und die Kluft zwischen ihrem äußerlichen Dominanzverhalten und ihrer vermuteten innerlichen Befindlichkeit springt geradezu ins Auge. Wie diese Befindlichkeit aber aussieht, wie sie nicht nur das Verhalten, sondern auch Beziehungen steuert, wird nicht aufgeklärt, weil die Fallrekonstruktionen ihre impliziten hierarchischen Männerbilder verdeckt lassen. Schon der „Altmeister" der männlich geprägten Kasuistik, Herman Nohl, hatte mit seiner Grundformel der Jugendhilfe (nicht die Probleme, die der Jugendliche macht, sondern die er hat, müssen Ansatzpunkt der Hilfe sein) nur die männliche Klientenbeziehung im Blick und mit ihr implizite Vorstellungen von guter und schlechter Männlichkeit, die es auszubalancieren gilt. Daran hat sich bis heute wenig geändert. Dass das „übersteigerte" männliche Dominanzstreben des gewalttätigen Jungen auch „sein Problem" ist, weil es auf den Mechanismus von Bedürftigkeit und Abspaltung verweist und weil es verlangt, dass man es anerkennt, aber ihm gleichzeitig Grenzen setzt, indem man die Bedürftigkeit aufschließt, weist erst der Sozialarbeit den Weg zu diesem Jungen. Das Problem, das er „macht" ist also nicht nur das Definitionsproblem der Institutionen, sondern genauso der Schlüssel zu seiner gespaltenen Befindlichkeit. Eine Interventionsperspektive, die implizit auf gute und sozial verträgliche Männlichkeit abzielt, kommt überhaupt nicht an diesen Innenkonflikt heran.

Bei vielen Klientinnen der Sozialarbeit spaltet sich diese Befindlichkeit in das Empfinden, sorgende Mutter sein zu müssen auf der einen und doch irgendwie eigenständige Frau sein zu wollen, auf der anderen Seite (ich habe keine Lust, immer nur für das Kind da zu sein). Meist hat die Jugendhilfe und Sozialarbeit nur die sorgende Mutter im Blick (auch das KJHG), übergeht die andere Seite und wertet damit die Frau ab. Frauen, die ihr Recht auf ein eigenes Leben betonen, werden in der Sozialarbeit selten anerkannt, dies sprengt auch die Interventionslogik des ASD. Denn hier muss ja aus der Sozialarbeiterin-Klientin-Dyade ausgebrochen werden, müssen Interaktionsstrukturen erweitert, Interaktionsformen gesucht werden, die die Frauen in ihrem Selbstständigkeitsbestreben bestärken und bestätigen, ohne dass sie dem Schuldempfinden anheim fällt, ihre Mutterrolle zu vernachlässigen. Praktische

Lösungen liegen hier in der Spanne von der Organisation gemeinsamer Kinderbetreuung über Mütterzentren bis hin zu Pflegekinderverhältnissen, die aber eben so in ein Netzwerk eingebunden sind, dass die Mutter die Beziehung zum Kind aufrecht erhalten kann.

Wichtig aber ist für die SozialarbeiterInnen, dass solche männlichen und weiblichen Diskrepanzerfahrungen und Spaltungen nicht auflösbar sind, dass die Konflikte präsent bleiben, dass es darum geht, die Konfliktkonstellationen zu entlasten und durch die Organisation neuer Interaktionsformen zu entstrukturieren. Die Konflikte bleiben deswegen präsent, weil sie auf den gesellschaftlichen Geschlechterkonflikt und seine Spaltungen verweisen. Wichtig aber ist es, die Hilfe entsprechend der ambivalenten Struktur des Konfliktes zu organisieren, das heißt Diskrepanzerfahrungen und Bedürftigkeiten aus der Verstrickung im Einzelnen, aber auch in der Sozialarbeiter-Klienten-Beziehung zu lösen und in den intermediären Raum zu bringen. Es müssen also Räume und Beziehungen sein, welche die Öffnung dieser Konflikte und die entsprechende Vielfältigkeit von Erfahrungen (symbolisch) zulassen. Jungen müssen auf Gruppen stoßen können, wo sie von der Abhängigkeit vom Vater entlastet sind und sich gleichzeitig um andere sorgen können. Frauen brauchen Räume und Beziehungen in denen die Neuorganisation der Beziehung zur Mutter und die eigene Selbstständigkeit lebbar ist, ohne dass neue Abhängigkeiten und Schuldübernahmen – nun auf die eigene Mutterrolle bezogen – entstehen müssen. Deutlich geworden aber ist vor allem, dass der Zugang zum ambivalenten Innen (und zwar im Bezug zur äußerlichen Symptomatik) und das Aufschließen in die sozialen Interaktionen hinein nur mit dem geschlechtstypischen Schlüssel möglich ist.

3. Jungenarbeit – Die Jungenperspektive im Alltag der Jugendhilfe

Jungenarbeit ist inzwischen hoffähig geworden. Landesjugendämter geben Trainingsmaterial heraus, und es scheint so, dass sie einen eigenen Stellenwert bekommt und aus dem Schatten der Frauen- und Mädchenarbeit heraustritt (vgl. zum gegenwärtigen Stand: Sturzenhecker/Winter 2002). So hatte es ja vor 20 Jahren begonnen: Der Anstoß für die Entwicklung einer kritisch-männlichen Perspektive in der Jugendarbeit kam aus der Frauenbewegung und der feministischen Mädchenarbeit. „Jugendarbeit ist Jungenarbeit" hieß es damals und damit war gemeint, dass sich in der Praxis der Jugendarbeit unhinterfragt und selbstverständlich die männlichen Dominanzstrukturen durchsetzten. Indem sich die Jugendarbeit vor allem als Ort der Jugendkultur verstand und sich in ihren Einrichtungen und Arbeitsformen auf die Gleichaltrigengruppe als sozialem Medium der Jugendphase ausrichtete, wurde die männliche Clique, welche vor allem die Gesellungsformen jener Jugendlichen prägte, die in die offene Jugendarbeit kamen, zum Magnetfeld der Jugendarbeit. Die Mädchen „liefen mit", sie hatten zwar ihre eigenen – meist vermittelnden – Funktionen und Positionen in diesen Cliquen, konnten sich aber nicht aktivitätswirksam durchsetzen. Sie blieben in ihren Entfaltungsmöglichkeiten und Selbstdefinitionen letztlich von den Jungen abhängig. Deshalb brauchte es feministische Mädchenarbeit. Diese sollte den Mädchen in der Jugendarbeit Räume und eigenbestimmte Beziehungs- und Aktivitätsformen ermöglichen, damit sie Autonomie und Selbstbestimmung über sich und ihr Verhältnis zu den Jungen erlangen könnten. Eine solche Mädchenarbeit aber könne nur gelingen – so die damaligen feministischen Forderungen – wenn entsprechend mit den Jungen gearbeitet würde. Die beste Mädchenarbeit nütze nichts, wenn sie nur in abgesonderten Räumen stattfinden könne und im Alltag von Jugendarbeit und Schule sich die alte Geschlechterhierarchie mit der Dominanz des Männlichen und der Abwertung des Weiblichen wiederherstelle.

Dieser Druck aus der Frauenbewegung und Mädchenarbeit fand in den 1980er Jahren in den damals kleinen Kreisen männerkritischer Jugendarbeiter und in männerbewegten Zirkeln eine ernsthafte und bezeichnende Resonanz, die sich in den Konzepten und Projekten einer „antisexistischen Jungenarbeit" niederschlug. Vor dem noch blassen Hintergrund eines aufkommenden Diskurses um die Probleme männlicher Sozialisation machte es sich die antisexistische Jungenarbeit zum Ziel, die Jungen aus dem Sog von Idolisierung des Männlichen und Abwertung des Weiblichen herauszuholen und sie erfahren zu lassen, dass sich auch Männer in *weiblichen* Ausdrucksformen – Gefühle zeigen, sich um andere kümmern – wohl fühlen und spüren können, dass eine idolisierte Männlichkeit einen immer wieder in Sackgassen treiben kann. Jungen sollten lernen, Zugang zu ihren Gefühlen und Hilflosigkeiten zu finden, sie nicht mehr zu unterdrücken, um ihre Geschlechterrolle gerade um die Anteile erweitern zu können, die sie bisher bei sich nie zugelassen oder immer abgewertet haben. Rollenerweiterung – Einführung in bisher verpönte Hausarbeit, erlebnispädagogische Projekte des Aufeinanderangewiesenseins, Körperarbeit und Formen des szenischen Spiels, in denen man sich aus sich heraus öffnen konnte – prägten die antisexistische Jugendarbeit genauso wie die Suche nach anderen männlichen Vorbildern in der Geschichte und im Alltagsleben. Damit gerieten auch die männlichen Jugendarbeiter in den Fokus der pädagogischen Aufmerksamkeit. Der lange vernachlässigte Aspekt der Beziehungsarbeit, der durch die vorrangige Orientierung an der Gleichaltrigenkultur in den Hintergrund gedrängt war, wurde nun wichtig. Die Figur des ‚Pädagogischen Bezugs‘ (vgl. dazu Schröder 2002) in der gerade die besinnlich-emotionale Beziehung und das geschlechtsbezogene Vorbildverhältnis zwischen männlichem Jugendarbeiter und Jungen thematisiert werden, gehört – bis heute – zu einem der Konzeptionskerne der Jungenarbeit.

Die antisexistische Jungenarbeit hatte ihre Tücken, setzte unterschiedliche Schwierigkeiten frei. Dabei war es noch gar nicht so sehr das innerprofessionelle Problem, die Jugendlichen erst einmal in ihren männlich dominanten und abwertenden Verhaltensweisen „zu akzeptieren", bevor man behutsam daran gehen konnte, diese zu durchbrechen und abzubauen (vgl. Sielert 1989). Viel schwieriger war die Diskrepanz, die Kluft zwischen der Sonderwelt der Jungenarbeit und der Alltagswelt der Jugendlichen in der Familie, in der Schule und vor allem in der Cliquenkultur der Gleichaltrigen außerhalb der Jugendarbeit. Denn sie lebten ja in einer Gesellschaft, in der das Männliche das Normale darstellte und kamen außerhalb der Projekte der Jungenarbeit schnell wieder in den Sog dieser Normalität, der gegenüber sie sich nicht so einfach abweichend verhalten konnten. Viele Jungen kamen damit mental nicht zurecht: In den Projekten der Jungenarbeit gerieten sie immer wieder in das Unbehagen, defizitäre Wesen zu sein und in der „normalen" Alltagswelt galt wiederum das, was sie in der Jungenarbeit erfahren hatten, als unnormal, weil unmännlich. In der Jugendarbeit ging die problematische Parole um, die Mädchenarbeit könne deswegen reüssieren, weil die Mädchen etwas zu gewinnen hätten, während die Jungenarbeit zum Scheitern verurteilt sei, weil die Jungen – gemessen an der Alltagsnormalität – nur verlieren könnten und dies auch so fühlten. Der Jungen- und Männerarbeit fehle eben jene Differenz der sozialen Benachteiligung und Abwertung, welche das emanzipatorische Streben der Frauen antreibe und auch die Mädchen, die nicht feministisch eingestellt sind, spüren lasse, dass sie in der Mädchenarbeit etwas für sich gewinnen könnten.

Aber es war nicht nur die Skepsis der Jungen, welche der antisexistischen Jungenarbeit das Verliererimage einbrachte. Jugendarbeiter beklagten, dass sie bei manchen ihrer Jugendlichen spürten, dass sie mit dem neuen Jungenimage bei „ihren" Mädchen gar nicht ankamen. Ihre Freundinnen wollten „richtige Männer" und keine Weicheier. Dies ist auch etwas, was Jugendarbeiter heute immer noch beklagen: Wenn sie in Situationen intervenieren, in denen Jungen sich Mädchen gegenüber abwertend verhalten, dann sind es oft die Mädchen, die sagen, dass es doch nicht so schlimm gemeint gewesen wäre von dem Jungen, und dass es ihnen nichts ausmache. Solches hört man vor allem aus der offenen Jugendarbeit, in der das Klientel aus sozialen Schichten kommt, in denen noch relativ traditionelle Geschlechterrollen gelten. Aber auch in den mittelschichtigen Gymnasialkulturen, wo Mädchen und Jungen eigensinnig und gleichberechtigt miteinander verkehren, treten immer wieder Situationen auf, wo die Mädchen die Inszenierung von Männlichkeit bei den Jungen erwarten, genauso wie sie für sich die Inszenierung von Weiblichkeit – freilich oft strategisch – in Anspruch nehmen. Die alte Parole, nach der eine gute Mädchenarbeit nur gelingen könne, wenn es auch eine mit ihr korrespondierende antisexistische Jungenarbeit gäbe, hat sich heute gewendet: Eine kritische Jungenperspektive im Alltag der Jugendarbeit kann nur Erfolg haben, wenn auch die Mädchen mitmachen und die Jungen spüren lassen, dass sie sie genauso als Mann ernst nehmen, wenn sie sich von den gängigen maskulinen Rollenbildern absetzen.

Nicht nur die Enttäuschungen mit der antisexistischen Jungenarbeit, sondern vor allem auch die weitere Entwicklung einer eigenständigen Männerperspektive in der Sozialisationsforschung und der Pädagogik haben dazu geführt, dass die Jungenarbeit begann, sich konzeptionell auf eigene Füße zu stellen und dass sie sich nicht mehr von der Mädchenarbeit und ihren Ansprüchen ableiten lassen wollte. Zum einen sollte eine Jungenarbeit kreiert werden, in der sich die männlichen Jugendlichen nicht mehr als defizitäre Wesen, als Verlierer abseits der Alltagsnormalität fühlen sollten, zum anderen sollte eine vom Mannsein selbst hergeleitete Begründung der Arbeit gefunden werden. Die Findungs- und Bewältigungsprobleme von Jungen sollten nicht mehr in Abhängigkeit von ihrem Verhältnis zu Mädchen und Frauen thematisiert werden, wie dies die antisexistische Jungenarbeit tat, sondern aus der eigenen Befindlichkeit der männlichen Entwicklung heraus. Auch für Jungen müsse – so der heute noch verbreitete Ansatz – eine emanzipatorische Perspektive geschaffen werden, sollte es in der Jungenarbeit etwas zu gewinnen geben. Die entsprechende Formel hieß: Die Benachteiligung von Mädchen ist nicht automatisch die Bevorzugung von Jungen. Damals machte der Bestseller von Schnack/Neutzling „Kleine Helden in Not" (1991) die Runde, in dem plastisch geschildert wurde, was Jungen im Verlauf ihres Aufwachsens alles verwehrt wird und in was sie hineingezwungen werden. „Ein Indianer kennt keinen Schmerz", „immer seinen Mann stehen müssen", „hart gegen sich selbst sein" und ähnliche Parolen der Jungenkultur wurden als frühe symbolische Zurichtungen des Mannes aufgedeckt, die in Gesellschaft und Alltagskultur verankert sind und verhindern, dass Jungen und Männer zu sich selbst kommen können. Jungenarbeit sollte deshalb nicht mehr nur am Geschlechterverhältnis, sondern vor allem an den Erfahrungen aus der Jungensozialisation und den verdeckten und verwehrten Stärken der Jungen ansetzen. Jungen sollen zu sich selbst finden und an sich entdecken können, dass in ihnen mehr und anderes steckt, als ihnen die alltagskulturellen und medialen Männerbilder vorspiegeln. Reinhard Winter, wohl der Protagonist dieser Richtung der Jungenarbeit in Deutschland (vgl.

auch Neubauer/Winter 2002), sieht die Chance für eine positiv gestaltende Jungenarbeit in dem Maße gekommen, in dem sich im Gefolge der gesellschaftlichen Individualisierungsprozesse Mann- und Frausein stärker biografisiert haben, Jungen sich zwar nicht mehr auf traditionelle Männerbilder verlassen können, aber auch nicht mehr so selbstverständlich wie früher in sie hineingezwungen werden:

> „Das Jungesein ist in den letzten Jahrzehnten offener geworden. Vielen Jungen wird es eher möglich, sich gestaltend mit sich auseinander zu setzen und viele tun dies auch. Sie sind gezwungen und darauf angewiesen, sich ihr Jungesein zu konstruieren [...]. Wenn diese Situation als Gestaltungschance erfahren wird, kann das Jungesein als positives „Bastelfeld" gesehen werden. Viele Jungen erleben die Situation aber als Ausgesetztsein unter Gestaltungszwänge: „Ich muss mich als ,männlich' produzieren – ohne zu wissen, wie das geht". Was früher aufgehoben war in selbstverständlichen Bildern von Männlichkeit, verlagert sich heute mehr ins Private und Biografische. Jungen müssen die äußere Gegebenheit des ,offen(er)en Mannseins' individuell bewältigen. Das ist angesichts fehlender Vorbilder und ohne Tradition eine schwierige Aufgabe – und eine zentrale Begründung für Jungenarbeit: Jungen brauchen Jungenarbeit, um ihr Jungesein im Modernisierungsdruck aneignen und bewältigen zu können" (Winter 1996, S. 382).

Damit führt er die Jungenarbeit heraus aus der Sonderwelt in jene Bewältigungsperspektive, in die die Geschlechterbefindlichkeit des Mann- und Jungeseins zentral eingelassen ist und die wir als konstitutiv für unseren Querschnittsansatz einer geschlechtsbezogenen Sozialarbeit sehen. Dieser Ansatz macht sich die Erkenntnis zunutze, dass sowohl die gesellschaftlichen Umstände der Individualisierung als auch der Individuierungsschub der Pubertät einen doppelten Druck auf den Jungen ausüben, sich mit sich und jener Hilflosigkeit und Betroffenheit auseinander zu setzen, die gerade in der Geschlechtsbefindlichkeit aufscheint (bin ich ein richtiger Mann?). Dabei gibt es erfahrungsgemäß zwei Wege: Entweder wird diese männliche Hilflosigkeit abgespalten, indem Unmännliches („Weibliches") abgewertet und Männliches idolisiert wird oder es gelingt, die Bewältigungsebene so zu thematisieren, dass sie nicht nur aussprechbar wird, sondern auch gestalterische Anstöße geben kann. Hier laufen die Jungen- und die Jugendperspektive ineinander über. Wir haben im Kapitel über die männliche Sozialisation deutlich gemacht, dass ein selbstbestimmtes Experimentieren mit Männlichkeitsbildern davon abhängt, ob und wie die „zweite Chance Jugend" genutzt werden kann. Je früher Jugend sozial belastet, Pubertät „verkürzt" ist, desto eher greifen maskuline Bewältigungsbilder Platz, da sie Handlungssicherheit aus dem verheißen, über das man gleichsam naturalistisch zu verfügen meint. Aus dieser Warte kann die Jugendarbeit als Ort betrachtet werden, wo Beziehungen und Räume erwartbar sind, in denen man Jugend sozial risikoarm leben und damit auch mit seiner männlichen Befindlichkeit experimentieren kann. Dieses Experimentieren muss nicht unbedingt gleich pädagogisch inszeniert werden. Reinhard Winter hat uns darauf aufmerksam gemacht, dass das „andere Jungesein" alltäglich ja immer wieder aufflackert und im gleichen Augenblick auch wieder ausgetreten wird, weil überall der männliche Normalitätsdruck lauert oder vermutet wird. Deshalb ist es wichtig, dass der Jugendarbeiter einen Blick für solche „Ausnahmen" des männlichen Verhaltens entwickelt, sie aufgreift und bestärkt: „Wahrzunehmen, wann sich Jungen einmal nicht laut und dominant aufführen; wann sie etwas von sich zeigen können; wann sie sich zurückziehen; was bei ihnen Stimmungen fördert, in denen sie über sich reden können [...] – solche Beobachtungen sind Grundlagen dafür, „jungengemäße" pädagogische Bedingungen herzustellen. [...] Hilfreich ist dabei die Annahme, dass auch die Jungen auf der Suche nach Ausnahmen sind. Wegen des hohen Normalitätsdrucks können sie dies meistens nicht deutlich machen. Am heikelsten sind dabei Bereiche, die das eigene Mannsein selbst in Frage stellen – besonders Homosexualität beziehungsweise der Zwang zur Heterosexualität. Wegen der Brisanz solcher Themen ist es wichtig, „Sicherheitsformen" als Schutz für das Selbst der Jungen bereitzustellen" (Winter 1996, S. 388). Solche Sicherheitsformen sind Aktivitäten, in denen die Jungen ihre Betroffenheit und Hilflosigkeit gestalterisch umsetzen und damit einen „Sicherheitsabstand" gewinnen können, ohne sie abspalten zu müssen: Sie „bearbeiten" ihre Thematik, entäußern sie in künstlerischen Ausdrucksformen, wie Malen, Skulpturen formen, in szenischen Inszenierungen oder Videoprojekten. Reinhard Winter und Gunter Neubauer haben für diese Orientierungsperspektive der Jungenarbeit inzwischen ein „Variablenmodell" eines „balancierten Jungeseins" entwickelt, mit dem „die Gestaltungsmöglichkeiten und -potenziale" der Jungen aufgeschlossen werden können, „auch wenn sie noch nicht genutzt sind. Jungen und Männer werden damit angeregt, für sich selbst und für ihr Handeln mehr die Verantwortung zu übernehmen; sie können sich nicht auf den Standpunkt „das kann ich (als Junge/Mann) eben einfach nicht" zurückziehen (S. 27-32). Das Balancemodell stellt die Perspektive in den Vordergrund, dass in den Jungen und jungen Männern immer zwei Seiten stecken, die möglichst gleichgewichtig bestärkt bzw. entschärft werden sollten. So wie in Männern genauso „weibliche Anteile" sind, so ist in den typisch männlichen Verhaltensmustern auch immer ein Korrelat zu vermuten, dass Potentiale und Kompetenzen anzeigt: Im traditionellen „demonstrativen Gehabe" vieler Jungen liegt auch die Fähigkeit der Selbstinszenierung, Hyperaktivität kann immer wieder in Reflexivität stillgestellt werden, Ärger und Konflikte signalisieren Schutzbedürfnisse etc.

Von der Idee her verweist das Modell auf die Praxis der „funktionalen Äquivalente", wie sie sich seit Jahren in der Arbeit mit delinquenten Jugendlichen entwickelt hat (vgl. dazu Böhnisch 2001): Jugendliche sollen erfahren und erleben können, dass auch sozial verträgliche Events und Aktionen Lust- und Stärkegefühle auslösen können, sie also nicht auf Gewalt und Abwertung anderer angewiesen sind. Dabei entdecken sie auch ihre anderen, bisher unbekannten Seiten. Diese zentrale psychodynamische Dimension hätte das Neubauer/Winter-Modell aufnehmen und theoretisch integrieren müssen. So bleibt es statisch, benennt und klassifiziert (vielleicht um der Jungenarbeit endlich einen fachlichen Qualitätsstempel zu verleihen) und verlässt damit die Prozessebene. Deshalb das Angebot: Vielleicht könnte man das Variablenmodell mit dem psychodynamischen Bewältigungs- und Bedürftigkeitsansatz verknüpfen, weil in ihm nicht nur diese Zweiseitigkeit operationalisiert (was Jungen verwehrt ist), sondern auch die empirischen Erscheinungsformen erklärt werden können, in denen diese Zweiseitigkeit versteckt ist (Bewältigungsmodell) und die eben in der Regel ganz anders aussehen (Formen des Bewältigungsverhaltens), als sie im analytischen Variablenmodell benannt sind.

Diese Perspektive einer *bewältigungsorientierten Jungenarbeit* führt uns weg von den Sonderprojekten in den Alltag der Jugendhilfe hinein. Die Jungenperspektive ist gleichsam eingebettet in dieses pädagogische Alltagsgeschehen. Dabei liegt es natürlich am Sozialarbeiter, inwieweit er diese geschlechtsbezogene Perspektive reflektieren und umsetzen kann. Latent ist sie immer vorhanden, man muss sie spüren, so wie man auch die Bewältigungsprobleme seiner eigenen Männlichkeit spürt. Sozialarbeiter haben dabei zwei Möglichkeiten: Sie können sich die Jungenperspektive zum Programm machen, das sie in bestimmten Situationen und bei entsprechenden Anlässen immer wieder abzurufen versuchen. Sie können sich aber auch selbst darauf so einstellen, dass sie sich für typische wiederkehrende Situationen und Anlässe, in denen Maskulinität und Männlichkeitsdilemma bei den Jugendlichen besonders aufscheinen, entsprechend mental vorbereitet reagieren. Solche Konstellationen entwickeln sich z.B. im Alltag des Jugendhauses schnell, wenn die Jugendlichen unter Stress stehen und das Jugendhaus als Ort suchen, diesen auszuagieren oder abzuspalten, wenn körperbetonte Konflikte eskalieren, aber auch wenn Spaßsituationen aus den Fugen geraten und auf Kosten anderer in Abwertungsspäße umschlagen. In diesem reagierenden Zugang geht es dann auch darum, zu deeskalieren, geschützte Räume für die Jungen zu schaffen, um ihre Ängste abzubauen, aber auch um Grenzen zu setzen. „Grenzen aufzeigen ist ein Aspekt parteilichen Arbeitens. Weil die Jungen in ihrer Suche nach Halt und Orientierung ernst genommen werden. Indem auf sie reagiert wird und sie nicht in einem sozialen Vakuum bleiben, bekommen sie Partner, die ihnen sonst oft fehlen: zum Reiben, Führen von Konflikten, Streiten, Ringen, Genervtwerden, Stören von Mustern, Zusetzen und Unbequemsein" (Jähningen 2002, S. 169).

Solche bewältigungsbezogenen Eskalations- und Interventionsabläufe setzen bei den Jugendlichen ein Erfahrungslernen in Gang, das man auch als Sozialarbeiter immer wieder thematisieren und auf das man zurückgreifen kann. Deshalb ist es notwendig, von Anfang an auf maskuline Eskalationen zu reagieren, um ihre Ritualisierung zu verhindern. Der Sozialarbeiter kann dabei durchaus das emotionale Tauschverhältnis ins Spiel bringen, in dem die Jugendlichen und er zueinander stehen. Nicht nur er will etwas von den Jungen, auch sie sind in der Regel, auch wenn sie es meist bestreiten oder nicht wahr haben möchten, auf den Sozialarbeiter angewiesen: Sie brauchen den Ort der Jugendarbeit, weil es oft der Einzige ist, wo sie nicht unter Stress stehen und wo sie risikolos experimentieren können und die Beziehung zum Jugendarbeiter, weil er oft der Einzige ist, bei dem sie so akzeptiert werden, wie sie sind und mit dem anerkannt werden, was in ihnen ist und nicht an dem gemessen werden, was sie erreichen sollen. Diese Tauschposition sollten Jugendarbeiter durchaus einzusetzen wissen, sie nicht als „unpädagogisch" verkennen, denn sie auszuspielen ist notwendig, wenn es um die Setzung von Grenzen geht.

Geht der Anstoß einer geschlechtsbezogenen Intervention nicht vom Verhalten der Jungen aus, sondern von der Intention des Sozialarbeiters, so muss er dazu nicht unbedingt eine besondere Aktion machen, sondern sich die Alltagssituationen heraussuchen, die er entsprechend geschlechtsbezogen verstärken kann. Die Jungen sollen an dem so betonten Verhalten des Mitarbeiters sehen, dass Abweichungen vom traditionellen maskulinen Verhalten, Abbau männlicher Dominanz und Übernahme als „weiblich" abgewerteter Rollenanteile eben nicht zur Einbuße des männlichen Selbstwerts und Ansehens führen müssen, sondern dass sich interessante Möglichkeiten für die Belebung des Geschehens im Jugendhaus ergeben können. Die Jugendlichen nehmen wahr, dass der Jugendarbeiter zwar etwas – in ihren Augen – für Männer Untypisches tut, erfahren aber dann doch, dass das weder seinen Status verändert, noch ihre Möglichkeiten einschränkt. Im Gegenteil: In Berichten von Mitarbeitern hören wir immer wieder, dass ein solches „gegenläufiges" Verhalten die Jungen aufmerksam und neugierig macht.

Solche Berichte von Jugendarbeitern aus Jugendhäusern und aus der Straßensozialarbeit (streetwork) bilden auch die Grund-

lage für das pragmatische Konzept alltagsbezogener Jungenarbeit, das im Folgenden entfaltet wird. Es sind vor allem die
Erfahrungen Wiener Jugendarbeiter, mit denen Lothar Böhnisch über zwei Jahre hinweg gearbeitet hat (vgl. ausführlich
Wiener Jugendzentren 2002). Dabei hat sich ein „Modell" aus
der alltäglichen Arbeit herausgeschält. Wir versuchen also
nicht – wie sonst meist üblich – Konzeptionen von Jungenarbeit in die Jugendhilfepraxis hinein zu „injizieren", sondern
die Jungenperspektive aus einer gängigen Alltagspraxis heraus
aufzuschließen. Damit möchten wir möglichst nahe am Alltag
der Jugendhilfe bleiben und es den Sozialarbeitern ermöglichen, an ihre eigenen Alltagserfahrungen anzuknüpfen, um sie
geschlechtsreflexiv deuten und neu verorten zu können. In der
Jugendhilfe wird ja mit „realen" Jungen und Mädchen (Helfferich 1994) gearbeitet, man muss sie sich nicht erst pädagogisch zurechtkombinieren, sondern ist aufgefordert das was
man mit Jungen und jungen Männern bisher erlebt hat, nun
und des Weiteren auch geschlechtsbezogen zu reflektieren
und damit neu zu „rahmen".

Die Wiener Erfahrungen, aus denen dieses Kapitel schöpft,
sind nicht nur für die freizeitbezogene Jugendarbeit von Bedeutung, sondern darüber hinaus für alle Arbeitsfelder der Jugendhilfe, in denen mit Gruppen gearbeitet wird, die von Jungen dominiert sind: im Bereich der Straßensozialarbeit, im
Betreuten Wohnen als offener Maßnahme der Erziehungshilfe
oder auch in der nachgehenden Arbeit mit delinquenten Jugendlichen, z.B. in den sozialen Trainingskursen. Denn die
Jugendlichen, mit denen in den Wiener Jugendhäusern und
der Streetwork gearbeitet wird, sind in der Mehrzahl jene Jungen, die von Winter/Neubauer mit der modischen Klassifikation „ressourcenarm" belegt worden sind: Jungen also, deren
Jugendzeit verkürzt ist und die früh in soziale Risikozonen
geraten.

Formen alltagsbezogener Jungenarbeit

Im Alltagsgeschehen des Jugendhauses oder in der betreuten
Wohngemeinschaft geht die Initiative meist vom Sozialarbeiter selbst aus, der durch sein Verhalten den Jugendlichen zeigen kann, dass Änderungen im Geschlechterrollenverhalten,

Abbau männlicher Dominanz und Übernahme ‚weiblicher' Rollenanteile eben nicht zur Einbuße des männlichen Selbstwerts und Ansehen führen müssen, dass sich im Gegenteil interessante Möglichkeiten für die Belebung des Geschehens im Jugendhaus ergeben können. Ausgangspunkt muss aber sein, dass der Sozialarbeiter seine Geschlechterrolle und sein geschlechtstypisches Verhalten in der Alltagsarbeit reflektiert und überlegt, wie er es ohne große Veränderung des Alltagsablaufs und eingebettet in das Alltagsgeschehen verändern könnte. In diesem Zusammenhang geht es vor allem darum, eingefahrene Selbstverständlichkeiten des Jungen- und Männerverhaltens per Beispiel aufzuweichen. Die Jugendlichen müssen zuerst einmal wahrnehmen können, dass der Mitarbeiter selbst immer wieder etwas in ihren Augen für Männer Untypisches tut und dabei erfahren, dass dies weder seinen Status verändert, noch ihre Möglichkeiten einschränkt, sondern sie eher sinnlich anspricht, neugierig macht.

Eine gute Gelegenheit, dies zu erproben, bietet das Verhältnis zur weiblichen Kollegin. Sozialarbeiter berichten, dass es die Jungen durchaus beeindruckt, wenn sie z.B. in der Zeit vor der täglichen Schließung des Hauses Arbeiten übernehmen, die üblicherweise der weiblichen Kollegin zugedacht sind oder von dieser wie selbstverständlich gemacht werden: Abwaschen, Aufräumen, also die ‚weiblichen' Hintergrunddienste. Wenn dieser Rollentausch immer wieder gemacht wird, wird er von dem Jugendlichen nicht mehr als Ausnahmeverhalten wahrgenommen und als selbstverständlich gelernt. Dies kann auch Einfluss auf die Wahrnehmung von geschlechtsbezogenem Rollenverhalten der Jungen außerhalb des Hauses haben.

Ähnliches gilt für die Methode der Verstärkung von zufälligem oder fallweisem Ausnahmeverhalten von Jungen. Dafür sollten die Sozialarbeiter einen Blick bekommen: Überall dort, wo sie den Eindruck haben, dass bei einzelnen Jungen ‚männerrollenuntypische' Verhaltensmuster aufkeimen, sollten sie bemüht sein, auf diese einzugehen und so zu verhindern suchen, dass sie schnell wieder als ‚unmännliche' Gefühle unterdrückt werden. Der Mitarbeiter tritt hier gleichsam als ‚Verstärker' auf. Das kann so geschehen, dass er, wenn er merkt, das Jugendliche nicht nur mit ihren Abenteuern prahlen, sondern auch Ängste durchscheinen lassen, sich einmischt, einhakt und die anderen fragt, ob es ihnen nicht auch dabei mulmig wird oder ob sie sich etwas anderes vorstellen könnten.

Alltagsbezogene Jungenarbeit im Jugendhaus oder auch in Gemeinschaften des Betreuten Wohnens geschieht auch dadurch, dass man immer wieder Alltagshöhepunkte schafft, die eine geschlechtsbezogene Rollenveränderung oder Rollenerweiterung erlauben. Eine der wichtigsten Alltagshöhepunkte kann das gemeinsame Kochen sein. Dabei sollte darauf geachtet werden, dass die Jungen nicht vom Ergebnis her kochen, sondern das Kochen als Prozess begreifen lernen, der von Anfang bis Ende seine Logik und seine Attraktivität hat. Dies beginnt mit dem Herumphantasieren und dem wetteifernden Reden, was man das nächste Mal alles kochen könnte. Dabei sollten die Jungenarbeiter auch immer darauf achten, dass die Jugendlichen die Bezüge zwischen den einzelnen Tätigkeiten erkennen: Wenn ich das Gemüse koche, muss ich es aber erst auch putzen und dazu brauche ich das und das. Sie können dabei lernen, wie man die Arbeit aufteilt und dass vor allem auch die Zuarbeiten und Nacharbeiten beim Kochen wichtig sind. Spülen und Aufräumen sollen nicht als leidige Handicaps erfahren werden, sondern als Vorbereitung für das nächste Kochen: Da brauche ich wieder gute und saubere Messer, Teller, etc. Vielleicht kann man auch einmal einen kleinen Film während des Kochens drehen und dann auf die Jugendlichen wirken lassen oder auch ein eigenes Kochbuch für das Jugendhaus anfertigen. Wenn man solche kleinen Kochhöhepunkte im Jugendhaus immer wieder schaffen kann, dann sind die sonst als ‚weiblich‘ erscheinenden Neben- und Zuarbeitstätigkeiten eingebettet und erhalten ihr Gewicht, erscheinen für die Jungen nicht mehr diskriminierend oder minderwertig. Wie „strategisch" bedeutsam das Kochen gerade auch für Jungen und junge Männer in Einrichtungen des Betreuten Wohnens ist, berichten uns immer wieder MitarbeiterInnen aus Projekten, die wir beraten bzw. die dort Tätigen nachqualifizieren. Gerade beim Kochen können sich Selbstwert-, Anerkennungs- und Beziehungserlebnisse in einem für die Jungen neuem Terrain entwickeln.

Das Kochen – wenn es immer wieder neu als Projekt verstanden wird – kann zum exemplarischen Feld der Wohngruppe werden, mit dem üblichen Alltag männlicher Dominanzspiele konkurrierendes Lernereignis, weil es in den Alltag integriert und gleichzeitig aus ihm herausgehoben ist.

Alltagsbezogene Jungenarbeit stellt sich bei der Arbeit mit Jugendlichen auf der Straße (streetwork) anders als im Jugendhaus dar. Männliche Jugendliche auf der Straße kommen meist in Cliquen zusammen und stehen ziemlich unter Stress. Denn die Straße ist in den Augen der meisten Bürger ein funktionaler Ort und nicht ein Bereich, wo man ungerichtet herumhängen kann. Cliquen von Jugendlichen auf der Straße werden deshalb schon meist von vornherein als störend empfunden und kommen so automatisch unter Druck. Dies umso mehr, als der Cliquenzusammenhalt meist dadurch gefestigt wird, dass die Clique sich sichtbar an ihrer Umgebung reibt. Straßencliquen werden meist durch Aktionen zusammengehalten, welche die Clique in Bewegung halten und sie von der sie umgebenden ‚normalen‘ Welt abgrenzen. Sie treffen sich an Plätzen, wo die Leute dann ungern vorbei gehen, machen manchmal sogar Leute an, sind aber in der Regel schon durch ihr andersartiges Auftreten der Umwelt suspekt und somit leicht stigmatisiert. Auch wenn sie sich cool geben, stehen sie unter Stress. Da Cliquen eine besondere Funktion für die Entwicklung von Männlichkeit gerade bei Unterschichtjugendlichen haben, wird diese Suche nach Männlichkeit im Ausprobieren von männlichen Ritualen auch demonstriert. Die Jugendlichen wollen dann auch ihre Männlichkeit rückgespiegelt bekommen und suchen deshalb geradezu Situationen, in denen sie sich aggressiv gegen andere abgrenzen und andere abwerten können. Aggressive Abgrenzung und Abwertung von Schwächeren (aber auch solchen, die ihrer Wahrnehmung nach Schwäche zeigen) gehören zu den Mustern und Ritualen von Männlichkeit vor allem bei Jungen und Männern aus der Unterschicht (vgl. dazu Miller 1968). Der Mitarbeiter kann nun pädagogisch genau an diesem Zusammenhang ansetzen. Dass die Jugendlichen unter Stress stehen und nicht zu sich kommen können, erhöht die Spannung in der Gruppe und macht sie fragil. Deshalb versuchen die Mitarbeiter, der Gruppe Beziehungen, Räume und Beratung anzubieten, die Entspannung und Schutz verheißen. Die Jugendarbeiter werden so im Laufe der Zeit wichtig für die Jugendlichen, weil sie sehen, dass sie die Gruppe nicht sprengen, aber doch die Einzelnen mehr zum Zuge kommen lassen können, als dies der unter dem Stress der Straße stehenden Gruppe alltäglich möglich ist. Schutz kann die Jungenarbeit hier bieten, indem sie Räume für diese Jugendlichen auftut, in die sie sich immer wieder zurückziehen und von der Straße regenerieren können. Hier können auch die Situationen entstehen, in denen die Jugendlichen auch einmal von sich erzählen können, und nicht immer außengeleitet sind. Hier können auch Aktionen geplant und unterstützt werden, die nicht unter der Spannung der Straße stehen.

Ist durch die Einübung alltagsbezogener Verkehrsformen eine gewisse Infrastruktur der Jungenarbeit geschaffen, kann man sich auch an die Themenarbeit heranwagen. Diese ist von der Idee des geschützten Raumes geleitet: Die männlichen Jugendlichen sollten regelmäßig die Möglichkeit bekommen (zumindest einmal in der Woche) unter sich und auf sich bezogen zu sein, frei von Außenkonstellationen, die sie sonst unter Druck setzen: Sie sollen nicht dauernd ihre Männlichkeit in Konkurrenz zu anderen demonstrieren müssen, sich vor den Mädchen produzieren oder die Jugendhausszenerie für sich einnehmen wollen müssen. Im geschützten Raum des Jungenabends sollen sie erfahren können, dass man sich auch untereinander wohlfühlen kann, wenn man nicht dauernd unter aggressiver Konkurrenz in Positur steht und seine Probleme versteckt. Dieses Wohlfühlen – so die Erfahrung – stellt sich dann auch meist ein. Denn die Jungen merken ja, dass es gut tut, wenn man einmal über Themen sprechen kann, die einen im Alltag oft unter Druck setzen und in die Defensive geraten lassen. Es gibt eine Reihe von Problemen, welche männliche Jugendliche nicht aus sich heraus ansprechen können und die entweder tabuisiert oder ritualisiert sind. Das bedeutet, dass zwar immer wieder Witze darüber gemacht werden, die aber eher abwertend sind, auf Kosten anderer gehen und bei denen man sich nicht traut, zu sagen, wie es einem dabei geht. Das betrifft zum einen das Aussehen: Seitdem es die Jungenkultur des Waschbrettbauches gibt, stehen viele Jungen unter Stress, sich diesem Ideal körperlich anzunähern, weil sie sich mit den anderen messen müssen. Auch zum Umgang mit Mädchen finden einzelne Jungen oft keinen eigenen Zugang, weil sie immer wieder in die ritualisierten Muster der Clique hineingetrieben werden. Probleme in der Arbeit haben alle, aber man kann sie nicht selbstbezogen ansprechen, weil jeder unter dem Druck steht, cool darüber zu stehen und die eigenen Ängste nicht zu Tage kommen können. Ein großes Tabu ist oft das Verhältnis zum Vater, das einen bewegt, aber auch ängstigt, wenn der Vater wie ein Schatten über dem Sohn steht, das aber in der Clique nicht zur Sprache kommt. Es sind also alles Themen, die ‚unmännliche Abgründe' haben und die einem den Weg zu sich selbst versperren. Haben sich solche Jungenabende oder -zeiten eingespielt, werden sie zu eigenen Gestaltungsorten: Über Fotos, Collagen, kleine Filme, Quizabende und Wettbewerbe kann etwas ohne Stress und Konkurrenz gestaltet werden und es entsteht eine Atmosphäre, in der man sich nicht mehr produzieren, andere abwerten muss. Wenn dann der Jugendarbeiter berichtet, dass es Unterschiede im Verhalten zwischen den Jungenrunden und dem Alltag des Hauses gibt, dann spricht das erst einmal dafür, dass in den Jungenabenden und -zeiten tatsächlich Raum und Beziehungen geschaffen sind, die ein Zu-sich-Kommen für die Jungen erlauben. Man wird nicht so ohne weiteres erwarten können, dass die Kultur der Jungenabende zur Alltagskultur des Jugendzentrums werden kann. Dazu ist das Jugendzentrum zu sehr im Arbeits-, Freizeit- und Familienalltag der Jungen mit seinen eingefahrenen Geschlechterrollen ausgesetzt. Das schmälert aber keineswegs den Wert solcher Jungenabende, denn sie ermöglichen den Jungen das Erleben von Ausnahmen, von Situationen, die sie im Alltag – auch meist im Jugendhausalltag – nicht erleben können, der aber für sie einmal in ihrer Biografie wichtig wird, wenn es darum geht, dass sie zu sich selbst finden müssen, um Krisen bewältigen zu können. Jungenabende ermöglichen solche Ausnahmen vor allem dann, wenn die Jungen sich als Individuen erkennen und zu sich kommen und eben dadurch nicht mehr von der Dynamik einer Clique abhängig sind. Die Macht der Clique ist im Jungenabend ausgesetzt, es sind die Einzelnen, die sich nun neu und anders sehen können. Für Reinhard Winter (1996) sind es zwei Qualitäten, die Ausnahmen als ein ‚Abweichen von

Männlichkeit' ermöglichen: Das ist zum einen der situativ entstehende Selbstbezug und zum Zweiten das Erlebnis des ‚Nichtangewiesenseins' auf *eine* Jungen- oder Männergruppe. Es leuchtet ein: Wenn Gedeih oder Verderb eines Jungen von einer Hand voll Jugendlicher in der Clique abhängt; wenn er beinahe ‚sozial stirbt', weil er seinen ganzen Status verlöre, wenn er aus der Clique fallen würde, dann bindet ihn dies massiv an die Beziehung und Normen (der männlichen Clique). Wenn Jungen dagegen wissen, dass es außer der Clique auch noch einen oder mehrere andere Orte gibt, dann sind sie auch bereit, das andere, scheinbar unmännliche Verhalten zu riskieren und als seine Eigenart und damit dann doch als männlich zu erfahren. Der Jungenabende und Jungenzeiten sind damit Alternativen, die der Junge braucht, um sich zu erfahren und gleichzeitig ein Bedürfnis nach dieser Alternative zu entwickeln, die er dann auch nicht so einfach missen möchte.

Zwar sind wiederkehrende Jungenzeiten in den Ablauf des Hauses oder der Wohngemeinschaft eingebettet, bieten Ansätze für das Erleben und Gestalten von Ausnahmen, sind aber zeitlich und räumlich begrenzt. Sie können jedoch Ausgangspunkte für gezielte Projekte sein, bei denen Jungen sich in einer anderen räumlichen Umgebung wieder finden und sich neu – eben nicht nur über die alte Clique – formieren können. Die Projekte sollen nicht sofort wieder in den Sog des Cliquendrucks geraten, sondern in ihren Anforderungen, Gestaltungsmöglichkeiten und Rollenangeboten die einzelnen Jungen ansprechen und die Frage, welche Gruppen sich letztendlich bilden können und müssen, offen lassen. Solche Projekte können Fahrten, Ausflüge oder Theater-, Musik- und Sportprojekte nur mit den Jungen sein. Sie sollten in Abläufe und Situationen gegliedert sein, in denen die Jungen unterschiedliche Arbeiten selbst organisieren müssen, wo sie gezwungen sind einander zu helfen und wo die Möglichkeit gegeben ist, schließlich mit dem mitzumachen, was einem am besten liegt. Es sollte Raum, Schutz und Vertrauen genug da sein, dass die kleinen (man traut sich etwas nicht zu) und die großen Ängste (Abwehr der Gefühle) aus den Jungen herauskommen können.

4. Kristallisationspunkte der Jungenarbeit

In der Arbeit mit männlichen Jugendlichen gibt es bestimmte typische, immer wiederkehrende Bezüge, Bedeutungen und Abläufe, die erkannt sein müssen, will man eine geschlechtsbezogene Dimension in der Arbeit erreichen. Aus unseren allgemeinen Erfahrungen und vor allem auch denen, die aus der Begleitung der Wiener Jugendarbeiter gewonnen wurden, lassen sich als solche Kristallisationspunkte benennen: Stress, Spaß, geschützte Situation, Körper und Grenze.

Die meisten der Jungen, die in die Jugendhäuser kommen, befinden sich in der Pubertät, gehen gerade in sie hinein oder durchlaufen die Nachpubertät. Die Pubertät ist eine körperliche, seelische und soziale Entwicklungs- und Übergangssituation, die spannungsgeladen ist, von den Jugendlichen viel an Energien anfordert und Wirkliches und Unwirkliches miteinander vermischt. Vor allem haben die Jugendlichen keine Erfahrungen, auf die sie aufbauen können, sie erleben alles neu und klammern sich notgedrungen an ihre eigene Befindlichkeit. Das macht ihren Narzissmus in dieser Lebensphase aus. Sie schwanken zwischen Omnipotenzgefühlen, Ohnmacht, Ängsten und lustvollen Selbstinszenierungen. Gleichzeitig ist das eine Entwicklungszeit, in der die Jungen nach männlicher Identität suchen und damit in Spannung zu anderen Jungen geraten, sich gegenseitig aufladen. Diese Komplexität, Widersprüchlichkeit und Vielfältigkeit des Erlebens, der Wechsel zwischen Ausgesetztsein und Selbstbehauptung, lässt sich am besten mit dem Begriffskonstrukt „Stress" umschreiben: Stress als dynamische Befindlichkeit, in der man sich einem psychosozialen Druck ausgesetzt sieht, den man nicht „wegerklären" kann, auf den man aber mit Stimmungen reagiert, ohne diese Stimmungen selbst kontrollieren zu können. Im Stress gehen auch die typischen Ängste der Jungen auf, wie sie Sturzenhecker (2002) beschreibt: „Angst, kein richtiger Mann zu sein", „Versagensangst", Angst vor Gefühlen (vor Kummer, Rührung, Zärtlichkeit), „Angst vor dem Urteil der Frauen und Mädchen, „Angst vor der Gewalt der anderen Jungen" (S. 43-45). Diese Ängste sind in Stresskonstellationen versteckt, werden von den Jungen und jungen Männern meist abgespalten, auf anderes und andere projiziert, sind eben nicht so erkennbar wie sie vom Fachmann benennbar sind. Sie gehen in Bewältigungsmuster ein, verpuppen sich im Umweg- und Projektionsverhalten, aus dem heraus die MitarbeiterInnen erst solche Ängste erschließen können. Deshalb ist es notwendig die dahinter liegenden Wirkmechanismen von Bewältigung und Bedürftigkeit bei Jungen und Männern (s.o.) zu kennen, sonst bleibt einem – bei allem kategorialem Wissen – der Zugang zur Psychodynamik des Jungenverhaltens verwehrt.

Unter-Stress-Stehen ist also eine Zustandsbefindlichkeit in die die Jungen „getrieben" werden, die bei ihnen typische Muster des Bewältigungshandelns und damit Selbstbehauptung und Suche nach Handlungsfähigkeit freisetzt. Sie leiden unter Stress und können gleichzeitig nicht zu sich kommen, was aber wichtig wäre, um so Stress abzubauen. Also versuchen sie, Stress in hektisch wechselnden Aktivitäten zu vermindern – was den Stress oft noch erhöht – Aktivitäten, wo sie meinen, nicht unter Druck zu stehen. Spaßhaben ist angesagt und sie merken in ihrer Männlichkeitssuche im Kreisel von Idolisierung und Abwertung nicht, dass es meist Spaß auf Kosten anderer ist, der sie nur zeitweise entlastet. Der Jungenarbeiter muss diese Konstellation erst einmal akzeptieren, er kann den Jungen keine andere Haltung „verordnen". Im Vordergrund steht eben das Spaßhaben, das Sich-Wohlfühlen. Die Frage ist nur, ob es ihm gelingt, Situationen und Beziehungen immer wieder herzustellen, in denen dieses Sich-Wohlfühlen nicht unter Druck steht und auf Kosten anderer geht. Wenn die Jugendlichen tagsüber in einem Einkaufszentrum sind, und ihren Spaß suchen, stehen sie immer unter Stress, finden eine Entspannung, die nicht in sich ruhend ist, sondern eher als Wechsel aus Ruhe und Aggressivität zu beschreiben ist. Es ist ein unterdrückter Stresszustand, der jederzeit wieder angefacht werden kann (,das falsche Wort vom falschen Mann'). Deshalb ist es im Jugendhaus wichtig, Rituale zu schaffen, mit denen Stress abgebaut werden kann – körperliche, kommunikative, raumgreifende Rituale. ,Die muss man auslösen, bevor sie auf hundertachtzig sind'. Als Beispiel für ein solches Ritual wird die ,Schaumstoffprügelei' zwischen zwei oder mehreren Jungen genannt, in der Stress über Körperlichkeit abgebaut werden kann, da sich der Stress ja in der Körperlichkeit aufgeladen hat. Erst dann wird der Weg frei für nicht körperliche Auseinandersetzung. Gerade benachteiligte Jungen haben den ganzen Tag über negative Selbstwerterlebnisse, kommen dann ins Jugendzentrum und machen sich dort über die Abspaltung ihres negativen Selbstwertes und ihrer Hilflosigkeit bemerkbar: Durch Aggressivität, denn sie haben das Vertrauen in andere Beziehungs- und Zuwendungsmuster verloren. Dieses Vertrauen gilt es zumindest im Jugendhaus wieder mühsam und auf Umwegen herzustellen.

Spaß haben, um jeden Preis, ist das Antriebsmotiv vieler männlicher Jugendlicher, die in das Jugendhaus kommen. Wer dies erst einmal nicht akzeptiert, gerät leicht zum ‚Spaßverderber‘ und hat damit Zugänge zu den Jugendlichen verspielt. Spaß ist etwas Emotionales, ist die Suche nach Wohlgefühl, das man sich aber immer wieder in neuen äußeren Situationen holt. Abwertung und Idolisierung sind oft die Motoren des Spaßsuchens: der Spaß als wechselnde Imitation Stärkerer und Abwertung Schwächerer. Die mühsame Kunst der Jungenarbeit ist es, den Spaß nach innen zu verlagern, so dass die Jungen auch Spaß haben, wenn sie zur Ruhe, zu sich kommen.

Der Spaß ist oft mit der Angst gepaart, sich zu blamieren. Deshalb gilt es entspannte Situationen zu schaffen, damit das Blamieren nicht an den Selbstwert geht. Wichtig ist, dass der betreute Raum den Druck herausnimmt, der die Spaßspirale, die Abwertung auf Kosten anderer nach oben dreht. Die Jungen sollen spüren können, dass Spaß auf Kosten anderer ins Leere läuft, auch Unwohlsein erzeugen kann, betroffen machen kann. Ein wichtiges Ziel ist erreicht, wenn sich in der Spaßkultur eines Jugendhauses unsichtbare Grenzen einspielen, die dann auch nicht mehr übertreten werden.

Gerade sozial benachteiligte Jugendliche sehen im *Körper* ihr einziges Kapital, das sie haben. Deshalb ist es schwierig, ihre männlich dominante Körperlichkeit von vornherein verändern zu wollen. Jeder pädagogische Versuch, den Körper anders als dominant zu erleben, wird von den Jugendlichen als Verlust empfunden. Sie inszenieren sich mit ihrem Körper und dies meist sehr stark auf Kosten anderer. Wie erreicht sie dann aber die Botschaft: Niemand will dir deine Körperlichkeit nehmen, es gibt aber auch andere, die wollen etwas von dir, auch wenn sie nicht so stark sind und fühlen sich wohler, wenn du dich zurücknimmst. Auch dann erhältst du Anerkennung! Erst einmal ist es wichtig, dass sich die Jugendarbeiter nicht von der Massivität der Körperlichkeit überraschen und täuschen lassen. Scheinbare Drohgebärden sind in der Wirklichkeit oft Teil der Sprache der Jugendlichen, ein Umwegverhalten, mit dem sie erst ihren Raum abstecken (oft hilflos dabei sind) und dann etwas damit mitteilen. Die Mitarbeiter fühlen sich in dem Maße nicht bedroht, in dem sie merken, dass die Jugendlichen die Beziehung zu ihnen brauchen. Dominante Körperlichkeit wird ja vor allem auch dann demonstriert, wenn die Jugendlichen periodisch zeigen wollen, dass sie noch da sind und dass sie beachtet werden wollen. Als wichtig wird in diesem Zusammenhang auch erachtet, dass Jungenarbeiter ein Gefühl für das ,Laufenlassen entwickeln', dafür dass die Gruppe vieles selbst unter Kontrolle hat, dass das meiste Inszenierung ist, das zwar aggressiv, aber nicht gewalttätig ist, das eher gewalttätig werden kann, wenn man es ungeschickt unterbricht.

Eine heikle Zone der Körperlichkeit bei männlichen Jugendlichen stellt die Homosexualität dar. ,Schwul' ist ein weit verbreitetes Schimpfwort, aber es ist nicht mehr einfach ein Stigma, nicht mehr das alte Tabu, es wird darüber geredet. Dennoch ist Schwulenfeindlichkeit bei den Jugendlichen nicht verschwunden, sie taucht immer wieder dann auf, wenn Jungen mit ihrer eigenen Sexualität nicht zurecht kommen. In dem Schimpfwort ,schwul' ist also beides enthalten: Zum einen die Angst davor, schwul zu sein, nicht als heterosexueller Mann zu funktionieren, gleichzeitig aber auch die Neugier auf verwehrte Sexualität. Das Schimpfwort ist also eine Folie, mit der gar nicht so sehr die Homosexuellen gemeint sind, obwohl es durchaus immer wieder Situationen gibt, die zu Aggressivität gegen Homosexuelle führen können. Hier wirkt der Bewältigungsmechanismus der Abspaltung der eigenen Hilflosigkeit (s.o.). ,Schwul' bleibt aber ein Ausdruck für ,nicht normal', schräg sein, weibisch zu sein, ist als tiefsitzender Abwertungsbegriff resistent, obwohl er gleichsam auf der Kippe steht: Er wird einerseits unbefangen gebraucht und ist andererseits wieder mit Angst und Unsicherheit besetzt. Für Jungen ist es immer noch schwieriger als für Mädchen, sich gegenseitig körperlich zu entdecken und deshalb ist der Umgang mit männlicher Sexualität immer noch und immer wieder ein heißes Thema in der Jungenarbeit. Die Grundangst vieler männlicher Jugendlicher ist dabei, nicht als „richtiger Mann" zu funktionieren. Deshalb suchen sie auch immer wieder Bilder des Funktionierens und greifen nach Pornos. Die helfen ihnen dann oft auch nicht weiter, denn je eindeutiger die Bilder sind, desto weniger taugen sie, um einem die eigene Angst vor dem „als Mann nicht zu funktionieren" zu nehmen. Aggressionen gegenüber Schwulen beinhalten immer wieder Elemente der Angst vor dem Anderssein, Hilflosigkeit und Orientierungslosigkeit in der eigenen Sexualität, in sich selbst. Die muss nach außen abgespalten werden und dieser Abspaltungsprozess ist meist ein Prozess der Projektion der eigenen Hilflosigkeit auf Schwächere als Träger dieser Hilflosigkeit: Schwule, Frauen, Behinderte, Ausländer. Deshalb ist die Herstellung „geschützter Situationen", in denen dies thematisiert werden kann, in der Jugendarbeit so wichtig.

Die *geschützte Situation* ist eine zentrale Konstellation der Jungenarbeit. Geschützte Situationen bauen Stress ab, entspannen, lassen die Jungen zu sich kommen, machen die Abwertung anderer unnötig. Geschützte Situationen sind aber erst möglich, wenn eine bestimmte Beziehungsebene des Vertrauens erreicht ist: Die Jungen müssen das Gefühl bekommen können, dass der Jugendarbeiter nicht nach Defiziten in ihnen sucht, sondern nach bisher unerkannten Stärken, die er ihnen zurückspiegelt. Weniger die Idee, sie von etwas fern zu halten, sollte im Vordergrund stehen, sondern man sollte sie spüren lassen, dass sie mehr *können,* als sie von sich vermuten. Im Jugendhausalltag gibt es immer wieder Situationen, aus denen man kleine Projekte machen kann, in denen die Jungen etwas tun können und merken, dass sie auf einmal Teil einer Gesamtaktivität sind und nicht die großen Macker herauskehren müssen. Auch eher weiche Tätigkeiten werden dann ‚en passant' erlebbar und erhalten Anerkennung. So können sich Rollenveränderungen ohne Not einspielen. Dann werden auch Grenzen eher akzeptiert, nicht als Einschränkung des maskulinen Selbstwerts empfunden.

Grenzen im Jugendhaus können gesetzt, Sanktionen wirksam gemacht werden, wenn zwischen den Jugendlichen und den

Jugendarbeitern eine gewisse Beziehung entsteht: Die Jugendlichen müssen den Mitarbeiter als ‚anderen Erwachsenen‘ (vgl. Wolf 2002), erfahren können, der für sie offen ist, seine Positions- und Generationenmacht nicht ausspielt und sie zum Zuge kommen lässt. Dann gelingt es dem Jungenarbeiter, den Jugendlichen Grenzen zu setzen. Denn er hat ja – anders als die Schule oder der Betrieb – keine materiellen und existentiellen Sanktionsmittel. Das, was er in die Waagschale werfen kann, ist die Erfahrung und Gewissheit, dass die Beziehung zu ihm vom Jugendlichen gebraucht wird, auch wenn es dieser nicht zugeben kann. Dabei weiß er aber nicht, wie lange und wie intensiv die Beziehung sein muss, um – unausgesprochen – bei Konflikten in die Waagschale geworfen werden zu können. Im Grenzensetzen seitens des Jungenarbeiters spielt also immer wieder das Moment des Persönlichen mit: Bis hierher und nicht weiter gehe ich mit, und wenn du diese Grenze überschreitest, kannst du nicht mehr mit mir rechnen.

Wenn diese Beziehung erreicht ist, ist es auch meist möglich, Jugendliche rechtzeitig auf Grenzen – auf Normen – aufmerksam zu machen. Auch das Jugendhaus hat seine Gesetze, die durch Beziehungen nicht beliebig variiert werden können. Dennoch soll – zumindest bei einem Hausverbot – der Jugendliche spüren können, dass er nicht ganz fallen gelassen wird. Strafen müssen für den Jugendlichen immer auch Hinweise enthalten, dass er – trotz seines destruktiven Verhaltens – als Mensch etwas wert ist und bleibt (vgl. dazu ausf. Böhnisch 2001).

Diese Differenzierung zwischen Person und Verhalten ist zwar nach innen, im Haus, in der Wohngruppe machbar, nach außen in der Öffentlichkeit schwer durchzuhalten. Dort stehen die Tat und der „Täter" im Vordergrund und das Jugendhaus, die Wohngruppe oder das Streetworkprojekt geraten – wenn der Junge im Wohnumfeld auffällig wurde – schnell in Geruch „Täter" zu produzieren. Es entsteht also die Frage, wie ich als Mitarbeiter nach außen deutlich machen kann, dass ich nicht hinter der Tat, aber doch hinter dem Jungen als Person stehe. Wenn das nicht gelingt, ist der Mitarbeiter öffentlich entwertet, gerät er zum pädagogischen Komplizen eines Täters. Deshalb kommt es darauf an, Unterstützung außerhalb der Einrichtung zu suchen: Man braucht um die Arbeit herum ein Netzwerk, das Vertrauen schafft. Beziehungen zu Kontaktbeamten und Lehrern müssen gepflegt, Quartierforen, zu denen die verschiedensten Leute und Positionsinhaber kommen und bei denen es möglich ist, über solche Differenzen aufzuklären, genutzt werden. Das Umfeld muss verstehen, dass hinter Delikten, welche die Jugendlichen begehen, Bewältigungsprobleme stecken, dass die Jungen damit auf sich aufmerksam machen, weil sie sich ausgegrenzt fühlen. Gerade männliche Jugendliche tragen dieses innere Dilemma eher aggressiv nach außen. Da nützen dann keine Strafen, welche die Jugendlichen noch weiter erniedrigen und ihnen den Selbstwert nehmen. Sie verschärfen eher die Situation. Der Jugendarbeiter hat hier gleichsam eine öffentlichkeitsbezogene Bildungsfunktion: Er muss seinem Umfeld diese Paradoxien des abweichenden Verhaltens seiner Jugendlichen erklären und den Bewohnern auch ihre Verantwortung nahe bringen können, sich in ihrer Reaktion auf die Jugendlichen differenzierter zu verhalten. Der Aufbau eines eigenen persönlichen Netzwerkes außerhalb des Jugendhauses ist also ein professionelles Gebot für die Jungenarbeit. Dies wirkt auch auf die Beziehung zu den Jugendlichen zurück, denn diese fühlen sich nicht nur durch den Mitarbeiter ‚vertreten‘; er ist auch „ihr Mann“, was allerdings nicht gleichzusetzen ist mit ”Idol“.

Jugendliche hängen Idolen nach. Sie gehören zur Szenerie der Unwirklichkeit (das Unwirkliche wirklich machen) der Pubertät. Idole kann man den Jugendlichen pädagogisch nicht nehmen, wenn man es versucht, ist die Wirkung eher kontraproduktiv. Idole symbolisieren Wünsche, Träume und Sehnsüchte der Jugendlichen im pubertären Spannungsfeld. Die Erreichbarkeit dieser Träume spielt in der Unwirklichkeit der Pubertät keine Rolle. Deswegen sind sie auch gegen pädagogische Beeinflussung weitgehend immun. Sozialarbeiter sind keine Idole, sie können aber *Vorbilder* sein. Diese Vorbildwirkung entwickelt sich nach Erfahrung der Wiener Jungenarbeiter weniger in der normativen Vorbildwirkung – also vor allem moralisch-ethisch – sondern eher funktionell. Es beeindruckt die Jungen, dass es die Jugendarbeiter geschafft haben mit dem, was sie mit ihnen machen, einen Job zu kriegen, der den Jugendlichen auch noch zugute kommt. Man kann von ihm profitieren und mit der Zeit spielt sich auch das Gefühl ein, dass er wichtig für einen ist. Dann kann auch sein Verhalten für einen selbst attraktiv werden, wird man neugierig wie er das eine oder andere – vor allem als Mann, der sich von den gängigen Männerbildern der Väter, Lehrer, älteren Freunde u.a. unterscheidet – verhält. Zu Idolen werden meist Schauspieler, Popstars, Fußballer. Bei Jugendlichen mit Migrationshintergrund – auch bei denen die hier geboren sind – sind die Idole sehr stark an die Heimatländer gebunden. Es sind die Idole der interkulturellen Zwischenwelten, die man als ‚eigene' in dem Land braucht, in dem man zwar geboren ist, in dem man aber immer wieder fühlt, dass man nicht so richtig zum Zuge kommt.

Mitarbeiter werden nicht mit Idolen verglichen, sie sind für die Jugendlichen eine andere Welt. Sie stehen deshalb auch nicht unter Druck, alle neuen, wechselnden, sich überschlagenden jugendkulturellen Stile mitzumachen. Wichtig ist, dass Jungenarbeiter die Sensibilität dafür bekommen, dass im Alltag des Hauses immer wieder neue Situationen entstehen, wo sie etwas verkörpern, das die Jugendlichen brauchen. Als Beispiel wird oft die Kategorie ‚Gerechtigkeit' genannt: Jungenarbeiter können Gerechtigkeit verkörpern, denn Jugendliche haben ein Gefühl dafür, dass es immer wieder Situationen gibt, wo Gerechtigkeit gebraucht wird, gerade weil sie sich oft ungerecht behandelt fühlen. Ebenso können die Jungenarbeiter Vorbild für die Jugendlichen sein, wenn es darum geht, eingefahrene Geschlechterrollen aufzuweichen und zu variieren. Das geschieht dann, wenn Mitarbeiter bewusst immer wieder „weibliche" Tätigkeiten im Haus übernehmen und damit die gängigen Geschlechtsstereotypzuschreibungen „Frau ist gleich Bedienung, Sekretärin" etc. durchbrechen. So entstehen Lernsituationen im Alltag. Allerdings ist dabei wichtig, dass die Mitarbeiter – wollen sie Vorbildwirkung erzielen – erst einmal akzeptieren, wie die Jugendlichen sich sehen. Ich kann nicht gleich mit einem veränderten und gegenläufigen Männerverhalten auf die Jungen einwirken. Ich muss akzeptieren, dass sie mich zuerst als Mann sehen und darf nicht sofort so tun, als wäre ich kein üblicher Mann. Erst aus dieser akzeptierenden Position heraus kann ich anders agieren. Es muss also ‚passen', ich darf mich nicht künstlich verhalten.

5. Alltagsbezogene Mädchenarbeit

Einzelne Frauen aus der Frauenbewegung, die in pädagogischen Feldern tätig waren, mussten vom eigenen feministischen Interesse aus erst einmal einen Zugang zur besonderen Entwicklungsphase von Mädchen im Kontrast zu Frauen suchen und darin eine entsprechende Mädchenarbeit entwickeln. Diese Mädchenarbeit war von Anfang an von feministischen Prinzipien geleitet, betonte aber das jugend- und entwicklungsangemessene Recht der Mädchen auf eigenständige Entwicklung und darauf, dass sie widerständig und eigensinnig in die Gesellschaft hineinwachsen können. In der Auseinandersetzung mit den eigenwilligen Seiten der Mädchen und der genauen Analyse der gesellschaftlichen Beschränkungen ihrer Lebensperspektive hat sich damals und auch noch heute eine in ihren Methoden, Aktionsideen und Ansätzen erfindungsreiche Jugendarbeit entwickelt, die in der Lage ist, die in der Jugendhilfe gesetzten ressortspezifischen Trennungen mit dem Konzept des „Lebenszusammenhangs" und einer „antidefizitären" Haltung zu überschreiten. Auch heute noch gehört diese Mädchenarbeit zu einem der kreativsten und innovativsten Felder der Sozialpädagogik.

In der Aufbauphase dieser Mädchenarbeit spielten nicht zuletzt auch jene Frauen eine gewichtige Rolle, die mit Empathie oder Mitempfinden, im Ernstnehmen von Gewalterfahrungen und Entwicklungskonflikten in der Lage waren, auch die schwierigen Seiten von Mädchen zu ertragen, vor allem, wenn sie schichtspezifisch und über Generationsbrüche hinweg anders sind: Junge Mädchen, die auf dicksten Plateausohlen unbeweglich daherstaksen, eine besondere Verschlossenheit an den Tag legen, misstrauisch und desinteressiert erscheinen und nur am Schminken interessiert sind – werden eher als abschreckend erlebt. Aber auch Mädchen, die sich gewandt und selbstbewusst auf der Straße behaupten, waren dem Erleben engagierter erwachsener Frauen immer noch fremd.

Aber gerade dieses Interesse an schwierigen Mädchen und die Fähigkeit sie erst einmal auszuhalten, macht eine Mädchenarbeit als alltägliche Jugendarbeit aus. Denn es müssen ja längerfristige Bindungen aufgebaut werden. Dieses besondere

Interesse an den Mädchen hat sich bei vielen Pädagoginnen auch aus der Hintergrundidee gespeist, dass sie eine bessere Mutter sein könnten. Darüber ist – in einem weiteren Schritt – auch die Mütterperspektive in die Mädchenarbeit gekommen: Wie sich die Unterdrückung der Mutter im Verhältnis zur Tochter auswirkt, wie viel Mütter-Töchter-Konflikte aus familiären Konkurrenzsituationen und aus typisch weiblichen Generationskonflikten entstehen, wenn sich Mädchen nicht in Hausarbeitsrollen zwingen lassen und zu Hause nicht zurücknehmen wollen – oder sich nur auf ihre Art kooperativ zeigen. Diese Mütterperspektive ist in der Mädchenarbeit entweder anlass- oder themenbezogen aufgenommen: Wenn der Mütter-Töchter-Konflikt ins Jugendhaus getragen wird oder von den Mädchen als Thema gewünscht wird und dabei auch von den Belastungen und Belastungserfahrungen der Mütter gesprochen werden kann. Seltener entwickelt sich eine eigene Aktivität mit Müttern über Einladungen, Hausbesuche, Kooperationen mit Beratungsstellen.

Als wichtige Ziele alltagsbezogener Mädchenarbeit gelten bis heute die Entwicklung psychosozialer Widerständigkeit und Durchsetzungsfähigkeit, aber genauso auch die Vermittlung von Lust und Spaßerfahrungen, die aus den Mädchen selbst kommen sollen. In der Mädchenarbeit können die Mädchen Spaß haben, Spaß im Sinne des eigendynamischen Sich-Selbst-Erlebens. In diesem Sinne sollen sie Lust am Schminken haben, ihr eigenes Spiel mit der Mode machen und dabei die in der Gesellschaft geschlechtstypisch vorgegebenen Grenzen überschreiten können: sich „unmöglich" schminken und anziehen, sich unterhalten können wie man möchte, ohne dass die Unterhaltung gleich als Geschnatter oder Gekicher denunziert wird. Sie müssen aggressiv und provokativ sein können, ohne gleich sexualisierenden Zuschreibungen zu unterliegen. Mädchenarbeit soll in diesem Sinne Räume, Beziehungen und Anregungen bieten, aus denen heraus Mädchen – die sich sonst immer wieder geschlechtstypisch zurücknehmen müssen – ihre Handlungsfelder erweitern können. Sie sollen Räume, Tätigkeiten und Beziehungen erobern und in ihrem Sinne gestalten, aneignen können. Gerade die sozialräumliche Aneignungsperspektive, in der man auf seine Umwelt einwirkt um sich selbst widerzuspiegeln und erkennen zu können, ist für das Selbstverständnis einer Mädchenarbeit zentral. Etwas bewirken können und *dafür* anerkannt werden, diese Faustregel der Selbstwertförderung gilt gerade hier. Dem entsprechen auch erlebnispädagogische, aktions- und öffentlichkeitsorientierte, aber auch handwerkliche und technische Projekte, die sich in der Jugendarbeit mit Mädchen bewährt haben. Vor allem aber kommen jene Projekte, in denen die Mädchen Widerständigkeit und Phantasie miteinander verbinden können, dem Anliegen der Mädchenarbeit am nächsten: Modeschauen, bei denen sich die Mädchen den vereinnahmenden Trends widersetzen und gleichzeitig unbefangen experimentieren können, Ton- Dia- und Video-Projekte, in denen die eigene Lebensgeschichte vergegenwärtigt und aus der jetzigen Lebenshaltung heraus thematisiert und in eigener Souveränität bewertet werden kann. In Bildergeschichten kann geschlechtstypisches Verhalten ironisiert werden (wenn den Mädchen die Bilder, die im Jugendhaus gemacht werden oder die sie mitgebracht haben, wieder vorgeführt und beim gemeinsamen Sehen interpretiert werden).

In diesen eigensinnigen und selbstbestimmten Aktivitäten liegt auch die Möglichkeit, die Zweideutigkeit, der das Verhalten von Mädchen im Alltag unterworfen ist, aufzuweichen oder zumindest situativ und wiederholt (in Lernbezügen) aufzulösen. Wenn Mädchen sich schön machen, tun sie das oft nicht für sich selbst, sondern für Jungen. Wenn Mädchen intelligent sind, dann wird das meist auf der Folie von „sie-weiß-was-sich-gehört" interpretiert. Wenn Mädchen aggressiv sind, gelten sie schnell als halt- und schamlos, während dies bei Jungen eher als rollenkonform (sich bewähren müssen) angesehen wird. Dies läuft in subtilen Formen ab. Auch wenn Mädchen heute mehr und eher als früher zugestanden wird, dass sie für sich Ansprüche auf Nicht-Schön-Sein-Müssen oder Wild-Sein stellen dürfen, ist darin immer noch die Disziplinierung oder Zurücknahme enthalten, während die Jungen „einfach wild" sein dürfen, auch wenn sie inzwischen selbst bestimmten Attraktivitätsnormen unterliegen.

In diesem Sinne setzte und setzt Mädchenarbeit das Interesse von Frauen voraus, mit eigenen Mädchengruppen in mädcheneigenen Räumen, die in der Infrastruktur der Jugendarbeit verankert sind, zu arbeiten. Sie erreicht Mädchen und junge Frauen, die dann ein je besonderes Interesse an diesen Räumen entwickeln, in denen sich neue Ansprüche herausbilden können. Sie spricht aber vor allem auch Mädchen an, die darüber hinaus besonders „darauf angewiesen" sind, sich in geschützten Räumen zu bewegen, in Räumen, die einem patriarchalen Klima eine Alternative entgegensetzen können. Es wird heute betont, dass diese „geschlechtshomogenen Räume" vor allen Dingen für Mädchen von 8 bis 14 Jahren interessant sind, die sich noch selbstverständlich in Mädchenzusammenhängen bewegen, wenn sie sich Räume aneignen. Die älteren Mädchen und jungen Frauen hingegen suchen hier meist nur noch interessen- und berufsorientierte Bildung durch Fachfrauen. Dieser Arbeitsperspektive wird die Kritik entgegengehalten, dass geschlechtshomogene Räume von den Mädchen mit einem Benachteiligtenstatus assoziiert würden. Wo aber sollten sonst die Erfahrungen und Wünsche von Mädchen, die im Alltag übergangen sind, ernst genommen werden?! Gegenüber diesem Anspruch bleibt eine Kritik, welche die auch alltäglich weiterbestehenden Wirkungen von Geschlechterhierarchie negiert, indifferent. Sie sieht nicht, dass Mädchen heute durch Spaltung der Lebenslagen auseinander dividiert werden; die Zuschreibung eines degradierenden Benachteiligtenstatus, die ein Mädchen von anderen ausschließt, soll ja gerade in einer Kultur der Offenheit und Solidarität überwunden werden, die allerdings Frauen- und Mädchen auch untereinander immer wieder neu entwickeln müssen.

In der Mädchenarbeit in den neuen Bundesländern z.B. steht gerade die Aufgabe, Mädchen bei der Berufssuche und in Lebenskrisen zu unterstützen, im Mittelpunkt. Deutlich tritt hier aber auch hervor, dass ein mädchenpolitisches Engagement, die Ansprüche von Mädchen auf Ausbildung und Beruf noch offensiver als bisher zur Geltung bringen muss.

Denn auch heute noch werden geschlechtstypische Hierarchien durchgesetzt, obwohl es vom alltäglichen Verhalten her den Anschein hat, dass Mädchen und Jungen gleich behandelt, Mädchen und Frauen gleichgestellt sind und sich auch entsprechend offen verhalten. Mädchen und Frauen haben dann oft das Gefühl, dass sie längst emanzipiert sind, sich ihre eigenen Räume für sich nehmen können und wundern sich trotzdem, dass sie in sozialen Konkurrenz- und Bewertungssituationen schlechter zum Zuge kommen oder eine besondere Unzufriedenheit mit sich entwickeln. Je offensichtlicher das Verhalten von Jungen und Mädchen nivelliert ist, desto verdeckter scheint die Disziplinierung zu wirken. Deshalb ist es auch nicht so einfach, Zugänge zu Mädchen zu finden, die sich selbstbewusst und gleichberechtigt fühlen und dann doch in Krisensituationen geraten, in denen der Mangel an Anerkennung und Bestärkung wirkt. Den Mädchen selbst ist dieser Zusammenhang nicht immer bewusst. Befunde aus der Mädchenforschung lassen den Schluss zu, dass zwei Muster des Umgangs damit vorherrschend sind: Entweder wird die Spannung, die der Druck bei gleichzeitigem Mangel an Anerkennung erzeugt, als Zustand des psychosozialen Ungleichgewichts mehr oder minder bewältigt oder es kann ein Einbruch an Handlungsfähigkeit entstehen. In beiden Mustern wirken verdeckte oder offene Stresszustände, die endlich auch einmal sozialpolitisch thematisiert werden müssten. Auch wenn die Zumutungen und die damit verbundenen Ungleichgewichte bewältigt werden, muss dies mit einem höheren Energieaufwand betrieben werden (als Frau musst du in der gleichen Situation/Position besser sein als ein Mann) und es bleibt den Mädchen wenig freier Überschuss für unbefangenes Experimentieren.

Auch wenn der öffentliche Eindruck vorherrscht, dass es toleriert und sogar gewünscht wird, dass Mädchen so sein sollen wie Jungen – vor allem wenn es darum geht, sich am Arbeitsmarkt und im öffentlichen Leben zu behaupten – fehlt ihnen die Anerkennung für ihre alltäglichen Interessen und Erfahrungen. Mädchenarbeit findet deshalb ebenso dort ihre Aufgabe, wo den Mädchen im Alltag eine selbstverständliche Beachtung und Bestärkung verweigert wird. Immer wieder nach ihren Erfahrungen zu fragen, an ihren Äußerungen verbindlich anzuknüpfen, sie zu fordern und schließlich ihre Interessen besonders zur Geltung zu bringen, erfordert eine eigene Neuorientierung bei Frauen und Männern gleichermaßen. Weil damit ein immenser Aufwand an Kraft, Reflexion und Herstellung neuer Balancen und Regeln verbunden ist, gilt eine solche Arbeit bisher als wenig aussichtsreich. Und da, wo sie begonnen hat, sind die Fortschritte in zu geringem Maße in professionelle Beschreibungen übersetzt.

Das selbstbestimmte Erlebnis von Körper und Sexualität ist ein weiterer Kernbereich der Mädchenarbeit. Gerade in der Pubertät stehen auch heute noch viele Mädchen unter Druck, die gespürten und erlebten Veränderungen in ihnen fremdbestimmt zu erleben. Mit der Menstruation wird der sexualisierende Kontrolldruck der sozialen Umgebung – vor allem auch der Eltern – wieder stärker. Mädchen sollen ab nun „aufpassen", die funktionelle und kontrollierte Seite der Körpererfahrung und Körperbeherrschung überdeckt immer wieder die lustvolle. Von da aus gesehen ist auch der Befund aus Petra Milhoffers Untersuchung zur Mädchen- und Jungensexualität (2000), nach der Mädchen in sexuellen Beziehungen verantwortungsbewusster agieren als Jungen, ambivalent. Denn in diesem Verhalten steckt auch die von vielen Mädchen internalisierte Kontrolle, die genauso wie das Sich- Zurücknehmen- Müssen den geschlechtstypischen Lernprozess bestimmt.

Dabei hat sich für die heutigen Generationen der Mädchen in Anspruch auf Sexualität vieles geändert. Viele Mädchen suchen sich einem Kontroll- und Enttäuschungszusammenhang zu entziehen, indem sie relativ früh und wechselnd sexuelle Beziehungen eingehen. Dabei zeigt sich aber, dass es nicht so sehr das Problem der Sexualität ist, das Mädchen heute verunsichert, sondern das der Suche nach Beziehungen. Sexuelle Kontakte sind dann eher die Folie, die über die Beziehungssuche gezogen ist und dies führt die Mädchensexualität – genauso wie die Jungensexualität – wieder auf die Beziehungssehnsucht und Beziehungsangst der Jugendphase zurück. Die Ablösungs- und Beziehungsthematik ist in der (Jungen- und) Mädchenarbeit längst vor die traditionelle Aufgabe der sexuellen Aufklärung getreten. Die Überhöhung von Sexualität, wie sie in der gesellschaftlichen Öffentlichkeit abläuft, wird von den Mädchen eher unterlaufen. Das heißt aber eben nicht, dass sie mit Sexualität beziehungslos umgehen, sondern sie binden sie eng an ihre Entwicklungs- und Beziehungsbefindlichkeit.

Deshalb kommt es heute eher vor, dass sich Mädchen gegenüber ihren Müttern nicht deshalb so widersetzen, weil sie empfinden, dass diese ihre Sexualität unterdrücken, sondern im Gegenteil: Sie empfinden Versuche von Müttern, die Sexualität der Mädchen unbedingt aufklärerisch enttabuisieren zu wollen, eher als Grenzverletzungen (Ablöse- und Beziehungsproblematik) denn als Erleichterung. Wenn Mütter glauben, dass es ihren Töchtern hilft, wenn sie „ungezwungen" über die Menstruation ihrer Tochter reden, dann merken sie meist nicht, dass die Mädchen dies eher als *Übergriff* denn als Öffnung empfinden. Die Modernisierung der Sexualität im Sinne ihrer Enttabuisierung und Ökonomisierung (im Sinne von Vermarktung) hat auch die Schutzzonen (und eben nicht nur die Unterdrückungs- und Kontrollbezüge) des Tabus eingerissen und keine neuen kulturellen Schutz- und Schammuster geschaffen.

So muss die Intimität der Mutter-Tochterbeziehung immer wieder ins Problematische geraten, da sie heute wohl noch der einzige Ort ist, an dem sich die Balance von Offenheit und Tabu entscheidet. Aber dieses Intimverhältnis ist gleichzeitig ein Machtverhältnis und steht überdies unter Druck, da die Töchter sich auch von den Müttern ablösen müssen. Deshalb ist es nicht ungewöhnlich, dass Mädchen „es" nicht unbedingt von Müttern erfahren, ihre Neugier und ihre Ängste nicht diesen mitteilen wollen, weil sie ihnen einfach zu nahe sind. Sie suchen eher andere Frauen, erhoffen sich von ihnen die notwendigen ritualisierten, das heißt tabugeschützten Zuwendungen ohne in den Sog der ambivalenten Intimität der Mutter-Tochter-Beziehung geraten zu müssen.

Mädchenarbeiterinnen können solche „anderen Erwachsenen" (vgl. Wolf 2002) sein, denen sich die Mädchen im Vertrauen und ohne in ambivalente Situationen geraten zu müssen, öffnen können. Diese *Beziehungsarbeit* steht inzwischen gleichberechtigt neben der *Mädchengruppenarbeit,* die ja mehr auf das öffentliche Durchsetzungs- und Widerständigkeitsvermögen der Mädchen abzielt. Bei beiden Varianten geht es aber nicht so sehr um pädagogische Projektformen, sondern um *Kulturformen,* die über die Mädchenarbeit vermittelt sind. Dies mag als Hinweis in die Richtung gelten, in der die Reflexivität einer alltagsbezogenen Mädchenarbeit laufen sollte.

Die Mädchengruppenarbeit wiederum hat ihre Erfolge in der Vielseitigkeit der Anregungen: Kleingruppen von Mädchen Raum geben, dass sie nicht „aufeinander glucken" müssen sondern sich ausagieren, Konflikte mit anderen austragen und sich gemeinsam erleben können. Dies muss aber den Charakter der Selbstverständlichkeit bekommen, darf kein „Sonderprojekt" sein. Eine Radtour mit Mädchen ist deshalb gelungen, weil die Mädchen dabei etwas erlebt und entdeckt haben und *sie es sich vorgenommen* hatten. Es ist ein wesentlicher Aspekt alltagsbezogener Mädchenarbeit, Anlässe und Themen, die von den Mädchen ausgehen, Raum und Rahmen zu verschaffen, damit sie selbstverständlich etwas wert werden. Das Grundprinzip dabei ist, dass die Mädchen für das, was sie gerne tun möchten, was sie anlass- oder themengelenkt interessiert, Raum bekommen, dass dieser Raum dann erweitert wird und dass sie die mit dieser Erweiterung verbundene Überschreitung wieder rückgespiegelt bekommen. Es gibt dafür Beispiele in der Kultur- und Medienarbeit mit jüngeren Mädchen in der Großstadt (Heinemann 2000; Schön 1999). Ein Beispiel für ein solches ausdrückliches Mädchenangebot in der Großstadt ist ein Gartenprojekt: Ein verwilderter Garten wird geöffnet, den Mädchen zugänglich und zum Terrain gemacht. Die Mädchen sollen dabei nicht einseitig auf Gartenarbeit festgelegt werden, sondern den Garten als öffentlichen Gestaltungsraum erfahren und verändern können. Sie sollen dabei zeigen können, dass sie in öffentlichen Räumen etwas bewirken können, dass es Räume gibt, die ihnen gehören, dass sie Kompetenzen erwerben können, die sonst nur Jungen zugeschrieben werden und dass sie trotzdem ihre Stärken im ästhetischen Hineinfühlen in die Dinge entwickeln dürfen. „Bald hat sich eine Kerngruppe von türkischen und österreichischen Mädchen zwischen 5 und 12 Jahren gebildet, die immer wieder verschiedene Freundinnen aus Schule und Familie mitbringen. Sie eignen sich handwerkliche Fähigkeiten, wie Schnitzen, Sägen oder Feuermachen an, es wird gemeinsam gespielt, geredet, gekocht, gegessen. Da sich die Mädchen eine große wetterfeste Hütte wünschen, versuchen die Betreuerinnen nun eine Bauhütte oder einen kleinen Container zu organisieren, um diese/n zu einer gemeinsamen Hütte umzubauen. Ebenso ist die Konstruktion und der Bau eines kleinen

Baumhauses geplant" (Frauen in Wien 1999, S. 24). „Unterstützend werden Kommunikationstreffpunkte für Mädchen außerhalb des Parks eingerichtet, wo diskutiert, gefeiert und geplaudert werden kann. [...] Eine der schwierigsten Aufgaben in der geschlechtssensiblen Arbeit ist es, Burschen in die Arbeit einzubeziehen, da diese nämlich alle Maßnahmen und Förderung der Mädchen als Bedrohung empfinden und sie Angst davor haben „ihr Territorium" abgeben zu müssen" (ebd. S. 19/20). Hier nützt es wenig, mit den Jungen nur zu diskutieren, sondern es müssen gezielt Projekte gemeinsamer Sport- und Spielaktivitäten initiiert und attraktiv gemacht werden. Volleyball und Badminton sind z.B. Spiele, die Mädchen und Jungen gleichermaßen gern und gleich gut betreiben, aber genauso wichtig ist es – in der Perspektive der geschlechtsspezifischen Rollenerweiterung – Mädchen zum Basketball und Jungen zum Basteln und künstlerischen Gestalten zu bringen. Dabei ist es wichtig, dass darüber auch geredet wird, wie es war, dass man dabei immer wieder ein bisschen feiert und so vermittelt, dass Gemeinsamkeit zwischen Jungen und Mädchen ein Erlebnis sein kann.

Die Erfahrungen, die in der Parkbetreuung in dieser Großstadt gemacht werden, zeigen, dass auch die Mädchen in ihrem sozialräumlichen Verhalten autonomer gegenüber ihren Eltern gemacht werden können. Der restriktive Argwohn, der dem Wirken des Mechanismus von Schutz und Kontrolle entspringt, ist zwar bei den Eltern weiter da, das Vertrauen in die Mädchen ist aber – so der Bericht der Betreuerinnen – sichtbar gestiegen, viele Mädchen dürfen ausdrücklich abends länger im Park bleiben. Das ist wohl vor allem darauf zurückzuführen, dass die Mädchen jetzt auch zu Hause viel von den Aktivitäten und Ereignissen erzählen, dass sie nichts vor den Eltern verstecken müssen – weil es ja ein begleitetes Projekt ist – und dennoch noch genug Raum haben, dass das, was ihnen gehört, ihnen auch bleibt. So können zunehmende Selbstbestimmung im sozialräumlichen Außenverhalten und stärkere Autonomie gegenüber der Familie ineinander überlaufen. Dennoch zeigt die Erfahrung, dass es meist nur tendenziell gelingt, eine gleichberechtigte Nutzung öffentlicher Räume durch Jungen *und* Mädchen zu erreichen. Deshalb ist es weiterhin notwendig, gezielte Projekte nur für Mädchen zu initiie-

ren, um ihre sozialräumliche Erfahrung und Kompetenz außerhalb der Familie zu stärken (vgl. dazu auch Betrifft: Mädchen Jg. 2000).

In diese Richtung gehen auch die Ansätze, Mädchen im Rahmen der Jugendhilfeplanung Raum für Ideen zu geben, wie sie
sich ihre Stadt vorstellen könnten (Bitzan/Daigler 2000). Dies
ist eine *dialogische Arbeit*: Das, was von den Mädchen kommt
aufnehmen und die Erweiterungen als produktive Grenzüberschreitungen, die auch exemplarisch für andere Lebensbereiche sein könnten, durchsetzen helfen und zurückspiegeln.
Wichtig dabei ist das „Hinhören": Vieles was an Äußerungen
von Mädchen auch heute noch als „borniert", oder „doof" erscheint, enthält versteckte Kritik, Ängste, Abspaltungen und
neue, in unseren Augen unrealistische Wünsche.

6. Mädchenarbeit und die ‚Neuen Mädchen'

„Versucht man, die [...] Lebenslagen von Mädchen und die
damit verbundenen biografischen Erfahrungen im Prozess
des Aufwachsens (heute) auf den Punkt zu bringen, so lassen
sich mehrheitlich Tendenzen der Angleichung zwischen den
Geschlechtern feststellen. Dies betrifft Bildungschancen,
Möglichkeiten der Freizeitgestaltung, aber auch die Ab-
schwächung von rigiden Geschlechterstereotypen und die In-
teraktionsstruktur zwischen Jungen und Mädchen. Sicher
gibt es nach wie vor Geschlechterdifferenzen in den einzelnen Bereichen, diese ändern aber nichts an dem selbstver-
ständlichen Anspruch auf Gleichheit, mit denen Mädchen
heute aufwachsen bzw. die jüngere Frauengeneration bereits
aufgewachsen ist [...] Aber die Gleichheit der Bildungschancen und die Überrepräsentanz von Mädchen bei Abschlüssen
im allgemein bildenden Schulsystem bricht sich an der immer noch geschlechtsspezifischen Segmentierung des Arbeitsmarktes, sie setzt sich nicht in gleiche Chancen der Er-
werbsbeteiligung um." (Oechsle 2000, S. 53) „Mit der Flexibilisierung und Entstandardisierung von Lebensläufen (gewinnen) Fragen der biografischen Gestaltung des eigenen
Lebens, der Lebensplanung und der Lebensführung an Bedeutung. Mit diesen Anforderungen sind Frauen in ganz be-

sonderem Maße konfrontiert, da es für sie kein institutionalisiertes Lebenslaufmodell mehr gibt und sie mit ihrem biografischen Handeln zur Konstruktion neuer Lebenslaufmodelle für Frauen beitragen" (ebd. S. 54).

Dieser zusammenfassende Befund über die neue Mädchengeneration zu Anfang der 2000er Jahre bildet sich auch im Alltag der Mädchen ab. Die Mädchen wollen nicht mehr – und wollten auch noch nie über ein Defizit angesprochen werden; sie sind heute explizit selbstbewusster, in ihrem Anspruch gegenüber Jungen gleichberechtigter. Das spiegelt sich auch in der Angebotsstruktur der alltäglichen Mädchenarbeit wider: Formen biografischer Begleitung überwiegen. Das Problem der „neuen weiblichen Generation", auf welche die herkömmlichen Befunde geschlechtstypischer Benachteiligung vor allem im weiblichen Selbst- und Lebensgefühl nicht mehr zutreffen, werden in der Mädchenarbeit selbst pragmatischer gesehen als in der Frauenforschung. Für die meisten Sozialarbeiterinnen ist das veröffentlichte Erstaunen über die „neue weibliche Generation" eher ein Problem der Jugendforschung (z.B. Jugend 2000) als eine Herausforderung für die Jugendarbeit. Man fühlt sich eher darin bestätigt, im Schatten der feministischen Diskurse, die sich meist auf Frauen und weniger auf Mädchen bezogen, richtig damit gelegen zu haben, die Unterstützung und Begleitung einer selbstbewussten Lebensführung von Mädchen in den Mittelpunkt der Arbeit gerückt zu haben. Insofern geht es in der Mädchenarbeit weiter um die „alte Frage": Wo kann man den Punkt, die Lücke finden, um die Mädchen zu sich selbst, zu ihren Stärken und eigenverfügten Kompetenzen zu bringen? Nicht also die Differenz zu den Jungen, die Thematisierung geschlechtstypischer Ungleichheiten stehen im Vordergrund, sondern die Balance zwischen dem alltagszugewandten Lebensgefühl der Mädchen und den *in ihnen* aufbrechenden Konflikten: So wird z.B. der Einstieg in die Magersucht in einer kontinuierlichen Begleitung aufgefangen: ‚Du musst nicht die Konflikte deiner Eltern übernehmen, wir schaffen dir ein Bezugsfeld aus dem heraus du ihnen anders als bisher entgegentreten kannst'. Das geht bis dahin, dass auch eine Unterbringung im Betreuten Wohnen ins Auge gefasst wird, und dies als verfügbarer Rückzugsort, als sichernder Hintergrund wirken kann.

Das Problem der Mädchen ist eher, dass sie in ihrem selbstbewussten Lebensgefühl zu Harmoniemodellen greifen, sich an sie klammern. Reflexive Mädchenarbeit aber verlangt ein Konfliktmodell, in dem man immer wieder auf Einbrüche gefasst sein muss. Dennoch und gleichzeitig ist man an der Bestärkung der Mädchen orientiert ('du kannst es'). Dieses Konfliktmodell, das die Mädchenarbeit im Kopf haben muss, ist nicht aus der Luft geholt, wird von der Jugendhilfe nicht konstruiert. Im Gegenteil: Die Erfahrungen mit Mädchen, vor allem aus inkonsistenten Familienbezügen, mit Brüchen in ihrem Verhältnis zum Elternhaus, zeigen immer wieder die Ambivalenz und Widersprüchlichkeit ihres Lebensgefühles, ihr Bewältigungsdilemma. Auf der einen Seite schlittern sie immer wieder in riskante Beziehungs- und Verhaltenssituationen, andererseits sehnen sie sich nach Harmonie in familialen und partnerschaftlichen Beziehungen. Ein typisches Beispiel: Ein Mädchen hat einen Freund gefunden, schwelgt in Harmonie. Die Sozialarbeiterin soll das nicht verderben, aber sie soll nicht aufhören, das Mädchen in ihrer Selbstständigkeit zu bestärken, damit es gewappnet ist, wenn der Freund sie verlässt mit seinen eigenen massiven Problemen kommt, obwohl sie selbst immer noch fragil ist und deshalb vor allem bei ihm Halt sucht. Wenn die Harmonie dann zusammenbricht, muss das Mädchen einigermaßen darauf vorbereitet sein, dass mit der Harmonie nicht alles kaputt ist, sondern dass solche Einbrüche auch sein müssen und nicht gleich zu ihren Lasten gehen oder sie einen allzu pragmatischen Schlusspunkt setzen lassen. Hier zeigt sich dann, inwieweit es gelungen ist, in der biografischen Begleitung einen pädagogischen Bezug des Vertrauens und der Gegenseitigkeit aufzubauen, ein Milieu zu schaffen, in dem die Sozialarbeiterin dagegenhalten kann, ohne dass beide – sie und das Mädchen – gleich Angst haben müssen, dass die pädagogische Beziehung einbricht und das gegenseitige Vertrauen verloren geht. Das was der englische Jugendpsychiater Donald Winnicott (1984) eine „unzerstörbare Umwelt" nennt, die Kinder in ihren Beziehungen zu ihren Eltern und anderen wichtigen Erwachsenen erleben können müssen, gilt im Prinzip auch hier: Den Mädchen wird signalisiert, dass man ihre Situation und ihr Verhalten zwar anders sieht, dass man ihr Harmoniebedürfnis nicht teilt, dass man aber, wenn es diese Einbrüche gibt, sie nicht fallen lässt, dass sie weiter auf einen zählen können. Natürlich ist das ein pädagogischer Balanceakt. Man kann sich dabei nicht auf verbindliche Ablaufschemata verlassen, sondern muss hinhören können, das heißt Gelegenheiten suchen – aber auch aushalten – in denen die Mädchen „auf einmal" von ihren Ängsten erzählen, ihr fragiles Harmonieschneckenhaus verlassen. Das kann genauso ein „zugeflogenes" Gespräch im Auto sein, wie eine Gelegenheit im Jugendhaus, im eines Laufe eines Projekttages oder anlässlich eines gemeinsamen Ausflugs. Meist spürt man die Ängste des Mädchens „nebenher", sie äußern sich im Habitus des Mädchens, in ihrer Missstimmung.

Hier tritt die Professionalität der Sozialarbeit als „Beziehungskunst" hervor. Die Sozialarbeiterin muss in Beziehungen denken, mit sich und Kolleginnen immer wieder zu Rate gehen können, ob sie in der Lage sein kann, „trotzdem" die Beziehung zu dem Mädchen aufrecht zu erhalten, sich aber so zu verorten, dass es für sie selbst durchhaltbar und erträglich bleibt. Diese Beziehung zwischen dem Mädchen und der Sozialarbeiterin darf sich natürlich nicht festfahren, sie braucht *Übergangsraum*, in dem das Mädchen sich in seiner inkonsistenten Befindlichkeit auch inkonsistent verhalten – z.B. regredieren – und trotzdem wieder auf die Sozialarbeiterin zukommen kann. Diesen Raum braucht auch die Sozialarbeiterin selbst. Sie fungiert ja für das Mädchen gleichsam als Spiegel, in dem sie sieht, dass es ihr auch gut gehen kann. Aber das Spiegeln allein nützt nichts, es braucht Raum, in dem es eine Form finden kann. Solche Räume und Formen können durch Geschichten hergestellt werden, durch Symbole wie z.B. Erinnerungsfotos und kleinere Unternehmungen auch kultureller Art. Der Übergangsraum ist das Bild, in dem sich das Angewiesensein des Mädchens auf die Sozialarbeiterin von deren konkreter Person löst, so für das Mädchen verfügbar und für sie selbst bestimmbar wird, eben eine Form findet, mit der umgegangen werden kann.

Das „Mehr", dass die Erwachsenen (Sozialarbeiterinnen) an sozialer Macht und (eventuell) Erfahrung haben, muss also von ihnen abgelöst, in ein Symbol gebracht werden. Dieses Symbol ist das Bild, das in der Beziehung von den Mädchen erzeugt wird – die Stärken des Mädchens können in diesem Bild hervortreten – und das beide dann gemeinsam teilen können. Dem Mädchen muss nicht nur ein Bild gegeben werden über das, was sie werden könnte, sondern sie soll vor allem auch ein Bild davon erhalten, was sie selber *schaffen*, kulturell herstellen kann. So und nicht anders ist die Arbeitsperspektive „an den Stärken ansetzen" in der Mädchenarbeit zu verstehen! Ein Beispiel: Eine Sozialarbeiterin erzählt von einem Mädchen, das in einem Heim lebt, wie es sich auf die Suche nach ihrer Mutter macht. Die Sozialarbeiterin tut sich schwer damit, darin eine Stärke, eine Leistung zu erkennen, weil sie final denkt und neue Enttäuschungen für das Mädchen fürchtet. Wichtig in der Beziehung zu dem Mädchen ist es deshalb, dass die Sozialarbeiterin nicht die Mutter in den Vordergrund stellt (und damit auch ihre eigene Ungewissheit und Sorge), sondern die *Suche*, die damit als kulturelle Leistung gesehen und anerkannt wird.

Damit dies alles gelingt, sollte die Sozialarbeiterin aber auch in der Lage sein, ihre eigenen Bilder von Familie, Beziehung und Bindung im Hintergrund zu halten. Das bedeutet vor allem auch, dass sie mit ihren eigenen inneren Konflikten umgehen können muss. Dazu braucht es natürlich eine kollegiale Stützung. In diesem Zusammenhang hat sich nicht so sehr die klassische Supervision bewährt, in der man ja die Konflikte an sich selbst rekonstruiert, sondern die *gegenseitige Teamberatung*, in der der Konflikt trianguliert, auf eine andere Ebene gebracht und damit als soziale Konstellation thematisiert werden kann. Das Team kann die Enttäuschungen an der Klientin auffangen. Denn die Klientin kann nicht der einzige Spiegel für die Sozialarbeiterin sein, im Mädchen allein ist meist nicht zu erkennen, was besser werden kann. Dies kann aber im Team aufgeschlossen werden. Aber auch das Team braucht *seinen* Übergangsraum, in dem es die Konflikte und Themen symbolisieren kann. Das Team stellt also gleichsam eine *Parallelstruktur* zur Klientinnenbeziehung dar. Im „Team als Methode" müssen Leute vertreten sein, die das „herholen" können, was emotional an Ängsten und Konfliktlasten im Raum steht. Das Sichtbarmachen geschieht über Rollenspiele, Skulpturen, Stellen von Schlüsselfragen. Dazu muss man Hypothesen zu den inneren Beziehungsdynamiken im Kopf haben, die man ins Spiel bringen, die man aber auch immer wieder revidieren kann, wenn sie nicht „treffen" oder den Teamteilnehmern keine Aufschlüsse bieten können. Es sollten immer zwei Teammoderatorinnen sein (aus dem Team heraus oder von außen), die sich gegenseitig in Spannung halten, damit die Sensibilität gegenüber den Kolleginnen nicht verloren geht. In dieser Spannung wächst auch die Differenz- und Diskrepanzwahrnehmung genauso wie die Perspektive der Vervielfältigung von Möglichkeiten. Die eine Teamerin sieht mehr die männlichen Seiten, die andere die weiblichen, die eine mehr die Stärken, die andere die Schwächen etc. Vervielfältigung von Möglichkeiten heißt: Experimentieren, vor allem auch: verschiedene Möglichkeiten durchspielen, die eintreten können, wenn die Klientin etwas beginnt oder zu etwas ermuntert wird. Es ist also kein diagnostisches Verfahren, in dem man üblicherweise einen Verursachungskern einzugrenzen versucht, sondern gewissermaßen ein „Erweiterungsspiel".

Die äußeren Nivellierungen des Mädchenbildes und das subjektive Autonomieempfinden der Mädchen verdecken aber – nach der Erfahrung der Arbeit mit Mädchen – nicht nur tieferliegende Konflikte, sondern auch nicht aufgeschlossene Alternativen der Lebensstile. Das „weniger Gebundensein in der hierarchischen Geschlechterstruktur" kann auch bedeuten, dass Mädchen ganz verschiedene Arten von Doppelleben führen. Das, was an der Oberfläche des Alltags die Mädchen als „neue weibliche Generation" demonstrativ gleich auftretend macht, verdeckt die Vielfalt der Ambitionen, die Mädchen in der Jugend für das Ausmalen unterschiedlicher Lebensstile und Entwürfe brauchen, bevor sie dann später in die Bewältigungskonstellationen der Arbeitsgesellschaft gedrängt werden. Dies gehört zum Kern einer soziokulturellen Mädchenarbeit. Hier entsteht oft das Problem, dass die Sozialarbeit diese alternativen Regungen nicht aufnehmen kann, dass die Sozialarbeiterinnen eher eine pragmatische „mittlere" Linie suchen und lieber von handhabbaren durchschnittlichen Mädchen- und Frauenbildern ausgehen.

Man muss also das, was sich im Verhalten nivelliert und was so nivelliert wahrgenommen wird, in einen bestimmten Bezugsrahmen stellen. Nivelliert wird ja nicht die Geschlechterhierarchie und die asymmetrische Bewertung von produktiven und reproduktiven Tätigkeiten in der Arbeitsgesellschaft. Die Nivellierungsthese bezieht sich ja auf das, was durch die Mädchen selbst freigesetzt wird und sich in ihrem unbefangenen Zugang zu Beziehungen, Bildung und Konsum ausdrückt. Es wird nicht in ein Spannungsverhältnis zur herrschenden Struktur gebracht. Es ist übrigens ein altes Muster: Auch die Frauen in den traditionellen Geschlechterrollen waren in gewissem Sinne nivelliert, d.h. ihre Diskrepanz wurden nicht im Konflikt mit der gesellschaftlichen Geschlechterstruktur gesehen. Es sind erst die jeweiligen Modernisierungsschübe, in denen die junge Mädchengeneration sich von der alten absetzt, auf sie nicht mehr Rücksicht nehmen muss. Wann sie von der Geschlechterstruktur eingeholt wird, ist die andere Frage. Wir sehen ja, wie Geschlechterrollen aus ökonomisch-gesellschaftlichen Gründen wieder Einzug in die Familie oder das Leben alleinerziehender Frauen halten. Es ist also das alltägliche Arrangement, das reguliert und das den Anschein erweckt, als ob man es aus der eigenen Autonomie heraus, gleichsam selber gestaltet hätte.

Diese gesellschaftliche Rückbindung läuft aber erst einmal in den Köpfen der Sozialarbeiterinnen und nicht so ohne weiteres in denen der Mädchen ab. Mädchen sind genauso Jugendliche, wollen dieses Jungsein ausleben und sich nicht von einem gesellschaftlichen „Frauenproblem" einfangen lassen, zumal sie sich in ihrem Generationsverhalten nicht unbedingt an dem Frauenbild orientieren möchten, das ihre Mutter (von der sie sich ja abzulösen versuchen) repräsentiert. Auch werden die Sozialarbeiterinnen als „andere Erwachsene" nicht als „Modellfrauen" gesucht, sondern eher als Bezugspersonen an denen sich die Mädchen *in ihrem Verhältnis zu Frauen* und in ihren Ablösungswünschen- und Ängsten spiegeln können. Die alltagsorientierte Mädchenarbeit ist damit der Ort, an dem Doppelstandards sichtbar und Grenzüberschreitungen möglich werden, wo geschlechtshierarchische Zusammenhänge thematisierbar sind, weil gerade hier im geschützten Raum, an der „anderen Seite" des Verhaltens und Erlebens der Mädchen, angeknüpft werden kann. Über die Reflexion des Doppelstandards ist sowohl ihr zurückgenommenes wie diffuses Verhalten in Situationen, in denen es um Stellungnahmen geht, aufschließbar, als auch der Rückbezug auf den geschlechtshierarchischen Hintergrund der Abwertung des weiblichen Standpunktes möglich.

Neben dieser auf den Doppelstandard bezogenen Reflexivität stellt die Bezugnahme auf soziale Freizügigkeit, Widerständigkeit und Gegenwehr in Gewaltverhältnissen eine zweite Ebene gesellschaftlicher Problemformulierung in der Mädchenarbeit dar. Demgegenüber ist die dritte Dimension gesellschaftlicher Reflexivität, die der geschlechtshierarchischen Arbeitsteilung und der Benachteiligung am Arbeitsmarkt, heute insgesamt etwas in den Hintergrund getreten, ohne jedoch – vor allem in Ostdeutschland – an Bedeutung eingebüßt zu haben. Zur Thematisierung geschlechtshierarchischer Arbeitsteilung gehört überdies nach wie vor der Diskurs um die weibliche Festlegung auf die Hausarbeit. Sind Mädchen tatsächlich noch so wie früher auf Haus- und Beziehungsarbeit gepolt und: Inwieweit gerät dies ihnen weiterhin zum Nachteil?

In der praktischen Mädchenarbeit aber scheint die Bearbeitung der psychosozialen Dynamik der Ablösung – vor allem von den Eltern, besonders von der Mutter – an erster Stelle zu stehen, da sie sich bei Mädchen in diesem Alter bewältigungsintensiver vollzieht als bei Jungen. Diesen Aspekt mit einer entsprechenden gesellschaftlichen Dimension zusammenzubringen ist in der Regel schwer möglich. Denn dies liegt in der subjektiven Empfindung und Wahrnehmung der Mädchen selbst oft quer. Sie können mit dem Diskurs um die Minderbewertung der Hausarbeit bzw. der Wertschätzung von Haus- und Beziehungsarbeit wenig anfangen, da diese Frage von der Ablösungsthematik durchbrochen ist. Allerdings findet sich diese Kritik in den Einschätzungen von Kindern wieder, dass ihre Eltern zu wenig Zeit und Nerven für sie haben, weil sie zu viel arbeiten müssen. Hier gäbe es Verbindungslinien zum Hausarbeitsdiskurs, der inzwischen eher stärker an die Diskussion um den gesellschaftlichen Wert von Pflege- und Sozialarbeit insgesamt gebunden ist (vgl. zur Care-Debatte: Brückner 2001). Von da aus kann dann – darauf hat vor allem Helga Krüger 2000 hingewiesen – die Geschlechterhierarchie neu aufgenommen werden.

Schließlich gehört es zu Ziel und Aufgabe der Mädchenarbeit, die „Stimme der Mädchen" öffentlich hörbar zu machen.

Mädchen sollen sich aus ihrer Wahrnehmung und Befindlichkeit heraus und mit ihrer Kommunikationsfähigkeit im öffentlichen Raum bemerkbar machen. Ihre Stimme soll im öffentlichen Reden über Gewalt genauso hörbar sein, wie ihre Fähigkeiten, mit Konflikten umzugehen auch öffentlich zum Zuge kommen sollen. Meist sind sie ja – z.B. in der Art und Weise, wie Mädchen in Cliquen vermittelnd agieren – nicht offen anerkannt (vgl. dazu noch einmal Heinemann 2000). Anita Heiliger hat in ihren Schulprojekten (2001) gezeigt, wie notwendig es ist, das Thema Schule und Gewalt von Mädchen aus zu sehen, denn erst hier werden die geheimen, verdeckten Formen von Gewalt und ihre Grenzbereiche sichtbar. In der allgemeinen Diskussion um Schule und Gewalt wird nur meist die manifeste, männliche Seite thematisiert und auch die psychische Gewalt, die von Mädchen ausgeht, nicht unterschlagen.

7. Männerberatung

Im Mittelpunkt jeder Beratung steht die Sprache. Das Grundproblem des beschädigten Mannes – so haben wir es in den Prinzipien zur männlichen Lebensbewältigung formuliert – ist seine Sprachlosigkeit – gegen sich selbst und im Hinblick auf das, was ihn innen bedroht. Der Berater versucht, den Klienten so weit zu bringen, dass er über diese, seine negativen Gefühle, seine Hilflosigkeit sprechen kann. Der männliche Klient dagegen hat Angst vor dieser Hilflosigkeit in sich, ist bestrebt, sie nach außen abzuspalten. Er hat Angst davor, dass er die Kontrolle über sich und die Situation verliert und versucht alles, um sich und seine Lage erst einmal zu rechtfertigen, sein Problem zu „rationalisieren", den Berater auf seine (Männer-) Seite zu ziehen.

So oder so ähnlich kann man die inzwischen vielfältigen Erfahrungen aus der Männerberatung zu einem Modell des „Sprechkonflikts" zusammenfassen, den es im Beratungsprozess aufzulösen gilt. Männlichkeit steht quer zu Beratung, weil sie immer dort nach außen strebt, wo die Beratung nach innen will. So ist es kein Wunder, dass der schon erwähnte Schwanitz-Bestseller „Männer, eine Spezies wird besichtigt" (2001) – es müsste heißen: Eine Spezies besichtigt sich selbst –

so große Resonanz unter Männern (und wahrscheinlich auch Frauen) hatte. Erfährt man doch, dass der Mann gleichsam von Natur aus ein Außenwesen ist (der Mann kommt vom Mars, die Frau von der Venus), dass er eben deswegen seine inneren sozialen Probleme zwangsläufig außen bearbeiten müsse. Externalisierung, das Schreckgespenst der Berater, wird hier als männliche Tugend gehandelt. Ein Mann hat sich im Griff und alles unter Kontrolle. Natürlich taucht im Schwanitz-Buch der geschädigte und gescheiterte Mann, der an seinen Externalisierungen zu Grunde geht, nicht auf oder verbirgt sich hinter literarisch aufgeputzten Fassaden.

Beratung wird gesucht, wenn man hilflos ist, wenn es „kritisch" in und um einen geworden ist, wenn die psychischen und sozialen Ressourcen, die einen bisher handlungsfähig hielten, über die man bisher verfügt hat, nicht mehr ausreichen oder zusammengebrochen sind. Man(n) ist auf sich selbst zurückgeworfen, den Problemen „nackt" ausgesetzt. Der Bewältigungsmechanismus tritt in seiner Gesetzlichkeit in Kraft, die somatischen Antriebe der Maskulinität gewinnen immer mehr die Oberhand. Der Betroffene wird „übermannt", kennt sich selbst nicht mehr. Selbst Männer, die in krisenfreien Zeiten von sich sagen würden, dass sie ihr Mannsein als sozial und psychisch gelungen empfinden, können in solchen krisenhaften Situationen wieder „zurückfallen" in maskuline Reaktions- und Bewältigungsmuster, die mit ihnen „durchgehen". Ehescheidungen, bei denen es darum geht, wem die Kinder zugesprochen beziehungsweise wie der väterliche Kontakt weiter aufrecht erhalten werden kann, sind ein brisantes Beispiel für einen solchen maskulinen Aufschaukelungsprozess. Es entstehen Fronten: Der Mann – rechtlich in Sachen Vormundschaft sowieso benachteiligt – aktiviert gegenüber seiner Frau maskuline und sexistische Gefühle, die er während der Ehe nie kannte. Der früher partnerschaftlich – empathische Gatte einer gleichberechtigt ausgehandelten Beziehung stürzt nun in das dunkle Loch der Hilflosigkeit, aus dem ihm die bisherigen Beziehungsmuster nicht mehr heraushelfen. Um aus dieser Hilflosigkeit herauszukommen, klammert er sich an das verborgene, ja „archaische" Maskuline in sich, das ihm seiner Empfindung nach noch als Einziges bleibt und ihn stärkt: Die Frau wird auf einmal abgewertet, die Kinder werden zum väterlichen Besitz deklariert, alles, was sich gegen ihn richtet, gerät zum Verstoß gegen ein männlich-patriarchalisches Gesetz, für das er nun steht, die patriarchale Dividende wird unversehens aktiviert.

Wenn ein solcher maskuliner Aufschaukelungsprozess bereits stattgefunden hat, muss sich die Beratung notgedrungen langwieriger und im Beziehungsaufbau zum Berater schwieriger gestalten. Solche Männer sind es dann vor allem, die die Berater zu sich rüberziehen wollen, die gerade wegen ihrer Angst vor Hilflosigkeit und Kontrollverlust nun zumindest in der Beratung die „Kontrolle über die Situation" behalten wollen. Deshalb ist es für die Einschätzung der Beratungssituation notwendig, zwischen zwei Konstellationen zu unterscheiden:

Erste Konstellation: Der Mann ist in der Lage, seine Hilflosigkeit so zu erfahren, dass er sie selbst thematisieren und sich Beratung – entweder Alltagsberatung bei FreundInnen oder professionelle Beratung – suchen kann. Er spürt in sich den Druck, über sich zu sprechen, sich offenzulegen, aber auch den Drang, dass er jemanden braucht, der ihm dabei hilft, eine entsprechend offene und verstehende Beziehung anbietet. Dies ist kein rationaler Entscheidungsvorgang. Der Mann ist genauso den Anfechtungen seiner verborgenen Maskulinität ausgesetzt. Wichtig aber ist für die Einschätzung der Ausgangssituation der Beratung, dass er den Ausbruch dieser Maskulinität, das Übermanntwerden, mehr fürchtet als seine Hilflosigkeit.

Zweite Konstellation: Der männliche Aufschaukelungsprozess ist voll im Gange, die Angst vor Hilflosigkeit und Kontrollverlust ist abgespalten und auf Feindbilder (Abwertung anderer) hin projiziert. Rationalisierungen und Kontrollstrategien beherrschen das Verhalten und versteifen sich immer mehr, so dass die eigene Hilflosigkeit entsprechend hartnäckiger ignoriert, externalisiert werden muss. Die Männerberatung, die der Mann schließlich in Anspruch nimmt – meist „schicken" ihn Freunde oder Verwandte – wird als letzter Strohhalm und letzte Versicherung gleichermaßen aufgesucht. Dieser Ambivalenz – der Klient signalisiert seine Hilflosigkeit wie seinen unbedingten Anspruch sie zu negieren – sieht sich der Berater ausgesetzt, wie soll er sie aufbrechen?

Wenn wir im Folgenden von dieser „erschwerten" Konstellation ausgehen, um ein pragmatisches Modell der Männerberatung zu entwickeln, so ist damit vorausgesetzt, dass die meisten der darin enthaltenen Arbeitsprinzipien auch für die „einfache" Beratungskonstellation charakteristisch und strukturierend sind.

Bleiben wir bei einem hartnäckigen Scheidungsfall. Der Mann hat alle Leidensstationen – Feindschaft zur Frau, Spaltung des Freundeskreises, Anwalt – hinter sich, die Männerberatung, so widerwillig er dem Tipp folgt, ist die letzte Möglichkeit. Er sucht Lösungen und will doch Bestätigung, versucht den Berater in seine Version einzustimmen. Hilflosigkeit, die er nicht verbergen kann und Dominanzstreben beherrschen gleichzeitig die Szene. Der Prozess der Abstraktion hat längst eingesetzt: Der Mann führt einen Kampf um Prinzipien, gegen Frauen, gegen das Unrecht, das Männern zugefügt wird. Er muss stark sein und die Hilflosigkeit, die alles aus ihm heraus antreibt, darf nicht sichtbar werden – Hilflosigkeit ist Schwäche.

Als Erstes muss der Berater die Situation klarstellen, dem Mann eine eindeutige Beratungsprognose geben: ‚Ich kann Ihnen Ihre Kinder nicht wieder verschaffen, ich kann Ihnen aber versichern, dass Sie sich besser und wohler fühlen, wenn Sie sich auf den Beratungsprozess einlassen. Es geht um Sie und nicht um Ihre Kinder oder Ihre Frau. Entweder lassen Sie sich darauf ein, oder wir brauchen erst gar nicht mit der Beratung zu beginnen.

Es geht aber nicht um Sie, so wie Sie sich hier präsentieren, sondern um den anderen, der in Ihnen steckt und der Ihnen helfen wird, dass Sie nicht mehr gegen sich kämpfen und sich nicht mehr zerstören müssen. Denn der Kampf, den Sie bisher um Ihre Kinder geführt haben, hat sich zum Kampf gegen Ihre Kinder gewendet, Sie sehen in den Kindern nur noch sich, Ihren Besitz, Ihre Stammhalterschaft.'

In diesem ersten Zugang werden schon drei Grundprinzipien der Männerberatung deutlich:

- Der Mann muss spüren und später erkennen können, dass der externalisierte Kampf um etwas und gegen andere letztendlich ein sturer Kampf, Gewalt gegen die eigene Hilflosigkeit und damit gegen sich selbst ist. Was ihn jetzt in der Beratung erwartet, ist ein schmerzlicher Prozess: Beratung soll ja gerade das aufschließen, zutage fördern und ihm spiegeln, was er bisher abgespalten, projiziert, rationalisiert und verdrängt hat. Er hat nur die Prognose des Beraters: Sie werden sich dann wohl fühlen und die Situation neu sehen können. Sie werden aus sich heraus über diese Ängste sprechen können und dabei spüren, dass Sie nicht mehr auf Rationalisierung, Abwertung oder gar Gewalt angewiesen sind. In der Praxis der Männertherapie mit gewalttätigen Männern gibt es die Faustregel: „In dem Moment, wo sie eine Sprache finden, für das was hinter der Gewalt steckt, können sie auf Gewalt verzichten" (Bentheim/Firle 1996).

- Der Berater muss eine akzeptierende Haltung einnehmen können. Das heißt er muss dem Klienten deutlich machen, dass er als Mann sein Verhalten versteht, sich hineinfühlen kann (Anflüge von Frauenabwertung hat jeder Mann), dass er aber neugierig auf den „anderen Mann" ist, der im Klienten steckt. Natürlich nutzt der Berater letztendlich die Abhängigkeit des Klienten, für den er erst einmal den letzten Ausweg darstellt und dies erlaubt ihm, dieses „Doppelspiel" zu variieren. Die Kunst besteht darin, die Abspaltungen und Rationalisierungen des Klienten eine Zeit lang auszuhalten, sich so weit darauf einzulassen, dass sich der Klient nicht ganz ausgeliefert fühlt und dadurch blockiert ist. Gleichzeitig kann ihm aber gezeigt werden, kann er spüren, dass seine Haltung, wenn sie sich nicht ändert, schon im Gespräch, in der Beziehung zum Berater in die Enge führt und dass er das, was in der Beratungsbeziehung aufkeimt, gleich wieder erstickt.

In der Beratung werden Person und Problem (bei gewalttätigen Männern: Person und Delikt) auseinander gehalten, voneinander getrennt. Es wird über den Mann gesprochen und nicht über das Problem. „Erzählen Sie über sich, über den kleinen Jungen, die Ängste, die Versuche sie zu überwinden, Erinnerungen des Wohlfühlens". Das biografische Interview wird zum therapeutischen Zugang, der Klient kommt immer wieder in den Erzählzwang, eine neue Verlaufskurve des bisherigen Lebens bildet sich heraus, in der die „anderen" Anteile des Mannseins aufscheinen und festgehalten werden können.

Natürlich ist das ein mühsamer Einstiegsprozess, der eine eigene Beziehungsatmosphäre braucht. Männerberatung ist ein Schutz- und Beziehungsraum, der im Kontrast stehen muss zu den externalisierten Räumen der Arbeit und der Arbeitsbeziehungen. Also: Keine Büroeinrichtung, aber auch nicht zu kuschelig, denn das assoziiert bei Männern schnell schwach, weiblich, schwul. Der symbolische Übergang muss gewahrt bleiben, wichtig an den Möbeln ist, welche Haltung sie ermöglichen, wie man sich zurückfallen lassen kann und doch nicht fallen lassen muss. Männerberatung braucht Bewegung, muss in Fluss gehalten werden, der externalisierte Mann, der die dauernde Bewegung von sich weg liebt, muss in die Bewegung zu sich selbst „umgepolt" werden. Spaziergänge und Treffen im Café sind Teil des Beratungsrhythmus. Am Anfang muss gegen Übertragungen (s.u.) gekämpft werden.

Spätestens jetzt wird deutlich, dass auch hier wieder alles um das magische Bewältigungsdreieck kreist. Der Klient kommt mit massiven Selbstwertstörungen, er fühlt sich als Mann gedemütigt, kämpft um seine Anerkennung, fühlt sich ohnmächtig und verstärkt damit dauernd seinen Drang, etwas bewirken zu müssen, noch „stärker", noch mehr männlich-dominant zu sein. Hier wird plausibel, warum er immer wieder versucht, den Berater in seine Männlichkeit einzubinden, hineinzudrängen. Dies ist sicher auch der Punkt, an dem die oftmals gestellte Frage beantwortet werden muss, was in der Männerberatung sinnvoller ist: Ob nur Männer beraten sollen oder ob es auch eine Beraterin sein kann. In der Beratungsliteratur wird dies wie folgt abgewägt:

„Der Vorteil einer Mann-Mann-Konstellation könnte darin liegen, dass (in der Einzeltherapie) beide Partner vor dem Hintergrund einer männlichen Biografie miteinander kommunizieren. D.h. es gibt ein erhebliches unbewusstes Verständigungsreservoir etwa darüber, was es heißt in dieser Gesellschaft Mann zu sein, bestimmten Zwängen in Beruf und Gelderwerb ausgesetzt zu sein, welche Gefühle unterschiedlicher Art Frauen bei einem Mann auslösen, welche Gefühle, Sehnsüchte und Ängste mit männlicher Sexualität verbunden sind usw." (Brandes/Franke/Rasper 1996, S. 114). Dies ist zwar nicht unproblematisch, da sich so immer eine Tendenz des unbewussten Einverständnisses entwickeln kann, das es dann schwerer macht, „blinde Flecken" im gestörten Mannsein des anderen aufzuschließen. „Trotz dieser Einwände kann man [...] davon ausgehen, dass besonders Männer, die zu einem fragilen und ständig gefährdeten Selbstbild neigen, weil sie in ihrer Lebensgeschichte nicht auf einen anerkennenden Vater zurückgreifen konnten, aus einer Konstellation mit einem männlichen Therapeuten den Vorteil ziehen können, ein idealisierbares und sie anerkennendes männliches Gegenüber vorzufinden, das ihnen erlaubt, sich in der Identifikation mit ihm in ihrer eigenen Männlichkeit zu stabilisieren. [...] Demgegenüber weist die Frau-Mann-Konstellation in der Therapie den Vorteil auf, dass Männer, die in ihrer Biografie die Erfahrung einer Konstellation gemacht haben, in der die Abwehr aller als weiblich klassifizierten Gefühle die Voraussetzung der eigenen Männlichkeit war, sich mit den autonomen Seiten einer Frau identifizieren und sich mit ihr als anerkanntem Gegenüber in Beziehung setzen können. Auf dieser Grundlage kann dann die Angst vor Abhängigkeit bearbeitet werden." (Ebd. S. 114f.). Da es sich nach der Erfahrung bei Männern, die Männerberatung aufsuchen, meist um solche mit einem gestörten oder irritierten männlichen Selbstbild handelt und damit gleichzeitig auch mit diffuser Abwertungshaltung Frauen gegenüber, wird für einen männlichen Berater plädiert. „Vor allem in Fällen, wo es in der Biografie Grenzverletzungen (wie sexuellem Missbrauch) gegeben hat oder der Vater völlig aus der Sozialisationserfahrung herausfällt, spricht viel für eine gleichgeschlechtliche Therapiekonstellation. Die Gleichgeschlechtlichkeit in der Therapie ist aber auch hier kein Allheilmittel, vielmehr bleibt es Aufgabe des Therapeuten, sensibel den Machtaspekt in der Beziehung wahrzunehmen oder zu handhaben. Oft erweist sich auch eine konsekutive Therapie bei einer Therapeutin und später einem Therapeuten (oder umgekehrt) als günstig" (ebd. S. 115).

Wie lange die Einzelberatung mit dem Klienten dauern muss, hängt davon ab, wann und wie beide – Berater und Klient – spüren, dass der Klient zu sich gekommen ist, dass es ihm möglich ist, aus sich selbst zu sein und sich dabei wohl zu fühlen. Die Abhängigkeiten der ersten Stunden – abhängig von Frauenabwertung, von Dominanzstreben und Kontrolldruck – sind in den Hintergrund getreten. Nun ist es Zeit, dass sich die Beziehung Berater-Klient sozial öffnet, und der Klient die Gelegenheit erhält, in eine Gruppe einzutreten, in der Gleichbetroffene zusammen sind. Diese Gruppe ist ein geschützter Raum, in dem dann der Mann kann erfahren, dass ihm sein nun anderes Selbst sozial zurückgespiegelt wird: „Der Einzelne sieht sich oder einen Teil von sich widergespiegelt in den Interaktionen der anderen Gruppenteilnehmer [...] in dem die Männer sich wechselseitig die Anerkennung zuteil werden lassen [...] lernen sie zugleich, dass sie mit ihren individuellen traumatischen Erfahrungen vom kollektiven männlichen Rahmen der Gruppe gehalten werden und dass sie Trauer, Leid und Scham zeigen können, ohne damit zugleich ihre Männlichkeit einzubüßen. [...] In diesem Prozess verändert sich – weitgehend als unbewusster Prozess – allmählich auch das Männlichkeitsbild der Gruppe: Anfänglich richten die Teilnehmer ein an traditionellen Werten von Leistung, Geschick, Potenz und Macht orientiertes Bild von Männlichkeit auf (auch in Gruppen, die sich verbal eher progressiv gebärden und die Bindung an derartige Muster verleugnen). Im Fortschritt der Gruppe wird dann aber immer mehr an individuellen Eigenheiten und Erfahrungen in die gemeinsame Norm von Männlichkeit integriert und es entsteht eine durch die wechselseitige Anerkennung im Rahmen der Männergruppe bestimmte offenere Bedeutung von Männlichkeit." (Brandes 1996, S. 150).

Der Erfolg der Einzelberatung verlängert sich also nicht so einfach in die Gruppe hinein, da die Gruppe wieder ihre eigene Dynamik entwickelt, die entlang einer ambivalenten „Grundlagenmatrix" verläuft: Zum einen geraten Männergruppen nahezu zwangsläufig in eine männerbündlerische Dynamik hinein, in der Abwertung des Weiblichen, Bestärkung der männlichen Dominanz und Scheu vor Intimität wieder aufkeimen, gleichzeitig sind die Männer oft erst einmal hilflos in diesem intimen Schutzraum, der sie symbolisch dazu zwingt, Intimes – Ängste, Sehnsüchte, Verstörungen – aus sich heraus preiszugeben, wo doch der männliche Raum der öffentliche Raum der Rationalisierung und Selbstkontrolle ist. Gleichzeitig bringen sie aber auch die Sehnsucht aus der Einzelberatung mit, das nun Erreichte sozial – vor allem an anderen Männern – zu testen, das Gespenst der Unmännlichkeit zu verscheuchen. Dennoch – darauf hat Brandes ja auch hingewiesen – muss sich der Berater darüber im Klaren sein, dass er diese Grundlagenmatrix immer wieder durchbrechen kann. Es liegt an seinem Geschick, wie er sich als Gruppenleiter einbringt und zurückhält, wie es ihm gelingt, hierarchische Situationen und damit Konformitätsdruck, der durch dominantes Eingreifen entstehen kann, zu vermeiden und den Männern den Weg frei zu machen, auf dem sie sich ein Gefühl selbst bestimmter, das heißt aus sich heraus erfahrener Männlichkeit, die alle Empfindungen zulässt, erspüren können (vgl. ausführlich zur Männergruppenarbeit Brandes 1996).

Insgesamt könnte man die Männerberatung auch als einen Prozess der Rückführung vom abhängigen und getriebenen Mann zum Menschen in sich und von da aus zum Neuaufbau als selbstbestimmter Mann und von innen heraus (und nicht außengeleiteter) verantwortungsbewusster Mann charakterisieren.

8. Beratung und Begleitung von Frauen

Die Anlässe für die Aufnahme einer Beratung müssen in vielfältigen Konstellationen gesehen werden: Frauen suchen von sich aus Beratung wenn sie sich überfordert fühlen: Sie nehmen zum Anlass die „Schwierigkeiten", die sie mit den Kindern/Jugendlichen haben. Sie signalisieren Überlastung – fordern Entlastung ein – und werden darin oft überhört. Sie handeln aus einer gänzlich ausweglosen Situation heraus und suchen Entlastung durch „Beziehungsaufnahme" zu einer SozialarbeiterIn.

Frauen werden offiziell über das Auffälligwerden ihrer Kinder erreicht: Wenn sie als Mutter z.B. wegen Alkoholismus oder Kriminalität ausfallen, bei Trennungskonflikten, auf Grund der Vernachlässigung der Kinder z.B. bei Obdachlosigkeit. Meist geht es um ungeklärte „Unfähigkeit" oder massive Belastung in einer „Multiproblemfamilie". Nicht selten steht dann die Frage der „Fremdunterbringung" von Kindern zur Entscheidung an. Oft – in der Situation des Alleinseins oder in der Situation der Verantwortung für Kinder und für den familiären Zusammenhalt – haben sie im Hintergrund eine Gewalt-

oder Konflikterfahrung oder die unlösbare Abhängigkeit von Elternteilen und Institutionen, die sie zugleich entwerten. Diese Erfahrungen können über Generationen hinweg weitergegeben werden, weil sie keine offene Bearbeitung oder keinen Ausdruck gefunden haben (Hartwig 2002).

Finanzielle und seelische Entlastung sind zunächst wichtige Voraussetzungen dafür, dass im Prozess der Begleitung und Beratung alternative Erfahrungen erreicht werden können. Dann erst kann die „Hintergrundgeschichte" angeschaut werden. Genauer gesagt: Es bleibt immer eine offene Frage, ob die nicht zugänglichen Verletzungen und oft lebenslang verborgenen Konflikte (z.B. lebenslang weitergegebene Unwertgefühle und Abhängigkeit von einem gewalttätigen Ehemann, unbearbeitete Trennungskonflikte) zum Thema werden können oder im Hintergrund bleiben müssen. Eine Bearbeitung der lebenslangen Entwertung kann aber auch beispielhaft in der alltäglichen Zusammenarbeit neue Sicherheiten und Gegenerfahrungen schaffen.

Immer muss jedoch beachtet werden: Zwischen der Verletzung oder der Abwertung als Tochter in der Herkunftsfamilie und der individuellen Handlungsunfähigkeit oder dem mangelnden Selbstschutz im Erwachsenenleben aber auch bei Überforderung und Aggressivität gegenüber den Kindern – besteht ein Zusammenhang. Aus diesem lebensgeschichtlichen Hintergrund überträgt sich nicht selten in die Hilfesituation hinein ein unerklärliches, unüberwindliches Gefühl der Ohnmacht, der gesteigerten Hilfsbedürftigkeit und Angewiesenheit; diesem gegenüber geht eine Sozialarbeiterin manchmal auf vorsichtige Distanz oder begegnet der Klientin mit gesteigerten Anstrengungen, die bald in Überforderung münden. Dies ist als Signal zu sehen. Im institutionellen Auftrag aber wird dieser Hintergrund oft übergangen, – d.h. es existiert kein Konzept der „Wiedergutmachung" oder Unterbrechung einer Schicksalslinie. Eher wird vom Ansatz her neu bestätigt, dass:

- die Frau seelisch, materiell und sexuell den Mann versorgt,

- sie selbstverständlich sein Überlegenheitsgefühl (auf Kosten einer ausgeglichenen lebensvollen Beziehung) bedient /und

- die Kinder als Kompensation oder Ventil braucht.

Alle diese Zuschreibungen untergraben zuerst die vorhandenen Anstrengungen der Frauen selbst mit einer Überlastungssituation fertig zu werden.

Der aktuell gesellschaftlich vermittelte ökonomische Druck degradiert nun nicht nur diese Anstrengungen von Frauen, er verringert auch die Chancen der Sozialarbeit, zu ihrer Entlastung beizutragen bis zur Unmöglichkeit. Auch die Rückdelegation des Sozialen an die Zivilgesellschaft bedeutet immer eine Belastung der Frauen, weil sie zuständig sind für die Versorgungswirtschaft (Wichterich 1998). Daraus folgt auf gesellschaftlicher Ebene: für eine glückliche Wendung der Lebenserfahrungen von verletzten Frauen, für eine biografisch und gesellschaftlich mögliche Wiedergutmachung besteht nur eine geringe Chance, der gesellschaftliche Raum für einen sozialarbeiterischen Auftrag muss gegen diese Neubelastung von Frauen erst durchgesetzt werden.

Gerade in den Milieus der Unterschichten finden wir unterschiedliche Wertigkeiten und Formen, wie Frauen die Sehnsucht nach einem eigenständigen Leben mit den Anstrengungen und dem Stolz über gelingende gemeinsame Lebenssicherung verbinden wollen und dabei scheitern. In den Rekonstruktionen z.B. von Familienhilfen oder Pflegekinderarbeit finden sich geglückte Hilfebeziehungen, aber ebenso oft lässt sich zeigen, wie die institutionellen Verfahren selbst Frauen unter Druck setzen, ihnen Handlungsfähigkeit entziehen oder sich um ungesehene zentrale Konfliktsituationen herum eine Hilfekarriere entwickelt (vgl. Riemann und Faltermeier 2001). Das heißt aber, eine Hilfe muss zuerst gegen die institutionellen Entmündigungsprozesse angehen, die stillschweigend als strukturelle Gewalt wirken. Zum Zweiten enthalten unsere Frauenbilder selbst eine Zuschreibung von unvollkommener Mündigkeit, Hilflosigkeit, Unselbständigkeit. Wir versäumen es daher, Frauen gegenüber Transparenz über die Reichweite der sozialarbeiterischen Handlungsmöglichkeiten herzustellen und systematisch ihre Ansprüche uns gegenüber zu unterstützen. Auf der Beziehungsebene ist es schwer, die Abhängigkeit einer Frau auszuhalten und sie zugleich in einem eigenen Prozess der Ablösung zu unterstützen. Wo finden wir Zeichen neugewonnener Kraft zum Widerstand gegen Überlastung von innen und außen? Wie kann ich persönlich „Widerständigkeit" im unmittelbaren Beratungszusammenhang zulassen? Wohin wird dieser Widerstand kanalisiert oder kann – im Gegensatz dazu – zum Sprechen gebracht werden?

Wenn wir Beratung als Wiedererlangung von Handlungsfähigkeit in kritischen Lebenssituationen, in denen die eigenen psychischen und sozialen Kräfte verloren gehen, verstehen und weiter davon ausgehen, dass die Klientinnen befähigt werden sollen, den Lösungsprozess wieder selbst und für sich in die Hand zu nehmen (vgl. dazu auch Engel/Nestmann/Sickendiek 2000), so stoßen wir bei der Beratung von Frauen quer durch die kritischen Lebensereignisse, von denen sie betroffen sind, auf das Grunddilemma, dass sie meist ganz das Problem selbst auf sich genommen haben, bevor sie in den Beratungsvorgang eingetreten sind.

Sicher hat der feministische Ansatz Recht, wenn er beklagt, dass Frauen dann zur Klientin gemacht werden, wenn von ihnen Eigenschaften wie Emotionalität, Ausgleich und Fürsorge erwartet werden und die Beratung darauf ausgerichtet ist, dass Funktionsfähigkeit stabilisiert wird. Die Perspektive gilt, dass in der Beratung zusammen mit den Frauen Strategien gegen die Festlegung von Frauen auf defizitäre Rollenstereotype und erwartete Eigenschaften entwickelt werden. Wir übersehen dann eher das Problem, dass Frauen sich in solche Anforderungen und entsprechende Selbstbilder einfügen, weil sie dazu strukturell gezwungen werden und weil sie darin zugleich subjektive Problemlösungen suchen, um wieder Handlungsfähigkeit und -balance zu erreichen, auch wenn sie damit objektiv in eine noch schlechtere Position als vorher geraten. Dies alles macht den Beratungsprozess zu einem komplexen Bedingungsgefüge. Wenn wir uns im Beratungsverlauf an den Frauen orientieren, dann sollten wir uns nicht nur vor Klientelisierung hüten, sondern auch immer bedenken, dass Frauen subjektiv Lösungen in den Beratungsprozess mitbringen, die unseren Lösungsperspektiven – die wir ja zweifellos im Auge haben – auch wenn wir die Frauen zur Selbsthilfe bringen wollen – zuwiderlaufen.

Es ist eine Faustregel der Bewältigungslehre, dass Menschen in konflikthaften und kritischen Lebenssituationen nach unbedingter Handlungsfähigkeit streben; Handlungsfähigkeit um jeden Preis, auch wenn diese von der gängigen und gesellschaftlich gestützten Norm abweicht oder sogar die eigene Persönlichkeit destruiert. In diesem Sinne machen Sozialarbeiterinnen bei der Beratung von Frauen zwei Grundprobleme zu schaffen, deren Weg der Bearbeitung letztlich über den Erfolg der Beratung entscheidet:

- Frauen machen sich gern Probleme anderer zu Eigen, fühlen sich dafür verantwortlich bis hin zur Schuldübernahme. Wenn sie schon einmal eigene Probleme benennen, dann möchten sie dauerhafte Lösungen haben, lassen sich ungern auf riskante Bearbeitungsprozesse ein, da sie Angst haben, dass, wenn sie scheitern, sie für dieses Scheitern auch Verantwortung übernehmen müssen.

- Viele Frauen wollen die Lösung ihres Problems nicht, weil sie Angst vor dieser Lösung haben. Es ist die Angst etwas neu machen zu müssen, das für sie riskant ist, das sie von ihrem jetzigen Status aus nicht übersehen können. Nicht nur, dass sie fürchten, dass sie für eventuelles Scheitern Verantwortung übernehmen müssen; sie sind einfach von ihrer Biografie her nicht darauf vorbereitet, aus ihrer zurückgenommenen und funktionalisierten Rolle herauszutreten. Erfahrungen aus der Beratungspraxis zeigen, dass Frauen auf diesen zugeschriebenen Status der Funktionalisierung und der Überlastung in der Belastbarkeit beharren, dass sie keine eigenen Wünsche äußern, dass sie Angst haben zu verlieren, statt zu gewinnen. Denn die zugeschriebene Eigenschaft der Belastbarkeit, die ja auch übernommen und bis hin zur Zuspitzung des Problems ausgelebt wurde, hat ihnen bisher Handlungsfähigkeit – wenn nicht gar Renommee – gebracht.

Dieses kulturelle Problem einer ambivalenten Belastbarkeit von Frauen, das viele Frauen selbst leben, bestimmt sowohl die eigenen Strategien des Umgangs mit Konflikten als auch die Strategien der Alltagsberatung. Wir dürfen ja nicht vergessen, dass Alltagsberatung von Frauen verdeckt jeden Tag in den Arztpraxen stattfindet. Nachgewiesenermaßen verschreiben die Ärzte jenen Frauen, die mit Unwohlsein, depressiven Anzeichen oder Stressmerkmalen zu ihnen kommen ganze

Batterien von Schmerz- und Beruhigungsmitteln: Kopf-
schmerztabletten, Kreislaufmittel, Antidepressiva.

Frauen entsprechen in der Tendenz – natürlich mit biografischen Differenzierungen und Variationen – solchen gesellschaftlichen und alltäglichen Zuschreibungen und verarbeiten
ihre Konflikte tendenziell nach innen. Dabei lassen sich folgende Muster erkennen:

- Frauen dürfen nicht aggressiv sein; auch begrenzte Aggressivität ist ihnen nicht erlaubt, obwohl sie zum Ausleben des
  Konflikts gut wäre. So stauen sich oft Konflikte auf, können
  manchmal auch nicht mehr somatisch unterdrückt werden
  und brechen los, eskalieren. In Gattenmorden äußert sich
  solche aufgestaute Wut, Kindsmorde sollen den Mann in
  seinem Erzeuger- und Generativitätsstolz treffen. Bezie-
  hungsmorde treffen natürlich zuallererst die Frauen selbst.

- Frauen leben ihre Konflikte oft in Überfürsorglichkeit aus.
  Fürsorgliche Kontrolle wird zum Muster der Konfliktbewältigung, der Konflikt wird damit zugedeckt und schafft neue
  Konflikte, die dann als solche überhaupt nicht mehr erkennbar sind. Der Mutter-Tochter-Konflikt gehört in diesen Zusammenhang.

- Frauen personalisieren ihre Konflikte sehr schnell und sehr
  stark. Sie orientieren sich weniger an der sachlichen Problematik, sondern schreiben personal zu: Diese Frau ist
  unmöglich! Personale Zuschreibungen dieser Art sind zwar
  spontan, aber bezüglich dessen, was sie anrichten, nicht
  kontrollierbar. Wenn man personalisiert, hat der/die andere
  keine Chance und damit wird die Situation von beiden Seiten her unübersichtlich. Rache liegt in der Luft. Negative
  Personalisierungen sind in der Regel immer mit Angst vor
  Rache verbunden, so dass das bekannte Muster wirkt: Der
  eigentliche Konflikt wird durch andere Konfliktängste (hier:
  Angst vor Rache) überlagert und verdeckt.

Die von Frauen gelernten Alltagstechniken der Schuldübernahme, der Überfürsorglichkeit und der Personalisierung über-
formen nicht nur die Konflikte und lassen neue – stellvertretend – ausbrechen, sondern bringen die Frauen auch in höchst
zwiespältige Situationen. Denn mit solchen Techniken kann

man ja nicht souverän und autonom umgehen, sie spiegeln vielmehr Konstellationen des Verwehrtseins, der Bedürftigkeit und des Hin- und Hergerissenseins. An einem Alltagsbeispiel soll dies erläutert werden:

Eine Frau leidet unter wiederholten Depressionen, ihr psychischer Krankheitszustand wird von der Ärztin erkannt und sie wird krankgeschrieben. Gleichzeitig hat die Frau den Eindruck, dass sie von ihrer Chefin, der sie das mitteilt, unausgesprochene Signale erhält: Wenn du die nächsten Tage nicht kommst, kann ich dir – bei unserer derzeitigen betrieblichen Situation – nicht garantieren, dass wir dich behalten können. Die Frau spürt, dass ihr die Krankentage gut täten, sucht die Autorität der Ärztin und hat gleichzeitig nicht nur Angst, dass sie eventuell gekündigt wird, sondern diese Angst verquickt sich mit dem Verständnis für die Lage der Chefin und des Betriebes. Nun wirkt der weibliche Bewältigungsmechanismus: Gleichgewicht in dieser zwiespältigen Situation stellt sich erst einmal dadurch her, dass die Frau alle Schuld auf sich nimmt: dass sie krank ist, dass sie den Betrieb im Stich lässt, dass sie am besten gar nicht auf der Welt wäre. Vorübergehende trügerische Ruhe ist eingekehrt, aber Handlungsfähigkeit stellt sich nicht ein. Wenn sie sich regressiv verhält – vielleicht auch noch Medikamente nimmt – ist alles einigermaßen eingedämmt. Wenn der Konflikt aber immer wieder hochkommt, dann spürt sie, dass nichts gelöst ist, sondern im Gegenteil alles durcheinander geht.

Stärkende Konfliktberatung (Empowerment), die an der Befindlichkeit der Frau ansetzt, kann man sich in folgenden Schritten vorstellen: Erst ordnen und damit der Frau zu einer eigenen Bewältigungsposition verhelfen, ihr aber dabei Unterstützung versichern und ihr gleichzeitig helfen, Anschluss an andere Frauen zu finden, um so Gemeinsamkeiten in der Befindlichkeit und der Bewältigung herausfinden zu können.

Der Beratungsschritt *Ordnen* hat zum Ziel, dass die Frau selbst lernt, die unübersichtliche Konfliktsituation in einzelnen Teilen zu überblicken und neu zu bewerten. Der Ordnungspunkt ist sie selbst. Die Konfliktkonstellation wird solange durchgesprochen und abgewogen, bis die Frau sagen kann: Ich stehe zu etwas. Entweder: Ich gehe zur Arbeit, weil es Sinn macht und nicht weil ich Angst vor der Chefin und den Konsequenzen, die sie mir androht, habe. Oder: Ich bleibe zu Hause, weil ich das brauche und weil ich das will, denn ich möchte meinen Zustand selbst in den Griff bekommen.

Ist dieses Ordnen so gelungen, dann muss die Beraterin der Frau signalisieren, dass sie ihr in dieser ihrer Entscheidung beistehen und Rückhalt geben wird: Wir stehen *gemeinsam* den Konflikt durch. Dysfunktional wäre es, wenn die Beraterin sagen würde: Ich kann ihnen diese Entscheidung nicht abnehmen. Dabei ist es natürlich im Verlauf des Beratungsprozesses immer wichtig, nachzufragen, wie es der Klientin dabei geht, um zu erfahren, ob und wie sich ihre Schuldgefühle auflösen können. In diesem Zusammenhang ist es wichtig zu erkennen, dass hinter dem Verhalten der Frau *Bedürftigkeit* steckt: Sie möchte ja zugleich von anderen anerkannt sein und für sich eintreten, aber dies ist ihr von innen und außen verwehrt. Sie möchte ja, auch wenn sie krank ist, die gute Arbeiterin bleiben, die sie bisher war und weiter dafür soziale Anerkennung bekommen. Sie will aber auch Verständnis für ihren Zustand und muss deshalb immer wieder gegen das Gefühl ankämpfen, dass soziale Anerkennung ihrer Arbeit und Verständnis für ihre Krankheit nicht zusammengehen. Deshalb ist die Entwicklung einer autonomen Position – ich stehe zu etwas – in der Beratung so wichtig, damit die Abhängigkeiten, die sich in diesem Bedürftigkeitszustand entwickeln über die eigene Selbstbehauptung überwunden werden können. Die Überwindung muss zugleich über einen anerkennenden Prozess der Konfliktaustragung hergestellt werden und das ist oft nur von der anderen Seite her erfahrbar. Hier wird Frauen nicht selten die anerkennende Seite verwehrt. Neue Erfahrungen können aber dennoch gemacht werden: Respekt durch Erfolg; Respekt durch entlastenden Aufschub, neue Lösungen, neue Perspektiven. – Etwa wenn als Effekt der neuen Schritte, die Diffusität um Rechte und Anerkennung bzw. der Aberkennung eigenständiger Positionen sich klärt – wenn sichtbar wird, wo Interessen auseinander gehen. Wichtig in diesem Zusammenhang ist, dass die Beraterin selbst keine Angst vor diesem Zwiespalt zwischen Verbundenheit und Eigenständigkeit hat, dass sie weiß, dass sich diese zwiespältige Konstellation auf sie selbst übertragen und bei ihr Zwiespalt hervorrufen kann und um die Gefahr weiß, dass dieser sekundäre Zwiespalt, der sich nun bei ihr einnistet, nur darauf wartet, auf die schwächere Klientin projiziert zu werden.

Viele dieser zwiespältigen Situationen entstehen dann, wenn Frauen isoliert sind. Diese *typische weibliche Isolierung* wird von zwei Seiten her gefördert: Viele Frauen verlassen sich im Verlauf ihrer Biografie auf ihren männlichen Partner und suchen Anerkennung für sich und ihr Tun vor allem bei ihm; die Folge davon ist, dass sie ihre Beziehungen zu Frauen vernachlässigen. Hinzu kommt, dass sich viele Frauen in den Beziehungen zu Männern sicherer fühlen, denn sie haben die Erfahrung gemacht, dass Verletzung und Ungeklärtheit in Beziehungen unter Frauen auch nicht offen angesprochen werden können. Der Kaffeeklatsch ist gerade deswegen – für eine Zeit lang – attraktiv, weil er die Zweideutigkeit und Verdecktheit der Beziehungen von Frauen untereinander aufnehmen und spielerisch offenbaren kann, ohne dass dies freilich durchgearbeitet wird. Dazu kommt die Angst – manchmal aus der Erfahrung heraus –, dass Frauen, wenn sie sich aggressiv äußern und nicht gleich etwas miteinander klären können, sich schnell fallen lassen.

Vor diesem Hintergrund geraten Beraterinnen leicht in eine Beziehungsfalle: Sie werden in die Rolle der *professionellen Freundin* gedrängt, werden zum Objekt der intensiven Beziehungswünsche der Frauen und können so in die Lage geraten, dass sie damit den notwendigen Kontakt ihrer Klientin zu anderen Frauen ersetzen. Auch hier ist wieder Selbstreflexion und supervisorische Verständigung mit anderen Kolleginnen notwendig.

Der entscheidende Beratungsschritt lautet also hier: Es müssen immer wieder Zusammenhänge gestiftet werden, kulturelle Gelegenheitsstrukturen, wo die Klientin die Chance hat, *unterschiedliche* Frauen kennen zu lernen. Dass es unterschiedliche Frauen sind, ist wichtig, denn gerade das unterscheidet diese Form angestrebter Gemeinsamkeit von Selbsthilfegruppen. In Selbsthilfegruppen lernt man sich aus dem gemeinsamen Problem heraus kennen und schätzen. Hier geht es aber darum, die Freiheit zu erlangen, Freundinnen und Bezugspersonen zu wählen und zwar solche, die nicht das gleiche Problem haben. Es geht also um *vielseitige* Kontakte, die die

Klientin braucht und nicht um eine problemzentrierte Gruppe mit Beraterin. Diese Chance der Freiheit, Freundinnen aber auch andere Frauen in Alltagssituationen als Beraterinnen zu wählen, ist isolierten Frauen systematisch abhanden gekommen. Sie haben ja auch erlebt, dass unter dem Eindruck der zwiespältigen Art und Weise, wie sie mit ihrem Konflikt umgegangen sind, viele oder gar alle ihrer Freundinnen davongelaufen sind. Darin dass Frauen Konflikte stark über Beziehungen ausagieren, liegt hier ein besonders neuralgischer Punkt des Beratungsprozesses und es ist die Kunst der Beratung, der Frau Gelegenheiten dazu so zu verschaffen, dass sie nicht selbst diese Beziehungen anknüpfen muss, sondern in sie gleichsam hineingerät: Über Unternehmungen wie Ausflüge, kleine Projekte, ungezwungene Treffs. Das setzt natürlich differenzierte und vielfältige Raum- und Aktivitätsstrukturen in der Beratungsszenerie voraus.

Es gibt aber auch das Gegenmodell der isolierten aber starken Frau, mit einer Mischung von Stärke und Bedürftigkeit, die von der Sozialarbeiterin nicht erst aktiviert werden muss, sondern aktiv von ihr einfordert, dass sie sie unterstützt. Ein anderes Beispiel: Mädchen kommen selbst zur Beratung, zeigen an, dass der Vater sie schlägt und werden trotzdem wieder nach Hause geschickt, weil sich bei Sozialarbeiterinnen das Bild verfestigt Wenn die so selbstbewusst ist, kann sie doch in gar keiner Notlage sein. Hier laufen Mädchen und Frauen in die Klientelisierungsfalle der Sozialarbeit: Nur wenn sie dem gängigen und institutionell vorgegebenen Frauenstereotyp entsprechend hilflos, schuldbewusst und belastet wirken, werden sie als Klientinnen anerkannt.

Ähnliche Probleme entstehen, wenn belastete Frauen ein eigenes Leben einfordern. Wenn zum Beispiel eine psychisch kranke Frau freie Männerbekanntschaften für sich reklamiert, muss sie das erst gegenüber der Sozialarbeiterin durchsetzen, dass sie ein Recht auf eigenes Leben und auch Befriedigung sexueller Wünsche hat und dass sie darüber hinaus auch experimentieren und scheitern darf. Sozialarbeiterinnen fällt es schwer, die Frau hier zu begleiten und für sie hier eine Chance der Selbstfindung zu sehen. Wieder ist hier das Problem angesprochen, dass die fürsorgliche Kontrolle der Sozialarbeit dort ihre Grenzen finden muss, wo die sozialen und bürgerlichen Rechte der Klientinnen tangiert sind und oft erst wiederhergestellt werden oder besonders geschützt werden müssen, z.B. bei Migrantinnen oder asylsuchenden Frauen.

Solche Klientelisierung als Einschränkung der Ausdrucks- und Handlungsmöglichkeiten von Mädchen und Frauen findet sich auch in vielen Alltagsbereichen. Wenn Mädchen zum Beispiel in der Schule aggressiv sind und bekannt ist, dass sie zu Hause geschlagen werden, werden sie für ihr Verhalten, also die Schulstörung, sanktioniert. Der häusliche Konflikt von Mädchen wird meist nicht anerkannt, die Fähigkeit der Mädchen, mit ihrer häuslichen Belastung offensiv umzugehen, wird denunziert. Aufgabe der Mädchen- und Frauenberatung ist es hier, dem Mädchen zuerst unbedingte Anerkennung zuteil werden zu lassen, auch indem ihren Aggressionen Grenzen gesetzt werden und dann Möglichkeitsräume zu eröffnen, in denen Fremd- und Selbst-Stigmatisierungen nicht mehr zum Zuge kommen können. Mit einer Entlastung von Schuld für ihr offensives Agieren muss aber auch die Klärung von Verantwortlichkeit einhergehen. Mädchen und Frauen müssen auch die Chance haben, autonom ihre Verantwortlichkeiten gegenüber anderen thematisieren zu können, d.h. ohne dem automatischen Mechanismus der Schuldübernahme ausgesetzt zu sein (z.B. Mädchen, die die Familie verlassen, sollen auch ins Kalkül ziehen können, dass sich jeweils andere um sie sorgen und dies jenseits von Schuldübernahme und Schuldzuweisung interpretieren können).

Insgesamt ist bei der Beratung von Frauen wichtig, dass Sozialarbeiterinnen erkennen, dass Frauen sehr beziehungsorientiert denken und in der Sozialarbeiterin nicht nur jemanden sehen, der Hilfe für ihr Problem anbietet, sondern auch jemanden, bei dem sie personale und soziale Anerkennung finden kann. Dieser Aspekt der Selbstwertvermittlung wird oft von Sozialarbeiterinnen unterschätzt. Deshalb ist es gerade in der Supervision wichtig, Sozialarbeiterinnen auf diese soziale Beziehung – die nicht die Übertragung im üblichen Sinne sein muss – aufmerksam zu machen und als Chance zu nutzen. Chance in dem Sinne, dass Sozialarbeiterinnen den sozialen Beziehungskontext so gestalten können, dass Frauen nicht nur

Resonanz und Unterstützung bei ihrem Problem finden, sondern auch lernen, anders aufzutreten, sozial aktiv zu werden, neue soziale Rollen in der Beziehung zur Sozialarbeiterin bzw. in der dann erweiterten sozialen Gruppenarbeit zu erproben.

Vor dem Hintergrund dieser Prinzipien der Konfliktberatung von Frauen lassen sich typische und strategische Regeln in einzelnen Arbeitsfeldern herausarbeiten. So ist es in der *Familienhilfe* höchst problematisch, wenn Frauenhelferinnen die bessere Mutter sein wollen, denn dies erhöht den Zwiespalt bei Frauen extrem. Frauen müssen von der Familienhilfe *entlastet* werden. Dieses mit ihnen zu arrangieren, ist nicht so einfach, da Frauen sich selbst oft belasten, wenn sie z.B. in Beziehungen leben, die eigentlich für sie inakzeptabel sind, die sie aber nicht aufgeben. Selbst belastende Beziehungen geben ihnen Halt. Kinder sind für sie wichtig, indem sie ihnen Anerkennung und Daseinsberechtigung geben; daher müssen sie fürchten, in Situationen der Schuldzuschreibung zu kommen: Wenn ich diese Beziehung aufgebe, dann bricht die Familie zusammen etc. Da Frauen gemeinhin in konfliktreichen Familiensituationen fast alle Probleme auf sich ziehen, werden sie auch von der Familienhilfe als Problem gesehen. Deshalb muss Frauen Rückhalt gegeben werden, damit sie zuerst ihre Situationen klären können. Ohne Rückhalt geraten Frauen schnell in Befindlichkeiten der Entwertung und Zustände des Zwiespalts, wenn sie auf Fehler angesprochen oder diesbezüglich unter Druck gesetzt werden.

In diesem Zusammenhang ist vor allem das Problem zu beachten, dass Frauen ihre Belastungen nicht selten an Kinder weitergeben, sie in Übergriffen auf und Gewalt gegen Kinder abspalten. Es handelt sich hier um einen Mechanismus der inneren Abspaltung über weibliche Fürsorglichkeit. In diesem Abspaltungsmechanismus der Fürsorglichkeit können sich unübersichtliche und immer wieder gewalttätige Beziehungen zwischen Mutter und Kindern typisch aufschaukeln. Frauen lassen nicht los von ihren Kindern, weil sie alles an den Kindern immer wieder gutmachen wollen, was ihnen angetan wurde. Dabei ist zu beobachten, dass sie dies meist selbst nicht erkennen. Mütter denken, sie wären fürsorglich, dabei setzen sie in der Wirklichkeit ihre Kinder immer wieder unter

Druck und entwerten sie. Zwei Grundregeln können in diesem Zusammenhang aufgestellt werden: Auf der einen Seite ist immer wieder zu überprüfen, ob es nicht notwendig ist, dass Mütter von ihren Kindern eine „Auszeit" nehmen. Zum Zweiten ist es wichtig, über die Beziehung Familienhelferin – Frau hinaus das Netzwerk unterschiedlichster Alltagsbeziehungen zu aktivieren, das der Frau zugänglich ist, das sie aber selbst für die Bewältigung ihrer Probleme nicht nutzt. So sollten der Arzt oder die Ärztin den Frauen aus ihrer Rolle heraus Unterstützung zubilligen und auf entlastende Dienste verweisen können.

Solche netzwerkbezogenen Aktivierungen sind notwendig, weil sonst die Frau ihren Konflikt dauernd mit sich herumschleppt und dabei seelisch krank werden kann. In der Familie – vor allem bei den Kindern – entstehen dann leicht Co-Abhängigkeiten, welche die Mutter-Kind-Beziehung weiter belasten: Kinder kommen unter Druck, weil sie zwangsläufig Verantwortlichkeiten für die Mutter entwickeln müssen, welche die emotionalen Bezüge wie Zuneigung und Vertrauen stören oder gar blockieren können.

Hat sich als notwendig erwiesen, Mütter und ihre Kinder (zeitweise) zu trennen, also „Auszeiten" zu setzen – sei es über Tagesmütter, Erziehungsbeistände (die der Mutter den Konflikt belassen, die Entscheidungsfindung ermöglichen), den Aufenthalt in Pflegefamilien – dann ist es aber gleichzeitig wichtig, alles zu tun, damit die emotionalen Mutter-Kind-Beziehungen trotz der periodischen Trennungen aufrecht erhalten und gefördert werden.

Wichtig in diesem Zusammenhang ist auch die Phase der Rückführung des Kindes in die Familie. Das Stereotyp, dass dann, wenn das Kind wieder daheim ist, alles in Ordnung ist – ein Stereotyp, das immer noch jedes Jugendamt entlastet (vollständige Familie) – kann insofern negativ wirken, als die Bewältigungsleistung und Souveränität des Kindes wieder in Gefahr gerät. Denn schnell kann es in der Familie wieder passieren, dass die Konflikte neu auftauchen und dann wieder alles auf das Kind projiziert werden.

Allerdings sind nicht nur Mutter und Kind Bezugspersonen der Intervention in der Familienhilfe. Oft stellt sich auch der Vater gegen die Sozialarbeiterin. Vor allem dann, wenn er die Empfindung hat, dass mit der sozialarbeiterischen Intervention zum Ausdruck kommt, dass die Familie – und damit er – nicht funktioniert. Wir haben ja immer wieder im Laufe unserer Argumentationen dargelegt, dass der mehr außen orientierte Vater weniger an den Beziehungsproblemen, sondern am Funktionieren der Familie orientiert ist. Wenn die Familie nicht funktioniert, dann funktioniert auch er nicht. Hier ist es bei der sozialarbeiterischen Intervention wichtig, auch den Vater anzusprechen, damit er in seiner durch die „Funktionskrise" ausgelöste Orientierungs- und Hilflosigkeit nicht Druck oder gar Gewalt abspaltet. Deshalb stellt sich die Anforderung, in der Familienhilfe Teams von männlichen und weiblichen SozialarbeiterInnen zu bilden, die solche notwendigen multiplen Interventionen aufbauen können.

Ein zunehmend wichtig gewordenes Arbeitsfeld in der Frauenberatung ist die Arbeitslosigkeit geworden. Von vornherein sollten sich hier die SozialarbeiterInnen sehen, dass es sich meist um keine Problemfälle, sondern um „normale" Frauen handelt. Der Begriff der „Benachteiligung" im Indikationsbereich der Arbeitslosigkeit kann längst nicht mehr über personale Indikationen eingegrenzt werden kann. Der Zugang zum Arbeitsmarkt ist inzwischen vor allem gesellschaftlich erschwert (segmentierter Arbeitsmarkt) und die entsprechenden Benachteiligungen reichen bis in die Mitte der Gesellschaft hinein.

Wenn jemand arbeitslos ist und das über Arbeit geknüpfte soziale Netzwerk, die damit verbundene soziale Anerkennung und den dadurch erreichten Selbstwert verliert, tauchen die alten überwunden geglaubten Probleme, Konflikte und Verletzungen wieder auf. Deshalb sind auch nur wenige in der Lage, die Arbeitslosigkeit als Chance zu begreifen, als Möglichkeit der Erweiterung, um sein Leben kulturell und sozial neu zu gewichten. Für die Beratungspraxis hat sich hier in der Erfahrung eine Unterscheidung herauskristallisiert, mittels der die Anknüpfungspunkte für die Beratungsrichtung freigelegt werden können: Frauen, die sich im Beratungsgespräch *linear* verhalten, die ihre Arbeit immer als zentralen Mittelpunkt und ihre Biografie immer als arbeitszentrierte Karriere begriffen haben, fallen mit der Arbeitslosigkeit in ein tiefes Loch. Hier gibt es nicht so einfach Anknüpfungspunkte für Neues, die Beratung braucht deshalb erst therapeutischen Vorlauf, denn sie begreifen es in der Regel als Scheitern an sich selbst und durch sich selbst. Frauen dagegen, die *offen ambivalent* über ihre Biografie und ihr Verhältnis zur Arbeit erzählen können, finden eher Anknüpfungspunkte an etwas Neues, die Beratung muss weniger therapeutisch sein, sondern kann gleich sozial aktivierend einsetzen.

Es ist in einem solchen Ansatz fast selbstverständlich, dass er verbunden sein muss mit einer engen und qualitativ abgesicherten Netzwerkbildung einerseits und einem von Frauen getragenen gemeinwesenorientierten Ansatz andererseits. Erst hier können die Situationen und unspezifischen Anlässe und Situationen geschaffen werden, bedürftige Frauen frühzeitig zu erreichen; sie an Ressourcen teilhaben zu lassen, über die sie sich neu definieren können. Schließlich können hier auch Frauen, die Krisensituationen überstanden haben, mit eigenem Gewicht für die Ansprüche von Frauen auf ihnen gemäße Hilfe eintreten. Die Anerkennung ihrer Anstrengungen und die Suche mehr Freizügigkeit bleibt für viele Frauen von der Einbindung in neue Unterstützungszusammenhänge abhängig. Vor allen Dingen sollte von hier aus auch die Absicherung und Durchsetzung sozioökonomischer Sicherheit und die selbstbewusste, konfliktreiche Erneuerung dieses Anspruchs möglich sein (vgl. Bitzan/Klöck 1995).

V. Problemfelder geschlechts-
bezogener Sozialarbeit

Die Problemfelder, die wir ausgewählt haben, stehen nicht
einfach nur nebeneinander, sondern sind in einer durchgängigen Bewältigungsperspektive aufeinander bezogen und aufgeschlossen. Die Suche nach psychosozialer Handlungsfähigkeit
durchzieht die kritischen Lebensverhältnisse ebenso wie die
Grundmaximen sozialarbeiterischer Intervention: Alle Hilfen
richten sich auf die Wiedererlangung von Selbstwert, Anerkennung und eigenbestimmter Lebensgestaltung in der Perspektive weiblicher und männlicher Selbstfindung.

Eine übergreifende Problemkonstellation, auf die sich ein großer Teil der Problemfelder beziehen lässt, ist die *Armut*. Dass
wir ihr kein eigenes Kapitel gegeben haben, ist damit begründet, dass Armut eine multiple Konstellation darstellt, die den
Gesamtzusammenhang einer Lebenslage bezeichnet, die sich
SozialarbeiterInnen in typischen Kristallisationspunkten anzeigt. Deshalb haben wir diese lebensweltlichen Kristallisationspunkte – Arbeitslosigkeit, Obdachlosigkeit und der Abstieg
in Suchtkarrieren, soziale Isolation in der Behinderung, die Benachteiligten der Migrationsszene und das Ausgesetztsein bedrohter Frauen – in den Mittelpunkt gerückt. Armut wird längst
nicht mehr nur als „Einkommensarmut" definiert; die Armuts-
problematik hat sich auf den Kreis der „relativen" Armut erweitert und meint damit vor allem auch jene sozialen Einschränkungen und Verwehrungen, die – verbunden mit dem niedrigen
Einkommen – dazu führen, dass Frauen und Männer von der
gesellschaftlichen Entwicklung abgeschnitten, sozial ausgegrenzt sind (vgl. Böhnisch/Arnold/Schröer 1999). Dass es dabei
Frauen (und Kinder) ob ihrer Abhängigkeit über die Familie
oder als Alleinerziehende immer noch am stärksten trifft (vgl.
dazu im Überblick Sellach 2000), darf nicht verdecken, dass
sich inzwischen auch eine fatale Tendenz zur Männerarmut in
dem Maße abzeichnet, in dem die Arbeitsgesellschaft nicht

mehr auf die Masse Mann angewiesen ist (s.o.). Der 30- bis 50-jährige arbeitslose und damit meist „rollenlose" Single oder „verlassene Mann" (vgl. dazu exempl. van Stolk/Wouters 1987) scheint zum neuen sozialen „Problemtyp" der Zukunft zu werden. Schon von daher halten wir es für gerechtfertigt, dass wir im Folgenden Frauen- und Männerprobleme zwar nicht „gleichartig" – d.h. die bestehende Geschlechterhierarchie übergehend – so doch *in einer Linie* thematisieren.

1. Hilfen bei sexuellem Missbrauch

Die Frauenbewegung hat sexuellen Missbrauch als extremen Ausdruck patriarchaler Verfügung über Frauen aufgedeckt und dagegen einen neuen, offenen, geschützten Raum für Aufarbeitung, Gegenwehr und Entwicklung einer Hilfepraxis mit eigenen Regeln geltend gemacht. Die Familie und der familiäre Nahraum galten schon davor nicht mehr als selbstverständlicher Schutz- und Schonraum. Die Offenlegung von sadistischen oder auch als Liebe getarnten sexuellen Übergriffen von Männern gegen Kinder und später sichtbar werdenden Übergriffen auch von Frauen gegen Jungen und Mädchen, der Ausnutzung von (kindlicher) Abhängigkeit in den nahen Beziehungsräumen verlangte nun eine neue Wachsamkeit und die Durchbrechung nicht nur eines, sondern mehrerer Handlungs- und Denkverbote.

Ein Zugriff von Männern auf Mädchen und Jungen wird zuerst durch einen patriarchalen Machtanspruch geschützt, hinter dem das ostentativ vorgetragene und oft unwidersprochene Selbstverständnis der Täter von einem ihnen zustehenden Recht auf Erniedrigung und Benutzung des anderen, kindlichen Lebens steht. Gleichzeitig wirkt unser Bild von geschützter Intimität und vom gefordertem Zusammenhalt der Familie als Schutz für den Täter, die Idealisierung der mütterlichen Sorge als Tabu der Undenkbarkeit eines Übergriffs. Heute hat man erkannt, dass gerade die Abhängigkeit und das Vertrauen, das Kinder in ihre Eltern haben, eine langsam sich steigernde Instrumentalisierung und ungehinderte Gewaltanwendung ermöglichen. Die Strategien der Täter setzen auf eine Spaltung der Familie (vgl. dazu Heiliger 2001), vom Täter werden Mutter und missbrauchte Tochter auseinander dividiert. Die Kinder und Jugendlichen werden unter vielseitigen Drohungen zu Stillschweigen verpflichtet, sie werden isoliert und gleichzeitig eingeschüchtert: dass sie es seien, die die Familie bedrohten, wenn sie darüber redeten. Damit werden vor allem Mädchen verfügbar gemacht und in ein Schuldbewusstsein getrieben, das durch den allgegenwärtigen Vorwurf, sie seien es, die den Missbrauch hervorrufen, noch gesteigert wird.

So ist es allein die Wachsamkeit und die bewusste Entscheidung, Mädchen zu glauben, die es ermöglicht, dass sie Hilfe finden. Diese bewusste, feministisch getragene Parteilichkeit und Hinwendung zu den Opfern war lange Zeit fast ausschließlich in autonomen Einrichtungen realisierbar. Ausgenommen von Einzelpersonen übergehen und missdeuten auch heute noch die pädagogischen MitarbeiterInnen in den Bildungs- und Betreuungseinrichtungen die Hilferufe und Anzeichen für massive Bedrohung und Zerstörung und die Symptome für Überlebens- und Bewältigungskonflikte (vgl. Hartwig 2002). Inzwischen gibt es jedoch engagierte Fachfrauen und vereinzelt Männer, die in vielen Bereichen einen parteilichen Ansatz für sich oder gemeinsam durchsetzen.

Heute gibt es den weitergehenden Anspruch, Anforderungen und Handlungsanweisungen an alle Institutionen und Professionelle heranzutragen. Das Jugendamt wird so zu einem Hauptakteur, wenn es um den Schutz vor Missbrauch und die bedachtsame Unterstützung der Mutter, die Suche nach je individuellen Schutzmöglichkeiten oder die Inobhutnahme der Kinder geht. Allein, für eine Gewährleistung von Inobhutnahme fehlen heute die angemessenen Voraussetzungen, auf die Hilferufe der Kinder und Jugendlichen einzugehen. Hartwig (2000) nennt es „strukturelle Gewalt", Bange (2000a) den „Mangel an Fehlerfreundlichkeit" oder Nachgeben gegenüber „sachfremdem Effizienzdruck", wenn heute diese Diskrepanzen zwischen Anspruch und Wissen um mögliche Hilfe einerseits und der Realität der Vernachlässigung und Kontrolle der Kinder andererseits nicht offen gelegt werden können. Allein die Klärungsprozesse nach einem Hinweis auf sexuelle Gewalt fordern Geduld und zugleich zügige, transparente und diskrete Kooperationen und Verantwortungsübernahme (vgl. Bange 2000a). Dann muss auch der Anspruch und die Notwendigkeit anerkannt werden, dass für Kinder und Jugendliche auf vielseitigen Wegen Aufarbeitung und Überwindung der Gewalterfahrung sichergestellt werden. Wenn MitarbeiterInnen eindeutig Verantwortung für betroffene und Hilfe suchende Mädchen übernehmen sollen, müssen auch angemessene Rahmenbedingungen geschaffen sein: Es geht um den Rückhalt im Amt, die Begleitung durch das Team, eine fachlich abgesicherte Supervision und Vernetzung.

Der Zugang zu Eltern und eine offene Haltung den Mädchen und Jungen gegenüber, die darauf angewiesen sind, dass die MitarbeiterInnen in den Sozialen Diensten für sie eine Vertrauensperson darstellen können, wird durch die Familienorientierung des KJHG und den Widerspruch zwischen Hilfe und Kontrolle erschwert (Hartwig 2002). Grundlegende, manchmal unüberwindliche Anforderungen ergeben sich aus unserer Hemmschwelle, Sexualität zum Thema zu machen und unserer Unfähigkeit, sexuelle Handlungen angemessen zu benennen und zudem die Gewaltdimension darin mit der Richtigstellung von Opfer und Täterhandlung zu beschreiben.

Bei fortbestehendem Ausbildungsbedarf und durch Überlastung und Einsparungen in den Einrichtungen der Erziehungshilfe werden auch hier Anzeichen und Diagnosen oft ignoriert, sodass Mädchen und Jungen von neuem in Missbrauchssituationen geraten oder gar eine Art Prostitution stillschweigend zugelassen wird. Jungen, die Gewalt gegen die Mutter ungeschützt miterleben mussten oder selbst Missbrauchserfahrungen unterworfen wurden, werden alleingelassen und können dadurch in die Gefahr geraten, selbst zu Tätern zu werden – ohne dass sie sich selbst verstehen oder zu anderem Verhalten Zugang finden können.

Barbara Kavemann weist darauf hin, dass „fachliche Sorgfalt und Differenzierung" und die frauen- und mädchenpolitische Haltung immer zusammengehen müssen. Erst dann kann der Herrschaftszusammenhang – der frauenverachtende Hintergrund, die Normalität des zugestandenen Machtmissbrauchs, die sonst in der Negation einer Gewalterfahrung münden – für das Mädchen (oder den Jungen) in der Durchsetzung von Hilfe grundsätzlich und im Einzelfall aufgebrochen werden. Diese gesellschaftliche Neudefinition des Missbrauchs als Gewaltverbrechen hat für die Betroffenen grundlegende Bedeutung für ihre Bewältigung von Gewalterfahrung (Kavemann 1997, S. 207), da Mädchen und Frauen sonst in der Kluft zwischen eigener Erfahrung und gesellschaftlicher Negierung verharren müssen und der Selbstbeschuldigung, Verwirrung und Selbstzerstörung anheim fallen. Die zerstörenden Folgen berühren den Kern des Lebensgefühls, die Beziehung zu anderen, führen in die Isolation des eigenen Erlebens. Dies kommt einer lebenslangen Gefangenschaft gleich. (Kavemann 1997, S. 211) In den äußeren Bewältigungsformen ist dies nicht immer erkennbar. Es gibt Mädchen, die ihr Leben lang zerstört sind und für die das Missbrauchserlebnis durch nichts aufgefangen werden kann. Das Problem des Alleinbleibens wird aber auch dadurch hergestellt, dass die Väter, als die Verursacher, keine Verantwortung dafür übernehmen und nicht greifbar sind. Deshalb ist auch die Intervention von außen, die öffentlich Stellung bezieht, notwendig.

Ursula Enders und Johanna Stumpf (1991) haben in diesem Zusammenhang für entsprechende Beratungssituationen wichtige Regeln erarbeitet: Es bedarf immer wieder der Herstellung von Vertrauen und Halt in einer „aufrichtigen Beziehung"; die Überwindung der Sprachlosigkeit als Folge des Missbrauchs muss unterstützt werden, damit für ein Mädchen oder eine junge Frau – vielleicht erst nach einer langen Zeit – eine offene und genaue Benennung der Missbrauchserfahrung möglich und damit entlastend wirken kann und dass sie nicht allein damit bleibt. Grundlegende Verunsicherung und Verwirrung, Schutzlosigkeit, zerstörtes Selbstgefühl und Unwertgefühle, bleiben oftmals verdeckt, machen sich für Mädchen in vielen Lebenssituationen anders bemerkbar: Immer wieder meinen sie, sie seien Schuld, wenn ihnen etwas Unrechtes zustößt, oder sie suchen Aufwertung und Schutz bei sektenähnlichen Gruppierungen; sie verletzen sich selbst und/oder sie brauchen Schlaf- und Beruhigungsmittel, damit sie einschlafen und tagsüber funktionieren können. Die Entlastung von Schuld und die Öffnung für Gegenerfahrungen müssen so immer an die jeweilige Situation und die Möglichkeiten anknüpfen, diese in den Alltag hinein zu erweitern: Die jeweils erste Bezugsperson in diesem Prozess ist zentral für eine alternative Erfahrung. Die neue Erfahrung kann dann in andere Alltagsbereiche hineingetragen werden: Die Mädchengruppe, die kulturelle Bearbeitung, die Organisation von Selbstschutz im Schulalltag. Die Stärkung der Selbstwahrnehmung in Alltagsbeziehungen durch Nachfrage – wie geht es dir, was hast du erlebt und gefühlt, kannst du dich wehren? – stärkt offen das Recht auf eigene Gefühle und auch die Rückerinnerung und Chance zur klaren Benennung der Gewalterfahrung. Dabei ist es äußerst wichtig an die Art, wie ein Mädchen, eine junge Frau Arten und Formen der Thematisierung vorgibt oder auch Grenzen zieht, anzuknüpfen. Für die weitere Arbeit mit den Mädchen verweist Kavemann auf Einsichten für altersgemäße Ansätze: Kleinere Mädchen brauchen vor allem Gegenerfahrungen, die Lebensfreude und Zusammensein im normalen Alltag gewährleisten können. Bei jugendlichen Mädchen steht ihre Stärke, Gewalt zu benennen, sich Hilfe zu holen im Mittelpunkt des Arbeitsansatzes. An dieser Stelle soll hervorgehoben werden: Nicht nur die kontinuierliche Beratung ist ein wichtiges Interventionsfeld. Auch der Alltag in einer Heimgruppe stellt gleiche Anforderungen, ein Mädchen zu begleiten und für ihren Schutz zu sorgen. Angemessene Aufklärung über sexuelle Gewalt, die für die Gruppenarbeit bedeutsam ist, ermöglicht gemeinsame Annäherungen und gegenseitiges Verständnis. Oft ist es wichtig gleichzeitig für Jugendliche und Kinder Therapien zur Verfügung zu haben. Ein bisher sehr vernachlässigtes Feld ist die Zusammenarbeit zwischen Jugendhilfe und Psychiatrie, was bisher dazu führt, dass Mädchen und Jungen ohne Hoffnung auf wirkliche Hilfe den psychiatrischen Einrichtungen und der Jugendhilfe das Vertrauen verweigern.

Im Falle des Missbrauchs von Jungen ist der Zugang bisher noch schwieriger: Auf der Suche nach Männlichkeit traut sich der Junge nicht, den Missbrauch anzugeben, weil er Angst hat, als unmännlich, vielleicht sogar als schwul zu gelten. So reagieren auch oft Verwandte – „der Vater ist doch nicht schwul" – bis hin zu Sozialarbeitern. Missbrauchte Jungen sind doppelte Opfer: zum einen Opfer des Missbrauchs selbst, zum Zweiten Opfer männlicher Tabuisierung dieses Vergehens. Gestützt wird diese Tabuisierung letztlich durch allgegenwärtige, männliche Härte verherrlichende Mythen. Dies ist die andere Definitionsseite des Herrschaftszusammenhangs, die sich bis heute hartnäckig – auch in therapeutischen und sozialarbeiterischen Kreisen – hält: Danach „schade" den Jungen der sexuelle Missbrauch weniger als den Mädchen, da sie doch ganz unemotional damit umgehen könnten und – eher als die Mädchen – über die Gleichaltrigenclique stärker davon loskämen. Dies zeige ja auch das rationale Verhalten vieler Strichjungen, bekommt man da immer wieder zu hören. Und schließlich seien es doch homosexuelle Männer, die sich an Jungen vergingen und deshalb sei der Täterkreis – das „Problem" – eingrenzbar. Dass heterosexuelle Männer Jungen in den Familien missbrauchen, wird auf diese Weise einfach durch ein neues Vorurteil verdrängt (vgl. dazu Bange 2000b). So ist es nicht verwunderlich, dass vergleichsweise wenig Hilfen für missbrauchte Jungen angeboten werden. Das Objekt der Beratungen und Interventionen ist eher noch der männliche Täter und nicht das männliche Opfer. In dieses Männermodell passt das Opfersein der missbrauchten Jungen nicht hinein. So kann es zu der paradoxen Konstellation kommen, dass die Therapeuten selbst den Jungen den Opferstatus und – ähnlich wie gegenüber Mädchen und Frauen – das Recht zur Aggressivität als Bewältigungsform absprechen.

Aber auch der Sadismus von Müttern ist im Gegensatz zur sexuellen Gewalttätigkeit durch Väter immer noch ein Tabuthema. Mädchen werden schikaniert, bloßgestellt und entwertet. Meist verbirgt sich darin die Weitergabe der eigenen Entwertung der Mutter, oft ist Angst im Spiel: die Tochter kriegt es in der Schule nicht hin, die Mutter konfrontiert sie dauernd damit, indem sie diese emotional („dass du uns das antust') verfolgt. Dieser Sadismus läuft so ab, dass er eine 'Entwertungskette' konstruiert, die so real gar nicht da ist, aber das Mädchen in sie hineinzwingt. Man ertappt sich selbst bei solchen Anflügen, sie verstärken sich und werden herausgelassen, wenn die Mütter unter Druck stehen. Hier spielen dann die Verletzungsoffenheit und die Entwertungsoffenheit bei Frauen fatal zusammen. Auch solche sadistischen Verhaltensweisen verweisen auf das Problem der Regellosigkeit und Grenzenlosigkeit in der emotionalen Muttermacht und fordern Interventionen heraus, die Regelhaftigkeit und Verbindlichkeit des Verhaltens zum Mädchen in den Vordergrund stellen.

Aus der Perspektive des Familiensystems ist die Erkenntnis, dass die Eltern unfähig sind, Elternschaft herzustellen, ein ernst zu nehmender Anlass für eine intensive Hilfeleistung. Dass Eltern nicht in der Lage sind, Eltern zu sein, hängt mit der jeweiligen Lebensgeschichte von Mann und Frau zusammen: Es sind oft Eltern, die eine Ehe eingegangen sind, weil sie sich von ihr und den Kindern die Zuneigung und Anerkennung versprachen, die sie von ihren Eltern nicht erhalten haben, und die nun auch nicht in der Lage sind, diese ihren Kindern weiterzugeben, sondern von denen sie sich die Einlösung ihrer Wünsche erhoffen. Es sind bedürftige Eltern und in dieser Bedürftigkeit vor allem Männer, die dann aufgrund ihrer familialen Machtposition die Nähe zur Tochter missbräuchlich für eigene Bedürfnisse auszunutzen. Für die Sozialarbeit ist es dabei eine schwierige Gratwanderung: Einerseits Schutz offen zu organisieren, dabei prinzipiell die eindeutige Sanktion gegen den Missbrauch und ihre Durchsetzung zum Schutz der Kinder zu unterstützen und sich zunehmend offen statt verdeckt und unbewusst dieser komplexen Bedürftigkeitskonstellationen der Täter bewusst zu sein (vgl. Harten 1995).

Wenn Präventionsprojekte darauf pochen, dass man Kinder relativ früh darin unterstützen muss, dass sie ihr Recht auf Unversehrtheit mit einem Nein verteidigen dürfen, übersehen sie die innere Bedürftigkeit der dadurch oft von Zuneigung ausgeschlossenen Kinder, die auf den Vater, die Mutter oder eine andere nähere Bezugsperson doch so dringend angewiesen sind. Dem gegenüber steht aber die ausweglose Bedrohung durch den Vater, Stiefvater oder Großvater, die für ein Kind gerade in den frühen Lebensjahren zu einer undurchschaubaren Verstrickung und Ohnmacht führt. Dies verlangt bei kleinen Kindern eine stellvertretende Intervention, bei der die handelnde Person die ganze Verantwortung übernehmen muss und selbst besonderen Halt und Schutz braucht.

Männer, die Kinder – im Familienzusammenhang eher ihre Töchter – missbrauchen wissen zwar, dass es unrecht ist, haben aber dennoch kein entsprechendes Gefühl für das Kind. Sie spalten dieses Unrechtsgefühl mit ihrer Bedürftigkeit ab, neutralisieren es im halbbewussten Rückbezug auf die patriarchale Dividende („das steht mir als männliches Familienoberhaupt zu") und verschieben dabei in einer psychodynamischen Projektion die eigene Hilflosigkeit und ihre eigene Bedürftigkeit in einen Akt des Übergriffs (vgl. Harten 1995). Dadurch entsteht eine Antriebskonstellation, die sich in einem Verhalten manifestiert, das durchaus planmäßig aussieht (vgl. Heiliger 2001), im Grunde aber losgelöst ist von den Bindungen und der emotionalen, ihm nicht mehr zugänglichen Bedürftigkeitskonstellation des Täters. Dadurch erhält das Täterverhalten seine scheinbar rationale Ablaufmechanik. Schon deswegen wäre bei sexuellem Missbrauch eine sofortige – vor allem auch polizeiliche – Intervention notwendig, weil sie den Mann zugleich mit der Norm und mit der Verantwortung konfrontiert. Dies kann aber nur dann angezeigt sein, wenn dabei der Schutz der Kinder und der Frau vor zukünftigen, nicht selten gesteigerten Drohungen gewährleistet ist. David und Bange (2002) haben Regeln dafür aufgestellt, unter welchen Bedingungen und Anforderungen ein Täter überhaupt Zugang zur Familie haben darf, bzw. umgekehrt ein Kind in die Familie zurückkehren kann. Diese Regeln machen deutlich, wie viel Engagement und Neuorientierung an dieser Stelle für den Auftrag des „Wächteramtes" in Zukunft angesagt ist, aber erst eingefordert werden muss. Im Gesellschaftlichen spiegelt sich diese Kluft doppelt: In der Öffentlichkeit wird zwar sexueller Missbrauch skandalisiert, gleichzeitig aber individualisiert. Damit wird keine öffentliche Verantwortung übernommen.

Die Mädchen und Jungen werden auch immer noch zu wenig gehört, wenn sie auf Missbrauch hinweisen, eher arbeiten sich die Institutionen an den manifesten Störbildern ab. Dies hängt mit dem privaten und öffentlichen Zwang der Ideologie von der heilen Familie zusammen, aber genauso mit dem weiterwirkenden patriarchalen Tabu, das Männer und Frauen gleichermaßen noch in sich tragen: Man hat sich in unserer Gesellschaft zwar vom Patriarchat abgewandt, hat es aber nicht entschlüsselt und somit in der Verstrickung von nicht zugelassener Bedürftigkeit und Verfügungsmacht belassen. Hätte man es allerdings gesellschaftlich zu dekonstruieren (auseinander zu nehmen und abzubauen) versucht, dann würde dies die Grundprinzipien der hierarchischen Arbeitsteilung und der ökonomischen Externalisierung der Gesellschaft in Frage stellen.

Wenn heute gesagt wird, dass es doch auch schon ein Fortschritt sei, wenn sexuelle Gewalt erkannt und medial skandalisiert wird, so wird dabei übersehen, dass sie nicht als gesellschaftlicher Konflikt, sondern „nur" lebensweltlich aufgedeckt wird. Je mehr sich aber systemische und lebensweltliche Entwicklungen in unserer Gesellschaft voneinander entkoppeln, desto gesellschaftlich folgenloser sind solche Thematisierungen in den Lebenswelten. Eher intensivieren sie den Druck auf die familiale Intimität, lassen die Bilder von den schlechten und den guten Familien (‚bei uns kann so etwas nicht passieren') miteinander konkurrieren, ohne das Problem der Überforderung der Familie durch ein zunehmend sozial entbettetes gesellschaftlich-ökonomisches System anzurühren. So ist die Konfrontation mit dem sexuellen Missbrauch heute zwar partiell veröffentlicht, aber doch in ihren weiterreichenden Umrissen und Folgen immer noch nicht deutlich geworden. Das spürt gerade auch die Sozialarbeit, der man dieses Problem offiziell „anvertraut" hat. Die Täter werden durch die Medien als Monster herausgehoben und damit die alltäglichen Grenzverletzungen auf Grund von legalisierter Gewalt oder auf der Schwelle zum bisher nicht aufgedeckten Missbrauch, entschuldet und entlastet.

Man geht immer noch und immer wieder davon aus, dass Kinder aus desorganisierten Familien – vor allem aus armen Familien – von Missbrauch am ehesten bedroht sind. Schätzungen, dass jedes dritte Heimkind ein Missbrauchskind ist, verfestigen solche Annahmen. Missbrauch ist aber nicht signifikant gebunden an prekäre soziale Lebenslagen wie zum Beispiel Armut, er kommt auch in Mittel- und Oberschichtfamilien und ihrer familialen Umwelt vor. Machtmissbrauch ist hier sogar eher abgesichert, weil die Familien nicht so stark kontrolliert werden. Aber auch die Hintergrundkonstellationen der Genese, die heute hinter diesem Machtmissbrauch angenommen werden, ziehen sich durch alle Schichten: Der bedürftige Vater ist der, der selbst als Kind seinen Eltern ausgeliefert war, und der seine biografisch erfahrene Ohnmacht und Verfügbarkeit auf das Kind abspaltet. Es gibt aber auch die in der Beziehung zum Kind gefühllose Mutter, die von ihrer Lebensgeschichte her nicht fähig ist, mütterlich zu sein und deshalb immer wieder in Übergriffen handelt, weil sie vom Kind das haben will, was sie früher selbst an Zuneigung entbehrt hat.

Solche psychodynamischen Erklärungsmuster werden zwar von Feministinnen meist als vorgeschobenes Entschuldigungsargument für Väter als Täter zurückgewiesen. Damit blenden sie aber gerade jenes Vor-Verstehen aus, das notwendig ist, um im Familienzusammenhang Signale von missbrauchten Kindern früh zu erkennen und deuten zu können. Denn gerade in dieser psychodynamischen Verstrickung halten die Eltern zusammen, verschieben das Schicksal der Familie auf das Kind und entfachen damit ein kollusives Spiel, dem sich auch die SozialarbeiterInnen nicht entziehen können. So werden dann die Signale, welche die missbrauchten Kinder aussenden, nicht als Bedrohung des Mädchens sondern allein als „Familienstörung" verstanden. Damit wird der Täter geschützt; eher werden die Mütter zur Verantwortung gezogen, die darum auch in ihrer Angst um ihre Familie und den damit verbundenen Schuldanfechtungen „mitspielen". Damit wird der Täter nicht entmachtet, sondern in seinem Machtanspruch tabuisiert. In diesen extremen Situationen zeigt sich insgesamt das Paradox des Kinder- und Jugendhilfegesetzes (KJHG), dass es der Mutter eine starke familiale Stellung abverlangt, den tatsächlichen Machtanspruch des Vaters und seine Machtdurchsetzung aber nicht hinterfragt.

Wie kann man diesem komplexen familialen Problem in der Sozialarbeit überhaupt gerecht werden? Wir wollen uns vergegenwärtigen, wie im Alltag der Jugendarbeit ein Kontakt mit einem missbrauchten Kind abläuft. Manchmal weisen Mädchen verdeckt darauf hin wenn sie zum Beispiel sagen: „Ich habe immer Angst nach Hause zu gehen" und es wiederholt sich, aber der Sozialarbeiterin fällt es nicht eigens auf, sie hat Stress im Jugendhaus und wenig Zeit zum Zuhören. „Niemand hat mir richtig zugehört" sagen betroffene Mädchen immer wieder. Umso alarmierter ist dann die Jugendhilfe, wenn der sexuelle Missbrauch festgestellt und offenkundig wird. Was versäumt wurde, soll jetzt schlagartig „nachgeholt werden": Sie soll „in Sicherheit gebracht" werden. Dabei gelte es als Erstes, den Täter zu konfrontieren. Darauf aber sind die SozialarbeiterInnen wenig vorbereitet, sie sind es gewohnt, zuerst das Mädchen und die Mutter in den Blick zu nehmen. Sicher sind Missbrauchstäter unberechenbar: Die Spanne reicht von der suizidnahen Depression bis zur gesteigerten Bedrohung des Mädchens und diffusen Aggressivität und Gefährlichkeit den SozialarbeiterInnen gegenüber. Deshalb braucht es, um eine solche Konfrontation herbeiführen zu können, den Rückhalt, den eine spezialisierte Gruppe im ASD bieten kann. Genau das war eine der wichtigsten Forderungen der Initiative „Wildwasser": dass bei der Intervention bei Missbrauch ein Netzwerk aufgebaut wird, das die beteiligten Sozialarbeiter und Sozialarbeiterinnen auffangen kann. Denn die Ohnmachtsgefühle der Mädchen fallen massiv auch auf die SozialarbeiterInnen zurück. In den Fallaufarbeitungen treffen wir immer wieder auf diese Ohnmacht, auf Schuldgefühle, dass man zu wenig getan hat, auf ängstliche Ratlosigkeit, wenn man glaubt, Indizien zu erkennen. Deshalb ist es plausibel, dass SozialarbeiterInnen klar auf den Kurs der rechtlichen Intervention und Konfrontation gehen, die Kinder möglichst schnell herausgenommen und die Täter angeklagt wissen wollen. Sie übergehen dabei die Notwendigkeit der schrittweisen Organisation von Schutz, die Bedürftigkeit und die Möglichkeit eines eigenen Wegs des Mädchens. Auch deswegen bedarf es eines Netzwerks, um das Mädchen in dieser Situation auffangen zu können.

Die offene Jugendarbeit ist eine wichtige Anlaufstelle für Mädchen geworden, die solche diffuse Angst vor zu Hause haben. Das Angebot, sich Hilfe zu suchen, muss auf vielfältige Weise wiederholt werden. Die Sozialarbeiterin kann so zum festen, verlässlichen Bezugspunkt für das Mädchen in einer ausweglosen und ganz und gar ambivalenten und ungeklärten Situation werden: Auf der einen Seite wird es missbraucht, auf der anderen Seite ist es für sie wichtig, eine Familie, einen guten Vater zu haben. Die Beziehung zur Sozialarbeiterin schafft eine neue Realität, in der das Mädchen ihre Gefühle ordnen kann: Was ist das Unrecht, das mir angetan wird, wie lange kann ich noch aushalten was bleibt mir dann? Nicht allein dieses Problem steht im Vordergrund, sondern vor allem der eigene Lebenszusammenhang, der neu gefestigt werden muss. Auch hier wirkt wieder das Prinzip der Trennung von Person und Problem, das die ganze Sozialarbeit mit gefährdeten Menschen durchzieht. Aber gleichzeitig wird deutlich: Ist der Missbrauch erkannt, dann braucht es über die unmittelbare beratende Beziehung hinaus ein begleitendes und auffangendes Netzwerk nicht nur (im engeren Sinne) für das Mädchen zur Beratung, Stützung, Begleitung und zur Organisation einer Familienalternative, sondern auch für die Sozialarbeiterinnen, die in ihrer Intervention ja oft über die Grenzen der Sozialarbeit hinausgehen müssen. Denn sonst ist Parteilichkeit angesichts der öffentlich wirkenden Tabus nicht möglich. Neben der Sozialarbeit braucht es weiter Fraueninitiativen, die Missbrauch allgemein offen legen und stellvertretend und kulturell transformieren können. Erst in diesem kulturell-politischen Raum einer Gemeinde- und Stadtöffentlichkeit erhält das Problem einen gesellschaftlichen Status, ist es öffentlich präsent und nimmt so indirekt das Stigma von den betroffenen Mädchen und Jungen. Dazu braucht es eine Sprache, die nicht entwertend ist. Ausstellungen und Aktionen in der Schule, Bildungsveranstaltungen, Filme welche die Erfahrungen der Mädchen und Jungen, Möglichkeiten der Hilfe und des Rechts auf Schutz und Gegenwehr in den Vordergrund stellen und nicht, wie die Medien, die nur die Tat plakatieren (vgl. Heiliger 2001).

Man muss auch selbst eine Sprache finden, um bei den Mädchen etwas nachfragen zu können. Das kommt nicht von allein, sondern muss im Team unter Sozialarbeiterinnen geübt werden. Hier bieten sich Rollenspiele an, in denen Alltagsszenen des Fragens und Zuhörens durchgespielt werden. Hier kann geprobt werden, wie man nach der entsprechenden Sprache sucht, wie man es aushält, dass Mädchen Zeit brauchen, dass sie durcheinander sind. Man lernt auch, dass andere Grenzverletzungen eine Rolle spielen können: Überfürsorglichkeit, Sadismus. Natürlich braucht man auch ein Wissen darüber, unter welchen Bedingungen man eigene Schritte in die Familie hinein unternehmen muss. Sechs- bis Achtjährige sind darauf angewiesen, dass ihr Vater ein guter Vater ist. Man muss deshalb mit der Mutter arbeiten, wenn sie dazu in der Lage ist. Zwölf- bis Vierzehnjährige wollen den idealen Vater, sie werden sich auch nicht so ohne weiteres gegen ihn stellen. Erst die Sechzehn- bis Achtzehnjährigen können für sich selbst einstehen, anklagen. Manchmal haben sie gelernt, selbst den Vater zeitweilig zu erpressen, so dass sich ein zweites kollusives Gewaltverhältnis auftut. Einzelne ältere Mädchen konnten erreichen, dass der Vater sie nicht mehr bedroht oder sie haben unter Vorwänden die Familie verlassen und sorgen sich nun um die zurückgebliebenen Geschwister.

Mädchen und Jungen haben in vielen Fällen Formen gefunden, den sexuellen Missbrauch zu überleben. Sie versuchen ein „normales" Außenbild aufrechtzuerhalten oder flüchten in Traumwelten oder unverständliche Aggressivität, sind wenig belastbar. Die Bewältigungsformen sind vielfältig und auch nach außen abstoßend. Wir wollen oft nicht wahrhaben, dass diese Mädchen und Jungen – wie andere aus häuslichen Krisensituationen in vergleichbarer Intensität – ihre Kindheit und Jugend verloren haben und für die Wiedergewinnung eine lange Zeit und vertrauenswürdige und belastbare Beziehungsräume brauchen. Einrichtungen der Jugendhilfe und der erzieherischen Hilfen sind immer noch zu wenig auf solche Bedarfe eingerichtet. Die Zufluchtsstätten für Mädchen fangen Mädchen nur für eine Übergangszeit auf; auch wenn sie hier neue Beziehungen anknüpfen, müssen die Mitarbeiterinnen immer noch für angemessene Anschlussbetreuung kämpfen.

2. Anonyme Mädchenzuflucht

An der Mädchenzuflucht kann man exemplarisch die Probleme und Befindlichkeiten von Mädchen zwischen krisenhafter Ablösung von der Familie und Zugriff der Jugendhilfe aufschließen. Vor dem Hintergrund der Erfahrungen des Projekts „Mädchenzuflucht" in Dresden werden im Folgenden die Psychodynamik dieses Prozesses und die Anforderungen an die Mädchenarbeit systematisiert.

Mädchen zeigen ihre Probleme über lange Zeit nach außen an. Will man ihr Verhalten aber als Hilferuf verstehen und aufschlüsseln, ist es wichtig, hinter diese „Störbilder" zu schauen. Was für die Hilfsinstanzen „genauer Sehen" heißt, bedeutet für die Mädchen Barrieren des Misstrauens, Angst zu überwinden und zugleich Klarheit über sich und auch Lösungswege zu gewinnen. So unterschiedlich diese Störbilder auch sind, lassen sie jedoch zunächst nur den Schluss zu, dass die Mädchen mit irgendetwas in ihrem Leben – gerade auch mit den Eltern – nicht zurecht kommen. Ihre Probleme sind nicht unmittelbar zugänglich und offen, ihr Verhalten erzeugt bei Personen im Umfeld, die dicht an dem Mädchen dran sind, wie Verwandte, Mütter von Freundinnen (oder Kontakt zu ihnen über die Störbilder haben, wie Lehrerinnen, Ärzte, Polizei) eher Verwirrung. Es ist nicht klar, was die eigentlichen Ursachenzusammenhänge sind und was helfen könnte. Instanzen der Jugendhilfe sehen lange Zeit primär nur die Störung – zumal dann, wenn sie unter Zeit- und Kostendruck sind. Zugleich gibt es in Hilfeverfahren oft die Tendenz, zu vereindeutigen. Wenn das Problem nicht offenkundig ist, wird es entweder bagatellisiert oder die eigene professionelle Unsicherheit wird in das Mädchen hineinverlegt. Dann heißt es, das Mädchen überzieht, übertreibt, weiß nicht, was es will.

Folgt man den biografischen Erzählungen der Mädchen, wird deutlich, dass die Mädchen in verschlossenen Familienstrukturen lebten und diese Störbilder genau dann entwickelt werden, wenn die Eltern ihre Verantwortung für das Mädchen nicht (mehr) übernehmen können oder sich verweigern. Sie werden eben nicht aktiv wie Eltern es sonst in der Regel tun und wie es von ihnen grundsätzlich auch erwartet wird. Die Eltern fallen damit für eine Klärung der Probleme aus, sie versuchen oft nur noch eine äußerliche Normalität für sich zu suchen. Die Familie muss funktionieren und wenn dies nicht der Fall ist, kann dies auch nicht als Problem akzeptiert und offen gelegt werden. Diese mangelnde Aktivität der Eltern, die zum Teil auch als Vertuschung gedeutet werden kann, führt letztlich dazu, dass es Problemsituationen von Mädchen gibt, die von außen scheinbar unzugänglich und für sie unüberwindbar sind. Wir müssen also sehen dass eine Auswegslosigkeit in den Situationen von Mädchen, die in die Zuflucht kommen, das Nichtreagieren der Eltern einschließt und die Ohnmachtserfahrung der Mädchen mit auslöst. Wenn dann die Institutionen angesichts der zunächst unzugänglichen Störbilder von Mädchen dazu neigen, mit Sanktionen zu reagieren und sich den Mädchen verschließen, wird die familiale Realität und traumatische Situation der Mädchen negiert.

Eine Reihe der von uns in Zufluchtsprojekten befragten Mädchen wandte sich mit dem Wunsch nach Hilfe und mit dem Gefühl, es nicht mehr ertragen zu können, zunächst an Kinder- und Jugendnotdienste. Die Mädchen wurden von dort wieder nach Hause geschickt, ohne dass etwas mit den Eltern und dem Mädchen selbst geklärt oder bearbeitet wurde. Mädchen mussten z.T. erleben, dass ihnen gesagt wurde, dass dies ja alles nicht so schlimm wäre, ohne dass für die Professionellen selbst klar sein konnte, was an der häuslichen Situation unerträglich und verletzend war. Die Verwirrung, die das Mädchen mitbrachte, konnte in der Einrichtung nicht ausgehalten werden. Aber auch wenn Schritte unternommen wurden, die Situation der Mädchen zu verändern, waren diese letzten Endes nicht tragend, weil die Eltern den Konflikt negierten und eine für ein weiteres Verfahren notwendige Zusammenarbeit verweigerten. Es bedarf einer Einrichtung, die einen geschützten Raum bietet, in dem gegenüber Eltern und administrativer Jugendhilfe und dann auch untereinander vermittelnd interagiert werden kann. Doch es ist nicht nur die Unzulänglichkeit und Hilflosigkeit der Institutionen, die den Mädchen die Lösung ihrer Probleme verwehren. Auch die Suche der Mädchen selbst stellt aus der manchmal lange bestehenden traumatischen Situation heraus schwierige Anforderungen, denen sich nur eine Zuflucht (in Kooperation mit anderen Einrichtungen, wie ASD, Heimen) mit entsprechenden Rahmenbedingungen und in spezieller Arbeitsweise stellen kann.

Wenn die Bedrohung für Leib und Seele von den Eltern ausgeht, wenn sie die überwältigende Macht sind, dann kreisen die Gefühle um Angst, Hilflosigkeit, Kontrollverlust und drohende massive Schädigung bis hin zur Vernichtung des eigenen Selbst. Das soziale Netz wird ausgeschaltet, das dem Menschen gewöhnlich das Gefühl von Kontrolle, Zugehörigkeit zu einem Beziehungssystem und Sinn gibt. Das „psychische Trauma, das Leid der Ohnmächtigen" entsteht dort, wo das Opfer von einer überwältigenden Macht hilflos gemacht wird (Herman 1993, S. 53). Deshalb muss bei der Bestimmung der traumatisierenden Situation das Umfeld mitbetrachtet werden. Kinder und Jugendliche sind bei der Bearbeitung von Verletzungen auf ihre Eltern angewiesen. Von diesen aber geht die Bedrohung aus und gleichzeitig sind sie die zentrale Instanz, von der das Mädchen Schutz und Hilfe erwartet, auf die sie angewiesen ist. Nur die Mädchen, die sich gegenüber der Familie frei und gleichzeitig unterstützt fühlen, sind positiv gebunden, haben den notwendigen Rückhalt und können klar sagen, wenn sie gehen wollen. In der Situation dagegen, in der ein Mädchen oder eine Junge die Familie fluchtartig verlässt, liegt immer eine Auswegslosigkeit und Traumatisierung vor. Der Schritt von zu Hause weg garantiert für sich aber nicht, dass ein Ausweg aus der traumatisierenden Situation gefunden werden kann. Die Spannung besteht also zwischen der individuellen traumatischen Situation des Mädchens und dem schwierigen Weg, der aus der Situation heraus gefunden werden kann. Die Zuflucht muss daher unter so autonomen Bedingungen arbeiten können, dass sie sich den vielfältigen und unterschiedlichen traumatischen Situationen der Mädchen und jungen Frauen und der Qualität des Weges, der aus der Situation herausführt, zuwenden kann.

In den Wahrnehmungen und Problemkonstellationen der Mädchen verschränken sich die Erfahrung der „Blockierungen" in den Reaktionen und Zumutungen der Eltern mit den meist durch sie hervorgerufenen traumatischen Erfahrungen. Sie entwickeln dann eine Verantwortlichkeit für die Eltern, die sie überfordert, und die Verstrickung auch von dieser Seite her weiter kompliziert.

Deshalb muss auch für die Eltern oder nahen Bezugspersonen ein offener/erschließender Zugang gewählt werden, da ja auch auf ihrer Seite die Konflikterfahrung blockiert ist. Der institutionelle Auftrag, der sich dem KJHG entsprechend (bei eingeholtem Hilfeersuchen bei den Eltern) an einem Problem der familiären Situation festmacht, sieht sich hier mit einer Situation konfrontiert, in der das Verständnis der Eltern für die Problemsituation zunächst von äußerlichen Konflikten dominiert wird. Die eigene Ohnmacht, die eigene Bedürftigkeit liegt kaum offen zutage, die ausgeübte Gewalt, die Übergriffe sind dem mitfühlenden Verständnis für die Tochter nicht zugänglich oder aus Scham verleugnet. Die Ursachen, die ihre eigene Handlungsfähigkeit und die Verantwortungsübernahme einschränken oder fehlleiten, sind schließlich aus Bedingungen heraus zu erklären, über die sie nicht (mehr) verfügen. Diese innere Krisenerfahrung bleibt für sie – die Erwachsenen – tabuisiert, verschlossen.

Damit ergibt sich für die Zufluchtsarbeit eine Ausgangslage, die sich u.a. in folgenden Grundkonstellationen beschreiben lässt: Die Mütter sind entweder hilflos und/oder unfähig, das Problem des Mädchens anzuerkennen und zu akzeptieren. Die Eltern bzw. Mütter sind beruflich stark engagiert und haben keine Empathie oder Fürsorge mehr, nur noch eigene Ansprüche an die Tochter, die sie streng unter Kontrolle und zwanghafte Strafen stellen. Wenn sexuelle Gewalt geschieht, ist sie oft eingebettet in Sadismus oder totale familiäre Rollenverkehrung, in vielseitige Formen von Bedrohung und Abwertung, hinter denen sie zunächst zurücktritt. Aber auch auf Grund der von ihr ausgehenden Traumatisierung erscheint sie oftmals erst als zweite, manchmal nur langsam zu erschließende Geschichte.

Die Zuflucht schirmt die Mädchen gegen diese Bedrohungsszenerie ab und stellt den äußeren Störbildern und traumatischen Erfahrungen der Mädchen und jungen Frauen *Offenheit* gegenüber. Diese Offenheit verbindet sich mit der bestärkenden Haltung, dass Mädchen aus Krisen herausfinden und für sich sorgen können, dass sie immer auch für sich aktiv sein können und dass sich die individuelle Dramatik, die hinter dem Schritt, von zu Hause fort zu gehen, liegt, nach und nach erschließen wird. Dabei müssen Problemdefinitionen des Mädchens bzw. der jungen Frau erst einmal die Chance haben, ausgesprochen zu werden. Zugleich gehen die Pädagoginnen davon aus, dass sich diese Definitionen im weiteren Prozess noch einmal ändern werden.

Den Mädchen wird damit der Druck genommen, ihre Erfahrungen vereindeutigen zu müssen. Die Unsicherheit, mit der Mädchen und junge Frauen kommen, ihre Gefühle der Ausweglosigkeit und der Ambivalenz, halten die Pädagoginnen aus und vermitteln ihnen die Sicherheit, dass sich das, was schlimm an der Situation ist, klären wird. Die Klientinnen werden also in eine positive Bewältigungsperspektive – Selbstwertstärkung, Anerkennung, Selbstwirksamkeit – gebracht. Damit wird eine erste Ahnung von erreichbarer Handlungsfähigkeit erzeugt.

Auf der Seite der Pädagoginnen bedarf es der Kompetenz, Situationsschilderungen offen zu begegnen, nicht vorschnell zu intervenieren und andere Möglichkeiten im Denken – sowohl bei den Mädchen als auch bei sich selbst – zuzulassen. Dieser Zugang prägt bereits den ersten Kontakt zwischen den Mädchen und den Zufluchtsmitarbeiterinnen. Den Mädchen wird nichts übergestülpt, der Anlass von zu Hause fort zu gehen wird akzeptiert, und die Mädchen müssen sich nicht verteidigen. In den Anlassschilderungen wird die erlebte Gewalt und die emotionale Ambivalenz der Mädchen zwar offenkundig, aber dem wird so begegnet, dass es offen bleiben kann, wie sich die Situation des Mädchens gestaltet und was das auswegslos Schlimme dabei ist. Die Auswegslosigkeit wird damit zur abstrakten Größe und verschwimmt in ihrer Bedrohlichkeit.

Erst dann folgt die Klärung der Belastungssituation der Mädchen und die Auslotung dessen, was die Mädchen von ihren Familien möchten, erwarten bzw. erhoffen. Dabei zeigt sich, dass die Mädchen und jungen Frauen bei der Aufnahme und in den ersten Gesprächen mit den Zufluchtsfrauen sehr auf die häusliche Problemdarstellung fokussiert sind. Deshalb braucht es methodischer Zugänge, die ständig erweitert werden und damit die Beratungssituation öffnen können: Die Beraterin übernimmt es, die Erfahrungen des Mädchens zu spiegeln und zu bezeugen (Was sehe ich, höre ich, wenn ich dir zuhöre, dich erlebe?) Weitere Schritte sind: Das Abschreiten des inneren Raumes des Mädchens, die Arbeit am Selbstbild (Was will ich, was will ich nicht, was stärkt mich, was schwächt mich...? Was tut mir gut, wie bin ich, wenn ich traurig bin, wie bin ich, wenn ich froh bin...?); die Verständigung über Deutungen (Wovor schützt die Angst?...); weiter bieten sich nonverbale, kreative Techniken an (Briefe, Bilder, Collagen, Figurenbau), sowie Techniken, die zeigen, wie Mädchen vorausschauend in Situationen ihre Handlungsfähigkeit bewahren können (Was könnte noch passieren, was wäre dann hilfreich, was willst du gar nicht? Worauf könntest du dich einlassen?); schließlich die Vermittlung von Techniken, wie Mädchen in offenen Situationen Sicherheit und Stärken entwickeln können, mit Hilfe von öffnenden Fragen: Was brauchst du, um dieses Ziel zu erreichen..? Was spricht dafür, was spricht dagegen? Wo bin ich, was will ich? Zum Schluss werden Fragestellungen zur Lebensplanung aufgenommen.

Der Zufluchtsaufenthalt verhilft somit Mädchen und jungen Frauen zu einer Reformulierung ihrer Konflikte. Der Konfliktklärungsverlauf ging zwar von den ursprünglichen Belastungs- und Problembeschreibungen der Mädchen aus, ermöglichte aber erst einmal den Abstand der Mädchen dazu. Das setzte noch einmal neue Konflikte und Bedürfnisse frei (Wiederherstellung der Beziehung, klarere Entscheidung der Mutter für die Tochter gegenüber neuen Partnern, langsame bzw. schnelle Verselbständigung bei sofortiger oder längerfristiger Wiederaufnahme des Kontaktes zur Mutter)

In der Zufluchtsarbeit steht die Achtung den Mädchen und jungen Frauen gegenüber im Mittelpunkt. Sie haben ohne Voraussetzungen ein Recht auf Schutz und Begleitung und müssen nicht erst beweisen, dass sie leiden. Von den Pädagoginnen verlangt dieses Vorgehen, erst einmal dem gegenüber standzuhalten, was gegen die Erfahrung der Mädchen vorgebracht wird (z.B. das die Eltern sagen, dass etwas in Ordnung sei, was für das Mädchen nicht in Ordnung ist...); das bedeutet natürlich aber auch, dass man den Mädchen nicht die eigene Problemdefinitionen überstülpt. Die Mädchen werden gewissermaßen als ‚Expertinnen‘ in eigener Sache und ihrer Eigenverantwortung für ihr Leben gesehen; darin ist das Recht auf eigene Lösungswege und Bewältigungsstrategien enthalten. Die Mädchenzuflucht ist aber auch ein Ort mit eigenen Regeln, die der Sicherstellung von Anonymität, Zusammenleben und Lösungswegen geschuldet sind. Darüber hinaus tun sich hier neue Krisen- und Konfliktsituationen auf: Ein Mädchen wird sich ihrer unmäßigen Wut auf den Vater bewusst und traut sich hier erst, diese auszuleben; andere versinken in Depressionen und Selbstmordabsichten. Es gehört zu den besonderen Anforderungen, in diesem Lebenskontext der Zuflucht zwischen den Mädchen zu vermitteln um ihnen jenen Erfahrungsaustausch zu ermöglichen, der ihnen einen neuen Blick auf andere und ihre eigenen Leidenserfahrungen und Wünsche nach einem besseren Leben eröffnen hilft.

3. Frauenhausarbeit

Der Aufbau von anonymen Frauen-Schutzräumen war die Antwort von Fraueninitiativen auf die schweren und langanhaltenden Misshandlungs- und Gewalterfahrungen von Frauen in nahen Partnerbeziehungen. Dies wurde durch die Veröffentlichung von bis dahin geheimen und tabuisierten Notlagen im Rahmen *kollektiver Beratung* möglich. Fraueninitiativen versuchten, die Schutzlosigkeit und Vereinzelung von Frauen – entstanden durch erlittene Gewalt – zu durchbrechen und Solidarität zu schaffen. In den herrschenden Weiblichkeitsbildern wurde die Verantwortlichkeit für diese Gewalt in eigene Schuld verkehrt. Diese Bereitschaft zur Übernahme von Schuld ist in der Familienzentriertheit und im passiven Gestus des Funktionieren-Müssens im weiblichen Bewältigungsverhalten verankert. Schutzhäuser sind notwendig, weil Frauen oft heimlich und unter Druck ihre Entscheidung treffen wegzugehen, aber auch weil sie sich oft in einer Situation der seelischen Verwirrung und Entwertung befinden. Schließlich auch deswegen, weil sie sich gegen eine diffuse und manifeste Bedrohung, die von den verlassenen Männern ausgeht, schützen müssen.

In breit geführten sozialpolitischen Kampagnen musste das Recht von Frauen auf Unversehrtheit eingefordert, Gewalt als Mittel zur Durchsetzung von Bedürfnissen abgelehnt und der Machtanspruch von Männern in häuslichen Beziehungen aufgekündigt, zum Unrecht erklärt werden. Dies war die Voraussetzung dafür, dass Frauen sich heute das Recht nehmen können, eine solche Beziehung aus eigenem Anspruch zu verlassen. Entsprechend haben Frauenschutzhäuser gegen die Ausgrenzung der Opfer und für einen Anspruch auf Wiedergutmachung eigene Mittel eingeklagt und aufgeboten. Dies macht die Stärke und den Inhalt ihrer *Parteilichkeit* aus: Gewalt gegen Frauen in Paarbeziehungen muss als Delikt anerkannt werden und Frauen müssen einen Raum für die Aufarbeitung der Gewalterfahrungen und den Aufbau eines neuen Lebens erhalten.

Zieht man heute eine Bilanz der Frauenhausarbeit, so zeigt sich, dass Frauenhäuser zwar Teil der sozialen Infrastruktur geworden, aber schlecht abgesichert sind und immer wieder neu für die Befreiung von Frauen aus Gewaltverhältnissen eintreten müssen. Denn inzwischen ist deutlich geworden, dass sich der Abhängigkeitsstatus der Frau bis ins Frauenhaus hinein verlängert. Die Arbeit stand und steht immer wieder der Tatsache hilflos gegenüber, dass Frauen, auch wenn sie massive Gewalt erlitten haben, zurück zu ihren Partnern gehen, die sie bedrohen, und dabei von neuem die Hoffnung auf Aufrechterhaltung von Familie und Beziehung aufnehmen. Außerdem ist erkannt worden, wie allseitig abhängig viele Frauen in den familialen Beziehungsstrukturen geworden sind, und dass diese Abhängigkeit ebenso von der emotionalen wie von der ökonomischen, von der kulturellen wie von der sozialen Seite her verstanden und aufgenommen werden muss.

In der Sozialen Arbeit, insbesondere in der Jugendhilfe hat sich die (manchmal offizielle oder durch Gutachten untermauerte) Einsicht, dass Frauen, Mädchen und Jungen familialen Gewalterfahrungen unterworfen und auch die Mütter darin verstrickt sind, verbreitet. Dennoch fällt es ihnen immer wieder schwer, die aktuelle Überforderung ihrer Klientinnen und ihren Umgang mit Belastungen damit in Zusammenhang zu bringen und selbst eine langfristige Gegenstrategie aufzubauen oder schnelle Unterstützung zu organisieren. Zu sehr bleiben die Hilfen auf das Funktionieren der Familie, auf die Mutterrolle und damit auf eine Reduzierung der Ansprüche der Frauen ausgelegt. Aber auch die MitarbeiterInnen selbst stehen vor inneren Barrieren, wenn sie die tieferliegenden Konflikte familialer Gewalt ansprechen und bearbeiten sollen. Die unerklärliche Hilflosigkeit und Abhängigkeit, aggressive Durchbrüche und abweisende Enttäuschungsreaktionen der Frauen sind eng mit der normalen, von Frauen gesellschaftlich geforderten und auch von ihnen selbst idealisierten Selbst-Zurücknahme verwoben. Das Sich-Zurücknehmen wird dabei von den betroffenen Frauen als Stärke erlebt, die Vermeidung eines Konflikts sogar als Macht (vgl. Rommelspacher 1992). Gleichzeitig ist diese Haltung in einer Wiederkehr von Opfererfahrungen verankert. „Frauen als Opfer von Gewalt können häufig die eigenen Kinder nicht schützen, leben erneut mit Partnern zusammen, die sie erniedrigen, d.h. sie sind in besonderer Weise gefährdet, eine ‚Opferkarriere' zu beginnen.

Mädchen als Opfer von Gewalt sind hochgradig gefährdet, auch außerfamilial Opfer zu werden und sich gewalttätige Freunde zu ‚suchen'" (Hartwig 2002, S. 48). Aber auch lang anhaltende Entwertung und Überforderung als Kind in einer Familie kann zu einem Mangel an Selbstwert und zur Unfähigkeit, sich selbst zu schützen, führen. Wenn Frauen und Mädchen hier aggressiv oder autoaggressiv reagieren, wird ihr Verhalten entweder doppelt streng sanktioniert, systematisch fehlgedeutet, bagatellisiert oder im Extremfall als Krankheit behandelt.

Der Selbstentwertung und dem Gefühl der Niederlage und Selbstschuld, mit dem Frauen eine schlechte Beziehung leben und diese dann schließlich verlassen, kann langfristig nur mit Hilfe des Aufbaus neuer Eigenbilder begegnet werden. Diese neuen Bilder werden immer wieder von den vorangegangenen negativen Bildern konterkariert. Dagegen muss die Realität der Gewalterfahrung, auch der sexuellen Misshandlung offengelegt, immer wieder erzählt und die Entwertung, das Zerstörerische darin gefühlt und benannt werden können. Aber auch den Fachfrauen fällt es schwer, das Leiden von Frauen und Mädchen nicht zu ihrem Nachteil zu deuten, sondern sie anzuerkennen und damit ein positives Bild von ihnen aufrecht zu erhalten. Noch stärker sind ihre Wut- und Hassgefühle gegenüber Männern tabuisiert, die aber freigesetzt und genutzt werden müssen, wenn ein Neuanfang gefunden werden soll (Burgard 1988). Ein solcher Neuanfang setzt nun eine Integration der bewegten Lebensgeschichte voraus, die immer wieder in Enttäuschungen geführt hat und darin eine „negative" und nicht umkehrbare „Verlaufskurve" zu beschreiben scheint. Daher stellt die „Biographiearbeit" einen zentralen Zugang für die Selbstthematisierung und das respektvolle Verständnis von Frauenhaus-Mitarbeiterinnen und Sozialarbeiterinnen dar. Sie kann zum Ausgangspunkt der Wiedergewinnung eigener Handlungsfähigkeit werden (Fünfstück 2001).

Damit Frauen für sich eine Grenze ziehen und das, was ihnen angetan wird, nicht mehr als immer neue Bestätigung für eigenes Unglück sondern als Unrecht einordnen können (vgl. Stolk/Wouters 1987), wird seit langem gefordert, dass sie eine Grundsicherung über die Sozialhilfe hinaus erhalten, damit der Verarmung von Frauen entgegengewirkt werden kann. Weiter, dass sie in aussichtsreiche Erwerbs-Arbeit gebracht werden, wenn sie neuen Selbstwert gewinnen sollen. Wenn Frauen so abgesichert sind, dass sie jederzeit eigenständig die Partnerbeziehung verlassen können, sind sie auch in der Lage, die Art der Beziehung mitzubestimmen. Das reicht aber nicht aus: Über allem muss die strukturelle Begünstigung von Gewalt gegen Frauen öffentlichkeitswirksam und in den verschiedenen Professionen und öffentlichen Institutionen (Justiz, Arzt, Psychiatrie, Sozialarbeit) durchbrochen werden (vgl. dazu Schröttle 1999 am Beispiel Tabuisierung von Gewalt gegen Frauen in der DDR-Gesellschaft).

Zur Stärkung der eigenen Sicherheit und Autonomie bei Gewalterlebnissen gehört auch, dass darauf gedrängt wird, dass nicht die Frau, sondern der Mann das Haus verlässt. In Baden-Württemberg wird diese Hausverbotsregelung für gewalttätige Männer bereits praktiziert. Das setzt natürlich auch eine *Intensivierung der Täterarbeit* zur Bedingung. Diese Täterarbeit wiederum folgt einer eigenen Logik, denn Gewalt und Bedürftigkeit liegen bei solchen Männern eng zusammen.

Damit Frauen autonom werden können, brauchen sie vor allem auch *eigene soziale Bezüge*. Die SozialarbeiterInnen in den Frauenhäusern haben es mit Frauen zu tun, die immer wieder vom Mann ihre Lebensbestätigung erhalten wollen und deshalb wenig eigene Bezüge zu anderen Frauen entwickeln. Das wirkt sich auch in der sozialen Arbeit mit Frauen dahingehend aus, dass die Frauen die Abhängigkeit von den Helferinnen direkt suchen. Deshalb ist es notwendig und gehört zum Kern der Frauenarbeit, dass eigene kulturelle und soziale Netzwerke für Frauen geschaffen und gefordert werden. Diese Erweiterung der Frauenhausarbeit in Netzwerke hinein ist vor allem auch deshalb wichtig, weil Frauen nicht selten ihre Situation im Frauenhaus als Entwertung spüren. Dies haben wir vor allem bei Frauen in Ostdeutschland beobachtet, für die ja diese Art der öffentlichen Behandlung von Gewaltproblemen neu war. Um dies auszubalancieren, muss viel mehr kultureller Raum, müssen entsprechende Projekte geschaffen werden, die zur Entstigmatisierung der Frauenhäuser beitragen können. Schließlich hat man in der Frauenarbeit gelernt, dass die

Polizei bei der direkten Intervention in familiale Gewaltvorgänge eine stärkere und mehr anerkannte Rolle spielen muss. Damit rückt die Methode der Krisenintervention (s.u.) auch in den Mittelpunkt der Antigewaltarbeit mit Tätern.

Neben diesen Erfahrungen, die inzwischen in die praktische Frauenhausarbeit einfließen, gibt es einige bemerkenswerte Veränderungen in der Frauenhausszenerie, welche die Arbeit zukünftig bestimmen werden. Frauenhäuser in Westdeutschland berichten, dass sie weniger Zulauf hatten. Das lässt darauf schließen – und das bestätigt auch der sozialpolitische Diskurs um die Familie (vgl. Jurzcyk 2001) –, dass die Familienpartner in Zeiten ökonomischen Drucks stärker aufeinander angewiesen und Familien fast zwangsläufig zu Notgemeinschaften geworden sind. Deswegen suchen Frauenhäuser ihr Betätigungsfeld inzwischen auch in der präventiven Arbeit, vor allem in der Frauenkultur – und Beratungsarbeit. Die „harmonische Ungleichheit" wird für nicht wenige zum Lebensmodell, geschlechtstypische Arbeitsteilung (Männer arbeiten Vollzeit, Frauen Teilzeit) wird pragmatisch ausgehandelt. Das ist aber nicht mit einer Restauration klassischer Geschlechterrollenbilder zu verwechseln, hat aber doch seine Tücken. Denn wenn Frauen meinen, durch Selbstzurücknahme Macht gewinnen zu können, verlieren sie auch die Konfliktlinien aus den Augen und es besteht die Gefahr, dass sich in den Familien vieles aufstaut. Sich zurücknehmen, wenn man meint, man säße doch am längeren Hebel, lässt einen leicht die Verortung verlieren. Pragmatische Arrangements reichen nicht aus, um auftretende Krisen bewältigen zu können. Deshalb ist es wichtig, dass die Frauen in der Beratung erkennen, dass solche pragmatischen Arrangements auf der einen Seite notwendig sein können, dass sie aber andererseits nicht zum Verdeckungszusammenhang werden dürfen und in ihren Grenzen thematisierbar bleiben müssen.

Obwohl es quer zur Frauenbewegung liegt, ist bei SozialarbeiterInnen das Verständnis dafür gewachsen, dass solche betroffenen Frauen immer wieder in die Abhängigkeit zurückkehren wollen, weil sie sich eben so stark über Beziehung und Familie definieren. Trotz aller erlittener Gewalt bleibt bei ihnen die Hoffnung auf Beziehung. Nan Goldin (1981), die sich als Geschlagene selbst fotografiert hat, hat gezeigt, dass Gewaltsituationen oft dadurch entstehen, dass aus Enttäuschungen darüber geschlagen wird, dass Beziehungen nicht funktionieren und dass deshalb Geschlagene an der Beziehung festhalten. Die Menschen machen sich Bilder von schönen Beziehungen und aus der Enttäuschung heraus, dass die Beziehung so nicht eintritt, entsteht Druck. Schon mit der Heirat werden zwei unterschiedliche Ehen, mit unterschiedlichen Beziehungsbildern und -träumen geschlossen. Solche Bilder sollen für vieles herhalten, was man selbst nicht hinbekommt. Alte Verletzungen sollen geheilt, Selbstwerteinbrüche gekittet werden. Oft wird die Beziehungsenttäuschung am Kind gewalttätig ausgelebt: Gerade Frauen, die früh geheiratet haben, suchen über das Kind das hereinzuholen, was sie selbst in ihrer Kindheit nicht bekommen haben und sind dann immer wieder ob ihrer eigenen Unfähigkeit enttäuscht, diese Beziehung den Kindern zu geben und vom Kind eine entsprechende Rückspiegelung zu erhalten.

Bedürftigkeit und daraus Gewalt kann vor allem dann entstehen, wenn die Frauen die Gefahr spüren, dass ihre Bilder von der Realität zerstört werden. Dann fühlen sie die Beziehung und damit sich selbst entwertet und klammern sich immer noch mehr an die Bilder. In dieser Bedürftigkeit, im Gefühl also, dass einem etwas verwehrt wird, auf das man Anrecht hat, ist die Hoffnung immer noch enthalten. Als Beispiele können hier wieder die Männer- und Frauenbilder Nan Goldins gelten, in denen die Blicke diese unterschiedlichen Sehnsüchte und Enttäuschungen spiegeln.

All diese Erfahrungen haben auch in der europäischen Diskussion dazu geführt, dass man in vielen Ländern den Blick nicht mehr nur auf die selbstständige Frau sondern auch stärker auf die Familie und die Situation der Frau in der Familie legt. Dies ist eine Konsequenz, die hier aus der Erfahrung der Beziehungs- und Familienabhängigkeit der Frauen gezogen worden ist. Wichtig ist es, die Frauen aus der Modernisierungsfalle (Wahl) herauszubringen, in die sie geraten, wenn sie sich trotz Krise noch stärker an die heilen Familien klammern. Deshalb steht in der Beratungsarbeit die Entmystifizierung der Familie und der familialen Beziehungen als Weg zur Selbstständigkeit der Frau im Vordergrund. Die Frauen müssen die Chance haben, Familie nicht als Denkführung der Beziehungen, sondern als multilokalen Ort zu erleben, von dem aus viele Außenbezüge möglich sind. Familien, die solche Netzwerke nicht haben, geraten immer in die Gefahr der Isolation, des In-Sich-Zusammenziehens, wenn sie überfordert sind. Für die Sozialarbeit haben diese Kenntnisse vor allem zur Konsequenz, dass die Professionellen sich nicht als Interventionsinstanz, sondern als Außenbezug zur Familie verstehen müssen.

Die Frauenhausarbeit hat aber vor allem auch die Erkenntnisse und Erfahrungen über die gesellschaftliche Verfügbarkeit von Frauen verwaltet und vertieft. Frauen gelten als „verletzungsoffen", ihnen wird traditionell kaum das Recht zugesprochen, sich zu beklagen. Dies läuft auf eine Verdeckung von Diskrepanzerfahrungen hinaus. Was nicht sichtbar werden darf, ist auch nicht einklagbar. Was nicht thematisierbar ist, wird als „natürlich" gedacht bzw. gefühlt. Rechte gegenüber Frauen werden traditionell vor allem Männern so zugeschrieben, dass sie als naturalisiert erscheinen, sodass Gewalt hinter vorgehaltener Hand zum Recht wird, sich etwas zu holen, was einem doch zusteht. Die „einklagbare Liebe" gilt immer noch als Teil der patriarchalen Dividende.

Mit der Erfindung der Gattenliebe in der bürgerlichen Kleinfamilie des Industriezeitalters, mit ihrer Trennung von privat und öffentlich, sind Interessen und Konflikte und psychodynamische Liebesansprüche nicht mehr auseinander haltbar. Frauen in ihrer Verletzungsoffenheit, in ihrer mindernden familialen Definitions- und Konfliktmacht und ihrer gelernten Emotionalität geraten unter dem unsichtbaren bis sichtbaren Diktat der „einklagbaren Liebe" immer wieder in neue psychodynamische Drucksituationen. Deshalb ist es ein wesentliches Moment der Frauenberatung, dass Frauen darin Unterstützung brauchen, dass sie ihre Eigendefinitionen entwickeln, erhalten und in Ansprüche umsetzen können. Nur so kann ein Gegengewicht zur Konstellation der harmonischen Ungleichheit geschaffen werden. Diese führt sonst immer wieder dazu, dass Frauen in solchen Situationen schwanken und nicht die Stärke haben, bei ihren Definitionen zu bleiben. Bei Männern dagegen muss die Intervention über die Norm erfolgen und sie müssen praktisch mit der Norm konfrontiert werden. Dies kann unmittelbar im Prozess der Krisenintervention geschehen, bevor die männlichen Mechanismen der Externalisierung und Rationalisierung einsetzen können. Hier ziehen Männerberatung und Frauenberatung am gleichen Strang. Männer müssen merken, dass die gewalttätige Beanspruchung „einklagbarer Liebe" ein kriminelles Delikt ist. Wir bezeichnen dies als Prozess „kontrollierter Kriminalisierung". Wenn dieser kontrollierte Prozess nicht gelingt, kommt es zur öffentlichen Kriminalisierung aus dem Tabu heraus. Diese bringt zwar eine Skandalisierung des Delikts, stellt einige Scheusale an den Pranger, entlastet aber viele andere Männer, die ihre Taten im Kontrast bagatellisieren können.

4. Männer und Frauen in der Arbeitslosigkeit

Die berühmte empirische Studie „Die Arbeitslosen von Marienthal" (Jahoda u.a. 1975), in der gezeigt wurde, wie die Arbeitslosigkeit in den 1930er Jahren den Alltag der Bewohner eines österreichischen Dorfes veränderte, nachdem die große Fabrik geschlossen war, wurde später von der Regisseurin Karin Brandauer (1987) verfilmt („Einstweilen wird es Mittag"). Der Film macht nicht nur erst so richtig lebendig, wie sich die Arbeitslosigkeit gleich einer verstörenden Krankheit in die Bevölkerung einschleicht, er lässt uns auch erleben, wie Männer und Frauen höchst unterschiedlich mit dieser Heimsuchung zurecht kommen. Die Männer sind orientierungslos geworden, ihre Bewegungen sind verlangsamt, ihre Kommunikationen hilflos. An ihnen manifestiert sich die schleichende Entwicklung zur „müden Gemeinschaft" am deutlichsten. Solange noch Hoffnung auf Wiedereröffnung der Fabrik war, solange der Schock der Schließung noch wirkte und damit der Lebensfaden zur Arbeit nicht gerissen war, waren die Männer aktiv, organisierten Versammlungen, schmiedeten Pläne. Als der Faden riss, die Hoffnung auf Wiedereröffnung der Fabrik zerplatzte, wurden die Männer in der Dorföffentlichkeit fatalistisch, in den Familien selbstgerecht und aggressiv-misstrauisch. Die Frauen hingegen gingen noch stärker in ihren familialen Rollen auf, versuchten aber auch den Alltag in der Gemeinde einigermaßen aufrecht zu erhalten. Sicher sind die Erkenntnisse von Marienthal – vor allem, was die degressive Spirale der Aussichtslosigkeit und Isolation betrifft – in der heutigen Gesellschaft, in der der Sozialstaat relative soziale Sicherheit und der Konsum relative Teilhabe vermittelt, nur noch bedingt verwendbar. Dennoch wurde das Ablaufmodell einer „degressiven Verarbeitung" von Arbeitslosigkeit, die Abwärtsspirale vom Schock zum Fatalismus, wie es in Marienthal beobachtet wurde, in der Arbeitslosenforschung bis in die 1970er Jahre hinein beschrieben (vgl. dazu Wacker 1978, Jahoda 1986). Neuere empirische Untersuchungen (Kieselbach 1998) wiederum zeigen, dass mit zunehmender Tendenz zur Individualisierung und Biografisierung die Betroffenen durchaus differente Strategien der Bewältigung aktivieren, die von diesem durchschnittlichen, degressiven Modell abweichen. Darin ist zu vermuten, dass – trotz des Weiterbestehens einer geschlechtstypischen Struktur der Bewältigung, die darauf beruht, dass die männliche Identität auch heute noch meist linear von der Arbeit abhängig ist – sich unterschiedliche weibliche und männliche Bewältigungstypen entwickeln können. Je nachdem, wie sie Selbstwert- und Anerkennungsbezüge außerhalb der Arbeit aufbauen konnten und über eigenbestimmte soziale Netzwerke verfügen, stellt sich das Problem, wie Familien in der Lage sind, Arbeitslosigkeit zu bewältigen und ob sich dabei die innerfamilialen Beziehungen konflikthaft verändern oder stabil bleiben. Dies hängt vor allem davon ab, wie der Familienzusammenhalt und die familiale Konfliktstruktur *vor* der Arbeitslosigkeit aussehen. Mit der Arbeitslosigkeit kommen nicht selten Konflikte hoch, die vorher verdeckt waren und nun destabilisierend wirken. Andererseits wird berichtet, dass Familien noch enger zusammenrücken und zusammenhalten, um nicht an der Arbeitslosigkeit zu zerbrechen (Lüders/Rosner 1990). Allerdings hat gerade diese Nähe ihre Tücken, weil sie gerade den Kindern – aber auch den Frauen, wenn der Mann langzeitarbeitslos ist – den eigenständigen Entfaltungsraum innerhalb der Familie und über sie hinaus – nehmen kann (vgl. dazu Kieselbach/Voigt 1992, Strittmatter 1992). Dies ist vor allem bei Langzeitarbeitslosigkeit der Fall. Auf diese beziehen sich im Folgenden auch unsere weiteren Ausführungen. Langzeitarbeitslosigkeit führt in die Abhängigkeit von der Sozialhilfe und ist damit in der Regel die Hauptursache von Armut. Aus diesem Bereich rekrutiert sich auch in der Hauptsache das Klientel der sozialen Arbeit. Dazu kommen Familien, die trotz der Tatsache, dass die Eltern Arbeit haben, unter die Armutsgrenze rutschen, weil das Einkommen zu gering ist („Armut in Arbeit" vgl. dazu Ehrenreich 2001).

Dass Männer besonders unter dem Verlust der Beschäftigung leiden, wird in der geschlechtsdifferenten Arbeitslosenforschung vor allem dort deutlich, wo Vergleichsmöglichkeiten mit Frauen bestehen. Männern ist eine familiale Ersatzrolle (wie den Frauen) nur begrenzt oder überhaupt nicht verfügbar, da sie auch ihre familiale Rolle meist über die Arbeit (als Haupternährer oder Familienvorstand) definieren (Ostner 1995). Männlichkeit und externe, von der Familie losgelöste Arbeit sind für viele Männer immer noch eins. Somit wird der Verlust von Arbeit auch oft als Verlust von Männlichkeit empfunden. Sie fühlen sich in weibliches Gebiet gedrängt, das sie bisher immer halbbewusst abgewertet haben, und das sie nun in den Sog der Abwertung zu ziehen scheint. Nur wenige schaffen es, die Option, Hausmann zu werden, für sich zu realisieren. Da fehlt das gesellschaftlich gestützte Rollenbild. So geraten arbeitslose Männer von der Hilflosigkeit angesichts der Arbeitslosigkeit in eine männliche Hilflosigkeit und stehen unter dem Drang, sie abzuspalten. Das geschieht oft durch eine Verstärkung traditioneller Muster: Der Mann ist bemüht, seine Männlichkeit zu bewahren, indem er die Kontrolle über die Familie erhöht und sie damit – meist ist es ihm nicht bewusst – zwingt alle Familientätigkeiten auf die Stützung und Anerkennung seiner Männlichkeit auszurichten. Dies kann bis zum Syndrom der Co-Abhängigkeit der Frau und der Kinder vom Mann führen. Gleichzeitig fürchten solche Männer Autoritäts- und Beziehungsverlust und haben an die SozialarbeiterInnen der Familienhilfe (ASD) die Erwartungen, Beziehungen und Autorität wieder herzustellen (Zipfel 1999). Hier ist dann das Know-how der Männerberatung notwendig (s.o.): Der Mann muss zu sich kommen und neuen Selbstwert aus sich heraus aufbauen können.

In unserer Gesellschaft sind arbeitslose Frauen eher als Männer ohne Arbeit akzeptiert. Wenn der Ehepartner als Einziger arbeiten geht und genug Geld nach Hause bringt, wird die Frau nicht als arbeitslos betrachtet, die Hausfrauenrolle wird als Ergänzungsrolle zur Arbeitsrolle des Mannes gesehen. In diesem Verständnis wird auch die „hohe Erwerbsneigung" der Frauen in Ostdeutschland mitverantwortlich für die dortige Arbeitslosenrate gemacht (vgl. Zukunftsfragen 1996). Gleichzeitig aber sind viele der im Hause verbliebenen Frauen nicht nur materiell abhängig von ihren Männern, sie sind zudem der schleichenden Entwertung ihrer Qualifikationen ausgesetzt, die sie einmal beruflich erworben haben. Das erschwert ihren Wiedereinstieg in die Berufswelt. Deshalb gibt es einen verdeckten Risikozusammenhang zwischen der Beschränkung auf die Hausfrauenrolle und der Arbeitslosigkeit, der in Krisenzeiten (Ehescheidung, Partnerverlust) immer wieder aufbricht: „Für viele Frauen sind die Erfahrungen mit Erwerbsarbeit brüchig und fremdbestimmt. Familie und Beruf bilden deshalb ein lebensgeschichtlich bestehendes Spannungsverhältnis von widersprüchlichen Interessen und Konflikten. Gerade für sozial benachteiligte, also ökonomisch und persönlich schlecht gestellte Frauen, ist es schwierig, eine berufliche Identität zu gewinnen, weil ihnen die Voraussetzungen, wie eine ausreichende Schul- und Berufsausbildung fehlen" (Maschewsky-Schneider u.a. 1992, S. 347). Da diese psychosoziale Konstellation zur weiteren sozialen Zurücknahme der Frauen führt und die Gefahr der „kumulativen Diskriminierung" (Braun u.a. 1996, S. 201) verstärkt – sie gelten zunehmend als „schwer vermittelbar" –, ist es notwendig, niedrigschwellige und aufsuchende Angebote von Seiten der Sozialarbeit anzubieten (s.u.).

Betrachtet man auf der anderen Seite die inzwischen im Durchschnitt besseren Bildungsabschlüsse von Frauen, so kann man sich des Eindrucks nicht erwehren, dass sie im Berufsbereich immer noch männerbündlerisch zurückgedrängt werden. Es braucht also öffentliche Fraueninitiativen, die auf Mädchen aufmerksam machen und aufzeigen, dass diese keine Wesen sind, die nicht beruflich motiviert sind und die deutlich machen, dass sich das regionale Klima ändert, wenn Mädchen und junge Frauen gezwungen sind, wegen mangelnder Berufsperspektiven abzuwandern.

Gleichzeitig gibt es immer noch einen geschlechtsspezifisch segmentierten Arbeitsmarkt, der Frauen in Berufe drängt, die am ehesten von Arbeitslosigkeit betroffen sind oder in ungeschützte Berufe, wo sie als „flexibel" gelten und entsprechend wieder entlassen werden können. Das Problem der Benachteiligung von Frauen im Berufsleben scheint sich also verschoben zu haben: Es ist nicht mehr die Frage, ob Frauen genauso beruflich tätig sein können wie Männer; dafür aber ist das Problem entstanden, dass die Arbeitsplätze von Frauen stärker von Arbeitslosigkeit bedroht sind als die von Männern. So ist auch der Großteil der Teilarbeitsplätze in Deutschland von Frauen besetzt.

Schon in der Ausbildungsszenerie herrscht das Stereotyp vor, dass die Mädchen schwerer vermittelbar seien als die Jungen, weil sie sich auf zu wenige Berufe beschränkten. Wenn sich dann Mädchen entsprechend verhalten, indem sie sich die Arbeitsplätze suchen, in denen sie auch genommen werden, schließt sich dieser geschlechtstypische Definitionszirkel. Aus Projektwochen der Sozialarbeit wissen wir, wenn es um Aktionstage zur Ausbildungsorientierung und Berufssuche geht, dass Mädchen sehr aktiv sind und merken gleichzeitig bei den Institutionen und in der Öffentlichkeit, wie wenig auf diese aktive Orientierung geachtet wird. Mädchen werden weiterhin – auch in Kreisen der Jugendberufshilfe – als passive Nachfrager angesehen. Auch scheint sich hartnäckig das Vorurteil zu halten, dass Mädchen in ihrem Arbeits- und Berufsverhalten familien- und beziehungsorientiert sind und damit unbedingte Rationalität und Durchsetzungsdrang vermissen lassen. Es wird gar nicht gesehen, dass Mädchen und Frauen in ihrem beziehungsorientierten Verhalten am Arbeitsplatz auch eine Kritik an sozial entbetteten technologischen Arbeitsabläufen ausleben. Es sieht so aus, dass die Industrie die Funktion solcher „soft skills" eher entdeckt und kapitalisiert, als die sozialstaatlich geförderte Jugendberufshilfe, die sie als selbstbestimmte Kompetenzen der Menschen entwickeln müsste.

Schließlich muss es gerade für die Sozialarbeit wichtig sein, zu sehen, dass Berufs- und Arbeitsperspektiven für Mädchen gerade in Krisensituationen – sei es in Partnerbeziehungen, in Konflikten mit der Familie oder in biografischen Orientierungskrisen – einen zentralen Halt bieten. In diesem Sinne entsteht über Ausbildungs- und Arbeitslosigkeit ein Mangel an Ressourcen, andere Lebensprobleme zu bewältigen.

Frauen mittleren Alters gehen sehr unterschiedlich mit ihrer Arbeitslosigkeit um. Dies hängt davon ab, wie sie ihre Entwertung bearbeiten können und wie diese Entwertung anerkannt und ernst genommen wird. Hier ist auch der entscheidende Punkt beim Angebot sozialarbeiterischer Hilfe für arbeitslose Frauen. SozialarbeiterInnen stoßen immer wieder auf zwei Bewältigungstypen: Zum einen auf depressive Bewältigungsformen; die Frauen nehmen vermehrt Antidepressiva und zeigen auch eine höhere Sensibilität für Krankheiten. Auf der anderen Seite gibt es wiederum Frauen, welche die Arbeitslosigkeit zu nutzen versuchen, um sich umzuorientieren und über Arbeitsbeschaffungsmaßnahmen in alternative Arbeits- und Lebensformen zu kommen. Dem steht oft die inferiore Qualität der Arbeitsbeschaffungsmaßnahmen entgegen. Natürlich hängt die Fähigkeit zur Umorientierung von der vorangegangenen Qualifikation und von der Dauer der Arbeitslosigkeit ab (vgl. dazu Kieselbach/Voigt 1992).

Da es die Sozialarbeit meist mit biografisch und sozial benachteiligten Frauen zu tun hat, braucht sie ein besonders professionelles Wissen, um diese Gruppe motivieren und aktivieren zu können. Gerade dabei – egal ob es sich nun um Einzelberatung, Selbsthilfeinitiativen oder Umschulungsprojekte handelt – braucht sie eine geschlechtsspezifische Perspektive. Vor allem muss dem Stereotyp entgegengearbeitet werden, dass Frauen Arbeitslosigkeit besser aushalten als Männer, da sie sich doch in die Familienrolle zurückziehen können. Man spricht den Frauen deshalb nicht selten Wut und Aggressivität in der Empfindung ihrer Arbeitslosigkeit ab und gibt ihnen dann auch keinen Raum, diese Aggressivität herauszulassen und in Motivationen und Aktionen umzuleiten. Ebenso gilt es zu verhindern, die Frauen wieder ins Familienstereotyp zu drängen und ihnen die Aufgabe zuzuweisen, wenigstens den Status ihres Mannes aufrecht zu erhalten. Die Zurückweisung der weiblichen Arbeitsperspektive und ihr Zurückdrängen auf die Familie wird von Frauen – das zeigen unsere Erfahrungen mit Arbeitslosen – als doppelte Entwertung empfunden.

Es muss dann nicht verwundern, wenn Frauen ihre Entwertung und Hilflosigkeit oft an den Kindern, vor allem an den Mädchen ausagieren. Die Mädchen müssen funktionieren, werden von solchen Müttern verachtet, wenn sie nicht gut in der Schule sind, müssen als Erste die Sorge für den arbeitslosen Elternteil übernehmen, ihre Eigenkräfte werden zurückgedrängt, auch sie werden entwertet. Dieser Zirkel der Entwertung in der familialen Szenerie, wird in der Sozialarbeit zwar immer wieder beschrieben, aber nicht entsprechend angegangen. Deshalb ist es wichtig, der Familie dabei zu helfen, dass sie sich öffnen und in einem sozialen Netzwerk neue Formen der Stützung und Anerkennung finden kann. Solange die Arbeit fehlt, müssen die Betroffenen in verschiedenen außerfamilialen Situationen spüren und erleben können, dass in ihnen soziale und kulturelle Kompetenzen stecken und anerkannt werden, die erst einmal nichts mit dem Besitz eines Arbeitsplatzes zu tun haben.

Unsere Analyse zeigt, dass Männer und Frauen, Mädchen und Jungen zwar geschlechtsunterschiedlich von Arbeitslosigkeit betroffen sind, dass die Sozialarbeit aber von der Grundmaxime ausgehen muss, dass Arbeitslosigkeit für Männer und Frauen gleich risikohaft ist. Um diese Perspektive des gleichen Risikos methodisch umsetzen zu können, bedarf es aber eines „Reframing" in den Zugängen. So gibt es eine Faustregel in der Arbeitslosenarbeit, die es geschlechtstypisch umzusetzen gilt: Nur wenn es gelingt, die Betroffenen erfahren und spüren zu lassen, dass sie auch außerhalb des Arbeitsplatzes etwas wert sind, sozial anerkannt sind und etwas bewirken können, kann man sie in die Lage versetzen, Arbeitslosigkeit offensiv zu bewältigen und nach neuer Arbeit bzw. Alternativen von Tätigkeiten zu suchen. Dieses „Reframing" sieht bei Frauen so aus, dass erst einmal ihre Arbeitslosigkeit als solche öffentlich anerkannt und nicht bagatellisiert wird und dass ihnen dabei geholfen wird, ihre Lage auch von sich aus offensiv anzugehen und dabei Verhaltensmuster – Aggressivität, eigene Aktionen, eigene Projekte – gefördert werden, die nicht in das traditionelle Geschlechterstereotyp der sich häuslich zurückziehenden Frau und ihrer familialen Ausgleichsrolle passen. Gleichzeitig gilt es von dem Stereotyp Abschied zu nehmen, dass die Familie der beste Schutz in der Arbeitslosigkeit sei, wo doch im Gegenteil die Gefahr entsteht, dass die Familie sich abkapselt und Co-Abhängigkeitsstrukturen entstehen, unter denen dann vor allem die Kinder wieder zu leiden haben. Es kommt also in der Familienhilfe darauf an, die Familie zu öffnen und den verschiedenen Familienmitgliedern soziale Anschlüsse und Teilhabe an Netzwerken im außerfamilialen Raum zu ermöglichen. Für die Frauen braucht es dabei Angebote im sozialen Nahraum, da ja gerade Frauen in sozial benachteiligten Lebenslagen ans Haus gebunden sind. Vor allem sollten Treffs aufgebaut werden, in denen die Frauen Beziehungen zu anderen Frauen aufnehmen und verstetigen können. In solchen offenen Treffs können Beratungsangebote organisiert werden, in denen mögliche Berufseinstiege und Arbeitsplätze abgetastet werden und die Jobsuche unterstützend begleitet wird. Von diesen Beratungsstellen können dann auch Kontakte zu den Betrieben aufgenommen werden, die bereit sind öffentlich geförderte betriebliche Ausbildungs- und Arbeitsplätze für Frauen in Sozialhilfe einzurichten. Hier bedarf es einer „weiterführenden Zusammenarbeit" der Sozialarbeit mit den Betrieben: „Koordination, Beratung und Unterstützung für alle diese finanzierten Ausbildungsplätze betreffenden Fragen und Probleme [...] unter Entwicklung von möglichst einfachen Abläufen, sämtliche Zusammenarbeit und Abstimmung mit den öffentlichen Trägern [...], Beratung und Vermittlung ins Konfliktfeld und die Begleitung der Frauen bis zum Abschluss der betrieblichen Eingliederung in der Form eines Beratungsnetzwerkes, in dem auch andere Personen (über den Treff und über den Betrieb) beteiligt sind" (Geiß 1998, S. 29f.). Was die Männer anbelangt, so kommt es vor allem darauf an, soziale Kommunikationsstrukturen außerhalb der Familie aufzubauen, denn die meisten Männer haben dadurch, dass ihre sozialen Kontakte fast nur über die Arbeit liefen, dieses soziale Umfeld eingebüßt und zentrieren zwangsläufig den Drang, ihre Männlichkeit aufrecht zu erhalten, auf ihre Familien. Im dänischen Modell der Arbeitslosenbegleitung ist es längst üblich, dass die SozialarbeiterInnen zu den Arbeitslosen hingehen, sie in soziale und kulturelle Projekte vermitteln und mit ihnen zusammen ein je individuelles Informations- und Kommunikationsnetz aufbauen, in das mögliche Arbeitsstätten genauso eingebunden werden wie Projekte.

Natürlich ist zu fragen, mit welcher gesellschaftlichen Hintergrundlegitimation eine solche Arbeitslosenarbeit ablaufen kann, wo doch die Erwerbsarbeit weiterhin das zentrale Medium der Lebensführung und des Statusgewinns in unserer Gesellschaft ist? Hier brauchen erst einmal die SozialarbeiterInnen selbst ihre Vergewisserung in der Richtung, ob sie neben der Gesellschaft arbeiten oder ob ihre Arbeit in eine im Alltag noch nicht durchgesetzte Perspektive weist. Denn mit der weiteren Technologisierung und Rationalisierung in Ökonomie und Verwaltung wird in unserer Gesellschaft die Erwerbsarbeit auch weiter abnehmen und es wird – trotz der demografischen Prognose des Sinkens der Zahl der erwerbsfähigen Bevölkerung – notwendig sein, nach neuer Arbeit zu suchen, da Arbeit ja weiterhin als Medium sozialer Integration und biografischer Erfüllung in unseren Gesellschaften gebraucht wird. Hier bietet sich das Zukunftsmodell der „Tätigkeitsgesellschaft" als Diskussionsperspektive auch für die Verortung der Sozialarbeit an. Die Protagonisten dieses Modells (vgl. Mutz 2000) gehen davon aus, dass nicht nur die Erwerbsarbeit weiter abnimmt, sondern dass auch in Zukunft der Normalarbeitsentwurf – lebenslange berufliche, tarifliche und soziale Absicherung – für die Mehrheit der Bevölkerung nicht mehr haltbar ist. Deshalb werde es immer notwendiger, für den Verlauf der Lebensarbeitszeit Tätigkeitskombinationen zu schaffen, die nur zum Teil aus herkömmlicher Erwerbsarbeit, zu anderen Teilen aber aus bürgerschaftlichem Engagement, aber auch arbeitsgesellschaftlich anerkannter Haus- und Subsistenzarbeit bestehen. Die „Entgrenzung der Erwerbsarbeit", wie sie sich im Strukturwandel der Arbeitsgesellschaft längst abzeichne, setze die Notwendigkeit der Kombination solcher Tätigkeiten geradezu voraus, wenn die gesellschaftliche und biografische Integration in Zukunft gesichert sein soll. Nun sind die Arbeitslosen von ihren begrenzten Ressourcen her nicht gerade die Vorreiter dieser Entwicklung, aber es ist eine Perspektive, auf die die Sozialarbeit stärker zuarbeiten müsste, mit der sie offensiver der immer noch erwerbsarbeitszentrierten Arbeitsverwaltung begegnen, und die auch für die Betroffenen selbst einen neuen Sinnbezug herstellen könnte. Auf jeden Fall gibt dieser Zukunftsdiskurs zur Neuvermessung der Arbeitsgesellschaft, wie er sich auch in der Enquête der Bundestagskommission zur Zukunft des bürgerschaftlichen Engagements (2002) niederschlägt, der Sozialen Arbeit ein Legitimationsmodell neuer Arbeit an die Hand, auf das sie ihre Übergangs- und Beschäftigungshilfen endlich auch inhaltlich (und nicht nur von der sozialpolitischen Notwendigkeit her) beziehen kann: Die Strategie der Vermittlung von biografischem und arbeitsmarktbezogenem Experimentieren, die eine zunehmend wichtige Rolle bei der Integration Arbeitsuchender in die (nun erweiterte) Arbeitsgesellschaft spielen wird, hat in der beschäftigungsorientierten Sozialarbeit inzwischen ihre professionelle Tradition. Diese wartet nun darauf, über die Beschränkung auf den Definitionskreis „personenbezogener Hilfen" hinaus als allgemeine arbeitsgesellschaftliche Interventionsstrategie anerkannt und gefördert zu werden.

5. Obdachlose Frauen und Männer

Die Obdachlosigkeit hat ihr Straßenbild und zieht deshalb unweigerlich Zuschreibungen und Stigmatisierungen an. In der Regel sind es obdachlose Männer, die dieses Straßenbild prägen und bestätigen, umso mehr als sie versuchen, ihr Stigma selbst zu regulieren. So entsteht eine gewisse Kollusion, eine gegenseitige Einvernahme von Obdachlosen, die sich auf der Straße aufhalten, und Bürgerpassanten. Was dann im Raum steht, ist eine groteske Maskulinität, mit der sie sich schützen, niemanden an sich herankommen lassen, als Gruppe mit ihren Trinkritualen zusammenhalten und ihre nahe Straßenumwelt unter Kontrolle bringen wollen. Obdachlosigkeit als männliche Bewältigungsform? Die obdachlosen Frauen sind lange in ihren Lebenserfahrungen übergangen worden, sie gelten bestenfalls als Spielball und Haltepunkt der männlichen Launen und Hilflosigkeiten, schlimmstenfalls als Provokation im Bild der Hexe oder Hure (vgl. Enders-Dragässer 1997). Als Verdienst feministischer Neuorientierung wissen wir heute mehr über sie, als über männliche Obdachlosigkeit.

Beileibe nicht alle Obdachlosen sind auf der Straße. Viele leben auch in Unterkünften oder in der Schwebe der Obdachlosigkeit, wenn sie vom Verlust ihrer Wohnung bereits bedroht sind. Oft liegt diese am Ende einer Karriere, die in der Familie begonnen hat: Gewalt und sexueller Missbrauch, Aussetzung oder Ausbruch, so wie bei Straßenkids zu beobachten, Heimkarriere, abgebrochene Ausbildung; Scheitern im Beruf, Scheitern von „gerade so eingerichtetem Leben" mit Jobs, Arbeitslosigkeit, Zusammenbruch der alltäglichen Lebensführung. Irgendwann ist der Lebensalltag nicht mehr bewältigbar, die Fassade eingestürzt. Zahlungsunfähig und mit steigendem sozialen Stigma behaftet werden die Chancen immer geringer, eine Wohnung zu bekommen. Das Obdachlosenschicksal ist dann das Ende einer Ursachenkette, in der personale, biografische und gesellschaftliche Faktoren zusammenspielen. Obdachlose scheitern an einer Konkurrenzgesellschaft, die sie gern als ihr Strandgut bezeichnet, die diese Karriere mit aufbaut und sich erst um sie kümmert, wenn sie auffällig werden. Für Frauen ist Obdachlosigkeit Endpunkt und Ausweg im gesellschaftlichen Armutsrisiko zwischen persönlicher Abhängigkeit, verdeckter Existenzsicherung und Doppelbelastung (vgl. Enders-Dragässer 1997). Dann sind sie – öffentlich und administrativ – entmündigt. Ihr täglicher Kampf ums Überleben (vgl. Bodenmüller 1995) und ihre darin liegenden Stärken werden nicht anerkannt, wenn die Hilfen nicht darauf ausgerichtet werden. Sozialarbeit mit Obdachlosen ist – in diesem Sinne – zuvörderst akzeptierende Überlebenshilfe. Sie ist aber genauso – von der gesellschaftlichen Seite her – präventives Auffang- und Stützungssystem, um Wohnungsverlust vermeiden zu helfen und so den Übergang in die Obdachlosigkeit zu verhindern. Obdachlosenarbeit ist Teil kommunalpolitischer Integrations- und Regulationsstrategien, die auch offensiv dem Armutsrisiko von Frauen begegnen müssen.

Dass mehr obdachlose Männer als Frauen auf der Straße sichtbar sind, darf nicht dazu verleiten, die Obdachlosigkeit hauptsächlich als Männerproblem einzuordnen. Hier wirkt der geschlechtsspezifische Mechanismus des Innen und Außen offensichtlich: Frauen versuchen nicht nur ihre Straßenexistenz zu verstecken, sie finden sich auch eher in neuen Abhängigkeits- und Gewaltbeziehungen zu Männern wieder, als in der Gefahr, auf der Straße zu landen.

Die Straße ist in allen Belangen ein männliches Terrain, schon den Jungen ist die Straße zugänglicher als den Mädchen. Entscheidend aber ist in diesem Zusammenhang: Jungen und Männer können ihre Straßenrolle bis zuletzt einigermaßen mit ihrer Geschlechterrolle und der Zuschreibung des männlichen Außen in Einklang bringen. Für Mädchen und vor allem dann für die Frauen gerät die Straßenexistenz in völligen Widerspruch mit dem gängigen Frauenbild und der weiblichen Geschlechterrolle. Sie haben dann auch entsprechende Folgen zu tragen: Straßendasein wird nicht nur als extremes Fehlverhalten gedeutet, es wird vor allem schnell sexualisiert, die Frauen werden moralisch in den Ruch der sexuellen Verfügbarkeit und damit in die Ausnahmezone der Prostitution gedrängt.

So ist es kein Wunder, dass viele obdachlose oder von Obdachlosigkeit bedrohte Frauen versuchen, ihre prekäre Lage nicht öffentlich werden zu lassen. Lieber gehen sie Zwangsbeziehungen mit Männern ein (bis hin zur Prostitution), nur um nicht auf der Straße zu landen. Das sieht dann nach außen so aus, als hätten die Frauen dieses Gewaltverhältnis selbst gesucht. Dass die Frauen das nicht nur tun, um dem herrschenden Weiblichkeitsbild gerecht zu werden, sondern auch, weil sie die abwertende und sexualisierende Gewalt auf der Straße fürchten, wird dabei übergangen. Private und öffentliche Verfügbarkeit der allein stehenden Frau auf der Straße wird zur Provokation umgedeutet.

Während sich die Mädchen auf der Straße noch unter den Definitionsschutz der Jugendkultur und ihrer Stile stellen können, die sie mit den Jungen stärker als früher verbindet, sind die Frauen ganz dem Geschlechterblick ausgesetzt. Deshalb ist es nicht verwunderlich, dass zwar ebenso viele Mädchen wie Jungen unter den obdachlosen Straßenkids anzutreffen sind – je jünger die Jugendlichen, desto höher der Mädchenanteil –, bei den obdachlosen Erwachsenen aber die Männer deutlich überwiegen.

Frauen sind oft „nur einen Mann weit von der Obdachlosigkeit entfernt" – das Resümee aus der inzwischen klassischen Studie von Erika Steinert (1990). Darin liegt eine Aufforderung an die soziale Arbeit, die prekäre Lebenssituation von Frauen *vor* der Obdachlosigkeit in den Blick zu nehmen, von Frauen, die eigentlich aus der abhängigen Beziehung heraus müssten, die aber nicht die materiellen und sozialen Möglichkeiten der Eigenständigkeit dafür haben bzw. aus diesen Gründen eine Zwangspartnerschaft eingegangen sind (s.o.). Von SozialarbeiterInnen hört man dann nicht selten, diese Frauen könnten ihrer Familien- oder Partnerrolle nicht gerecht werden. Die gelernte und in Abhängigkeitsbeziehungen verfestigte „Unfähigkeit" von Frauen, für sich selbst zu sorgen, wird in solchen geschlechtertypisierenden Diagnosen erst gar nicht in Erwägung gezogen.

Es gibt kaum einen psychosozialen Problembereich, in dem in der Sozialen Arbeit selbst so stark stereotypisiert wird, wie bei der Obdachlosigkeit. Bei Frauen stellt man – Prinzip Innen – das Scheitern im Beziehungs- und Sorgebereich in den Vordergrund und vernachlässigt den Aspekt der Verwehrung der materiellen und kulturellen Eigenständigkeit. Bei Männern hingegen – Prinzip Außen – ist die sozialpädagogische Diskussion zur Obdachlosigkeit durch das Motiv „Scheitern in der Erwerbsarbeit" definitionsbestimmend und dabei wird der Beziehungsaspekt übergangen. Die Verlusterfahrungen und Bindungsängste der Männer, die in biografischen Gesprächen durchaus hervortreten, spielen in vielen diagnostischen Materialien keine Rolle. Natürlich wird das durch das Außenverhalten der betroffenen Männer selbst verstärkt, da sie Verlusterfahrungen nicht innerlich bearbeiten und entsprechend thematisieren können, sondern – in männlicher Bewältigungstypik – diese als „Kontrollverlust" erfahren, dem sie mit verstärktem Kontrollverhalten nach außen im Obdachlosenmilieu zu begegnen versuchen. Deshalb braucht der Zugang zur Obdachlosigkeit eine doppelte geschlechtsbezogene Reflexivität. Die KlientInnen bestätigen dauernd das eigene Geschlechterstereotyp. SozialarbeiterInnen müssen deshalb nicht nur hinter das Bild schauen, welches die KlientInnen von sich präsentieren, sondern auch den eigenen Geschlechterreflex hinterfragen. Dies gilt nicht nur für die diagnostische, sondern vor allem auch für die konkrete Hilfepraxis. Dazu gehört besonders auch das differenzierte Beobachten und Nachfragen. Manche Frauen fühlen sich in der Obdachlosen-Subkultur sicherer als in einem Partnerverhältnis, das zum Gewaltverhältnis verkommen ist. Andere wiederum fürchten das Ausgesetztsein und die Gewalt auf der Straße und gehen lieber eine Zwangspartnerschaft ein. Dass es immer wieder Frauen gibt, die in der Halböffentlichkeit des Obdachlosenmilieus mehr Schutz und Sicherheit verspüren als in einer bedrohten Häuslichkeit, wird von SozialarbeiterInnen bestätigt. Es gehört deshalb zur akzeptierenden Obdachlosenarbeit, dass man erst einmal anerkennt, dass einige dieser Frauen im Obdachlosenmilieu Platz gefunden haben und nicht mehr am normalen Frauenbild festhalten. Diese Überschreitung muss als Suche nach Handlungsfähigkeit neben der Norm gedeutet werden, aber auch als erzwungenes Bewältigungsmuster, das die SozialarbeiterInnen erst einmal zu akzeptieren haben. Für einige bleibt dahinter immer Sehnsucht nach Normalität erhalten, aber man muss das eine erst akzeptieren, um an das andere, diese verdeckte Sehnsucht, anknüpfen zu können. SozialarbeiterInnen stellen zu gerne das Normalitätsmodell in den Mittelpunkt und übersehen dabei, dass in den abweichenden Verhaltensbildern auch Stärken liegen, dass hinter der Distanziertheit und Aggressivität der Frau gegenüber den Institutionen der Hilfe, das Streben nach Selbstbehauptung, die Suche nach Schutz und die Abwehr neuer Abhängigkeiten steckt. In ihrer Untersuchung hat Steinert nach dem Stellenwert der Hilfesysteme in den Bewältigungsstrategien der Frauen gefragt und danach drei unterschiedliche Grundorientierungen herausgearbeitet: Normalitätsorientierte Frauen wollen zurück in die bürgerliche Existenz. Für sie ist der Gang zu den Hilfesystemen ein notwendiges Übel. Sie suchen nach Möglichkeiten, den „widrigen äußeren Umständen" wieder zu entkommen, grenzen sich aber sonst gegen die Hilfe ab, bis auf die Frauen, die sich selbst als hilfebedürftig ansehen. Im Unterschied dazu haben die „institutionen-orientierten" Frauen ihr Leben entlang den Hilfesystemen eingerichtet – bis zu denen, die dort ihre Heimat gefunden haben und entsprechend abhängig sind. Die alternativ-orientierten Frauen aber haben sich auf das Leben auf der Straße umorientiert; manche von ihnen haben dort eine neue Stabilisierung und Bindung gefunden, während andere wiederum auch gleichzeitig normalitätsorientiert sind. Schließlich gibt es Einzelgängerinnen; die Nutzung der Hilfesysteme ist hier nur punktuell (vgl. auch Enders-Dragässer 1997).

Hilfe für obdachlose Frauen (und Männer) zu organisieren ist nicht nur unter diesem Aspekt eine zweischneidige Sache.

Denn oft wird dabei der Stolz der Betroffenen übergangen, die zwar Hilfe brauchen aber nicht *hilfebedürftig* sein und vielmehr ihren Drang nach Selbstbestimmung auch unter diesen Umständen respektiert sehen wollen. Denn viele bleiben ja im Obdachlosenmilieu gerade deswegen, weil in ihrem häuslichen Privatbereich alle Selbstbestimmung unterdrückt war, während sie im Obdachlosenmilieu die Chance haben, eher für sich zu sorgen und die Gruppe, die sie umgibt, einigermaßen unter ihre fürsorgliche Kontrolle zu bringen. Gleichzeitig besteht natürlich die Gefahr, dass sie im Obdachlosenmilieu in neue Abhängigkeiten geraten. Auch hier muss also wieder die Devise für die Sozialarbeit gelten, dass das Leben im Obdachlosenmilieu nicht nur als Form der Krisenbewältigung, sondern auch als Suche nach Selbstständigkeit akzeptiert wird und gleichzeitig etwas getan wird, dass die Frauen nicht in neue Abhängigkeiten geraten. Dazu brauchen sie eigene Rückzugsmöglichkeiten und Beziehungen zu SozialarbeiterInnen.

Auch wenn die Arbeit mit obdachlosen Frauen weniger sichtbar und die Hilfeszene scheinbar vor allem an Männern ausgerichtet ist, weil die männliche Verhaltensauffälligkeit und die damit zusammenhängende Symptomatik die Hilfen geradezu anzieht, gelten auch hier ähnliche Bedenken gegenüber einer vorschnellen Intervention, wie wir dies bei den Frauen thematisiert haben. Wenn sich obdachlose Männer als Subkultur begreifen, ihre eigenen Rituale – vor allem die des „Trinkens als Zusammenhalt" – eingespielt haben, sehen sie oft keinen Sinn mehr darin, Hilfe anzunehmen, weil sie dann erst recht eine Stigmatisierung fürchten (vgl. auch Friebel 1995). In einer Obdachlosenzeitung war einmal von der dreifachen Gefahr zu lesen: der abwertenden Ausgrenzung durch Passantenöffentlichkeit, der Gewalt von Seiten Rechtsextremer und der fürsorglichen Belagerung durch die Sozialarbeit.

Auch wenn wir uns noch so aufgeklärt fühlen, werden wir uns immer wieder dabei ertappen, wenn wir Obdachlose auf der Straße antreffen, dass wir uns fragen, ob das angesichts unseres sozialen Sicherungssystems denn „notwendig" sei, warum sie das nicht in Anspruch nehmen, ja sich scheinbar der Hilfe und Unterstützung gegenüber verweigern. Wir müssen dabei nicht unbedingt das Stereotyp teilen, dass sie „arbeitsscheu" sind, aber wir können uns oft des Gefühls nicht erwehren, dass wir sie abstoßend empfinden, weil sie alle Angebote der Lebensführung, die uns vertraut ist, ablehnen. Auch diesem zweiten Blick – und nicht nur dem Ersten der direkten Abwertung – sind obdachlose Menschen auf der Straße ausgesetzt, spüren ihn. Wir brauchen uns da nicht wundern, dass sie dieses Klischee dann auch so übernehmen, sich uns gegenüber abschätzig und stigmaarrogant verhalten. Die Erkenntnis aus der Etikettierungstheorie, dass Betroffene das Stigma, dem sie immer wieder ausgesetzt sind, mit der Zeit in ihre Identität übernehmen, damit sie wieder ins psychosoziale Gleichgewicht kommen und handlungsfähig werden, gilt gerade auch hier.

Hier ist auch wieder der Punkt, wo die sozialarbeiterischen Hilfen ansetzen müssen: Es werden niedrigschwellige Rückzugsmöglichkeiten für obdachlose Männer (und Frauen) gebraucht. Das sind Treffs, in denen man nicht nur seine elementarsten alltäglichen Bedürfnisse der Körperpflege und medizinischen Versorgung befriedigen kann, sondern auch die Chance zu einer persönlichen Aussprache bekommt, die im Gruppenstress der Straßenszene längst nicht mehr möglich ist. Dabei geht es gar nicht so sehr um die biografische Aufarbeitung des Obdachlosenschicksals, sondern vor allem auch um die Bewältigung von Krisenerfahrungen, die alltäglich im Obdachlosenmilieu selbst entstehen.

Solche niedrigschwelligen Rückzugsmöglichkeiten haben für die Frauen noch ihre besondere Bedeutung. Sie werden ja vor allem deshalb abgewertet, weil sie nicht dem gängigen Frauenbild entsprechen. Deshalb stehen sie unter dem Druck, dass sie zeigen müssen, dass sie dennoch weiblich sind, auch wenn sie auf der Straße leben. Sie haben daher wesentlich ausgeprägtere hygienische und kosmetische Bedürfnisse als die Männer. Gleichzeitig ist für sie eine Beziehung zu jemandem außerhalb des Obdachlosenmilieus wichtig, weil sie auf Grund ihres „Weiblichkeitsdilemmas" immer wieder in Gefahr geraten – sei es nun in der Rolle der Geliebten, der aufopfernden Freundin oder der Mutter – in neue Abhängigkeitsverhältnisse zu kommen, die sie selbst nicht mehr kontrollieren können.

Niedrigschwellige Arbeit im Obdachlosenmilieu – sei es nun für Frauen oder Männer – hat eine bestimmte Basisstruktur: Generell gilt, dass eine Kontaktaufnahme zu den Betroffenen vor allem über das Angebot einer Grundversorgung – Hygiene, Essen, Übernachtungsmöglichkeit – erreicht werden kann. Dabei muss spürbar sein, dass man hier etwas bekommt, ohne gleich in eine Gegenleistung gezwungen zu sein. Ebenso sollten die Zugangsvoraussetzungen nicht von vornherein starr und einengend sein, alle sollten jederzeit entweder sporadisch oder regelmäßig kommen können. Meist spielen sich bestimmte Besucher- und Besucherinnentypen mit der Zeit ein. Bürokratische Hürden sollten abgebaut werden, indem Anonymität und der Zwang, Daten oder Gründe anzugeben, vermieden werden. Gespräche sollen gesucht, aber nicht eingefordert werden. Mit einer Zwangsberatung kommt man in der Obdachlosenarbeit nicht weiter. Die Angebote sollten flexibel gestaltet werden, damit die Betroffenen spüren, dass verlässliche Hilfe in allen Situationen erreichbar ist. Schließlich sollten die Angebote leicht zugänglich sein, was gerade für Frauen wichtig ist, die einen eingeschränkteren Aktionsradius haben als Männer.

Neben diesen Hilfen im Obdachlosenmilieu liegt der zweite Schwerpunkt der Sozialarbeit mit obdachlosen Männern und Frauen im Bereich der Prävention. Auf kommunalpolitischer und sozialadministrativer Ebene haben sich dabei Arbeitsbündnisse und Kooperationen zwischen Wohnungsamt, Sozial- und Jugendamt bewährt, in denen eine Art Frühwarnsystem aufgebaut wird: Wohnungsbaugesellschaften und andere Vermieter sollen dazu gebracht werden, dass sie anstehende Zwangskündigungen und Zwangsräumungen frühzeitig melden, damit den Betroffenen eine neue Wohnung oder Übergangsunterkunft mit Perspektive für eine andere Wohnung verschafft werden kann. Natürlich erreicht man damit nur die „offenen" Fälle. Zugänge zum verdeckten Vorfeld der Obdachlosigkeit müssen dagegen anders organisiert werden. So ist es vor allem notwendig, in den Stadtteilen Zugänge zu Frauen zu schaffen, die in dieser Richtung gefährdet sind, weil sie isoliert und in Abhängigkeit leben und dies nach außen verstecken. Bewährt haben sich hier Treffpunkte für isolierte Frauen, Cafés und spezifische Anlässe wie Kochkurse und

Gesundheitsberatung. Weitergehend sind Angebote, die es Frauen ermöglichen, auch etwas zu verdienen, um damit ihre materielle Abhängigkeit zu lindern. Wir denken hier vor allem an kleine Honorarplätze in Kneipen und Projekten, in denen es dann auch räumlich möglich wird, die Frauen wenigstens zeitweise von den Männern loszueisen, die sie in Abhängigkeit halten. Vor allem würde sich hier ein reproduktiv ausgerichteter Typus von Arbeit entwickeln und öffentlich anerkannt werden, in dem Frauen und Männer statusgleich unterkommen könnten.

6. Geschlechtsreflexive Arbeit mit MigrantInnen

In den Diskussionen um die Integration von MigrantInnen in die bundesrepublikanische Gesellschaft steht das Insistieren auf den Erwerb ausreichender deutscher Sprachkenntnisse immer im Mittelpunkt der Argumentationen. Dabei wird das Sprachproblem oft sehr verkürzt gesehen. Erfahrungen in der MigrantInnenarbeit zeigen, dass die Betroffenen nicht nur zu den Sprachkursen kommen, um Deutsch zu lernen, sondern um sich auch mit anderen MigrantInnen zu treffen. Gerade Frauen nutzen diese Sprachkurse als inoffizielle Räume, in denen man darüber sprechen kann, wie man in der deutschen Gesellschaft zurechtkommt, wie sich das Verhältnis zu den Männern entwickelt hat und wie es in den Familien aussieht. So können sich zum Beispiel türkische Frauen als Gruppe, die sonst kein Forum hat, die von ihrer Familienbindung her kaum in der Lage ist Selbsthilfegruppen aufzumachen, so gesellen, dass sie unter sich bleiben und über sich reden können. Sprachkurse werden meist von Frauen besucht. An diesem Beispiel wird deutlich, dass offizielle Hilfen für MigrantInnen immer auch ihre informelle Eigendynamik entwickeln, die von den PädagogInnen und SozialarbeiterInnen gesehen, in ihren Funktionen eingeschätzt werden muss und nicht blockiert werden darf.

MigrantInnen werden wie kaum eine Sozialgruppe in unserer Gesellschaft vor allem über das Geschlecht etikettiert. Die kulturelle Abwertung von Ausländern funktioniert über Geschlechtsbilder. So wird die archaische Figur des Mannes, gerade auch des Macho, relativ stereotyp und im Alltagsbewusstsein präsent auf den ausländischen Mann übertragen. Auch die Figur der zurückgesetzten, in der Familie versteckten (und damit auch sozial verschleierten) Frau wird auf bestimmte Ausländerinnengruppen projiziert. Diese Männlichkeits- und Weiblichkeitsprojektionen taugen den Einheimischen dann meist auch dazu, das eigene Mannsein und Frausein dagegen abzugrenzen, und sich besser fühlen zu können, ohne dass man über die konkreten Bedingungen des eigenen heimischen Geschlechterstatus nachdenken muss: „Ethnizität als Joker", so bezeichnet Ute Schad diesen Projektionsmechanismus, den sie in einem Praxisforschungsprojekt in einer Freizeiteinrichtung beobachtet hat: „Im Mittelpunkt steht die Fixierung der türkischen Frau/der türkischen Mädchen auf den unterlegenen Status von passiven, duldsamen, unterdrückten und rechtlosen Objekten, die der völligen patriarchalischen Kontrolle von (türkischen) Männern/Jungen unterstehen [...] Die Ungleichheit der „türkischen Frau" [...] gilt als unabänderliche Tatsache, die den überlegenen Emanzipationsstand der deutschen Frauen [...] beweisen soll [...] Die (deutschen, d. Verf.) Mädchen/jungen Frauen [haben] stets Beweise für die Rechtlosigkeit der türkischen Frauen/Mädchen zur Hand. Im Zweifelsfall greifen sie auf immer extremere Positionen zurück, um ihre Positionen zu verteidigen [...] sie greifen auf einen durchaus gängigen, naturalisierenden Kulturbegriff zurück und entziehen sich so der argumentativen Auseinandersetzung und kritischen Nachfrage" (2000, S. 134f.).

AusländerInnen werden über Geschlechtsstereotype differenzierend wahrgenommen und kategorisiert. Sie ermöglichen eine Klassifikation, die von den empirischen Erscheinungsbildern her gar nicht möglich ist, denn Migranten und Migrantinnen kommen aus so unterschiedlichen Volksgruppen mit verschiedenartigem Habitus, dass man gar keine einheitliche Kategorie bilden kann. Das Geschlecht wird so zum entscheidenden Zugriff, um jemanden als Ausländer oder als Ausländerin typisieren zu können. Diese Überlegung sollte erst einmal die Grundüberlegung für alle Soziale Arbeit mit Menschen, die einen Migrationshintergrund haben, sein.

MigrantInnen werden per Gesetz als solche gekennzeichnet. Das macht schon Probleme, wenn man in die Arbeit mit russland- und rumäniendeutschen Aussiedlern hineinschaut, die ja nicht als MigrantInnen gelten. Doch auch hier gibt es jene interkulturelle Dynamik und damit zusammenhängende Konflikte, die man gemeinhin nur „Ausländern" zuschreibt. Das lässt sich am Beispiel der oft konflikthaften Verhältnisse zwischen Mädchen und ihren Müttern in solchen Aussiedlerfamilien kennzeichnen. Die Mädchen sind einer multiplen Drucksituation ausgesetzt: Sie wollten oft gar nicht mitkommen nach Deutschland, sie wollen sich hier von ihrer Mutter ablösen, aus der Familie herauskommen, sind aber in der neuen Gesellschaft abgewertet. Gleichzeitig werden sie von ihren Müttern, welche die Probleme von Arbeitslosigkeit und sozialer Ausgrenzung in ihrem „gelobten Land" gar nicht erwartet hatten, autoritär-fürsorglich festgehalten. So gibt es nicht wenige, die ausbrechen und dann in Zwangsbeziehungen – bis hin zur Prostitution – landen, in denen sie immer noch mehr Selbstständigkeit sehen als in der Familie. Migranten- und Aussiedlerprobleme können also in ihrer Grundstruktur geschlechtstypisch kultureller Dynamik durchaus miteinander verglichen werden.

Wie können deutsche SozialarbeiterInnen überhaupt in einer solchen kulturellen Dynamik, wie sie sich in der Migrationsszenerie auftut, bestehen und auf welchen kulturellen Horizont können sie sich beziehen? Die einfachste Lösung ist ja immer die, dass vorgeschlagen wird, dass es nicht deutsche, sondern ethnisch „passende" SozialarbeiterInnen sein sollen, die mit MigrantInnen arbeiten. Dies ist aber eine vordergründige Lösung, zumal man inzwischen auch erlebt hat, dass jene MigrantInnen, die Sozialpädagogik oder Sozialarbeit studiert haben, mit den entsprechenden Stereotypen manchmal noch schärfer umgehen, als deutsche SozialarbeiterInnen. Hier wirken dann Mechanismen der kulturellen Emanzipation qua selektiver Abgrenzung von der eigenen Herkunft.

Die Sozialarbeit mit MigrantInnen ist für eine einfache ethnische Justierung vor allem wegen ihrer geschlechtsspezifischen Dynamik viel zu komplex. Vor fünfzehn Jahren gab es heftige migrationspolitische und -pädagogische Auseinandersetzun-

gen um das Buch von Werner Schiffauer „Gewalt der Ehre"
(1983). Darin deutete er die Vergewaltigung einer jungen
deutschen Frau durch einen jungen türkischen Mann aus einer
spezifischen interkulturellen Dynamik heraus. Er machte dabei ein Dreieck der Verstrickung auf: der junge türkische
Mann, dessen Männlichkeit in der deutschen Kultur abgewertet, karikiert wird, der mit einer selbstständigen und selbstbewussten jungen Deutschen liiert ist und dabei – für ihn sozial
ausweglos – in eine Dynamik der kulturellen Hilflosigkeit gerät, die ihm nur noch diese Tat als Möglichkeit erscheinen
lässt, Handlungsfähigkeit als Mann wiederzuerlangen. Das
Buch wurde als Inbegriff der Verharmlosung einer Vergewal-
tigungstat angegriffen. Dabei wollte Schiffauer nur zeigen,
welche brisanten kulturellen Dynamiken hinter solchen Ereignissen – wie übrigens hinter vielen devianten Verhaltensweisen von MigrantInnen – stecken. Hier handelt es sich also
nicht um das archaische Bild des gewalttätigen Mannes, das
der Migrant hervorkehrt, sondern um ein Männlichkeitskon-
strukt, das sich in einem Prozess aufbaut, in dem der spätere
Täter widersprüchlichen kulturellen Geschlechterbildern ausgesetzt ist, die sich auf ihn beziehen und die er nicht mehr auf
die Reihe bringen kann. Auch die lapidare Zuschreibung eines
bekannten deutschen Kriminologen und späteren Landesjus-
tizministers, die Türken brächten das Machotum in unsere
Kultur herein, ist angesichts dieser Erkenntnis von der interkulturellen Dynamik, wie sie erst im Gastland entsteht, nicht
haltbar und deshalb fahrlässig.

Da MigrantInnen im Kontrast zu den Einheimischen unter einem sehr hohen Anpassungsdruck stehen, rückt die kulturelle
Dynamik in den Vordergrund, die diesen Anpassungsdruck
erzeugt und der Umstand, dass er symbolisch vor allem über
Geschlechterbilder verläuft. Der Streit um Kopftuch oder Machotum ist nur vordergründig, er signalisiert aber die Bewältigungsdynamik, in die junge Migranten und MigrantInnen hi-
neingeraten. Jede Beratung darf also nicht an diesen Sympto-
men ansetzen, sondern muss versuchen, diese Dynamik aufzuschließen.

Dass diese Dynamik bei verschiedenen ethnischen Migran-
tengruppen auch ganz unterschiedlich verläuft, zeigt ein Ver-

gleich zwischen jungen türkischen Migranten und Migranten aus Bangladesch. Im Gegensatz zu manchen Jugendlichen türkischer Herkunft geben sich Bangladeshi überhaupt nicht machohaft, eher sanft und feminin und haben doch eine ausgeprägte patriarchale und frauenabwertende Einstellung. Diese entlädt sich aber nicht machohaft-aggressiv, sondern eher in der Form eines unnahbaren Stolzes (vgl. zum internationalen Vergleich von Männlichkeitsbildern auch Kersten 1995). Hier wird deutlich, dass die Jugendlichen türkischer Herkunft wesentlich eher einer Stigmatisierung ausgesetzt sind, weil sie dem Klischeebild des Macho, wie er in der deutschen Kultur vorherrscht, stärker entgegenkommen als die jungen Bangladeshi.

Ziel der Sozialarbeit muss es also in diesem Zusammenhang sein, Räume und Beziehungen zu ermöglichen, die Jugendliche mit Migrationshintergrund nicht immer wieder in solche irritierenden kulturellen Dynamiken hineintreiben. Marion Gemende (2002) nennt solche Räume „interkulturelle Zwischenwelten", in denen MigrantInnen die Chance haben, in ihrem Verhalten zwischen den Kulturen zu pendeln, gleichsam selbst interkulturell zu experimentieren und dabei nicht gleich in eine brisante interkulturelle Dynamik zu geraten bzw. Hester Butterfield (1996) hat dies für ihre praktische Arbeit mit Asylantinnen als „Verbindung von alten Erfahrungen und neuen, erst in der deutschen Gesellschaft gelernten Kompetenzen" als migrationstypische Bewältigungskonstellation beschrieben: „Die Betroffenen entwickeln, basierend auf ihren aus der Heimat mitgebrachten Kompetenzen und Haltungen, eine neue Kultur [...] Sie nehmen Elemente des Aufenthaltslandes dazu, um Barrieren zu beseitigen, z.B. Sprache, Umgang mit Behörden etc. Ihr Streben nach Überleben und Autonomie kann, muss aber nicht unbedingt eine Integration in die deutsche Gesellschaft bedeuten" (S. 215). SozialarbeiterInnen spielen nach diesem Verständnis in solchen interkulturellen Projekten und Einrichtungen insofern eine wichtige Rolle, als sie den MigrantInnen ihr Verhalten und seine Tragweite spiegeln können. Gerade hier muss es nicht unbedingt sinnvoll sein, dass nur SozialarbeiterInnen beschäftigt sind, die dieselbe ethnische Zugehörigkeit, wie die MigrantInnen aufweisen. Wir haben bereits darauf hingewiesen, dass in Deutschland ausgebildete SozialarbeiterInnen ausländischer

Herkunft ihren eigenen Landsleuten gegenüber sich wesentlich rigider und unnachsichtiger verhalten können, als deutsche MitarbeiterInnen. Das hängt wieder damit zusammen, dass sie aus ihrem eigenen Verstricktsein in die interkulturelle Dynamik über ihre nun erworbene Professionalität herauskommen wollen.

Kommen wir zurück zu den Sprachkursen. Solange sie nicht eingebunden sind in interkulturelle Zwischenwelten, solange sie nicht Räume darstellen, in denen die MigrantInnen eben nicht in neuen Anpassungsdruck geraten, sondern ihr Verhältnis zur Sprache finden und Situationen erleben können, die sie sicher machen, dass sie über ihre Sprachprobleme nicht abgewertet werden, haben solche Kurse sozial einen eher gegenläufigen Effekt, entfachen die interkulturelle Dynamik und die damit verbundene Hilflosigkeit bei vielen aufs Neue. Wenn jetzt angesichts der neuen Ausländergesetzgebung in Deutschland Sprachkurse propagiert werden, dann werden eine Menge von Bildungsträgern auftreten, die solche Kurse anbieten, aber eben nicht die Räume schaffen (können), in die sie eingebettet sein müssten. Hier müsste sich die Sozialarbeit, die ja solche Räume bereithält, stärker auf die Füße stellen und deutlich machen, dass sie, wenn sie Sprachkurse anbietet, diese auch in entsprechende Räume einbinden kann.

In den deutschen Migrationsdiskursen zeichnet sich immer wieder ein Sog zur Kulturalisierung ab. Der Begriff „Kulturalisierung" meint, dass MigrantInnen über geschlechtstypische kulturelle Stereotype klassifiziert werden, die bei Einheimischen dann ambivalente Gefühle hervorrufen. Die „gute asiatische Schülerin" ist dabei genauso ein Typ wie der „türkische Macho"; man nimmt nicht mehr wahr, dass es ebenso gute wie schlechte asiatische Schülerinnen und genauso nichtmachohafte wie machohafte türkische Männer gibt. Solche Stereotype machen sich auch schnell in der Sozialarbeit breit: Der männliche Ausländer kann nicht klug sein, wenn, dann ist es die Ausländerin. Bei einheimischen Männern kommt hier ein typischer interpersonaler Aufschaukelungsprozess zur Geltung, vor dem auch Sozialarbeiter nicht gefeit sind: Der Ausländermacho als Männlichkeitskonkurrent, der diese archaische Männlichkeit „braucht", hervorkehren muss, weil er ja ansonsten ungebildet ist.

Der türkische Macho, die osteuropäische Prostituierte, der indische Computerspezialist und schließlich der schwarzafrikanische Migrant, der immer noch dem kolonialen Abwertungsstereotyp unterliegt: Soziale Arbeit mit MigrantInnen muss immer zuerst mit der Thematisierung Stereotype beginnen. Das bedeutet, den Menschen die Möglichkeit zu geben, sich so zu zeigen und auszudrücken, wie sie sind und sie nicht auch noch in der Sozialarbeit in diese Stereotype zu zwingen. Dabei ist es nicht so sehr die offene Arbeit, in der solche Probleme abwertender Klassifikation virulent werden können. Viel anfälliger ist die Sozialarbeit im Bereich der Familien- und Erziehungshilfen, der sozialen Unterstützungsgewährung und der Deliktverfolgung. Hier tritt der „Fall" in den Vordergrund, der nach Klassifikation ruft. Wenn sich dann – nach dem Muster der Etikettierung und der damit verbundenen Übertragungs- und Übernahmetypik – die Klassifizierten entsprechend verhalten, ist das Stereotyp bestätigt und als Orientierungs- und Begründungskategorie jedweder Intervention legitimiert. Deshalb ist es gerade in der Fallarbeit mit MigrantInnen so wichtig, Räume und Beziehungen zu ermöglichen, in denen die Betroffenen aus ihren Zuschreibungen herauskommen und zeigen können, was in ihnen ist und erfahren können, dass sie dafür auch Anerkennung jenseits der Klassifikationen erhalten. Nur so können die kulturelle Dynamik und die damit verbundenen Bedürftigkeiten aussprechbar und in Richtung auf Hilfe und Unterstützung thematisierbar werden.

Dass im System der deutschen Erziehungshilfen überproportional wenige MigrantInnen, im Jugendstrafvollzug aber dafür überproportional viele sind, wirft ein bezeichnendes Licht auf die Probleme, die die Sozialarbeit mit KlientInnen mit Migrationshintergrund hat. So haben sich entsprechende Stereotypen der Art herausgebildet, wie schwierig es sei, mit ausländischen Familien zusammenzuarbeiten, ausländische Jugendliche im Betreutem Wohnen unterzubringen oder sie Heimgruppen zuzuordnen. D.h. überall dort, wo die Soziale Arbeit Hilfen organisiert, in denen sie bestimmte Lebensformen und Muster der Lebensführung voraussetzt, wirken die Stereotypen des Andersseins hinein, begünstigen fast so etwas wie einen strukturellen Rassismus in der Sozialarbeit. Da bietet sich doch das Wegsperren als die glattere Lösung an.

Aber auch die Ausländergesetzgebung selbst begünstigt die Nichtintervention im sozialpädagogischen Bereich, indem sie MigrantInnen sozialstaatliche Leistungen eher vorenthält und ihre Probleme damit automatisch in den ordnungsstaatlichen Definitionsbereich drängt. Ausländer müssen sich bei uns erst einmal und immer wieder der Sozialleistungen würdig erweisen. Der sechzehnjährige Flüchtling gilt als Erwachsener, weil die Ausländer- und Asylbewerbergesetzgebung über das Kinder- und Jugendhilferecht gestellt ist. Damit ist ihm die besondere jugendpädagogische Zuwendung, die er in seinem Alter bräuchte, wenn er in Krisensituationen gerät, erst einmal prinzipiell verwehrt. Geschieht dann sozialpädagogische Arbeit doch – mehr getragen von den Wohlfahrtsorganisationen als dem staatlich-kommunalen Bereich – dann gilt das gleich als Sonderleistung und passt in das allgemeine Bild der Ausländerarbeit als Sonderwelt der Sozialen Arbeit (und nicht als selbstverständliche Leistung). Deshalb sind auch die professionellen Strukturen fragil und an den Fortbildungsprofilen der Bildungsträger der Sozialarbeit lässt sich ablesen, welchen vergleichsweise geringen Stellenwert die Ausländerarbeit hat, vor allem dann, wenn es um die „ungeliebten Ausländer", die Asylanten und Flüchtlinge geht. So ist es auch kein Wunder, dass in einer so unzureichend professionell ausgestatteten Arbeit eine professionelle Infrastruktur, die Orientierungssicherheit bieten kann, nicht gedeihen könnte und Stereotype die Lücken schließen müssen.

Wenn nun in der MigrantInnenarbeit die Arbeit mit Mädchen und jungen Frauen sich am weitesten entwickelt hat, so hängt das sicher mit den Impulsen aus der Frauenbewegung zusammen, die nicht in die interkulturellen Stereotype hineinlief, weil sie die Abhängigkeiten der Frauen in den Vordergrund gestellt und in das Selbstverständnis der Arbeit hineingebracht hat (vgl. wiederum für die Praxis: Butterfield 1996). Hier wurde versucht, hinter die ethnisierenden Zuschreibungen zu schauen, scheinbar kulturell vorgegebene, archaisch-religiös zugedeutete patriarchalische Familienverhältnisse, die in Deutschland *weiterwirken*, als Gewaltverhältnisse von Seiten der jeweiligen Väter, Enkel oder Brüder aufzudecken und den Mädchen auf diesem Weg Auseinandersetzungen mit ihren Abhängigkeiten zu ermöglichen. Dies gelingt allerdings nur, wenn man für die Mädchen Gruppenbeziehungen – möglichst zusammen mit anderen Mädchen der gleichen ethnischen Herkunft – aufbaut, um so jene interkulturellen Zwischenwelten – hier: Zwischenräume – zu ermöglichen, die für die Sozial- und Jugendarbeit mit MigrantInnen unerlässlich sind. Unter diesem Blickwinkel stellt sich dann die Frage nach der ethnischen Zugehörigkeit der SozialarbeiterInnen noch einmal neu: Während deutsche SozialarbeiterInnen häufig zu befangen sind, um aus Respekt vor der anderen Kultur und Religion geschlechtstypische Hierarchieverhältnisse und Abhängigkeiten zu hinterfragen, können das Mitarbeiterinnen mit gleichem ethnischen Hintergrund wie die Mädchen und jungen Frauen eher, weil sie die differente Konstellation zu den kulturellen Verhältnissen im Herkunftsland besser beurteilen können. Deshalb plädiert auch Sabine Koch für „interkulturelle Teams" in der Sozial- und Jugendarbeit mit MigrantInnen: „Sie bieten den Pädagoginnen gleichzeitig vielfältige Lern- und Auseinandersetzungsmöglichkeiten im Rahmen ihrer täglichen Zusammenarbeit: Ein gleichberechtigtes Miteinander von MigrantInnen und Deutschen kann hier erprobt werden und als Vorbild für die Mädchen dienen, wenn zum Beispiel die Pädagoginnen den Mädchen signalisieren, dass sie selbst gut miteinander auskommen und Ausgrenzungen unter den Mädchen nicht akzeptieren. In solchen Teams kann zugleich die Bedeutung der jeweiligen kulturellen Herkunft der einzelnen Mitarbeiterinnen relativiert werden." (Koch 2002, S. 747).

7. Geschlechtstypische Zugänge bei Suchtabhängigkeit

Während bei Männern die Alkoholsucht meist verbunden ist mit der Negation eines Verlustes, geht es bei den Frauen um die Negation eines Konfliktes, in der Regel eines Beziehungskonfliktes. „Negation eines Verlustes" meint bei Männern den Verlust der sozialen Kontrolle und der Verdrängung und Abspaltung der inneren Hilflosigkeit. So wird auch Co-Abhängigkeit meist durch diese männliche Verlustkonstellation erzeugt.

Bei der Alkoholabhängigkeit von Frauen sind zwei grundlegende Hintergrundkonstellationen zu unterscheiden (vgl. dazu im Überblick Stahr u.a. 1995): Die eine Gruppe von Frauen ist auf die Einlösung ihrer Pflichten zur Aufrechterhaltung einer guten Partnerbeziehung und einer intakten Familie konzentriert. Andere Strebungen wie die Lust auf eigenständige Erfahrungen und die Durchsetzung eigener Bedürfnisse werden dahinter zurückgestellt. Zurücknahme kennzeichnet daher ihr Verhalten in Beziehungskonflikten. Ein solches Verhalten wird von Frauen allgemein gefordert und ihnen psychodynamisch nahegelegt. Es führt Frauen jedoch in Überforderungssituationen, die sie nicht durchhalten können. Wenn sie ausrasten – was oft erst unter Alkoholeinfluss passiert und entsprechend unkontrolliert ist –, und dies von ihren Partnern mit Gewalt beantwortet wird, geben sie sich wiederum die Schuld für beides. Die Hoffnung, so über immer neue Anpassung eine Beruhigung und glückliche Beziehung erreichen zu können, entspricht einem Modell der Beeinflussung über Zurücknahme – oder Macht durch Ohnmacht – das sich realen Konflikten nicht zu stellen vermag. Man kann hier eine Verbindungslinie zu einem grundlegenden Mangel an Anerkennung ziehen unter dem Frauen leiden und der sie immer wieder darin schwächt, zu eigenen Bedürfnissen zu stehen und dementsprechend risikoreiche Konflikte durchzuhalten. Vor diesem Mangel sind Frauen auch nicht gefeit, wenn sie im Beruf stehen, denn die vorherrschenden Gefühle vom eigenen Unwert können biographisch mehrfach z.B. auch aus der Herkunftsfamilie gespeist sein. Die Alkoholabhängigkeit entsteht, wenn ernste Krisen nicht mehr zu bewältigen sind, wenn die Hoffnung auf ein anderes Leben immer mehr schwindet, wenn dieses nur noch in einsamen Träumen realisierbar wird und die sozialen Beziehungen verloren gehen. Für diese Frauen beginnt die Alkoholabhängigkeit erst später im Leben, ungefähr erst ab 35 Jahren.

Die zweite große Gruppe von Frauen greift im Zusammenhang mit der Bewältigung von zerstörtem Selbstgefühl zum Alkohol. Sie sind im Alltag immer wieder Gewalt ausgesetzt und waren oft schon früh in der Kindheit sexueller Gewalt unterworfen. Gegen die Folgen dieser Gewalterfahrungen sollen Alkohol und andere Mittel helfen, sich zu beruhigen, den inneren Aufruhr, die Scham, Schuld und Aggression in Schach zu halten. Sie trinken aber auch, damit sie in ihrer Sehnsucht nach Beziehungen Enttäuschungen durchhalten, bzw. körperliche Nähe überhaupt zulassen können. Sie schließen sich Cliquen an, in denen Alkohol und Gewalt dann doch wieder zur Regel werden, so dass ihre Sehnsucht nach Liebe und Geborgenheit unbeantwortet bleiben muss. Auch in ihren späteren Beziehungen sind sie nicht mehr in der Lage, einen Konflikt und die Bedrohlichkeit im Verhalten eines Partners zu erkennen.

„Negation eines Konfliktes" bedeutet, dass viele Frauen Konflikte in intimen und sozialen Beziehungen nicht wahrnehmen und aktiv auf sich beziehen können, weil sie sich zurücknehmen. So setzen sie die eigene Norm durch Zurücknahme und Internalisierung dieser Zurücknahme außer Kraft. Das Schuldbewusstsein macht sie konfliktunfähig. Ihnen fehlt dann der eigene normative Rahmen, in dem sie sich trauen, eigene Normen zu setzen und auf ihnen zu beharren. Deswegen ist es (vgl. auch das Kap. Mädchenarbeit) gerade in der Arbeit mit alkoholabhängigen oder gefährdeten Frauen wichtig, dass sie bestärkt werden, sich eigene Normen zu geben und eigene Normen ins soziale Spiel zu bringen. Die Erfahrungen mit alkoholgefährdeten Frauen zeigen, dass ihre Sehnsucht nach einem guten Leben immer auch mit einer Sehnsucht nach selbstbestimmten Normen und der Verlusterfahrung, dass sie sich dauernd zurücknehmen müssen, verbunden ist. Das weibliche Schuldbewusstsein gibt anderen Leuten die Macht, Normen zu setzen, in die sich dann die Frauen fügen, in deren Rahmen sie sich zurücknehmen müssen. Wenn aber anderen die Macht gegeben ist, Normen über einen selbst zu setzen, verliert man das Gefühl zu wissen, was für einen selbst gut und richtig sein könnte.

Dieses Problem der Normdiffusion fängt schon im Jugendhaus und Freizeitheim an. Im Kapitel zur Jungenarbeit haben wir beschrieben, wie Mädchen Normen unterlaufen können, die man Jungen setzt, und dass sie das um der Jungen Willen tun. Das heißt, dass viele Mädchen nur Normkonflikte riskieren, wenn ein Junge, den sie schützen wollen, dabei im Spiel ist. Wenn sie aber immer wieder in ihrer geschlechtstypischen Zurücknahme und Übernahme Normen umgehen, können sie nicht mehr sehen, was für sie gut ist. Es entsteht keine angemessene *Co-Konstruktion der Moral*, also keine Entsprechung zwischen

Norm und persönlichem Empfinden. Das gilt sowohl im Verhältnis von Jungen und Mädchen als auch zwischen den Mädchen untereinander. Wir haben im Kapitel Mädchenarbeit darauf insistiert, dass es zum Kern des pädagogischen Umgangs mit Mädchen gehört, dass sie lernen, sich Regeln zu geben und Regeln durchzusetzen. Wenn sich aber Normen und persönliches Empfinden spalten, wenn eine Kluft zwischen ihnen entsteht, dann erzeugen die Normen nur Leid, das aber nicht interaktiv dargestellt werden kann und deshalb zurückgenommen werden muss. Diese gestörte Möglichkeit der Co-Konstruktion des moralischen Bewusstseins, die Kluft zwischen persönlicher Erfahrung und Norm, ist als Grundmuster in vielen Formen des Frauenalkoholismus zu finden. Wenn eine Frau mit einer Norm lebt, die ihr nicht bewusst ist, die ihr immer Opfer abverlangt, dann kann sie die Idee von einem guten Leben nur noch im Traum erreichen. Ihr bleibt nichts anderes übrig, als ihre persönliche Erfahrung aufzulösen, dass ihr die Norm nicht entspricht, dass sie von der Norm nicht geschützt wird. Es handelt sich dabei um eine Kluft um das Gefühl des nicht mehr Überbrückbaren und das ist mehr und etwas anderes als eine Diskrepanzerfahrung. Denn Diskrepanzerfahrungen sind durch Neutralisierungstechniken überbrückbar und dadurch immer noch verfügbar, während das Gefühl, vor einer Kluft, einem Abgrund zu stehen unüberbrückbar scheint.

Bei der Co-Konstruktion von Moral muss es eine gewisse Entsprechung von persönlichem Empfinden und normativer Regelung geben. Wenn dauernd eine Kluft zwischen beiden besteht, geht das Gefühl dafür, was eine gerechte Ordnung ist, was ein gutes Leben sein kann, verloren. Die Idee von gerechter Ordnung und gutem Leben kann dann in der alltäglichen Wirklichkeit nicht realisiert werden. Diese Frauen haben dann auch keine Diskrepanzerfahrungen mehr, können nicht mal mehr sagen, dass etwas nicht in Ordnung ist, können nicht beschreiben, was da passiert ist. Wenn man aber nicht mehr formulieren kann, dass etwas nicht in Ordnung ist, muss die Idee, die Sehnsucht, dass es in Ordnung sein könnte, in einer Welt hergestellt werden, in der die Balance zwischen Empfindung und Norm möglich ist. Denn man kann nicht permanent in einer Nichtbalance leben, muss handlungsfähig werden, ohne Rücksicht auf die Norm: in der Unwirklichkeit der parasozialen Sonderwelt, die der Alkoholismus immer wieder schaffen kann. Hier wird erkennbar, dass und wie der Alkoholismus als Form des Bewältigungsverhaltens zu begreifen ist. Der Alkohol – sowohl von seiner somatischen als auch seiner sozialen Wirkung – schafft den subjektiven Raum, in dem die Balance temporär spürbar ist. Es ist eine Suche nach Handlungsfähigkeit, die über die geltende soziale Norm nicht mehr erreichbar, einklagbar ist. Die Norm *muss* vergessen werden. Das Gefühl, dass die Norm nicht für einen gemacht ist, treibt – im Alkoholgenuss – das Streben nach einer eigenen normabweichenden Balance in der Suchtkonstellation emotional an.

Diese zwanghafte Biografisierung des Alkoholmissbrauchs wird dadurch verstärkt, dass die Einbettung in kontrollierende und sanktionierende Sozialmilieus, wie Betriebe und Gemeindeöffentlichkeiten, nicht mehr selbstverständlich gegeben ist. Mit der Verhäuslichung und der allseitig leichter gewordenen Erreichbarkeit des Alkoholkonsums (mit einer Angebotspalette und Werbung, die hohen Aufforderungscharakter hat) hat sich zudem eine dichte, selbstverfügte und niedrigschwellige Gelegenheitsstruktur entwickelt, das Wegbrechen der sozialen Netzwerke wird somit meist nicht als bedrohlich empfunden.

Denn gleichzeitig entwickelt sich die häuslich-familiale Konstellation des „*Co-Alkoholismus*" (auch Para-Alkoholismus genannt). Mit diesem Begriff ist der Sachverhalt umschrieben, dass die soziale Umgebung des/der Betroffenen – vor allem die Familie – auf spezifische Weise in das Suchtspektrum einbezogen – im Sinne einer Co-Abhängigkeit – ist bzw. dass der/die Süchtige auch die Verhaltens- und Interaktionsmuster seiner/ihrer näheren sozialen Umgebung mit beeinflusst oder gar strukturiert: „Co-Abhängige, in der Regel diejenigen, die den Abhängigen lieben und sich zu ihm hingezogen fühlen, aber auch Kollegen und Freunde machen sich unbemerkt und unbewusst zu Komplizen der Sucht, denn sie schützen den Trinkenden vor den Konsequenzen seines Verhaltens, indem sie ihn z.B. bei seinem Arbeitgeber wegen Zahnschmerzen entschuldigen, obwohl er in Wirklichkeit wegen Übelkeit nicht aufstehen kann; sie erledigen alle anfallenden Aufgaben im Haushalt, regeln die Finanzen und organisieren das Famili-

enleben oder vertuschen als Kollegen Fehler und Ausfälle"
(Pflüger 1994, S. 15/16).

Von Co-Abhängigkeit betroffen sind in erster Linie Frauen,
die ihre Scham, Schuld, Wut und ihren Schmerz um den Preis
innerer Leere verleugnen müssen. Als Ersatz dafür sind sie
ganz auf das Wohlbefinden des Partners konzentriert und das
eigene Wohlbefinden wird ganz von seinen Reaktionen abhängig gemacht. Darin mischen sich Aufwertung durch Fürsorge aber auch Kontrolle – die Wahrnehmung und Vertretung
eigener Bedürfnisse ist nicht mehr möglich. Alkoholabhängigkeit der Eltern, Übertragung der sorgenden Rolle auf sie als
Kinder, extreme Abhängigkeit von ihrem (abwertenden) Urteil, Unberechenbarkeit und Gewalt werden auch hier als Hin-
tergrunderfahrung sichtbar. Dafür, dass sich eine neue Sicht
und Lebenshaltung einstellen kann, ist eine feste Vertrauens-
basis zur Sozialarbeiterin notwendige Voraussetzung. Die Sozialarbeiterin muss einerseits die verdeckten Gefühle, Konflikte und die Verstrickungen erkennen, diese oft auch in der
Übertragung der Ohnmachtsgefühle auf sie selbst nachemp-
finden und dennoch eine Umkehr und Öffnung in Richtung
auf die Rückübernahme der Verantwortung der Klientin für
ihr eigenes Leben einfordern können. Es ist offensichtlich,
dass hier Einbrüche an Selbstwert und die Konfrontation mit
lang unterdrückten Schmerzen aber auch verschütteten Fähigkeiten im jetzigen Lebensabschnitt hervortreten, die aufgenommen und in neue Handlungsalternativen umgeformt werden müssen. Für diese Arbeit mit Co-Abhängigen muss allerdings im therapeutischen und sozialpädagogischen Rahmen
erst der Auftrag abgesichert werden (vgl. Matzke 2000).

Das Muster des Suchtverhaltens bei Männern hingegen ist e-
her nach außen gerichtet: Über die Bewältigungsmuster Externalisierung, Körperferne und Kontrolle (s.o.) lässt sich der
männlich geprägte Alkoholismus gut strukturieren. Der Kontrollverlust stellt den einschneidenden Bruch in der Suchtkarriere eines Alkoholabhängigen dar. Aus der Perspektive
männlicher Lebensbewältigung bedeutet dies nicht nur, dass
das männliche Bewältigungsprinzip Kontrolle (s.o.) versagt,
sondern auch, dass es sich nun gegen den Abhängigen selbst
wendet. Kontrollverlust tritt ein, „wenn der Alkoholiker unfä-

hig wird, auch nur kleine Alkoholmengen in gesellschaftlich üblichem [...] Rahmen zu trinken, [so dass] schon ein kleiner Schluck zu einem alkoholischen Exzess führt, ohne dass der Betroffene noch imstande ist, diesem Prozess Einhalt zu gebieten" (Klemm 1996, S. 29). Dieser psychophysische Verlust der Selbstkontrolle ist in der Regel verbunden mit einem sozialen Realitäts- und Kontrollverlust. Auch wenn das soziale Umfeld – Arbeit, Freunde, Selbstrepräsentanz in der kommunalen Öffentlichkeit – längst weggebrochen ist, versuchen Alkoholabhängige durch Aggressivität und Klammern Außenkontrolle zu erzwingen. In der Familie ist es dann meist die Co-Abhängigkeit der anderen Familienmitglieder, welche den Schein aufrecht erhält und dem Alkoholiker suggeriert, dass er noch sozial oben ist, auch wenn er in den typischen Stimmungsschwankungen und depressiven Tiefs von der dunklen Ahnung des Gegenteils heimgesucht wird. Er hat die Kontrolle über sich und die anderen verloren, muss sie aber dennoch mit allen Mitteln aufrechterhalten. Bis hinein in die stationäre Therapie versuchen die Männer, Kontrollmacht irgendwie zu demonstrieren, indem sie die äußere Kontrolle über sich behalten, dass heißt gerade keine Form von Schwäche zeigen wollen. Junge Erwachsene – so wurde uns aus der Therapiepraxis berichtet – legen es in therapeutischen Männergruppen immer wieder krampfhaft darauf an, durch „Cliquenklammern", das heißt demonstratives männliches Imponier- und Abwertungsgehabe untereinander in der Therapiegruppe, Schwäche und Angst zu unterdrücken.

Der männliche Bewältigungsmechanismus der Kontrolle – nach außen alles unter Kontrolle zu haben und nach innen keine Gefühle der Schwäche und Hilflosigkeit zuzulassen – bricht zusammen, wenn ihm die Scheinkrücken der Co-Abhängigkeit um ihn herum in der klinischen Therapie weggezogen worden sind. Die letzte verzweifelte Abwehr gegen diesen Zusammenbruch des außengestützten männlichen Selbst wird dann im Verfahren der „Kapitulationstherapie" zerschlagen: Der Abhängige wird mit seiner totalen biografischen Niederlage, mit der Erkenntnis konfrontiert, dass es nie mehr so werden wird wie früher. Gleichzeitig werden aber auch neue Beziehungsangebote gemacht, die er aus dem Akzeptieren seiner Schwäche heraus erlangen und zunehmend sozial integrieren kann. Im therapeutischen Zusammenbruch des Alkoholabhängigen werden wohl wie in keiner anderen psychosozialen Belastungssituation im Erwachsenenalter die Doppelbödigkeit und Krisenanfälligkeit der männlichen Bewältigungsprinzipien freigesetzt: Nicht nur der innere und äußere Kontrollverlust als erzwungenes Eingeständnis der Unfähigkeit, mit sich selbst allein – und nicht nur über die anderen – ins Reine zu kommen, macht dem Manne zu schaffen. Auch der ihm biografisch immer wieder verwehrte Zugang zu seinem Körper und die männliche Stummheit machen sich problematisch bemerkbar. Er hat seinen Körper immer nur durch dessen Funktionieren wahrgenommen (Maschinenkörper), die Zunge war zwar durch den Alkohol gelöst, aber jetzt, unter dem Entzug des Alkohols, ist er doppelt stumm geworden.

Die Arbeit der SozialtherapeutInnen und SozialpädagogInnen besteht nun darin, dem Patienten zu zeigen, dass auch das erzwungene Eingeständnis der Hilflosigkeit nicht zur Zerstörung führt (vgl. Gruen 1992), sondern sich andere soziale Wege auftun, die nun keine illusionären Auswege mehr zu sein brauchen. Die Integritätsthematik stellt sich radikal neu: Das, was war, ist als Überwundenes, aber doch biografisch Zugehöriges, Teil einer Bewältigungsbiografie. Nicht das, was biografisch erreicht, sondern was bewältigt wurde, wird zum Maßstab der weiteren Lebensperspektive.

Diese „Kapitulationstherapie" wird in der Regel dann im stationären Bereich angewandt, wenn die Suchtkarriere so weit fortgeschritten ist, dass eine ambulante therapeutische Beratung nicht mehr möglich ist, da die interaktiven Fähigkeiten bereits zerstört sind. Der totale Externalisierungszwang des Alkoholkranken wird gleichsam gegen ihn gewendet, das Innen brachial freigelegt. Deshalb ist hier auch Vorsicht geboten, dass nicht vorschnell auf eine Kapitulationstherapie übergestiegen wird. Solange es möglich ist, sollen Gelegenheiten des therapeutischen Gesprächs geboten werden, in denen ausgelotet werden kann, ob der Klient nicht doch fähig ist, von sich aus zu seinem Innen zu kommen.

Bei solchen therapeutischen Beratungen, in denen der Zugang zum Innen des Mannes gesucht wird, muss der Berater auch in der Lage sein, die „Innenbewegung" des Klienten aufzunehmen. Denn die Wirklichkeit der Männertherapie ist voll von solchen „verpassten Gelegenheiten" des Zugangs zum Innen. Wir wollen dies am Beispiel der Interpretation eines Tiefeninterviews mit einem Alkoholiker darstellen (vgl. Glinka 1998): Ein alkoholsüchtiger Mann steht vor dem Zusammenbruch, weil ihm sein Kind weggenommen wurde und überhaupt sein soziales Beziehungsgefüge sich aufzulösen droht. Das biografische Interview – in der Beratung auch als therapeutisches Medium eingesetzt – findet den Weg vom Außen zum Innen, der Mann ist in der Lage, von seinen Versagenserfahrungen so zu erzählen, dass eine Ahnung von dahinterstehenden inneren Empfindungen entstehen kann. Der Interpetierende (analog Berater) stößt aber die Tür nach innen nicht weiter auf, sondern bleibt am Außen hängen. Als der Klient über die Erzählung, dass er sein Kind verloren hat weint und dabei ausdrückt, dass er auf einmal erlebt hat, was Vatersein heißt und was ihm jetzt weggenommen wurde, wird dies in der Interpretation des Interviews – durchaus in Kenntnis männlicher Bewältigungsprinzipien – vorschnell als „Angst vor Kontrollverlust" gedeutet. Dies ist ja auch ein typisches männliches Indikationsmerkmal. Natürlich schwingt hier Angst vor Kontrollverlust mit, gleichzeitig brechen aber auch Verlusterfahrungen auf, an denen nun anzuknüpfen wäre, denn sie signalisieren die Kompetenz, seiner Lebensgeschichte innezuwerden. Der institutionelle Blick der Beratung, wie er in dieser Interpretation deutlich wird, verfängt sich in den äußeren Indikationen. Der empathische Blick dagegen, wie wir ihn auch in der Männerberatung beschrieben haben, sucht den Zugang zur Verlust- und Opfererfahrung, um sie im therapeutischen Gespräch benennen zu können, um damit – durch diese Benennung – dem Klienten die Angst zu nehmen, dass das Aussprechen dieser Verlusterfahrung einen noch hilfloser machen und damit zerstören könnte. Hier haben wir wieder ein Beispiel, welche Ambivalenzen in der Männerberatung wirken und wie immer wieder beide Seiten – außen und innen – in der therapeutischen Beziehung zum Zuge kommen müssen, auch wenn das Innen „gesucht" werden muss.

8. Täter und Täterinnen

Männer bevölkern die Gefängnisse, Frauen die Psychiatrie. Dies ist die gängige Charakteristik der geschlechtstypischen Reaktion der gesellschaftlichen Sanktionsinstanzen auf delinquentes Verhalten. Dem entspricht eine geschlechtstypische Deliktstruktur, die schon in der feministischen Diskussion der späten 1970er Jahre (vgl. Brökling 1980) dahingehend gekennzeichnet wurde, dass die weiblichen Delikte die Zurichtung der Mädchen und Frauen auf das „Innen", die männliche hingegen auf das „Außen" widerspiegeln. Körperverletzung, Raub, Randale, Wirtschaftsbetrug, Sachbeschädigung finden wir in der Männer-, Kindsmisshandlung, Ladendiebstahl und Kaufbetrug in der Frauenakte. Jungen und Männer „neigen" demnach mehr zur äußeren Gewalt gegen dritte, Mädchen und Frauen zur Gewalt gegen sich selbst, der autoaggressive Medikamentenmissbrauch ist wohl das bekannteste Beispiel dafür.

Hinter geschlechtstypischen Deliktstrukturen stecken also die spezifischen männlichen und weiblichen Konfliktlagen und Bewältigungsmuster, wie wir sie in dem Kapitel zur männlichen/weiblichen Sozialisation aufgeschlossen haben. Entsprechend können auch Kriminalitätstheorien – Anomie-, Subkultur- und Etikettierungstheorie (vgl. Böhnisch 2001, Anhorn/ Bettinger 2002) – geschlechtsreflexiv eingesetzt werden. *Anomietheoretisch* betrachtet haben Mädchen weniger Gelegenheiten, zu illegitimen Mitteln greifen zu können, wenn sie angestrebte Ziele nicht erreichen, weil sie qua Sozialisation und gesellschaftlicher Kontrollerwartung immer noch nur begrenztere sozialräumliche Entfaltungsmöglichkeiten haben und mehr auf die private Sphäre beschränkt sind. Jungen und Männer hingegen können in tradierter Selbstverständlichkeit sozialräumlich-öffentlich agieren damit aber auch eher in kriminogene Risikozonen hineinrutschen. Die *subkulturelle* Perspektive wiederum beleuchtet die „männliche Clique" (s.o.), die sich dort delinquent entwickeln kann, wo sie ihren Zusammenhalt in der ethnozentrisch-gewalttätigen Abgrenzung gegenüber anderen Cliquen oder – im Sinne einer „Gang" – in regelmäßigen kriminellen Akten (Delikte der Gruppenbestätigung) sucht. Die *etikettierungstheoretischen* Ansätze wiederum weisen daraufhin, dass männliches und weibliches abweichendes Verhalten geschlechtstypisch unterschiedlich bewertet und sanktioniert wird, dass wir es hier also mit einem Doppelstandard zu tun haben. Man braucht nur in die Alltagssprache hineinzuhören: Die Zuschreibung „Straßenjunge" ist wesentlich positiver besetzt als die Zuschreibung „Straßenmädchen", die nicht nur einen negativen Beigeschmack hat, sondern auch sexualisierende Assoziationen weckt. Schließlich können wir entsprechend dem *bewältigungstheoretischen Ansatz* folgern, dass männliche und weibliche Delinquenz eine unterschiedliche – zum einen mehr außen gerichtete, zum anderen mehr innen zentrierte – psychodynamische Struktur aufweisen (s.o.).

Dieses geschlechtsduale Bild von Delinquenz und Kriminalität (wobei der Delinquenzbegriff mehr auf die Konfliktlage der TäterInnen, der Kriminalitätsbegriff mehr auf die Definitionen der Kontrollinstanzen abzielt) hat aber in dem Maße seine Eindeutigkeit verloren, in dem sich die Geschlechterrollen und Geschlechterbilder im Strukturwandel der Arbeitsgesellschaft entgrenzen, Mädchen stärker an jugendkulturellen Räumen partizipieren oder sie für sich erobern und Frauen in der Arbeitswelt und Öffentlichkeit ihren Platz einnehmen und behaupten. Mehr als früher rücken damit auch „Täterinnen" ins Blickfeld, auch wenn sie statistisch gegenüber den männlichen Tätern noch weit in der Minderheit sind (vgl. allgemein dazu Möller 2002). Dunkelfeldschätzungen zur Jugenddelinquenz gehen davon aus, dass sich in allen Deliktbereichen die Geschlechtsdifferenzen verringert haben (Mansel/Hurrelmann 1998). Immer noch wird jedoch an vielen Stellen delinquentes Verhalten von Mädchen und Frauen übersehen oder bagatellisiert, da man es von ihnen entweder nicht geschlechtstypisch erwartet oder man richtigerweise davon ausgeht, dass auf Grund ihrer Familiengebundenheit und der damit einhergehenden informellen Kontrolle eine günstige Sozialprognose zu erwarten ist (vgl. Prein/Seus 1999).

Wenn von Tätern und Opfern die Rede ist, dann rückt ein bestimmtes Mann-Frau-Schema in den Vordergrund. Im Bereich familialer Gewalt ist es oft zutreffend, dass Männer vorwiegend die Täter, Frauen meist – aber nicht immer – die Opfer sind. Im Bereich öffentlicher Gewaltdelikte verkehrt sich das

Bild: Jungen und Männer suchen sich andere Jungen und Männer als Opfer aus. Das beginnt schon in der Schule: „Insbesondere bei körperlichen Gewalthandlungen (zum Beispiel Schlägereien) werden Jungen weit häufiger attackiert als Mädchen. Die gelegentlich vertretene Einschätzung, vor allem Mädchen seien Opfer körperlicher Gewalt, ist somit zu korrigieren: Jungen sind weit häufiger als Mädchen in körperliche Auseinandersetzungen verwickelt, und zwar in der Täter- und in der Opferrolle" (Popp/Meier/Tillmann 2001, S. 173). Auch im Rahmen der wissenschaftlichen Begleitung des Anti-Gewalt-Programms der Bundesregierung in den neuen Bundesländern (AgAG; vgl. Böhnisch/Fritz/Seifert 1997) ist uns aufgefallen, dass sich die körperliche Gewalt der jungen Männer in der Öffentlichkeit vor allem gegen andere junge Männer richtet. Dabei waren und sind es nicht nur die von den Tätern als „schwächer" etikettierten – Ausländer, Behinderte, Obdachlose, Schwule – sondern auch wahllos „attackierte" „durchschnittliche" Männer, die gerade auf Grund ihrer „Normalität" von den Tätern als abweichend empfunden werden. Dies wird uns auch immer wieder von StreetworkerInnen berichtet. Die Grunderkenntnisse der Bewältigungsforschung (s.o.) geben hier Aufschluss: Im psychodynamischen Mechanismus der Abspaltung und Projektion der eigenen Hilflosigkeit auf Schwächere beziehungsweise „Andersartige" wird diese eigene Ohnmacht *im Anderen* bekämpft und zu vernichten versucht. Dies ist vor allem bei den jungen Männern der Fall, die Selbstwert, Anerkennung und soziale Wirksamkeit primär oder ausschließlich über Maskulinität suchen, beziehungsweise in ihrer psychischen und sozialen Ressourcenarmut darauf reduziert sind. In dieser Männlichkeitsfixierung suchen sie in kritischen Lebenssituationen und Befindlichkeiten mit Hilflosigkeits- und Minderwertigkeitsempfinden eine entsprechend männliche und im Sinne dieser Maskulinität gewaltfähige Projektionsfläche. Dies unterscheidet die öffentliche männliche Gewalt von der Gewalt in der Familie (s.o.), bei der eher der psychodynamische Mechanismus der *Bedürftigkeit* wirkt, womit die Frau als Projektionsfläche dieser Bedürftigkeit in die Opferrolle gerät.

Dass männliche Gewalt sich auch und verbreitet an Männern auslässt und dass es damit auch männliche Opfer gibt, hat einem Teil des feministischen Diskurses schon immer zu schaffen gemacht: Erklärungen liefen dann vor allem auch in die Richtung, dass sich das gesellschaftlich gestützte Gewaltverhältnis der Geschlechterhierarchie über faktische Männergewalt gegen Frauen immer wieder neu konstituiere und symbolisiere, während sich männliche Gewalt als solche unter Männern reproduzieren müsse. Somit bliebe die männliche Gewalt gegen Frauen das primäre Problem, während die Gewalt unter Männern – gleichsam als Grundstruktur ihrer gegenseitigen Verkehrsformen – eine Sache sei, die die Männer unter sich auszumachen hätten. Weder das Problem der Bedürftigkeit noch der nicht zugelassenen und nicht anerkannten „Opferseite" des Mannseins (vgl. dazu Lenz 2000) – sei es in der Zurichtung durch externalisierenden Arbeitsdruck oder empathieverwehrender Konkurrenz – konnten so thematisiert werden. Deshalb ist die Differenzierung in private und öffentliche Männergewalt so wichtig, weil sie die Bedürftigkeits- und Zurichtungsdimension des Mannseins in der industriekapitalistischen Gesellschaft aufschließen kann. Geht man überdies von den Erfahrungen in der Praxis der Sozialarbeit aus, so wissen wir, dass es jedem Streetworker geläufig ist, dass das Schlagen von Mädchen und Frauen in den Jungen- und Männercliquen verpönt ist, Frauenabwertung aber doch jenseits körperlicher Gewalt inszeniert und ritualisiert wird. Männliche Gewalt wird von den Jungen als „Eigenwelt" gesehen, als eigener Wert, der mit Frauen gar nichts zu tun haben kann und der an sich selbst und unter sich selbst bestätigt werden muss.

Damit sind wir wieder bei den Jungen- und Jungmännercliquen als möglichen Orten von männlicher Gewalt und Delinquenz. Cliquen – so haben wir hergeleitet – entwickeln sich dann delinquent, wenn nicht bewältigte und ausbalancierte „kritische Punkte" männlicher Sozialisation – vor allem die Abwertung des weiblichen Schwachen, Gefühlsbezogenen und die Idolisierung des Maskulinen – ihren gemeinsamen sozialen Ort in der Gruppe finden können. Jungen und junge Männer, deren biografische Entwicklung einseitig durch Abwertung und Idolisierung geprägt war, treffen hier auf gleichgerichtete Freunde und entdecken, dass Abwertung des Schwachen und überhöhte Maskulinität sozialer Beziehungen, eine Gruppe herstellen können, die – in ihrer ethnozentrischen

Dynamik die kritischen Punkte noch weiter aufladend – Geborgenheit und Stärke gleichermaßen versprechen kann.

In solchen Cliquen oder Gangs taucht nun heute auch ein Mädchentyp auf, der nicht mehr so in die Charakteristik der Rolle von Mädchen in Cliquen passt, wie sie in den 1970er Jahren vorgenommen wurde (vgl. C. Specht 1980): Danach sind die Mädchen vor allem der emotionale Kitt, der „Puffer" der Clique, sie vermitteln, gleichen aus. Der Druck, den sie auf die Jungen ausüben ist eher psychischer Natur, sie verfügen über entsprechende, aber verdeckte Kontrollmacht, fügen sich aber immer wieder dem Sexismus, der Abwertung und dem Verfügungsanspruch der Männer. So werden Mädchen und junge Frauen auch heute noch vor allem in Motobiker- und Balla-Balla-Szenen auch medial präsentiert.

Die neuere Jugendforschung zur Jugenddelinquenz korrigiert dieses Bild. Es tauchen selbstbewusste Mädchen auf, die sich in den Cliquen wie die Jungen verhalten und entsprechend maskulin-durchsetzungsorientiert oder hedonistisch-spielerisch auftreten (vgl. zu diesen Handlungstypen Enke 2002). Im ersten Falle orientieren sich die Mädchen an dem Cliquenverhalten, das sie als „männliches Modell" übernehmen, da sie es als geeignete Folie für ihre individuelle Unabhängigkeit, die sie gegenüber den Jungen wahren möchten, ansehen, und entsprechend offene weibliche Durchsetzungsmodelle nicht verfügbar sind. Trotzdem spielen sie aber immer noch die weibliche Rolle, „für die anderen in der Gruppe da zu sein". In dieser „Doppelrolle", so Enke, haben sie in der Clique den Status einer „Kumpeline".

Dieser maskuline Durchsetzungstyp zeigt sich auch in einer extremen (Minderheits-) Form der „Dauertäterin", wie sie in der Bielefelder Untersuchung zur schulischen Delinquenz auftritt. Es sind „Mädchen, die sich in ihren gewaltförmigen Verhaltensweisen von den männlichen „Dauertätern" kaum unterscheiden. Gewalthandlungen werden damit zum Teil einer Behauptungs- und Durchsetzungsstrategie beider Geschlechter. Zudem wird [...] deutlich, dass bei *diesen* Mädchen, die Clique eine extrem hohe Bedeutung besitzt" (Popp/Meier/Tillmann 2001, S. 189, vgl. auch Popp 2002). Es entwickelt sich ein „Zusammenspiel von aggressiver Durchsetzung und wechselseitiger Solidarität. Diese Mädchen werden nach der Bielefelder

Studie vor allem in aggressiv-autoritären Cliquen akzeptiert, wo sie wahrscheinlich auch ihre Doppelrolle „ideologisch" fest verankern können. Generell zeigen diese Untersuchungsergebnisse, dass „maskuline" Mädchen in männlichen Cliquen durchaus akzeptiert werden und höchstens von „gegnerischen" Gruppen männerhegemonial abgewertet („Schlägerinnen") beziehungsweise sexualisiert („Schlampe") werden, wie dies bei Kersten (1999) beschrieben wird.

Die männlich-hegemoniale Einstellung gegenüber weiblichem Delikthandeln ist dagegen vor allem in der Öffentlichkeit und bei den Kontrollinstanzen – zum Beispiel den Gerichten – zu beobachten. Aggressives Verhalten von Frauen wird als Kontrollverlust definiert und entsprechend pathologisiert und psychiatrisiert, während Männern eher Intentionalität und Zielgerichtetheit im Gewaltverhalten unterstellt wird. Andererseits wird männliche Gewalt an Frauen den Männern eher als Kontrollverlust *gutgeschrieben*, während man Frauen insgesamt das Unvermögen unterstellt, zielgerichtet zu handeln (vgl. Smaus 1993). Frauen und Mädchen werden deshalb im Durchschnitt milder bestraft. Immer steht ihre reale oder unterstellte Familiengebundenheit im Hintergrund, entsprechend familienähnlich fallen dann auch die Sanktionen aus: Sie werden eher in Heime oder psychiatrische Einrichtungen eingewiesen als Jungen. Damit werden aber wiederum die Motive für das Gewalthandeln von Mädchen nicht nur bagatellisiert sondern übergangen. Mangelnde Anerkennung, lange aufgestaute Wut über stillschweigende oder offene Missachtung in Familie und Schule oder schwere Gewalterfahrungen bilden bei Mädchen einen Hintergrund für Gewalthandeln, der oft zu wenig ernst genommen wird. Demgegenüber haben Frauen im Heim versucht, Formen der Anerkennung zu entwickeln, indem sie einerseits akzeptieren, dass die Mädchen ihre Aggressivität herauslassen und in der nun geschützten Umgebung des Heims gleichzeitig spüren können, dass sie dennoch nicht fallen gelassen werden. Diese gespürte emotionale Sicherheit gilt als Voraussetzung für die Wiedergewinnung von Selbstwert und Anerkennung. Gleichzeitig nehmen sie eine entwicklungspsychologisch wichtige, nachholende Funktion wahr, indem sie die Rolle der „unzerstörbaren Mutter" (im Sinne Winnicotts 1984) übernehmen und dem Angriff standhalten (vgl. Pankofer 1996).

Die in diesem Zuwendungsmodell aufscheinende produktive *Trennung von Person und Verhalten (Delikt)* bildet überhaupt den grundlegenden pädagogischen Zugang der Sozialarbeit zu Delinquenz und Kriminalität. Es ist ein „akzeptierender Zugang", der das Delikt keinesfalls billigt, aber dem Täter beziehungsweise der Täterin signalisiert und sie/ihn in der pädagogischen Beziehung auch spüren lässt, dass er/sie als Mensch nicht fallen gelassen wird und dass weiter darauf gebaut wird, dass in dem Menschen mehr und anderes steckt, als das Delikt über ihn/sie aussagt. Dabei bleibt es aber wichtig, dass die SozialarbeiterInnen für sich selbst den Bogen zum Delikt immer wieder spannen können, um den Bewältigungsbezug nicht aus den Augen zu verlieren (vgl. dazu Klier u.a. 1995).

Dieser biografisch-therapeutische Zugang hat vor allem auch seinen geschlechtstypischen Zuschnitt, wie wir es schon bei der Männer- und Frauenberatung kennen gelernt haben: Stellt man das Delikt und nicht die Person in den Vordergrund der Intervention, ist bei Männern meist mit Rationalisierungen und Ängsten vor Kontrollverlust, bei Frauen eher mit Schuldübernahmen und familial rückgebundenen Versagensängsten zu rechnen. Das Bewältigungsproblem, das hinter dem Delikt steckt (und damit das beschädigte Selbst) kann so aber nicht aufgeschlossen werden. Natürlich braucht es dazu mehrere Anläufe, denn die Betroffenen haben in ihrem Leben meist erfahren, dass das, was in ihnen ist, nie Anerkennung oder Aufmerksamkeit gefunden hat und sind deshalb solchen Zugängen gegenüber oft misstrauischer, als wenn sie gleich mit der Tat konfrontiert werden (worauf sie eigentlich und erfahrungsgemäß meist eingerichtet sind).

Deshalb ist die pädagogisch-therapeutische Intervention bei Delinquenz eigentlich nur dann sinnvoll, wenn die Gelegenheit gegeben ist, den Täter oder die Täterin in einem kritischen Befindlichkeitszustand zu erreichen, meist, wenn er von der Polizei oder Justiz mit der Tat *ausweglos* konfrontiert wird. Thomas Enke berichtet in seiner Studie zu Jugenddelinquenz, dass pädagogisch-therapeutische Unterstützung und Zuwendung vor allem dann angenommen wird, „wenn es zu einer existentiellen Krise gekommen ist und es keine Handlungsspielräume mehr gibt" (2002, S. 288). Aus diesem

Blickwinkel stellt sich die polizeiliche Festnahme oder/und strafrechtliche Prozedur für den betroffenen *Täter* als Bewältigungskrise dar. Die individuelle Handlungsfähigkeit ist psychisch und sozial bedroht, die biografische Konstellation mit einem Schlag aus dem Gleichgewicht, der mit der Unübersichtlichkeit der Situation verbundene Stress sucht somatische und psychische Bewältigungsventile, die durch die Ohnmachtssituation erzeugte Selbstwertschädigung führt zum Selbstzweifel. Damit entsteht eine offene, vorerst noch ungerichtete Bewältigungskonstellation, die durch psychische Instabilität und Versagen bisher biografisch erworbener Bewältigungskompetenzen gekennzeichnet ist. Krisensituationen sind ambivalent, sie enthalten gleichermaßen destruktive wie konstruktive Elemente, signalisieren Abbruch ebenso wie Möglichkeiten der Entwicklung (Sonneck 1997). Entsprechend geht das Kompetenzmodell der Krisenintervention (vgl. Hofmann/Roos 1997) davon aus, dass sofort und ohne Aufschub interveniert werden muss, wenn die situative Offenheit und Unentschiedenheit/Ambivalenz der Krisensituation genutzt werden soll. Deshalb müssen Angebote der Krisenintervention gleichzeitig mit der strafrechtlichen Verfolgung und Ahndung gemacht werden können. Die sozialarbeiterische Intervention bietet hier den Raum, in dem die Täter zu sich als Person kommen, „inne halten" können und somit die Chance bekommen können, einen Zugang zu ihrer Biografie und ihren Stärken und Schwächen zu bekommen, der über die delinquente Verlaufsform verschüttet war. Dies gilt für Täter und Täterinnen gleichermaßen.

Im Bereich der Krisenintervention mit männlichen Tätern, die ja weiterhin in der deutlichen Überzahl sind, haben sich zunehmend Verfahren entwickelt, welche unter dem Begriff der „Konfrontationspädagogik" (vgl. dazu Weidner/Kilb/Kreft 1997) zusammengefasst werden können. Gerade bei Tätern, deren antisoziale Aggressivität und Gewalthandeln hoch ritualisiert, Devianz in gewissem Sinne schon zur Lebensform geworden ist, werden solche konfrontativen Verfahren eingesetzt (vgl. auch das Kapitel über Alkoholabhängigkeit bei Männern). Dabei werden lerntheoretisch begründete (Lernen am Modell) „Methoden der Desensibilisierung und das Verstärkungslernen eingesetzt. Das Prinzip des Verstärkungslernens geht davon aus, dass die Verhaltensdispositionen durch die von ihnen ausgelösten Reize (Wohlbefinden, Hilflosigkeit, Stärkegefühl, Anerkennung etc.) beeinflusst werden können. Wiederholtes, sozial verstärktes Erleben, dass man in gleichen kritischen Situationen durch gewaltloses Verhalten auch positive Gefühle erhalten kann, kann die eingefahrenen Gewaltdispositionen aufweichen und zu Verhaltensänderungen führen. Desensibilisierung wiederum funktioniert nach dem Prinzip der „reziproken Hemmung" (Huber 1990): Der Klient wird in eine ihm bekannte stress- und gewaltauslösende Situation gebracht (Beschimpfung, Bedrohung, Erzeugung von sozialer Hilflosigkeit durch öffentliche Konfrontation mit seinen Schwächen) und *gleichzeitig* wird arrangiert, dass auf ihn zugegangen, er angenommen wird, dass neben dem (ritualisierten) gewalttätigen Antrieb „neue" Gefühle auftreten können (Entspannung oder Neugier), welche den Gewaltzwang aufweichen und auch Empathie für andere (Opfer) erzeugen können (vgl. dazu Petermann 1993).

9. Hilfen für behinderte Männer und Frauen

Körperbehinderte und geistig behinderte Frauen sind doppelt benachteiligt. Beiden wird ihr Geschlecht, ihr Frausein aberkannt, sie werden oft als geschlechtsloses Neutrum behandelt und sind in Bezug auf ihre Behinderung defizitären Zuschreibungen ausgesetzt. „Hier beginnt ein Teufelskreis, aus dem Mädchen und Frauen mit Behinderung selten herauskommen. Die Nichtanerkennung ihrer Sexualität verhindert oft, dass behinderte Mädchen und Frauen ein positives Körpergefühl entwickeln können. Sie trauen ihren eigenen Gefühlen nicht, sie übernehmen Bilder und Klischees, die ihnen von der nicht behinderten (Männer) Welt übermittelt werden" (Mayer 1998, S. 40). Bei Männern gibt es immer noch die Differenzierung, dass Behinderungen durch Invalidität den Männlichkeitsstatus nicht so extrem gefährden, wie bei Frauen den Weiblichkeitsstatus. Männer im Rollstuhl können immer noch darüber sprechen, ob und wie ihre Sexualität noch funktioniert; Frauen haben es da schwerer: „Viele behinderte Männer haben gelernt, ihre sexuellen Bedürfnisse durch ein bestimmtes Verhalten und Auftreten einzufordern. Dabei übernehmen sie das herrschende Männerbild und lassen sich von Frauen bedienen. Es kommt nicht selten vor, dass behinderte Männer zu Prostituierten gehen. Frauen mit und ohne Behinderung werden von behinderten Männern ebenso als Objekt betrachtet wie von nicht behinderten Männern. Nur stehen behinderte Männer unter einem erhöhten Druck, ‚ihre Potenz' unter Beweis stellen zu müssen und die eigene Behinderung nicht als Schwäche in Erscheinung treten zu lassen" (Mayer 1998, S. 43).

Behinderte Männer stehen aber nicht nur unter Maskulinitätsdruck, sie sind auch immer wieder Opfer in den Zonen männlicher Gewalt. Sie werden leicht zur Projektionsfläche der Hilflosigkeit und Ohnmächtigkeit von sozial deklassierten jungen Männern, bei denen sich die prekäre Befindlichkeit in Gewalttätigkeit gegen Schwächere abspaltet (s.o.). Dabei zeigt sich – aber auch in alltäglichen Interaktionssituationen – dass es eine Hierarchie der Abwertung behinderter Männer (und Frauen) gibt. Querschnittsgelähmte Menschen werden in der Regel nicht als „Mangelwesen" in dem Sinne betrachtet, dass ihnen Autonomie und Sexualität abgesprochen wird (wobei es bei letzteren wohl immer noch eine Abstufung Mann-Frau gibt). Es sind vor allem die geistigen Behinderungen – oft verbunden mit multiplen körperlichen Einschränkungen – die bei den nicht behinderten Menschen Abwertungsgefühle auslösen können.

Deshalb haben Behindertenprojekte vor allem das Ziel, dass sie für behinderte Männer und Frauen Räume erkämpfen, in denen sie ihre Geschlechtlichkeit und Sexualität thematisieren, und ihre Lebensprobleme selber benennen können.

Die Sozialadministration, die behinderte Menschen einstuft, an Betreuungsinstitutionen weist und die Effizienz von Behindertenarbeit evaluiert, übergeht allerdings oft diese Grundprobleme des Behindertenseins und verstärkt damit eher die Ausgrenzung, als dass sie ein selbstbestimmtes Leben fördert. Im Mittelpunkt dieser Grundprobleme stehen vor allem die Ablösungs- und die Gewaltfrage.

Nehmen wir das Beispiel einer jungen Frau, die zu Hause bei ihren Eltern sitzen muss, da von Seiten der zuständigen Stellen überhaupt nicht gesehen wird, dass sie ein Recht auf Ablösung von ihren Eltern hat. Auch junge Menschen, die behindert sind, brauchen genauso Selbstständigkeit, gerade wenn sie auf andere angewiesen sind.

Vor allem auch das Problem von Abhängigkeit und Gewalt von behinderten Menschen wird häufig negiert. Gerade behinderte Frauen und Mädchen sind auf besondere Art und Weise sexueller Gewalt ausgesetzt, weil sie nicht weg können und abhängig sind von ihren Eltern, ihrer Familie. Aus dieser Abhängigkeit heraus erwächst immer wieder die Versuchung zur Gewaltanwendung. Dieser sexuellen Gewalt gegenüber behinderten Frauen steht die Gesellschaft unverständig, die Alltagsmeinung zynisch gegenüber: Wie kann überhaupt eine geistig behinderte, also „unattraktive" Frau zum Opfer werden? Am sexuellen Missbrauch behinderter Frauen zeigt sich am deutlichsten und extrem, dass sexueller Missbrauch nicht so sehr ein Problem der Sexualität, sondern von Macht und Abhängigkeit ist: „Mädchen und Frauen mit Behinderung werden durch sexistische Anmache auf ihren Körper beschränkt und als Objekte betrachtet, wenn vordergründig vielleicht nicht als Objekt zum Lustgewinn. Vielmehr sollen sich behinderte Frauen als unattraktiv und abstoßend in ihrer Körperlichkeit empfinden um dadurch gefügig gehalten zu werden" (Mayer 1998, S. 40). Bei Jungen und jungen Männern wiederum sind sexuelle Gewalterfahrungen mit einem dreifachen Tabu belastet: behindert, Opfer sexueller Gewalt und – für viele nicht vorstellbar – männliche Opfer. „Behinderte Jungen reagieren [...] tendenziell aggressiv und verhaltensauffällig auf sexuelle Gewalt [...]: in Form von exzessivem, teilweise öffentlichem Onanieren [...] auch Einkoten und Einnässen [...] Dies sind Verhaltensweisen, die ebenfalls zwangsläufig zu körperlicher Distanz führen. Die Jungen halten sich dadurch Bezugspersonen vom Leib – nicht, weil sie diese nicht brauchen, sondern weil sie schlechte Erfahrungen gemacht haben" (Blinkle 2000, S. 100/101). Diese Barriere kann dann meist erst überwunden werden, wenn der Junge das Gefühl entwickelt, wirklichen Schutz und Vertrauen gegenüber der Betreuungsperson zu erfahren und zu entwickeln. Das testet er immer wieder aus, um zu spüren, dass er nicht wieder in Abhängigkeit gezogen wird. Auch hier braucht es also Raum, Zeit und geduldiges Abwarten in der Betreuungsbeziehung.

Das Ausgesetztsein behinderter Frauen und auch Männer korreliert in der Tat negativ mit der Aura des besonderen Schutzes, in den sie gesellschaftlich gestellt werden. Für sie gilt noch mehr als das, was wir für die Opfer sexuellen Missbrauchs insgesamt festgestellt haben: Dass der scheinbar sichere Ort, die Familie und manchmal auch die „beschützende" Sondereinrichtung – der unsichere Ort sein kann (vgl. dazu Zemp 1996). Deshalb gilt es, die Bedeutung von Schutz so zu operationalisieren, dass nicht nur die soziale Umgebung beachtet wird, sondern die Fähigkeit der Mädchen und Frauen sich selbst zu schützen, in den Mittelpunkt gestellt wird. Das Gefühl der Schutzlosigkeit hat sich meist über Erfahrungen und Erlebnisse aufgebaut, in denen die Betroffenen sich immer wieder damit abfinden mussten, ihre Bedürfnisse nicht äußern konnten und signalisiert bekamen, dass sie ohne Unterstützung seitens anderer in einem wertlosen Körper nicht lebensfähig seien.

Deshalb hätten sie dankbar (d.h. auch gefügig) zu sein. Hier wird deutlich, dass es nicht die Behinderung als solche, sondern vor allem der fremdbestimmte Umgang mit der Behinderung ist, der die Schutzlosigkeit erzeugt. In diesem Sinne stellen auch Projekte der Sozialarbeit mit behinderten Mädchen und Frauen den offenen und eigenbestimmten Umgang mit dem Körper und die Ermöglichung von Gelegenheiten, in denen sich die Frauen behaupten und wehren können, in den Mittelpunkt (vgl. dazu Kuhne/Mayer 1998).

In diesem Zusammenhang ist es wichtig, dass behinderte Menschen einen Zugang zu einer eigenen selbstbewussten Normalitätsdefinition finden können, in einer Welt, in der sich „das Verständnis von Gesundheit [...] weitgehend mit dem von Normalität [deckt]. Normalsein heißt für viele Frauen gleich sein, integriert sein, dazu gehören [...] die Verortung zwischen Normalität und Anderssein ist eine ständige Bewährungsaufgabe für Frauen (und Männer, d. Verf.) mit Behinderung" (Live 1999, S. 264f.).

So wie gesellschaftlich und familial mit Behinderung umgegangen wird, sind Mädchen gegenüber Jungen, Männer gegenüber Frauen immer noch benachteiligt. Nehmen wir das Beispiel hörgeschädigter Kinder: Vor allem die Mädchen, die man stärker als die Jungen im Haus behält, sie noch mehr schützen will, bräuchten außerhäusliche Beziehungen, um sich mit anderen – nicht nur gehörlosen Kindern – verständigen zu können. Erst über solche Kommunikationen können sie sich mit der Zeit von der Familie ablösen und jene Muster der Identität bilden, die ihnen der beschädigte Zugang zum Innen – über die Sensitivität des Gehörs – verweigert. Behinderten Jungen werden solche Außenbeziehungen eher gewährt. Auch hier setzt sich das Männerbild durch, dass sie ihre Bestimmung in der Arbeit oder zumindest im Werken finden. Dabei wird aber auch bei ihnen die Beziehungsseite übergangen.

Neben Ablösung und Gewalt ist die Nähe-Distanz-Problematik eine dritte sensible Zone im Umgang mit und bei der Betreuung von behinderten Menschen. Da sie auf andere angewiesen sind, trauen sie sich oft nicht zu sagen, wenn sie etwas nicht möchten. Wehren sie sich, wird ihr Widerstand schnell diskriminiert oder pathologisiert, weil es für viele schwer ist, zu verstehen, dass behinderte Menschen, die doch so abhängig sind, eine Sehnsucht und ein Recht auf Eigenständigkeit haben. Sie brauchen deshalb Räume und Beziehungen, in denen Zeit, Geduld und Entgegenkommen da ist, um die Klärungen zu entwickeln, die sie brauchen. Auch auf dem Gebiet der Sexualität braucht es Raum und Zeit zum Nachfragen, wie es ihnen dabei geht, was sie für Erfahrungen machen, was sie gerne möchten und welche Schwierigkeiten sie dabei haben. Auch hier sind Mädchen und Frauen unter dem Eindruck sexualisierender Weiblichkeitsbilder in unserer Gesellschaft gegenüber den Jungen und Männern immer wieder benachteiligt. Geschlechtstypische Benachteiligungen von Frauen spielen vor allem dann eine offensichtliche Rolle, wenn es um eigenständiges Wohnen und um eine Berufsperspektive geht. Hier wirkt wieder der Doppelstandard, in den Mädchen und Frauen gestellt werden: Bei männlichen Jugendlichen wird die schlechte Berufsperspektive eher als Problem angesehen, bei Mädchen geht man mehr davon aus, dass sie sich zurücknehmen müssen, dass Beruf, eigenes Wohnen und eigenständiges Leben vernachlässigbar sind. Allerdings darf auch hier nicht vergessen werden, dass die Leidenserfahrungen von behinderten Männern – wie generell männlicher Opfer mit Leidenserfahrungen – immer noch spezifisch übergangen, tabuisiert werden. „Fehlende Autonomie und oftmals

Verlust der Angstfähigkeit stürzen behinderte junge Männer in den mentalen Abgrund des ‚Entmännlicht-Seins'. Die Suche nach dem ‚inneren Mann' bleibt ohne Erfolg. Enttäuschung und Trauer machen sich breit. Sie schlagen nicht selten um in Aggressionen" (Blinkle 1996). Das männliche Bewältigungsmuster der aggressiven Abspaltung von Hilflosigkeit wirkt hier oft grenzenlos. Hier hilft nur „Reden": Vertrauensbeziehungen aufbauen, damit sie aus sich herauskommen und über ihre Bedrückungen und ihr Ausgesetztsein sprechen können.

Für MitarbeiterInnen, die nicht behindert sind und mit behinderten Menschen arbeiten, gilt das, was bei den Ausführungen zu Abhängigkeit und Gewalt gesagt wurde: Man muss aufpassen, dass die wahrgenommene ‚Hilflosigkeit' und ‚Schutzbedürftigkeit' nicht Fürsorge- und Betreuungsassoziationen wecken, die sich gegenüber der tatsächlichen Befindlichkeit der KlientInnen verselbstständigen. Dies kann in einen Habitus der Überfürsorglichkeit übergehen, der das pädagogische Ziel der Autonomiegewinnung gleich wieder blockieren kann. Deshalb bedarf es eben nicht nur des pädagogischen „Verstehens", sondern vor allem auch einer offenen und selbstreflexiven professionellen Haltung: „Das Bewusstsein und der offene Umgang mit der Rolle als unbehinderte Frau ist wichtig, weil sonst die Gefahr besteht, dass sie den [behinderten] Mädchen und Frauen unbewusst vermittelt: ‚Ich halte euer Leben zwar im Vergleich zu meinem für minderwertig [...], aber ich erwarte von euch, dass ihr (trotzdem) ein positives Selbstgefühl entwickelt' [...] Erst wenn wir bereit sind, das, was uns unterscheidet, zu benennen und diese Unterschiede zuzulassen, wird es möglich sein, sich auch für Gemeinsamkeiten zu öffnen (Mickler 1998, S. 153).

10. Bildung und Bewältigung – Der geschlechtsreflexive Beitrag der Sozialarbeit

Im alltäglichen Bildungsverständnis spiegelt sich die Struktur der geschlechtshierarchischen Arbeitsteilung wider. Das beginnt schon in der Schule: Mädchen gelten als die kultiviertere Gruppe, die unzivilisierten Störer kommen meist aus dem

Kreis der Jungen. Lehrer und Lehrerinnen bemerken das, sprechen darüber, nehmen es aber meist so hin, weil sich ja auch in der Schule die Gesellschaft abbildet.

Während wir also im alltäglichen Bildungsverständnis einen versteckten geschlechtshierarchischen Lehrplan haben, setzen die durchschnittlichen Bildungskonzeptionen in der außerschulischen Jugendbildung immer noch sehr stark auf Geschlechterneutralität. Das hängt zum einen damit zusammen, dass die Jugendbildung an dem Konstrukt Jugend orientiert ist, auf das Mädchen und Jungen gleichermaßen beziehbar sind und das auch in gewissem Maße die gesellschaftlichen Vorstellungen von Männlichkeit und Weiblichkeit bricht (s.o.), dies umso mehr, als auch die „neuen Mädchen" ihre Emanzipation nicht mehr feministisch, sondern eher jugendkulturell anstreben. Gleichzeitig bleibt aber das Problem, dass die Jugendbildung die Jugend in die gesellschaftlich herrschende Normalität setzt, die geschlechtshierarchisch ist und diese Spannung nur bedingt zu thematisieren vermag. Darauf werden wir im Folgenden näher eingehen.

In der Erwachsenenbildung wiederum hat die Ideologie der Geschlechterneutralität eine gesellschaftspolitische Funktion. In der Tradition des deutschen Bildungsbegriffs ging es um die Entfaltung des Subjekts im Einklang mit oder in Spannung zu der herrschenden Kultur. Das Bildungssubjekt wurde dabei nie als männliches oder weibliches gesehen, die herrschende Kultur kaum auf ihre geschlechtshierarchische Hintergrundstruktur hin befragt. So nimmt es auch nicht Wunder, dass von der Erwachsenenbildung besonders die Frauen angezogen wurden, die über ihre Bildungsorientierung Teilhabe an einer männlichen Öffentlichkeit erstrebten. Erst die Frauenbewegung der 1970er und -80er Jahre hat eine Perspektive in die Erwachsenenbildung gebracht, in der eine geschlechtsbezogene Revision der herrschenden Kultur und eine Anerkennung der Kompetenzen in den Vordergrund traten. Dabei wurde vor allem auch deutlich gemacht, dass Frauen gerade im dauernden Zwang zur Herstellung von Vereinbarkeit zwischen Familie, Beruf und partizipativer Öffentlichkeit Kompetenzen entwickeln, die geschlechtshierarchisch übergangen werden, an denen die neuere Frauenbildung aber anzuknüpfen im Begriff ist. In diesem Zusammenhang wird die Dimension der Selbstsozialisation (im Kontext der Bewältigung des Vereinbarkeitsproblems bei den Frauen hervorgehoben). Nun kommt es darauf an, Frauen zu vermitteln und sie in kulturellen Bildungs- und Experimentierzusammenhängen wiederholt erleben zu lassen, dass sie gerade auf Grund dieser Fähigkeiten, die von ihnen wie selbstverständlich erwartet werden, kompetent sind und diese Kompetenz auch öffentlich zeigen und durchsetzen können (Penrose/Geißel 2001).

Eine geschlechtsreflexive Männerbildung konnte dagegen in unserer Gesellschaft kaum Fuß fassen. Die Versuche, die es gab und gibt, wurden zum Teil von der Frauenbewegung in antisexistischer Absicht angestoßen, zum Teil von bewegten Männern aus Männergruppen und Männerarbeit ins Leben gerufen. Folgt man den gängigen Konzeptionen (vgl. dazu Lenz 1996), so lassen sich drei Bildungsabsichten der Männerbildung herausstellen: Zum einen sollen Männer einen Raum erhalten, in dem sie abseits vom Getriebensein, dem der Mann ausgesetzt ist, vom Männlichkeitswahn, einen Raum des Selbstbezugs finden können; zum Zweiten soll dieser Selbstbezug in Aktivitäten und Projekte der Selbsterfahrung münden können, damit die Männer auch jene Persönlichkeitsanteile in sich spüren und sozial aufschließen können, zu denen ihnen der Zugang in der externalisierten Arbeitswelt verwehrt ist. Schließlich sollte Männerbildung einen Beitrag leisten zur gegenseitigen Anerkennung der Geschlechter in geschlechterdemokratischer Absicht.

Die Männerbildung erhielt und erhält Zulauf von den Männern, die keine Angst vor dem Verlieren haben müssen, Männern aus der Mittelschicht, die es sich auch aus professionellen Gründen leisten können, ihr Männerbild zu problematisieren: Sozialarbeiter, Lehrer, Künstler, Manager, die kommunikativer werden, etwas aushalten wollen. Deshalb ist auch die Männerbildung in dem Moment schwierig geworden, wo die männliche Erwerbsbiografie in die Krise geraten ist. Männerbildungsaktivitäten fallen deshalb immer mehr mit Beratungsaktivitäten zusammen.

Dies ist ein allgemeiner Trend in der Erwachsenenbildung, die wieder Aufwind erhalten hat, seitdem die Devise vom lebenslangen Lernen gesellschaftlich ausgegeben ist. Schaut man sich aber die Prozesse an, die mit dem Begriff des lebenslangen Lernens umschrieben werden, dann sieht man sehr schnell, dass der sozialtechnologische Oberbegriff in der sozialen Realität dieser Lernprozesse wenig greift. Denn es handelt sich dabei meist um Umschulungen, Neuanfänge, Wiedereinstiege, in denen das Gelernte und Gelebte erst einmal entwertet wird, sich Schwierigkeiten der Aufrechterhaltung von biografischer Integrität auftun. In der sozialtechnologischen Perspektive des lebenslangen Lernens bleibt es den Einzelnen überlassen, wie sie mit solchen Integritätsbrüchen zurechtkommen, wie sie ihre Handlungsfähigkeit suchen und finden, wie sie also die psychosoziale Seite der Anforderungen des lebenslangen Lernens *bewältigen*. Bewältigungsprozesse aber, in denen die Menschen auf sich selbst zurückgeworfen, auf sich selbst gestellt sind, sind sehr stark davon geprägt, wie die Betroffenen mit ihrem Mannsein und Frausein biografisch zurechtgekommen sind und zurechtkommen (s.o.). Gleichzeitig wissen wir, dass solche arbeitsgesellschaftlich induzierten Bewältigungsprobleme immer wieder auf den Intimbereich der Familie verschoben werden, wo die Geschlechterdynamik erst recht wirkt. Spätestens hier wird uns deutlich, wie eng Bildung und Bewältigung heute zusammenhängen, wie sie ineinander übergehen und wie sie dadurch an Geschlechterbefindlichkeiten des Mann- und Frauseins zurückgebunden sind. Sicher kann man hier einwenden, dass es auch Gruppen von Gewinnern gibt, die der Rhythmik der neuen Technologien und Ökonomien zu folgen in der Lage sind. Für diese – in der Mehrzahl Männer, die mit der externalisierten Dynamik der Jobentwicklung eher mithalten können als Frauen – gibt es kein Scheitern, müssen biografische Brüche in dynamische Chancenstrukturen umgedeutet werden (vgl. dazu Reich 2002). Ihre Konflikte liegen auf einem anderen Niveau, werden in der Regel psychotherapeutisch (Mutterkonflikt) und archaisch (Männer als Krieger) umgedeutet. Für sie ist weniger die öffentliche Erwachsenenbildung und Sozialarbeit, sondern die gehobene Therapiekultur und -industrie zuständig. Für die Leute aber, die in die Umschulungskurse der Bildungsträger kommen, liegen Verlust der bisherigen Arbeit und biografische Entwertung eng beieinander.

Ein anderes Terrain der geschlechtsspezifischen Bildungskritik ist die politische Bildung. Hier ist die feministische Kritik radikal: In der politischen Bildung werde nicht gezeigt, dass Politik ein Teil der männlichen Herrschaftssicherung und ihrer Verdeckung sei. Bürokratien und ihre Symbole würden nicht geschlechtshierarchisch gedeutet. Gleichzeitig würde nicht gesehen, dass bestimmte gesellschaftliche Bereiche wie Hausarbeit, Pflege und Beziehungsarbeit politisch nicht anschlussfähig seien (vgl. dazu allgemein Gentner 2001, Riegraf 1999).

Die Enquête-Kommission des Deutschen Bundestages zur „Zukunft der bürgerschaftlichen Engagements" (2002) arbeitet auch in diesem Zusammenhang heraus, dass sich die geschlechtstypische Arbeitsteilung fast nahtlos im Bereich des ehrenamtlichen Engagements abbildet: Frauen sind in den sozial reproduktiven, Männer in den funktionsbezogenen Tätigkeiten überrepräsentiert. Diese sind auch meist am ehesten politisch anschlussfähig.

Deshalb müsse die politische Anschlussfähigkeit von Frauenbelangen im Vordergrund einer geschlechtskritischen Revision der politischen Bildung stehen. So wie Belange von Frauen und Müttern inzwischen anschlussfähig sind an *rechtliche* Regelungen (Gerhard 1987) müsse die *politische* Anschlussfähigkeit thematisiert werden, wobei es eben nicht nur um Gleichstellung sondern um die Kritik an den geschlechtshierarchischen Verhältnissen in Wirtschaft, Politik und Technologieentwicklung gehen müsse (vgl. dazu auch Döge 1999). Die Krise der gegenwärtigen Politik, die mit der Krise des Sozialstaats angesichts der Entkopplung von technologisch- ökonomischer und lebensweltlicher Entwicklung sich abzeichnet, mache es umso dringlicher, eine Politik des Reproduktionsbereichs als Bewältigungspolitik einzuklagen. Deshalb ist es notwendig, aus den Lebens- und Bewältigungserfahrungen von Männern und Frauen heraus Politik zu fordern und nicht nur Leiden anzuzeigen. Schließlich wird auch immer wieder darauf verwiesen, dass „weibliche Kompetenzen" mehr denn je in Politik und Wirtschaft gebraucht werden.

Dennoch wäre es unseres Erachtens kurzschlüssig, einfach und unvermittelt eine Übertragung der weiblichen Sphäre des „Care" (s.u.) in Politik und Ökonomie zu fordern. Wir haben auch an wiederholter Stelle darauf hingewiesen, dass Mütterlichkeit und Care in der Intimwelt der Familie gewachsen sind, einer Welt, die in erster Linie emotionale Beziehungen und Übertragungen (Liebe, Schuld, Vertrauen, Enttäuschung, Hass) kennt, die in öffentlichen Kontexten, ob ihrer Diffusität und Grenzenlosigkeit (des Mütterlichen) dysfunktional wirken und die Sicherheit und Verlässlichkeit von Rechten, Ansprüchen und Verfahren einschränken können. Deshalb kommt es darauf an, eine Balance zwischen Care-Politik und Verfahrenspolitik zu suchen. Diese Balance ist aber nicht nur über eine irgendwie geartete Gender Mainstreaming Politik (s.o.) zu erreichen, sondern braucht einen öffentlichen Modus der Konfliktaustragung.

Diese hier geschilderten Zusammenhänge sind aber nicht nur für die SozialpädagogInnen interessant, die politische Bildung betreiben. Sie taugen auch für eine kritische Reflexion der politisch-administrativen Struktur der Sozialen Arbeit. Denn auch hier überschneiden sich Bürokratie und Pflege, männlich-geschlechtshierarchische Strukturen und – wenn auch professionalisierte – „weibliche" Reproduktionsbereiche. Seit den 1920er Jahren, in denen sich die Konfliktlinie um den männlichen Sozialbeamten und die weibliche Fürsorgerin abzeichnete (vgl. dazu Stecklina 1996), ist diese Konfliktthematik immer wieder und zunehmend durch den Prozess der Professionalisierung verdeckt worden. Die sozialtechnologische Steuerungsdiskussion drängt den Konflikt nicht nur weiter zurück, sondern verschiebt ihn auf die Frage der besonderen Bewertung von Tätigkeiten in der Sozialen Arbeit. Inzwischen gibt es nicht mehr die alte strikte Trennung von männlichem Sozialbeamten und weiblicher Fürsorgerin. Sozialarbeiter und Sozialarbeiterinnen aus der Praxis sehen sich dem neuen hierarchischen Modell gleichermaßen ausgesetzt. Auf der Ebene der Planung und des Managements herrscht weiter das externalisierende Prinzip, das wieder jene geschlechtshierarchische Hintergrundstruktur festigt, vor der die praktische Sozialarbeit um die Anerkennung der humanitären Besonderheit ihrer Arbeit kämpft. Deshalb ist es auch gerade in der Sozialarbeit notwendig, das geschlechtshierarchische Problem im eigenen Hause immer wieder zu thematisieren, wenn man darauf aus ist, zu einer eigenen Strategie der Steuerung und Evaluation zu kommen und nicht den betriebswirtschaftlich-technologischen Vorgaben immer wieder hinterher zu hecheln. Diese Thematisierung des Geschlechtshierarchischen bringt zwar noch kein eigenes Evaluationsmodell hervor, vergrößert aber den reflexiven Raum, in dem es diskutiert werden kann.

An Erwachsenenbildungsprozessen nehmen mehrheitlich Frauen teil. Meist sind es Frauen aus der Mittelschicht, die das kulturelle Kapital das ihnen – nach dem amerikanischen Modell der kultivierten Hausfrau – zugeschrieben wird, ihren Töchtern weitergeben. In der Erwachsenenbildung wird dieser schichtbezogene Aspekt zwar reflektiert, aber kaum vor dem Hintergrund jenes geschlechtshierarchisch-kulturellen Modells gesehen, in das die Bildung der Frau eingepasst ist. Die Volkshochschulen sind so immer noch der Ort, wo die Frau als Hüterin der Kultur – wenn auch so nicht intendiert – ihre Bestätigung findet. Gleichzeitig werden Frauen, die nicht dieser „Bildungsschicht" angehören, ausgegrenzt. Mit diesen Frauen aber hat es vor allem die Soziale Arbeit zu tun. Sie muss sich also der Frage zuwenden, wie Frauen mit geringem ökonomischen, sozialem und kulturellen Kapital und in sozial angespannten Lebensverhältnissen, gebildet werden können, das heißt, wie sie über die Sozialarbeit die Chance erlangen können, ihre Persönlichkeit selbstbestimmter als bisher zu entfalten.

Während die Frauen aus der Mittelschicht über Bildung entweder häusliche Selbstständigkeit oder Zugang zu Berufen suchen, wollen – so unsere Erfahrung – Unterschichtsfrauen vor allem Entlastung. Wir können das eben nur aus der Erfahrung annehmen, weil das Interesse an Bildung gerade für Klientinnen der Sozialarbeit so gut wie nicht erforscht ist. Im Alltag der Sozialarbeit hat man das unmittelbare Interventions- und Bewältigungsproblem vor Augen, erst wenn das einigermaßen gelöst ist, könnte man vielleicht an so etwas wie Bildung denken. Deshalb gibt es auch kaum Kooperationen zwischen Sozialarbeit und Erwachsenenbildung. Dabei könnte man beide Bereiche so gut zusammen führen: Wenn in der Sozialarbeit erkannt wird, dass die Anerkennung von Bewältigungserfahrungen bei Frauen Bildungsprozesse in Gang setzen kann, und wenn gleichzeitig die Erwachsenenbildung weiß, dass Frauen aus der Unterschicht in Bildungsangeboten vor allem Entlastung suchen, dann wären doch sozialarbeiterische Bildungsprojekte für solche Frauen möglich!

Der Entlastungswunsch bei Frauen aus sozial benachteiligenden Milieus hängt immer mit ihrer verwehrten Suche nach Anerkennung zusammen. Wir stoßen also auch hier wieder auf die Bedürftigkeitsdimension. Gerade die Familienhilfe müsste wissen, dass Frauen aus sozial prekären Milieus und Arbeitsverhältnissen stolz darauf sind, dass sie diese Belastungen immer wieder schaffen. Sie können aber weder diese Belastungen noch den Stolz auf die Bewältigung dieser Belastungen ausdrücken. Diese Zusammenhänge werden in der Begrifflichkeit der „Symptomverschreibung" thematisiert. Ein Beispiel: Wenn eine Frau am Band steht und die Bandgeschwindigkeit wird erhöht, dann kann sie den Kolleginnen nicht sagen, dass sie es nicht mehr schafft. Dann wird sie krank, kann ihre Belastungen nur über Krankheit ausdrücken. Deshalb ist es wichtig, dass solche Belastungen kommuniziert – jetzt kommt die Bildungsebene – und für die Frauen entlastend in einen übergeordneten Rahmen gestellt werden, in dem die Frauen nicht nur ihre Arbeitsbedingungen, sondern auch die dahinter liegenden gesellschaftlichen ökonomischen Entwicklungen thematisieren können. Damit werden sie erst einmal nicht weiter zum Defizitwesen gemacht, sie erfahren den Wert, dass sie es trotzdem schaffen, genauso wie sie möglicherweise erkennen müssen, dass sie nach Alternativen suchen müssen, wenn sie es nicht mehr schaffen. Dabei sind sie auch wieder auf die Hilfe der Sozialarbeit und lokaler Netzwerke angewiesen.

Auch wenn wir das erkannt haben, stehen wir heute vor dem Problem, dass die Möglichkeiten der Veröffentlichung und Politisierbarkeit von Belastungssituationen von Frauen nicht besser, sondern eher schlechter geworden sind. Das Zeitmanagement bei der Teilzeitarbeit ist schwieriger geworden, viele Frauenarbeitsplätze sind – ob das nun im Verkaufs- oder im Bürobereich ist – steigender Rationalisierung und damit der verdeckten Arbeitsbeschleunigung ausgesetzt. Gleichzeitig wird wieder die Familie als Auffangbecken für die Problembewältigung öffentlich propagiert. Natürlich ist diese Diskussion verdeckt: Man spricht weniger von den Bewältigungsproblemen, sondern von den Bewältigungs*kompetenzen*, welche sich in der Familie entwickeln könnten. Die Familie ist aber als Intimzusammenhang mit ihren entsprechenden Bewältigungs- und Beziehungsmustern kaum in der Lage, über die sozialemotionale Basisdimension der Persönlichkeit hinaus arbeitsweltbezogene Sozialkompetenzen auszubilden. So geraten die Frauen wieder in einen Bewältigungskonflikt der Sorge um die Zukunft ihrer Kinder hinein, der ihnen zwar zu einer gewissen häuslichen Dominanz verhilft, sie aber gleichzeitig ihre Belastungen sozial zurücknehmen lässt.

Deshalb brauchen gerade Frauen aus sozial benachteiligten Verhältnissen Orte, an denen sie zur Ruhe kommen können, Entlastung finden und über ihre Sorgen, Probleme so sprechen können, dass sie dabei normal bleiben können und nicht zu Defizitwesen erklärt werden. Dies ist der Ansatzpunkt für eine Bildungsarbeit in der Sozialarbeit. Sie hören, dass andere erzählen, dass es ihnen ähnlich geht und dabei stellt sich ihre Normalität her. Sie können sich aussuchen, mit wem sie reden, die Bezugsgruppe haben, die ihnen gut tut, und brauchen keine Angst zu haben, in einen sozialen Zusammenhang zu geraten, der sie stigmatisiert. Diese Angst hält sie ja häufig in der häuslichen Isolation.

Die Freiheit zu wählen, die für viele Mittelschichtfrauen selbstverständlich ist, stellt sich bei ihnen als Teilnahme im offenen Milieu ein. Idee und Programm der Mütterzentren führen in eine solche Richtung, aber auch generell braucht man mehr Orte im Stadtteil und in der Gemeinde, von denen aus man Frauen ermuntern kann, aus ihrer familialen Isolation der Sorge herauszukommen. Solche Treffpunkte müssen abgesichert und vernetzt sein, z.B. mit Kindertageseinrichtungen, denen gegenüber die Frauen aber auch einen eigenen Status haben müssen. Dann würde sich auch vieles an der Elternteilnahme in solchen Einrichtungen, in denen die Unterschichtseltern meist fehlen, ändern. In diesen praktischen Schritten – von der Entlastung zur Teilnahme – entwickeln sich Bildungsprozesse im Unterschichtmilieu. Bürgerliche Bildungsperspektiven, welche vorab an Aufklärung ansetzen, nutzen hier wenig, weil sie von diesen Frauen sehr schnell als Zumutungen empfunden werden.

VI. Geschlechterpolitik

1. Mädchen und Frauen in sozialen Planungsprozessen

Planung ist ein externalisierendes Konstrukt. Planung soll etwas handhabbar machen, kontrollieren, in Verfahren bringen. Aber: Planung heißt auch *Verantwortung übernehmen*, sich darum kümmern, was diese Maßnahme alles für Folgen haben kann, auch für andere, die nicht in der Zielperspektive der Maßnahme liegen. Diese „weibliche Seite" ist schwach entwickelt, hier setzt sich das Männlich-Externalisierende, wie es Planungsprozessen immanent ist, immer wieder durch. Dabei gilt die Regel: Je abstrakter, rationeller die Verfahren sind, desto stärker neigt sich der Verantwortlichkeitsdiskurs der „Sachlogik", dem Sachzwang zu und umso „störender" wirken dann Prinzipien der Verantwortlichkeit, die das Verständnis für die nicht sichtbaren Konflikte in den Betroffenen reklamieren. Empathie macht den Planungsdiskurs von Größen abhängig, die nicht rational kalkulierbar sind und verlangt ein (sozial rückgebundenes) kommunikatives Verständnis von Verfahren und Entscheidungen.

Hier springt das Grundproblem, das die Soziale Arbeit mit der Planung hat, geschlechtsdynamisch ins Auge: Die praktischen Bearbeitungsweisen von Sozialarbeit – zum einen die Herstellung von Nähe zu Betroffenen, zum anderen die Offenlegung privat schwelender Konflikte – werden als frauen- und beziehungsspezifisch definiert und damit als *Innenseite* des sozialarbeiterischen Tuns betrachtet, das nicht als solches in das rationalitätsbezogene abstrakte Außen der Planung übernommen werden kann, sondern erst in entsprechend planungsfähige Variablen übersetzt werden muss. Solche Indikatoren zielen dabei in der Regel auf konfliktneutralisierende Planbarkeit und nicht auf die konfliktorientierte Politisierung der Bewältigungsprobleme, die dann in *Auseinandersetzungen um die Planung* münden könnte. In der Planungspraxis sieht das dann meist so aus, dass das Problem geschlechtstypisch abgebogen wird: Die „Frauenseite" wird – im Vorraum der Planung – „gehört", Frauen sollen sagen können, was sie zu sagen haben. Damit werden ihre Interessen als „frauenspezifisch" zwar berücksichtigt, aber nicht verallgemeinert und damit abgewertet. Ob Lebenslagen und Interessen von Mädchen in der Planung eine Rolle spielen, hängt sehr davon ab, ob Frauen im kommunalen Umfeld da sind, die das einklagen: als Gruppe, als Arbeitskreis oder aktiv im Jugendhilfeausschuss.

Was Männer aus ihrem Bewältigungsdruck heraus zu sagen hätten, aber nicht sagen können, bleibt für die Planung ungesagt und damit nicht existent (vgl. Bitzan/Funk 1995). So entsteht oft ein Planungsklima, in dem – nach Empfinden der Männer – die Frauen die Störungen aufziehen und die Männer die Gewitter an sich vorbeiziehen lassen. Das verstärkt bei den Männern wiederum die externalisierenden, bei den Frauen die internalisierenden Verhaltensweisen. Die Handlungsspielräume, welche die Planung der Sozialarbeit bringen sollte, werden in dieser Geschlechterdynamik – wie wir sie bei den Planungsprozessen an den Akteuren beobachten und beschreiben können – nicht in den sozialen und politischen Raum hinaus erweitert, sondern sind – oft mehr als zuvor – auf die Innenwelt der psychosozialen Bewältigung und der darauf angesetzten helfenden Beziehungen verwiesen.

Deshalb muss – soll es je eine produktive Verbindung zwischen sozialen Planungsprozessen und einer Kritik der Geschlechterhierarchie geben – der Status der Beziehungsarbeit im Planungsdiskurs verändert werden. Hier – und nicht an der bloßen „Berücksichtigung" geschlechtsdifferenter Lebenslagen und Interessen – läge auch ein planungspolitisches Essential für ein Programm des *Gender Mainstreaming*, wenn es über die Verfahrensebene hinauskommen soll. Allerdings würde das bedeuten, dass dann auch die sozialräumliche bis gesellschaftlich rückgebundene Konflikthaftigkeit, die sich dem Hilfe- und Beziehungsgeschehen immer wieder aufdrängt, in dieser ihrer Rückgebundenheit in den Planungsdiskurs aufgenommen werden müsste. Planungsrationalität enthält aber in der Regel die implizite Aufforderung, dass solche Konflikte in der Praxis zu regulieren und kontrollieren seien, damit diese Praxis überhaupt „planungsfähig" werden kann.

Trotz der Überfülle von Planungsrichtlinien und Planungsliteratur in der Sozialen Arbeit kommt man deshalb immer fast resignierend zu dem Schluss, dass das, was sich real im Alltag durchsetzt oft etwas anderes ist, als was planerisch festgeschrieben ist. Es sind die Machtprozesse, die hinter der institutionellen Bühne der Planung ablaufen und in denen dann – trotz aller Gleichstellungsüberlegungen in der Planung – die geschlechtshierarchische Matrix durchkommt. Hinter der institutionellen und organisatorischen Fassade der Planung steckt also ein geschlechtshierarchisches Spannungsfeld, das sich nicht unbedingt immer geschlechtstypisch in den Akteuren ausprägt. Auch Frauen sind an externalisierender Planung beteiligt. Dennoch kann man sich des Eindrucks nicht erwehren, dass, wenn es um Qualitätssicherung und äußere Ablaufschemata geht, die Männer in der Planungsliteratur dominieren. Für Selbstevaluation sind dagegen eher die Frauen zuständig.

Auf dieses *Konfliktfeld Planung* zielen die Strategien der *Gegenplanung* ab, die sich nicht an den institutionellen Vorgaben, sondern an den Problemfeldern des Alltags orientieren. Gegenplanung bedeutet erst einmal, denen eine Sprache geben, um die es in der Planung gehen soll. Maria Bitzan und Claudia Daigler (2001) haben gezeigt, wie solche Gegenplanungsstrategien im kulturellen Bereich aussehen könnten. Sie setzen auf Aktionen mit Mädchen zum Beispiel unter der Fragestellung: Was kann man im Stadtteil für uns verändern? Wie können wir selbst entsprechende Vorschläge öffentlich und praktisch demonstrieren? In Ostdeutschland steht bei solchen Demonstrationen stärker die Berufsthematik im Vordergrund. Es werden Aktionen initiiert, mit denen Ausbildungs- und Arbeitsplätze in der Region transparent gemacht und Kontakte zu Leuten geknüpft werden, die Ausbildungsplätze vergeben.

Man könnte diesen Typ der Gegenplanung auch „Realisierungsplanung" nennen. Die Probleme sollen nicht im Verfahren verschwinden, sondern in Projekten offen gehalten und von den Projekten her planerisch nachhaltige Netzwerke geknüpft werden. Bestätigt werden die InitiatorInnen der Realisierungsplanung durch die institutionellen Planer selbst: Denn aus deren Kreisen hört man immer wieder, dass viele Einrichtungen und Maßnahmen nur dann realisiert werden können, wenn jemand da ist, der dies im Alltag durchsetzt. Wenn es aber so – wie in vielen Jugendamts- und Sozialamtsbezirken – abläuft, dass die Planer selbst keine Durchsetzungsverantwortung haben, dann muss man sich auch nicht wundern, wenn den Planungen die Verantwortungsdimension fehlt. Deshalb sollte bei Planungsprozessen immer gefragt werden, ob die Planer in der Administration auch Konfliktmacht haben, ob sie in der Lage sind, mit Initiativen der Gegenplanung in eine verbindliche Auseinandersetzung zu treten und ob dieser Konfliktprozess auch im Jugendhilfeausschuss aufgenommen und verantwortlich mitgetragen wird.

Planungen haben eine Ablaufs- und Verfahrensrationalität, die ihre Eigenlogik bekommt und kaum in der Lage ist, mittelfristige sozialpolitische Zuspitzungen vorauszusehen. Es werden Lösungsalternativen einkalkuliert, Elastizitäten für unvorhergesehene Nebenwirkungen geschaffen, aber das alles führt nicht an der Erkenntnis vorbei, dass in dieser Steuerungsrationalität Konflikte als Störpotentiale gelten und damit möglichst ausgeschlossen werden müssen. Sie werden eben auf der Hinterbühne der regionalen Machtverhältnisse belassen. Damit können sich auch die Planer und Planerinnen jedweder Verantwortlichkeit entziehen, weil sie die Gründe für die mangelnde Realisierung der Planung immer auf diese Hinterbühne verschieben können. Das wird beim Gender Mainstreaming nicht anders sein. Man wird Planungsprozesse noch so geschlechtsbezogen formulieren können; wenn es nicht gelingt, die realen geschlechtshierarchischen Macht- und Konfliktstrukturen in den Institutionen und in der regionalen Öffentlichkeit aufzudecken und konflikthaft zur Sprache zu bringen, läuft Gender Mainstreaming in Gefahr, zu einem neuen Verdeckungszusammenhang im Planungsbereich zu werden. Es geht also nicht einfach nur um eine verfahrensgerechte „Einbeziehung" von Mädchen- und Frauenbelangen, sondern um die Erweiterung von Ressourcen und Räumen, in denen Mädchen und Frauen ihre Belange „nach ihren Konditionen" thematisieren und politisieren können. Gleichzeitig bedarf es eines aufstörerischen Diskurses, der jene „Selbstverständlichkeiten" berührt, die nicht nur in Jugendhilfe-Planungsprozessen immer vorausgesetzt werden: Die stillschweigende Funktionalisierung von Mädchen und Frauen als Ordnungs- und Befriedungskerne in den Einrichtungen der Jugendhilfe, als „stille Ressource" im Ehrenamt und „Regulationsmasse" beim behördlichen Umgang mit Arbeitslosigkeit (s.o.). Dies sind ebensolche Selbstverständlichkeiten, die Mädchen und Frauen zwar patrimoniale Anerkennung verschaffen, ihnen aber gleichzeitig die Möglichkeiten einer konfliktorientierten Partizipation einschränken. Claudia Wallners Hinweis (1999), dass die Diskussionen um eine Entwicklung der Mädchen- und Frauenarbeit als Querschnittsaufgabe der Jugendhilfe und der allgemeine Diskurs um den Fortschritt der Jugendhilfe- und Sozialarbeit weiterhin beharrlich nebeneinander herlaufen, ist ein institutionell-empirisches Indiz für die Problematik.

Um die Interessen von Frauen in die Sozialplanung eines Stadtteils oder einer Region einbeziehen zu können, bedarf es also Gegenplanungsstrategien, welche die offizielle Rationalität der Sozialplanung so zu durchbrechen versuchen, dass *vorab* auf eine Entscheidung gedrängt wird, dass der geschlechtsdifferente Blick sich auf die *allgemeine Planungsperspektive* richtet (Daigler 1999) und deshalb geschlechtsstereotype „Selbstverständlichkeiten" nicht mehr stillschweigend vorausgesetzt, sondern öffentlich in Frage gestellt werden können. Auch in der allgemeinen Sozialplanung bildet sich die geschlechtshierarchische Arbeitsteilung ab, die reproduktiven Leistungen der Frauen in der Haus- und Beziehungsarbeit werden vorausgesetzt. Es kommt deshalb darauf an, die reproduktive Arbeit der Frauen als Strukturgitter und Basiskompetenz für die soziale Integration einer Stadt oder einer Region öffentlich zu machen. So können Frauen auch von dieser Seite her in einen öffentlichen Status und in eine Beteiligungsperspektive gebracht werden. Gabriele Heinemann (2000) hat gezeigt, dass es gelingt, wenn man Mädchen an Stadtteilkonferenzen beteiligt, auch scheinbar Intimes – häusliche Zusammenhänge, wie familiale Gewalt – so öffentlich zu thematisieren, dass ein Bezug zur Frage der sozialen Integration und des sozialen Klimas im Stadtteil oder in der Gemeinde hergestellt werden kann.

Die Sozialarbeit kann solche Gegenplanungen nicht selbst machen, sie muss sich aber für das Konflikt- und Spannungsfeld der Gegenplanung öffnen können. Grundlage hierfür ist, dass die Grenzen des eigenen institutionellen Planungsverständnisses reflektiert werden. Dabei stellt sich bald heraus, dass der Diskurs um Steuerung und Qualitätssicherung auf institutioneller Ebene dazu geführt hat, dass Konflikte abgeschottet und möglichst viele Erfolgsmeldungen in die Welt gesetzt werden. So kommt das Wissen, das SozialarbeiterInnen im Alltag über die Lebenslagen und die Interessen von Mädchen und Frauen erwerben, meist nur so weit zum Zuge, als es professionell integrierbar und darstellbar ist. Die MitarbeiterInnen geraten dann unweigerlich in Konkurrenz zu den örtlichen Fraueninitiativen, mit denen sie eigentlich ein Arbeitsbündnis suchen sollten, um an dem Spannungs- und Konfliktfeld einer notwendigen Gegenplanung teilhaben zu können. Werden solche informellen Arbeitsbündnisse eingegangen, sind sie politisch viel weniger riskant, als das SozialarbeiterInnen immer befürchten, denn dieser Konflikt wird ja von den Bürgerinnen der Initiativen getragen. Eine solche konfliktorientierte Strategie der Gegenplanung lässt auch die Männerseite nicht unberührt. Natürlich werden sich – wie in allen anwaltschaftlichen Politikprozessen – immer wieder erst einmal „geschlechtsmilitante" Fronten bilden, vor allem dann, wenn Frauen auch auf die Bewältigungsprobleme und das Scheitern von Männern aufmerksam machen (und sich mit entsprechend sensiblen Männern verbünden). Denn der Schritt zu einer entsprechenden „männerpolitischen" Aktivierung in Planungsprozessen scheint aus verschiedenen Gründen (s.u.) schwieriger, weil „systembedrohlicher", als eine Frauenpolitik, die – aus sozialstaatlicher Perspektive – immer wieder „systemkonform" ausbalanciert werden kann.

2. Sozialarbeit und Care-Politik

Die Frage, inwieweit die häusliche Sorge- und Beziehungsarbeit und die darin eingeschlossenen Überforderungen und Konflikte von Frauen nicht nur im privaten Bereich verbleiben, sondern gesellschaftspolitisch wirksam werden können, wird in den Frauenbewegungen seit hundert Jahren gestellt.

Sie wurde zum einen im Modell der „öffentlichen Mütterlichkeit" verhandelt, dessen Grundprinzip darauf hinauslief, dass eine sozial ausbalancierte Gesellschaft nicht nur des Kompromisses zwischen Arbeiterinteressen und Kapitalinteressen bedarf, sondern dass vor allem auch die Frauen mit ihren spezifischen Fähigkeiten der Fürsorge (Care), die sie in der Familie erwerben, und die Grundlage für die soziale und industrielle Reproduktion der Gesellschaft sind, entsprechend am gesellschaftlichen Prozess beteiligt sein müssen. Diese Forderungen sind in den *Geschlechterkompromiss* des Sozialstaates eingegangen, der die Frauen entlastet und ihnen Zugänge in die Gesellschaft verschafft hat. An dem grundlegenden geschlechtshierarchischen Verhältnis von Reproduktion und Produktion – gesellschaftliche Minderbewertung der familialen Reproduktion, die als selbstverständlich vorausgesetzt wird – hat er jedoch nichts Entscheidendes verändert. Diese Aussage bezieht sich nicht auf die individuellen Rechte und Teilhabechancen der Frauen in unserer Gesellschaft, schmälert nicht die erreichte Emanzipation, sondern bezieht sich darauf, dass die gesellschaftspolitische Anerkennung von Fürsorge als der Erwerbsarbeit vergleichbarer Tätigkeit – ohne die diese nicht aufrecht erhalten werden kann – bis heute nicht erreicht ist. Margit Brückner (2001) hat dies dahingehend bilanziert, dass die Frauen in ihrer Fürsorgetätigkeit zwar nicht einer der Erwerbsarbeit vergleichbaren gesellschaftspolitischen Bewertung, dafür aber dem Sozialstaat näher gerückt seien. Frauen sind die informellen Stützen sozialstaatlicher Leistungsfähigkeit und auch die herausragenden Empfängerinnen sozialstaatlicher Leistungen, die sie allerdings wieder an andere weitergeben, in die Familie, in die privaten Beziehungen hinein vermitteln.

Vor dieser stillschweigenden Voraussetzung weiblicher Fürsorge ist auch die Soziale Arbeit nicht gefeit. Im Gegenteil: Wir haben in unseren Ausführungen zur Arbeit mit Frauen immer wieder gezeigt, dass in Frauenbildern, die Sozialarbeiterinnen Frauen entgegenbringen, Anforderungen an die Selbstverständlichkeit der Fürsorge, des Für-Andere-Daseins enthalten sind. Dabei wäre es gerade wichtig, dass die Soziale Arbeit diese Anstrengungen der Sorge von Klientinnen als gleichwertig anerkennt und damit nicht nur dem Selbstwert der Frauen entgegenkommt. Sie sollte Umfang und Qualität dieser gesellschaftlich notwendigen Arbeit, das „weibliche Gemeinwesen", die Arbeit in den Netzwerken aus der gesellschaftlichen Unsichtbarkeit und Unterlegenheit herausholen und diese Frauen an den regionalen sozialpolitischen Diskussionen beteiligen, um ihre Belange in die soziale Berichterstattung einzubringen (vgl. Bitzan 1994).

Wie wenig die Sozialarbeit in Theorie und Praxis darauf vorbereitet ist, zeigt der gegenwärtige Diskurs um die Entgrenzung der Arbeit und den Strukturwandel der Arbeitsgesellschaft, in dem zwar aufgezeigt wird, dass es – angesichts des Rückgangs erwerbszentrierter Arbeit und der zunehmenden Auflösung des Normalarbeitsverhältnisses – notwendig wird, andere Formen der Arbeit wie Bürgerarbeit und Hausarbeit endlich gesellschaftlich anzuerkennen und zu entgelten, dass wir aber auf der anderen Seite wenig Wissen über die Realität der Hausarbeit und privaten Fürsorgetätigkeit in ihrem Bezug zur ökonomischen und sozialen Entwicklung der Gesellschaft haben.

Dass die Soziale Arbeit im Durchschnitt so wenig Aufmerksamkeit für die privat erbrachte Fürsorge aufbringt und sie ähnlich selbstverständlich voraussetzt wie die Gesellschaft, obwohl sie ihr näher ist, als jeder andere gesellschaftliche Tätigkeitsbereich, hat wohl auch etwas damit zu tun, dass sich die Sozialarbeit selbst aus der Fürsorgetätigkeit heraus entwickelt hat. Sozialarbeit ist ja in ihrer Geschichte dort entstanden, wo soziale Risiken und psychosoziale Notlagen nicht mehr privat bewältigt werden konnten und die Gesellschaft um ihrer sozialen Integration willen ein Interesse daran hatte, entsprechende Hilfen zu verallgemeinern, gesellschaftlich zu organisieren. Insofern hat die privat erbrachte Fürsorgetätigkeit schon immer – wenn auch unausgesprochen – unter der Kontrolle von und in Konkurrenz zur öffentlichen Fürsorge gestanden. Man könnte auch sagen: Der Sozialstaat hat zu einer Spaltung der gesellschaftlichen Fürsorgetätigkeit beigetragen. Indem er einen eigenen wohlfahrtsstaatlichen Fürsorgebereich geschaffen hat, der gleichsam zwischen der Öffentlichkeit des Marktes und der Privatheit der Familie liegt, hat er die private Fürsorge noch eigens von der Sphäre der öffentlichen Bewertung und Anerkennung entfernt.

Mit der fiskalischen Krise des Sozialstaats ist die Soziale Arbeit in eine heikle Sandwichposition geraten, aus der heraus sie gezwungen ist, nach beiden Seiten – der Marktseite und der Seite der privaten Fürsorge – Stellung zu beziehen und sich zu verorten. Auf der einen Seite droht die Marktprivatisierung sozialer Hilfen, auf der anderen Seite die Familienprivatisierung. Gerade was die Verschiebung sozialer Hilfen ins Private anbelangt muss die Sozialarbeit eine „gegenoffensive" Haltung einnehmen: Sie muss das Ausmaß der privaten Fürsorgetätigkeit darstellen und gleichzeitig zeigen können, dass dies nur durch öffentliche Entlastung und Anerkennung und nicht durch zusätzliche Belastung gesellschaftlich erhalten werden kann. Es muss deutlich werden, dass der private Raum für zusätzliche soziale Tätigkeiten nur scheinbar vorhanden ist, weil er als gesellschaftlich selbstverständlich und vorausgesetzt gilt und deswegen nie hinreichend bilanziert worden ist. Würde er grundlegend anerkannt werden, dann würde deutlich, dass private Fürsorgetätigkeit mehr Unterstützung und Vernetzung braucht, damit sie sich nicht in privater Isolation verengt und dass vor allem die, die private Fürsorgetätigkeit – gerade auch im Pflegebereich – leisten, eben die Frauen, selbst nicht nur Anerkennung und finanzielle Sicherheit sondern Zeit und soziale Räume zur Wiederherstellung von Fürsorglichkeit brauchen.

Dass von Frauen nicht nur Fürsorglichkeit verlangt wird, sondern dass sie selbst in die Sphäre der Fürsorglichkeit einbezogen werden müssen, wird in der feministischen Sozialarbeit bereits in dem Konzept der „Parteilichkeit" (s.o.) thematisiert. Bezieht sich das Prinzip der Parteilichkeit aber nur auf die ungleich belasteten und von ausreichender finanzieller Sicherheit ausgeschlossenen Zielgruppen, wird daraus immer wieder ein Sonderproblem konstruiert. Wenn aber der darin enthaltene Kern der Fähigkeit zur Sorge als Anspruch und Recht offensiv verallgemeinert und zur Querschnittsperspektive Sozialer Arbeit selbst und ihres Verhältnisses zur Gesellschaft gemacht würde, wäre es möglich, auch die gesellschaftspolitische Care-Thematik in sozialarbeiterisches Handeln einzubeziehen um ihren Handlungsspielraum abzusichern und ihre heute eng gesteckten Grenzen zu erweitern. Die früheren Frauenbewegungen, aber auch ein heutiger feministischer Anspruch, haben immer die gesellschaftliche Gestaltungskraft des Care der industriekapitalistischen Verwertung und Zurichtung des Menschen gegenübergestellt. In der praktischen Sozialarbeit sind in der Vergangenheit sicher manche von diesem Ideal beflügelt gewesen, die Menge der Sozialarbeiterinnen konnte aber dazu nie richtig einen Bezug im alltäglichen Handeln finden. Dennoch ist es möglich, diese gesellschaftspolitische Care-Perspektive in die Alltagszusammenhänge sozialarbeiterischer Orientierung einzubringen. So spricht man in der Jugendberufshilfe nicht mehr nur hinter vorgehaltener Hand davon, dass man die Menschen nicht nur anpassungsfähig machen, sondern mit ihnen zusammen auch daran arbeiten muss, ihre Wünsche an ein „gutes Leben" zu entwickeln, anstatt junge Männer nur immer in Berufe zu schicken, die sie nicht mehr zu sich selbst kommen lassen und die Reproduktionsseite oft total außer Acht lassen, da man meint, alles auf zertifizierbare Kompetenzen hinlenken zu müssen (vgl. Krafeld 2000). Genauso problematisch ist es, bei Mädchen und jungen Frauen fürsorgerische Dispositionen vorauszusetzen und sie auf entsprechende Berufsqualifikationen hin zu richten, ohne mit ihnen darüber zu sprechen, wie es um ihre eigene Autonomie bestellt ist.

Das Übergehen der Care-Perspektive erweist sich damit als gesellschaftliche Ideologie, die für Frauen und Männer auf je unterschiedliche Weise problematisch ist. Gerade die Sozialarbeit, die so viel über zukünftige gesellschaftliche Entwicklungen und entsprechend moderne soziale Dienstleistungen diskutiert, macht diese Negierung oft mit. Dabei müsste sie doch am besten wissen, dass die zunehmende Abstrahierung und Flexibilisierung der Arbeitsverhältnisse Raum und Zeit für private Care-Tätigkeiten in einer Art und Weise aufbrauchen werden, dass sie nicht mehr so einfach wie bisher vorausgesetzt werden können. In der Programmatik der „Wissensgesellschaft" werden zwar soziale Kompetenzen, die in die Nähe des Care kommen, eingefordert, sie haben aber dort keinen eigenständigen Stellenwert, sondern dienen vor allem der Flexibilisierung und interaktiven Anpassungsfähigkeit des Wissens selbst. Daraus entstehen ökonomische Verwertungs- aber nicht unbedingt Care-Potenziale für die Gesellschaft. Diese Kritikperspektive ist vor allem auch in die Diskussionen um die zukünftige Entwicklung der Schule einzubringen. Die Pisa-Studie (2002) stellt zwar „Literacy", die Fähigkeit des autonomen und sozial gerichteten Umgangs mit Wissen in den Mittelpunkt ihres Bewertungsspektrums von Schülerleistungen, übergeht aber genauso die Frage der Reproduktion von Fürsorglichkeit in unserer Gesellschaft über Bildung und Ausbildung.

Erst recht wird Fürsorglichkeit in der neuen ökonomischen Perspektive, wie sie sich in den Rationalisierungsdebatten niederschlägt, übergangen. K. Gröning hat dies am Beispiel der Rationalisierungsdebatte im Krankenhaus dargestellt: Je stärker rationalisiert wird, desto mehr wird weibliche Fürsorgetätigkeit als „Puffer" aus den Zuwendungsbereichen, die den Patienten zugute kommen, abgezogen: Rationalisierungsprozesse können daher die Care-Problematik noch verschärfen. Sie engen nicht nur öffentlichen Raum und öffentliche Zeit für Care-Tätigkeit und ihre Reproduktion ein, sondern setzen neue Care-Tätigkeit in den Zwischenzonen der Rationalisierung voraus, die von der Rationalisierungslogik aber erst recht übergangen werden. Vor allem wenn es von Frauen eingeklagt wird, meint man es einfach überhören zu können, denn auch hier geht man davon aus, dass die „naturgegebene", weil gesellschaftlich vorausgesetzte Care-Moral der Frauen wirkt: Bevor sie den Betrieb, die Organisation oder die Familie hängen lassen, bringen sie ihr Care-Schuldgefühl doch wieder dazu, so weiter zu machen wie zuvor (Gröning 1995).

Von daher stellt sich die Frage gerade unter Frauen immer wieder neu, ob Care für sie eine autonome Kompetenz oder im Gegenteil nicht eher eine soziale Falle darstellt. Unbezahlte Fürsorge – so der feministische Diskurs – ist in unserer Gesellschaft eng mit der Tatsache der geschlechtshierarchischen Arbeitsteilung und der Abhängigkeit von Frauen verbunden. Gerade deshalb wäre es wichtig, dass die Frauen nicht immer die Care-Thematik für sich beanspruchen und idealisieren, sondern in Distanz dazu gehen und sie als gesellschaftliche Notwendigkeit, die der Erwerbsarbeit gleichgestellt ist und von Männern und Frauen gleichermaßen getätigt wird, einfordern. Die feministische Sozialpolitik hat dies seit der „Open-Door-Bewegung" der 1920er Jahre bis hin zur zeitgenössisch neu gestellten feministischen, sozialpolitischen Forderung nach einer „Exit-Option" für Frauen in der Familie begriffen: Frauen können nur dann unabhängig und autonom mit Beziehungs- und Fürsorgearbeit in der Familie umgehen, wenn sie die materielle und soziale Chance haben, jederzeit die Familie zu verlassen. Die „Exit-Option" schwäche somit nicht, sondern stärke die Familie, da damit dem Care der Abhängigkeitskontext genommen sei.

Die gesellschaftliche Verallgemeinerung der Fürsorglichkeit und ihre Ablösung von der Dominanz eines Geschlechts, würde nicht nur die Fürsorgefalle für die Frauen entschärfen, sondern auch ein durchgängiges Rollen- und Vereinbarkeitsangebot für die Männer bedeuten. Männer fürchten nichts mehr als die „Feminisierung" ihrer Tätigkeit und ihres Status. Gleichzeitig fehlen aber in den gesellschaftlichen Care-Bereichen, wo es um interaktive Fürsorge geht, die männlichen Rollenvorbilder. Deshalb geht es den Männern oft ähnlich wie den Frauen: So, wie diese trotz aller Auflehnung den Care-Bereich dennoch für sich reklamieren, sind die Männer froh, wenn es die Frauen letztlich machen, wenn sie eine wachsende Bereitschaft dafür erklären. Dass die Frauen das doch „besser können" ist immer noch ein geflügeltes Wort. Dies ist aber oft gepaart mit der Angst verbergenden Schadenfreude, dass auch die weibliche Fürsorgefähigkeit ihre Grenzen hat und in Bedrohung umschlagen kann: Wehe eine Frau kommt in eine Führungsposition und „mischt" dann männliches Hierarchie- und Machtbewusstsein mit weiblicher Fürsorglichkeit. Wenn man das Argument ernst nimmt, so heißt das: Weibliche, mütterliche Fürsorglichkeit kann grenzenlos sein, sie entstammt aus der Intimsphäre der familialen Beziehungen, basiert auf Liebe und Hass, Vertrauen und Schuld und ist deshalb nicht rational kalkulierbar. Machtausübung im Sog dieser Fürsorglichkeit kann damit unberechenbar werden.

Aus dieser Sicht lässt sich auch die Notwendigkeit einer „reflexiven Fürsorglichkeit" besonders bei Frauen, die an verantwortlichen Stellen in Organisationen und Projekten arbeiten, begründen (gl. Kieper-Wellmer 1991). Gerade auch Frauenprojekte in der Sozialen Arbeit sind hier angesprochen. Denn sie setzen nicht selten eine „gute Mütterlichkeit" oder

„gute Schwesterlichkeit" gleichsam als Naturressource voraus und glauben, es damit nicht nötig zu haben, über Macht- und Konkurrenzprobleme, die von Frauen ausgehen oder zwischen Frauen wirken, zu reden. Dass Beziehungsfähigkeit auch Beziehungsmacht sein kann, dass Frauen auch Ansprüche gegen Frauen haben können, wird in der Fürsorgeideologie meist ausgeblendet. Die neue feministische Parole der „Schwesterlichkeit", welche die Familiengebundenheit des Mütterlichkeitspostulats überschreiten soll, verschiebt das ungelöste Problem der feministischen Fürsorgeillusion nur auf eine andere Ebene: Schwesterlichkeit, so der Anspruch, verbinde „Gleichheit unter Frauen (und mit allen Menschen) und Ungleichheit bezogen auf unterschiedliche Bedürfnisse und Verpflichtungen, die ursprünglich der Geschwisterfolge entstammen. Frauen sind in vieler Hinsicht verschieden (von der Gesundheit bis zum Zugang zu Macht), aber es gibt eine gegenseitige Verpflichtung zur Hilfe unter Schwestern, die diese Unterschiede mildern oder gar ausgleichen kann" (Brückner 2001, S. 159). Diese in Anlehnung an die amerikanische feministische Diskussion entwickelte Care-Definition schließt – nicht anders als die Mütterlichkeitsdefinition – wiederum von der Welt der familialen Intimbeziehungen auf die öffentliche Arbeits- und Organisationssphäre. Wird diese strukturell unzulässige Transformation nicht reflektiert, dann kann es zu Verschmelzungen zwischen Hierarchie und weiblicher Beziehungsmacht kommen, die dann – nicht thematisiert – Frauen gegenüber Frauen wehrlos machen oder diejenigen ausgrenzen, die eine solche Reflexivität unter Frauen einklagen.

Deshalb ist es in der Mädchenarbeit und in Frauenprojekten wichtig, die Seite der Hierarchien, Verfahren und die Interessenkonflikte nicht einfach in die Männerwelt abzuschieben und diese dann entsprechend für ungelöste Probleme unter Frauen verantwortlich zu machen, sondern hierin eigene Kompetenzen – auch im Sinne des Erwerbs reflexiver Distanz zur Fürsorglichkeit – zu entwickeln. Mädchen und Frauen müssen in solche Strukturen eindringen und entsprechende Verfahren lernen können, wollen sie nicht immer wieder Puffer und Vermittlerinnen in Macht- und Verfahrenskonflikten sein, die letztlich dann doch von Männern dominiert werden.

Dies ist dann auch der Zugang, über den Männern Fürsorglichkeit abverlangt werden kann.

Wie notwendig dies ist, zeigt sich am gegenwärtigen Diskurs um die Bürgergesellschaft (vgl. dazu Böhnisch/Schröer 2002) und die Praxis der Bürgerstiftungen. Hier wird kaum auf den Care-Diskurs zurückgegriffen, obwohl Familienarbeit und Bürgerarbeit als neue Arbeitsformen in einer zur „Tätigkeitsgesellschaft" gewandelten Arbeitsgesellschaft proklamiert werden. Die Frauen waren und sind die „stille Ressource" (Beck-Gernsheim 1980) der geschlechtshierarchisch strukturierten Arbeitsgesellschaft, aber auch der derzeitigen Übergangsgesellschaft, in der sie die Masse der Teilzeitbeschäftigten stellen und sie scheinen auch stille Ressource im bürgergesellschaftlichen Modell zu werden. Damit ist gemeint, dass mit dem bürgergesellschaftlichen Diskurs die Care-Debatte nicht erledigt ist. Gerade weil es dem bürgergesellschaftlichen Diskurs einer sozialpolitischen Rückbindung und Einbettung ermangelt, gedeiht in ihm jenes Paradox weiter, welches die gesellschaftspolitische Transformation von Fürsorgetätigkeit grundsätzlich erschwert: in dem Maße, in dem Fürsorglichkeit in der Grundstruktur einer geschlechtshierarchischen Arbeitsteilung abgewertet wird, wird sie gesellschaftlich idealisiert.

3. Vergessene Männerpolitik?

An die Seite der Frauenpolitik ist in den letzten Jahren der noch zaghafte Ansatz einer „Väterpolitik" getreten. Diese liegt vor allem im Fraueninteresse, zielt auf die Einbeziehung der Männer in den Familien- und Erziehungsbereich, also auf die private Entlastung und gesellschaftliche Freistellung der Frau ab. Gibt es denn keine eigenständige Männerpolitik, die von einem breiten „Veränderungsinteresse" der Männer getragen wird. Oder gibt es nur kleine Männerminderheiten, die sich zwangsläufig der Frauenpolitik anschließen müssen (vgl. Sauerborn 1997)?

Betrachtet man die Verhältnisse genauer, so dürfte man eigentlich auch nicht von einer eigenständigen Frauenpolitik reden. Denn die frauenpolitischen Programme spiegeln nicht nur die Interessen der Frauenbewegung oder politisch engagierter Frauen wider. Sie sind vielmehr längst sozialstaatlich mediatisiert, d.h. sie folgen letztlich nicht den originären Interessen der Frauen, sondern denen des Sozialstaates, der sie seiner Politik des sozialen Gleichgewichts angepasst hat. Frauenpolitik ist also – so betrachtet – eine den partikularen Fraueninteressen übergeordnete sozialstaatliche Politik im Kontext des Geschlechterkompromisses, den der Sozialstaat verkörpert. Insofern müsste es doch auch eine sozialstaatliche Männerpolitik und nicht nur eine eingeschränkte Väterpolitik geben können. Allerdings – so die logische Konsequenz – wird es diese Politik nur geben, wenn der Sozialstaat sie braucht. Und es wird im Folgenden zu zeigen sein, dass er sie braucht – längst und dringlicher denn je zu vor. Um diese Logik begründen zu können, wollen wir das Muster sozialstaatlicher Mediatisierung am Beispiel der Frauenpolitik nachzeichnen, um es dann auf die Männerpolitik anzuwenden.

Frauenpolitik und Frauenbewegung werden immer in einem engen Zusammenhang gebraucht und bis heute betonen engagierte Frauen den feministischen Kern und übersehen das sozialstaatliche Profil der Frauenpolitik. Dabei hat sich spätestens Ende der 1990er Jahre gezeigt, dass die Frauenbewegung die inzwischen etablierte Frauenpolitik zwar massiv angestoßen, der Sozialstaat sie aber in seiner eigenen – und weniger der feministischen – Logik zu Ende und in die jetzige Form gebracht hat: Im sozialstaatlich regulierten Kapitalismus prallen die widerstreitenden Interessen – Arbeit gegen Kapital, Frauen gegen Männer, Inländer gegen Ausländer – nicht mehr direkt aufeinander, sondern richten sich an den Staat und werden von diesem reguliert und moderiert. So hat auch die neue Frauenbewegung seit den 1970er Jahren – ähnlich wie zur Jahrhundertwende zuvor nicht anders – ihre Interessen nicht im direkten Geschlechterkampf mit den Männern durchzusetzen versucht – auch wenn es in den Hörsälen oft so aussah – sondern gegenüber dem Staat eingefordert. Der Staat seinerseits steht unter dem politischen Zwang, im Interesse des gesellschaftlichen Gleichgewichts öffentlich gewordene soziale Gruppeninteressen aufzunehmen und zu befrieden. „Befrieden" bedeutet aber in diesem Zusammenhang, die Interessen zwar staatlich anzuerkennen, sie aber gleichzeitig so zu kanalisieren, dass sie nicht ins Kraut schießen und nicht neue zusätzliche Ansprüche hervorbringen, die dem Sozialstaat dann über den Kopf wachsen könnten.

Der Mechanismus, mit dem der Sozialstaat die sozialen Gruppeninteressen mediatisiert ist in der sozialpolitischen Formel des Verhältnisses von „Anspruch und Zumutbarkeit" ausgedrückt. Interessen werden in Ansprüche, die in Verfahren eingehen, umgeformt und grenzen diese Ansprüche durch allgemeine Zumutbarkeitsdefinitionen oder gar Zumutbarkeitsregelungen ab. Wir alle kennen die aktuelle Zumutbarkeitsdebatte im Bereich der Sozialhilfe: Wann kann Arbeitslosen und Sozialhilfeempfängern welche Arbeit – unter Androhung von Hilfekürzungen – zugemutet werden? Sozialpolitische Zumutbarkeit ist nicht immer in entsprechenden Regeln und Verfahren festgelegt. Es sind genauso kulturelle Zumutbarkeitssterotype, die in sozialpolitischen Diskursen wirken und gezielt eingesetzt werden. Das frauenpolitische Paradebeispiel dafür haben wir jüngst in Ostdeutschland erlebt. In den neuen Bundesländern herrscht eine fast doppelt so hohe Arbeitslosigkeit wie in Westdeutschland. Süddeutsche Politiker machten nun die überproportional hohe „Erwerbsneigung der Frauen" dafür verantwortlich und gaben – verdeckt – den Rat, die Anreize zu schaffen, um die Frauen in Familie und Haushalt zurückzubringen. Manche Frauen haben den Schritt auch von sich aus getan, weil sie es als akzeptabel und befriedigend empfanden die gesellschaftlich anerkannte Hausfrauen- und Familienrolle mit der in Ostdeutschland immer noch geächteten Arbeitslosenrolle zu vertauschen. Auch im Bericht der Bayrisch-Sächsischen Zukunftskommission wird die Frauenerwerbsneigung als ein Grund für die ostdeutsche Arbeitslosigkeit in einer Art und Weise „objektiv" angeführt, dass man die entsprechende Botschaft hinter den Sätzen unschwer erkennen kann. In der Tat melden sich die meisten Frauen – sie sind doch überproportional von der Arbeitslosigkeit betroffen – in Anbetracht der Selbstverständlichkeit, zu DDR-Zeiten berufstätig gewesen zu sein, arbeitslos. Würden das westdeutsche Hausfrauen in ähnlichem Maße tun, wäre auch dort die Arbeitslosenquote wesentlich höher. Da in Ostdeutschland inzwischen viele Frauen dennoch resigniert haben und in die Familienrolle übergewechselt sind, hat das Zumutbarkeitsstereotyp Wirkung gezeigt: Von Frauen kann erwartet werden, dass sie hauptsächlich für Familie und Haushalt da sind. Gleichzeitig vermindert sich dadurch der Druck auf den Sozialstaat, die Ganztagsbetreuung für Kindergarten und Grundschule zu erweitern.

Bei den Männern sieht nun die Sache etwas anders aus. Sie erheben auch in Westdeutschland selbstverständlich Anspruch auf Arbeit, es gibt aber kein entsprechend relevantes Zumutbarkeitskriterium. Für Männer stellt sich traditionell die Frage der Vereinbarkeit von Familie und Beruf weder subjektiv noch öffentlich. Niemand kommt hier auf die Idee zu sagen: Männer gehören in den Haushalt. Gleichzeitig gibt es traditionell keine anerkannte familien- und haushaltsbezogene Rolle für Männer, so wie das bei Frauen der Fall ist. Die meisten arbeitslosen Männer kommen erfahrungsgemäß auch gar nicht auf den Gedanken, für sich eine solche Familienrolle zu reklamieren und auszugestalten. Sie helfen zwar zu Hause mit, klammern sich aber immer noch an die verlorene Arbeitsrolle, in dem sie versuchen, irgendwie Außenbezüge aufrechtzuerhalten (Kneipe, Schwarzarbeit) oder im Alltagsleben zu Hause Kontrolle und funktionsorientierte Geschäftigkeit (z.B. unnütze Renovierungen) zu demonstrieren. Nicht selten schaukeln sich Konflikte mit der Ehefrau auf, die ihre Familienrolle und die damit verknüpfte häusliche Machtposition durch das männliche „Einmischen" gefährdet sieht.

Hier steht der Sozialstaat nun vor dem Problem, dass es bei Konstanz der hohen Massenarbeitslosigkeit doch notwendig wird, die externalisierten und arbeitszentrierten Einstellungen der Männer kulturell und sozial aufzubrechen und entsprechende Zumutbarkeitsdefinitionen für Männer zu schaffen. In diesem Sinne hat die rot-grüne Koalition Ende der 1990er Jahre begonnen, Programme zur Thematik „Männer und Familie" auszuloten, in denen die damit zusammenhängenden Fragen untersucht und entsprechende Modelle erprobt werden können. Die Initiative kommt hier also – im Unterschied zur Frauenpolitik – nicht von den Betroffenen selbst, sondern vom Sozialstaat, der um das soziale Gleichgewicht und die sozialen Kosten – Gewalt in der Familie, Alkoholismus, Gesundheitsprobleme, Konflikte in der Wohnumgebung – fürchtet, wenn er nicht von sich aus aktiv wird. Bisher tat er es nur reaktiv über die Kriminal- und Gesundheitspolitik sowie die Sozialarbeit. Nur im Bereich der Familienpolitik gab es erste gestalterische Ansätze über den Erziehungsurlaub, der auch von Männern genommen werden kann, aber faktisch – unter dem Eindruck der Intensivierung der Arbeit und angesichts einer fehlenden alternativen Sozialrolle für den Mann – bisher nur von wenigen genommen wird.

Diese sozialstaatliche Enthaltsamkeit und Verhaltenheit hat natürlich ihre politischen Gründe. Denn der Staat muss nicht nur als Sozialstaat um das soziale Gleichgewicht bemüht sein, er hat in den industriekapitalistischen Gesellschaften auch für die Sicherung der Wirtschaftsordnung und die Förderung des wirtschaftlichen Wachstums in einer externalisierten Ökonomie zu sorgen. Er kann also das Externalisierungsprinzip, die familienabgewandte und konkurrenzfixierte Arbeits- und Leistungskultur, nicht so ohne weiteres durchbrechen. Gleichzeitig steht er aber doch vor der Aufgabe, die sozialen Kosten dieses Systems zu reduzieren. Dieses übergeordnete Balanceproblem ist wohl dafür verantwortlich, dass die sozialstaatliche Politik nur halbherzig gegen die geschlechtshierarchische Arbeitsteilung und damit gegen die Geschlechterhierarchie agiert und gleichzeitig weiter externalisierte Industriepolitik betreibt. Dennoch wird der sozialstaatlichen Politik auf Dauer nichts anderes übrig bleiben, als in diesen Fragen nicht mehr nur reaktiv, sondern auch gestalterisch einzugreifen, wenn die sozialen Kosten – die bisher verdeckt meist von der Sozialarbeit abgearbeitet wurden – nicht überhand nehmen sollen. Der erste und initiative Schritt in diese Richtung wäre natürlich die öffentliche Thematisierung solcher Kosten und die Erstellung einer volkswirtschaftlichen Gesamtrechnung, in der diese Kosten ihre explizite Berücksichtigung und fiskalische Aufrechnung erführen. Dazu müssen aber, in der Familien-, Bildungs-, Arbeitspolitik entsprechende Gestaltungsperspektiven entwickelt und zumindest modellhaft – in der Voraussicht von Multiplikatoreffekten – umgesetzt werden. In der *Familienpolitik* käme es in diesem Sinne darauf an, die Ansätze einer Väterpolitik *männerpolitisch* zu erweitern. Damit ist gemeint, dass die Freistellung von Vätern für die Familie nicht nur zur Unterstützung und Entlastung der Mutter, als Heimholung des abwesenden Vaters, betrachtet werden darf, sondern das darüber hinaus eine eigenständige Väter- und Männerrolle gleichberechtigt zur Familien- und Erziehungsrolle der Frau anerkannt und legalisiert wird. Dem Kinder- und Jugendrecht wird zwar immer vorgeworfen, dass es elternzentriert sei, die Kinder selbst also nicht zum Zuge kommen. Dabei wird aber nicht thematisiert, dass es – wenn auch nicht offen kodifiziert – genauso mutterzentriert ist. Das die Väter nicht zum Zuge kommen, zeigt sich spätestens bei den Entscheidungen der Jugendämter und Vormundschaftsgerichte, welche sich immer noch wie selbstverständlich in den Fragen der erzieherischen Zuständigkeit und des Sorgerechts an der Mutter orientieren. „Die meisten Einrichtungen agieren parteinehmend. Bewusst oder unbewusst gehen sie von der Mutter als der sozial Schwächeren aus, die schutzbedürftig ist und gegen den Vater verteidigt werden muss. Kinder werden meist in der Symbiose mit der Mutter gesehen" (Sauerborn 1997, S. 216).

Nun haben wir ja bereits dargelegt, wie problematisch die Mutter-Kind-Symbiose und die fragile Triangulierung (mit dem Vater) in ihren Folgen für die Suche nach männlicher Geschlechteridentifikation und mithin für die Persönlichkeitsentwicklung von Jungen sein kann. Diese zentrale Ausgangsfrage – die Verantwortung des Vaters für das personal und sozial gelingende Mannwerden des Sohnes – sollte im Mittelpunkt einer Väter- und Männerpolitik stehen. Hier müssten – auch wenn dies bisher nur von einer Minderheit von Männern getragen wird – vom Sozialstaat aus Ansprüche und schließlich Rechte für Männer formuliert werden, die ihnen auch die Chancen und den Anreiz geben als Väter eigenständig zu agieren. Insofern war der Vorstoß der Familienministerin Ende der 1990er Jahre, die Pflicht der Männer zur Mithilfe im Haushalt gesetzlich zu verankern, nur in einem konsequent: In der – von uns inzwischen begründbaren – Einsicht, dass in Sachen Männerpolitik der Sozialstaat initiativ werden muss. Vom Inhalt und vom Vorgehen her war dieser Versuch aber ungeschickt und unzureichend, weil er auf die Familienverhältnisse abzielte und damit den Argwohn des Einmischens in das Private erregte. Die männerpolitische Einbindung und Begründung, die eine thematisch breite öffentliche Diskussion hätte auslösen können, fehlte, die sozialstaatliche Notwendigkeit solcher Initiativen wurde damit nicht klar.

Eine öffentliche, an Rechte und Pflichten gebundene Vaterschaft und Männerrolle in der Familie könnte auch die Bedingungen partnerschaftlicher Kommunikation verbessern und die Grauzonen väterlicher Gewalt lichten. Natürlich können sich solche sozialstaatlichen Initiativen nicht nur auf die Familienpolitik beschränken, sondern müssen auch arbeits- und beschäftigungspolitisch angesetzt werden. Das „Bündnis für Arbeit", die Runde, in der Regierung und Tarifpartner zusammenkommen, sollte nicht nur Arbeitszeitverkürzung und -umschichtung und die damit zusammenhängenden monetären Probleme verhandeln, sondern genauso die Fragen des sozialen Ausgleichs für entgangene Arbeit thematisieren. Dass dieses nicht gelingt, hängt wohl auch mit der unheiligen Allianz, dem arbeitszentrierten und externalisierten männerbündlerischem Einverständnis von Unternehmen und Gewerkschaftsführern zusammen, die sich die Welt außerhalb der tradierten Erwerbsarbeit und die sozialen Folgen ihrer Arbeitszeitpolitik derzeitig nicht vorstellen können. Dennoch ist die Entgrenzung der Erwerbsarbeit nicht aufzuhalten. Auch wenn die demografische Entwicklung in den nächsten Jahrzehnten den Umfang der Arbeitslosigkeit reduzieren wird, ist doch eine weitere Segmentierung des Arbeitsmarktes zu erwarten (vgl. dazu Böhnisch/Arnold/Schröer 1999). Der Bereich ungesicherter Arbeitsverhältnisse wird sich erheblich erweitern. Was die Ökonomie als Bereinigung und Neustrukturierung des Arbeitsmarktes unter dem Vorzeichen internationaler Wettbewerbsfähigkeit preist, macht dem Sozialstaat nicht nur fiskalisch zu schaffen. Was wird aus dem Heer von Männern, die ihre Männerrolle nicht mehr auf ein Normalarbeitsverhältnis aufbauen können, in den Sog der „Feminisierung der Erwerbsarbeit" (Teilzeit- und Niedriglohnjobs) geraten oder in den mittleren Jahren ihre Arbeit ganz verlieren? Das Gespenst des vierzigjährigen langzeitarbeitslosen Singles geistert jetzt schon durch die Sozialämter und tritt an die Stelle der bisherigen „Problemfigur", der allein erziehenden arbeitslosen Frau, die zumindest noch über ihre Mutterrolle sozial integriert ist.

Hier ist die Wirtschaftspolitik wieder einmal der Sozialpolitik davon gelaufen. Von der berufssoziologischen Diskussion über die *Lebensarbeit* – gesellschaftliche Arbeit ist danach nur zum Teil Berufsarbeit und genauso Familienarbeit, soziales

Engagement, Bürgerarbeit oder biografisch gesteuerte Weiterbildung – ist in der sozialpolitischen Praxis noch wenig zu spüren. Zwar gibt es in der Bundesrepublik inzwischen eine breite Diskussion über bürgerschaftliches (kommunitäres) Engagement als Ausgleich für entgangene und verkürzte Wochen- und Lebensarbeitszeit. Aber diese Diskussion wird eigenartig geschlechtslos geführt und ist immer noch zu sehr am traditionellen Ehrenamt orientiert. Wäre sie stärker geschlechtsspezifisch angelegt, dann würde deutlich, dass es eigene Anreize, Anerkennungen und Bildungsangebote für Männer bedarf, damit sie nicht ihr externalisiertes Arbeitsverständnis auch in die neuen Bereiche gesellschaftlicher Tätigkeit mitschleppen bzw. dort überhaupt nicht Fuß fassen können. In der Enquête-Kommission zur Zukunft des bürgerschaftlichen Engagements in Deutschland (2002) ist als Ergebnis einer entsprechenden Expertise nachzulesen, dass sich die geschlechtstypische Struktur der Arbeitsteilung auch im Bereich des Ehrenamtes abbildet: Frauen engagieren sich vor allem in den familienähnlichen, sozial reproduktiven Bereichen der Hilfe und Pflege, Männer hauptsächlich in funktionellen Aktivitätsfeldern und ehrenamtlichen Positionen, die dem Funktionscharakter der Erwerbsarbeit und ihrer Hierarchien nahe kommen. Mancher, der in den Männerhierarchien der Industrie und Verwaltung nicht zum Zuge kommt, kann hier als Feuerwehrkommandant oder leitender Vereinsfunktionär reüssieren. Dies zeigt, dass es noch ein weiter Weg hin zur Sozialrolle Mann ist und dass eine sozialstaatliche Männerpolitik jene Voraussetzungen schaffen muss, die es Männern ermöglichen, bei ausreichender gesellschaftlicher Anerkennung auch im reproduktiven Sektor „ihren Mann zu stehen". Die Förderung einer multiplen „Sozialrolle Mann" und nicht der vielplakatierte Niedergang des Mannes wird somit zum sozialpolitischen Experiment der nächsten Jahrzehnte werden.

Literatur

Anhorn, R./Bettinger, F. (Hrsg.): Kritische Kriminologie und Soziale Arbeit. Weinheim und München 2002.

Appel, C.: Frauen – Alkoholismus – Gesellschaft. Freiburg 1991.

Appelt, E./Sauer, B.: Globalisierung aus feministischer Perspektive. In: Österreichische Zeitschrift für Politikwissenschaft H. 2/2001, S. 127-135.

Bange, D.: Sexueller Missbrauch. Sozialmagazin (Themenheft) H. 10/2000a.

Bange, D.: Sexueller Missbrauch an Jungen. Wahrnehmungstabus bei Männern in der sozialen Arbeit und in der Sozialverwaltung. In: Lenz, H.-J. (Hrsg.): Männliche Opfererfahrungen. Weinheim und München 2000b, S. 285-300.

Bauer, R.: „Sich wechselseitig veredeln ..." Zur sozialgeschichtlichen Durchsetzung des bürgerlichen Familienideals. In: Deutsches Jugendinstitut (Hrsg.): Wie geht's der Familie. Ein Handbuch zur Situation von Familien heute. München 1988.

Beck-Gernsheim, E.: Das halbierte Leben. Frankfurt a.M. 1980.

Benjamin, J.: Die Fesseln der Liebe. Frankfurt a.M. 1990.

Benjamin, J. (Hrsg.): Unbestimmte Grenzen. Frankfurt a.M. 1995.

Bentheim, A./Firle, M: Ansätze und Erfahrungen in der Arbeit mit gewalttätigen Männern. In: Brandes, H./Bullinger, H. (Hrsg.): Handbuch Männerarbeit. Weinheim 1996, S. 223- 242.

Betrifft Mädchen. Themenheft Stadt Land Fluss. Mädchen im Sozialraum. H.1/2000.

Bilden, H.: Geschlechtsspezifische Sozialisation. In: Hurrelmann, K./Uhlich, D. (Hrsg.): Neues Handbuch der Sozialisationsforschung. Weinheim/Basel 1991, S. 279-301.

Birtsch, V. (Hrsg.): Mädchenwelten, Mädchenpädagogik. Frankfurt a.M. 1996

Bitzan, M.: Das weibliche Gemeinwesen – verdeckte Provinz der GWA. In: Bitzan, M./Klöck, Th. (Hrsg.): Jahrbuch Gemeinwesenarbeit 5. Politikstrategien, Wendungen und Perspektiven. München 1994, S. 117-133.

Bitzan, M.: Konflikt und Eigensinn. In: Neue Praxis H. 4/2000, S. 335-346.

Bitzan, M./Klöck, Th.: „Wer streitet denn mit Aschenputtel". Konfliktorientierung und Geschlechterdifferenz. München 1993.

Bitzan, M./Funk, H.: Geschlechtsdifferenzierung als Qualifizierung der Jugendhilfeplanung. In: Bolay, E./Herrmann, F.: Jugendhilfeplanung als politischer Prozess. Neuwied, Kriftel, Berlin 1995, S. 71-124.

Bitzan, M./Daigler, C.: Eigensinn und Einmischung. Einführung in Grundlagen und Perspektiven parteilicher Mädchenarbeit. Weinheim und München 2001.

Blinkle, R.: Gewalterfahrung eines „geistig behinderten" Mannes. In: Lenz, H.-J. (Hrsg.): Männliche Opfererfahrungen. Weinheim und München 2000, S. 92-102.

Bock, G./Duden, B.: Arbeit aus Liebe – Liebe als Arbeit. Zur Entstehung der Hausarbeit im Kapitalismus: In: Gruppe Berliner Dozentinnen: Beiträge zur Berliner Sommeruniversität für Frauen 1976, Berlin 1977.

Bodenmüller, M.: Auf der Straße leben – Mädchen und junge Frauen ohne Wohnung. Münster 1995.

Böhnisch, L.: Möglichkeitsräume des Mannseins. In: Möller, K. (Hrsg.): Nur Macher und Macho? Weinheim und München 1997, S. 61-88.

Böhnisch, L.: Männlichkeiten und Geschlechterbeziehungen – ein männertheoretischer Durchgang. In: Brückner, M./Böhnisch, L. (Hrsg.): Geschlechterverhältnisse. Weinheim und München 2000, S. 39-118.

Böhnisch, L.: Abweichendes Verhalten. Weinheim und München 2001.

Böhnisch, L.: Die Entgrenzung der Männlichkeit. Opladen 2002.

Böhnisch, L./Münchmeier, R.: Pädagogik des Jugendraums. Weinheim und München 1993.

Böhnisch, L./Fritz, K./Seifert, Th.: Wissenschaftliche Begleitung des AgAG-Programms. Münster 1997.

Böhnisch, L./Lenz, K.(Hrsg.): Familien. Eine sozialwissenschaftliche Einführung. Weinheim und München 1997.

Böhnisch, L./Schröer, W.: Sozialpädagogik unter dem Einfluss der Jugendbewegung. In: Niemeyer u.a. (Hrsg.): Grundlinien historischer Sozialpädagogik. Weinheim und München 1997, S. 59-70.

Böhnisch, L./Arnold, H./Schröer, W.: Sozialpolitik. Weinheim und München 1999.

Böhnisch, L./Schröer, W.: Pädagogik und Arbeitsgesellschaft. Weinheim und München 2001.

Böhnisch, L./Schröer, W.: Die soziale Bürgergesellschaft. Weinheim und München 2002.

Bourdieu, P.: Entwurf einer Theorie der Praxis auf der ethnologischen Grundlage der kabylinischen Gesellschaft. Frankfurt a.M. 1979.

Bourdieu, P.: Sozialer Sinn: Kritik der theoretischen Vernunft. Frankfurt a.M. 1987.

Bourdieu, P.: Die feinen Unterschiede. Frankfurt a.M. 1992.

Bowlby, J.: Elternbindung und Persönlichkeitsentwicklung. Heidelberg 1995.

Brandes, H.: Gruppenanalytische Psychotherapie mit Männern. In: Brandes, H./Bullinger, H. (Hrsg.): Handbuch Männerarbeit. Weinheim 1996, S. 140-153.

Brandes, H./Bullinger, H. (Hrsg.): Handbuch Männerarbeit. Weinheim 1996.

Brandes, H./Franke, Ch./Rasper, B.: Aspekte der Übertragung und Gegenübertragung in der Psychotherapie von Männern. In: Brandes, H./Bullinger, H. (Hrsg.): Handbuch Männerarbeit. Weinheim 1996, S. 103-119.

Braun, A./Richter, M.: Befindlichkeiten, Meinungen und Konflikte erwerbsloser und von Erwerbslosigkeit bedrohter Frauen. Hrsg. v. Arbeitslosenverband Deutschland e.V., Arbeitsgruppe Berlin 1992.

Braun, A. u.a.: Roll back in der Gleichstellung der Geschlechter: Trends in der Erwerbsentwicklung ostdeutscher Frauen. In: Behrend, H.: Die Abwicklung der DDR. Wende und deutsche Vereinigung von innen gesehen. Köln 1996, S. 191-208.

Brökling, E.: Frauenkriminalität. Stuttgart 1988.

Breidenstein, G./Keller, H.: Geschlechteralltag in der Schulklasse. Weinheim und München 1998.

Brückner, M.: Geschlechterverhältnisse im Spannungsfeld von Liebe, Fürsorge und Gewalt. In: Brückner, M./Böhnisch, L. (Hrsg.): Geschlechterverhältnisse. Weinheim und München 2001, S. 119-178.

Bültmann, G.: Sexualpädagogische Mädchenarbeit. Bundeszentrale für gesundheitliche Aufklärung. Köln 2000.

Burgard, R.: Mut zur Wut. Befreiung aus Gewaltbeziehungen. Berlin 1988.

Busse-Wilson, E.: Das moralische Dilemma in der modernen Mädchenerziehung. In: Schmidt-Beil, A. (Hrsg.): Die Kultur der Frau. Berlin-Frohnau 1931, S. 589-596.

Butler, J.: Das Unbehagen der Geschlechter. Frankfurt a.M. 1991.

Butler, J.: Körper von Gewicht. Die diskursiven Grenzen des Geschlechts. Berlin 1995.

Butterfield, H.: Integration (un)erwünscht?! Emanzipatorische soziale Arbeit mit geflüchteten Frauen, Müttern, Mädchen und Kindern in Sammellagern. In: Miller, T./Tatschmurat, C. (Hrsg.): Soziale Arbeit mit Frauen und Mädchen. Stuttgart 1996, S. 202-228.

Connell, R.W.: Gender and Power. Cambridge, Oxford 1987.

Daigler, C.: Außen vor oder mittendrin: Mädchenplanung oder Gesamtplanung? In: SPI Berlin Bundesmodell „Mädchen in der Jugendhilfe" (Hrsg.): Neue Maßstäbe. Mädchen in der Jugendhilfeplanung. Berlin 1999, S. 116-127.

Daigler, C./Finkel, M.: Einblicke: Zum Stand der Mädchenarbeit in den Erziehungshilfen. In: Forum Erziehungshilfen H. 2/2001, S. 87-93.

David, K.-P./Bange, D.: Kriterien für eine Rückführung sexuell missbrauchter Kinder in die Ursprungsfamilie. In: Forum Erziehungshilfen H. 8/2002, S. 52-57.

Deutscher Bundestag (Hrsg.): Bericht der Enquête-Kommission „Zukunft des bürgerschaftlichen Engagements" Drucksache 14/8900. Bonn 2002.

Dithmar, O./Maier-Warnke, H./Rose, L.: Und konnten zusammen nicht kommen ...? Knotenpunkte im Kooperationsaufbau zwischen Schule und Jugendarbeit und ihre Lösungen. In: Neue Praxis H. 2/1999, S. 157-169.

Döge, P.: Männlichkeit und Politik. Bielefeld 1999.

Eckart, Ch.: Töchter in einer vaterlosen Gesellschaft. In: Hagemann-White, C./Rerrich, M. (Hrsg.): FrauenMännerbilder. Bielefeld 1980, S. 170-192.

Eckart, Ch.: Selbständigkeit von Frauen im Wohlfahrtsstaat? Wider eine Sozialpolitik verleugneter Abhängigkeiten im Geschlechterverhältnis. In: Widersprüche H. 39/1991, S. 39-50.

Enders-Dragässer, U.: Frauen und Wohnungslosigkeit. In: Friebertshäuser, B. u.a. (Hrsg.): Sozialpädagogik im Blick der Frauenforschung. Weinheim 1997, S. 239-252.

Enders-Dragässer, U./Fuchs, C.: Interaktionen der Geschlechter. Sexismusstrukturen in der Schule. Weinheim und München 1989.

Ehrenreich, B.: Arbeit poor. München 2001.

Enders, U./Stumpf, J.: Mütter melden sich zu Wort. Köln 1991.

Engel, U./Nestmann, F., Sickendiek, U.: Beratung. Weinheim und München 2000.

Engelfried, C.: Männlichkeiten. Weinheim und München 1999.

Enke, Th.: Prozessstrukturen der Jugenddelinquenz. Weinheim und München 2002.

Erdheim, M.: Psychoanalyse oder das Unbewusste in der Kultur. Frankfurt a.M. 1988.

Faltermeier, J.: Verwirkte Elternschaft? Münster 2001.

Finkel, M.: Für wen ist was Erfolg? Ergebnisse der JULE-Studie über die Situation von Mädchen in erzieherischen Hilfen. In: Forum Erziehungshilfen H. 4/2000, S. 242-247.

Frauen in Wien. Handbuch Mädchen stärken – Burschen fördern. Hrsg. von der Magistratsabteilung für Frauen der Stadt Wien. Wien 1999.

Friebel, H.: Der Mann der Bettler. Risiken im männlichen Lebenszusammenhang. Opladen 1995.

Frost, L.D.: Die neue weibliche Generation. In: Der Neue Merkur H.1/1914, S. 134-139.

Fülbier, P./Münchmeier, R. (Hrsg.): Handbuch Jugendsozialarbeit. Münster 2001.

Fünfstück, V.: Eine andere Lebenssicht. In: Diedrich, u.a. (Hrsg.): Unerhörtes. Gewalt in Lebenszusammenhängen von Mädchen und Frauen. Bielefeld 2001, S. 49-56.

Geiß, B.: Draußen vor der Tür – Niedrigschwellige und aufsuchende Ansätze der Jugendsozialarbeit mit jungen Frauen. In: Jugendberufshilfe H. 3/1995, S. 27-32.

Geiß, B.: Berufsförderung für Mädchen. In: Forum Frau und Gesellschaft H. 2/1998, S. 20-31.

Gemende, M.: Interkulturelle Zwischenwelten. Weinheim und München 2002.

Gentner, U. (Hrsg.): Geschlechtergerechte Visionen. Königstein/ Taunus 2001.

Gerhard, U.: Sozialpolitik auf Kosten der Frauen. In: Heinze, R.G. u.a. (Hrsg.): Sozialstaat 2000. Auf dem Weg zu neuen Grundlagen der sozialen Sicherung. Bonn 1987.

Gilligan, C.: Die andere Stimme. Lebenskonflikte und die Moral der Frauen, München 1984.

Glass, Ch.: Verdeckte Arbeitslosigkeit junger Menschen. Oldenburg 2001.

Glinka, H.-J.: Das narrative Interview. Eine Einführung für Sozialpädagogen. Weinheim und München 1998.

Gottschalch, W.: Soziologie des Selbst. Heidelberg 1991.

Goldin, N.: The Ballad of Sexual Dependency. New York 1981

Gröning, K.: Geschlechterkulturen in der Pflege. In: Bauer, A./ Gröning, K. (Hrsg.): Institutionengeschichten, Institutionenanalysen. Tübingen 1995, S. 395-419.

Gruen, A.: Der Verrat am Selbst. Die Angst vor Autonomie bei Mann und Frau. München 1992.

Hagemann-White, C.: Weiblichkeit, Leiblichkeit und die kulturelle Konstruktion der Geschlechterpolarität. In: Werkblatt. Zeitschrift für Psychoanalyse und Gesellschaftskritik H. 3/4 1988.

Harten, H.C.: Sexualität, Missbrauch, Gewalt 1995.

Hartwig, L.: Daneben gelebt – Jugendhilfekarrieren im Spiegel personaler und struktureller Gewalt. In: Gropper, C./Zimmermann, H.M. (Hrsg.): Raus aus Gewaltkreisläufen. Stuttgart 2000, S. 13-22.

Hartwig, L.: Kinder in Gewaltbeziehungen. In: Forum Erziehungshilfen H. 1/2002, S. 48-52.

Heiliger, A.: Täterstrategien und Prävention. Sexueller Missbrauch an Mädchen innerhalb familialer und familienähnlicher Strukturen. München 2001.

Heinemann, G.: Wem gehört der Kiez? Geschlechtsspezifische Gewaltprävention im sozialen Brennpunkt. In: Betrifft Mädchen. H. 1/2000, S. 19-22.

Helfferich, C.: Jugend, Körper, Geschlecht. Opladen 1994.

Herman, J. L.: Die Narben der Gewalt. Traumatische Erfahrungen verstehen und überwinden. München 1993

Hite, S.: Hite Report II. Die sexuellen Vorlieben und Praktiken des männlichen Geschlechts. München 1982.

Hörster, R.: Kasuistik/Fallverstehen. In: Otto, H.-U./Thiersch, H. (Hrsg.): Handbuch Sozialarbeit Sozialpädagogik. Neuwied, Kriftel 2001, S. 916-926.

Höynck, Th.: Jugendgerichtshilfe. In: Schröer, W./Struck, N./ Wolff, M.: Handbuch Kinder- und Jugendhilfe. Weinheim und München 2002, S. 801-813

Hofmann, J./Roos, J.: Die Krisentheorie. Die vergessene Theorie der Sozialarbeit. In: Sozialmagazin H. 9/1997, S. 42-45.

Holzkamp, Ch./Rommelspacher, B.: Frauen und Rechtsextremismus. In: Sozial Extra H. 6/1991.

Horstkemper, M.: Gender-Mainstreaming als Prinzip geschlechterdifferenzierender Arbeit in der Jugendhilfe – Auftrieb für geschlechterbewusste Pädagogik oder Konkurrenz für bereits entfaltete Reformkonzepte? In: Ginsheim, G. v./Meier, D.: Gender-Mainstreaming. SPI Berlin 2001, S. 41-56.

Huber, G. L.: Beratung als Lehren und Lernen. In: Brunner, E.J./Schönig, W. (Hrsg.): Theorie und Praxis von Beratung. Freiburg 1990, S. 41-61.

Jähnigen, R.: Offene Jugendarbeit: Jungenarbeit in der offenen Arbeit mit Kindern und Teenies. In: Sturzenhecker, B./Winter, R. (Hrsg.): Praxis der Jungenarbeit. Weinheim und München 2002, S. 157-170.

Jahoda, M. u.a.: Die Arbeitslosen von Marienthal (1934). Frankfurt a.M. 1975

Jahoda, M.: Wieviel Arbeit braucht der Mensch? Weinheim/Basel 1986.

Jugend 2000. Hrsg. Jugendwerk der Deutschen Shell. Opladen 2000.

Jugend 2002. Hrsg. Jugendwerk der Deutschen Shell. Frankfurt a.M. 2002.

360

Jurczyk, K.: Individualisierung und Zusammenhalt. Neuformierungen von Geschlechterverhältnissen in Erwerbsarbeit und Familie. In: Brückner, M./Böhnisch, L. (Hrsg.): Geschlechterverhältnisse. Weinheim und München 2001, S. 11-37.

Kavemann, B.: Zwischen Politik und Professionalität. Das Konzept der Parteilichkeit. In: Hagemann-White, C. u.a. (Hrsg.): Parteilichkeit und Solidarität. Bielefeld 1997.

Keller, C.: Geschlechterdifferenzen: Trägt die Schule dazu bei? In: Moser, T. u.a. (Hrsg.): Schule auf dem Prüfstand. Chur/Zürich 1997, S. 138-179.

Kerber, I.: (Mit) Jungen im Kindergarten. In: Winter, R./Willems, H.: Was fehlt, sind Männer! Schwäbisch Gmünd und Tübingen 1991, S. 19-28.

Kersten, J.: Männlichkeit und Kriminalität in Japan. In: Kriminologisches Journal. 5. Beiheft 1995, S. 109-119.

Kersten, J.: Gut und Ge(schlecht). Männlichkeit, Kultur und Kriminalität. Berlin 1997.

Kersten, J.: Risiken und Nebenwirkungen. Zur gesellschaftlichen Konstruktion von Männlichkeiten. In: Scarbath, H. u.a. (Hrsg.): Geschlechter. Zur Kritik und Neubestimmung geschlechtsbezogener Sozialisation und Bildung. Opladen 1999, S. 77-86.

Kieper-Wellmer, M.: Überlegungen zur Struktur, Beziehung und Macht in frauendominierten sozialpädagogischen Einrichtungen. In: Supervision Nr. 20/1991, S. 22-32.

Kieselbach, Th./Voigt, P. (Hrsg.): Systemumbruch, Arbeitslosigkeit und individuelle Bewältigung in der Ex-DDR. Weinheim 1992.

Kieselbach, Th.: Arbeitslosigkeit. In: Grubitzsch, S./Weber, K.: Psychologische Grundbegriffe. Ein Handbuch. Reinbek b. Hamburg 1998.

Klees-Möller, R.: Kindertageseinrichtungen: Geschlechterdiskurse und pädagogische Ansätze. In: Friebertshäuser, B. u.a. (Hrsg.): Sozialpädagogik im Blick der Frauenforschung. Weinheim 1997, S. 155-170.

Klemm, H.: Alkoholismus. In: Kreft, D./Milenz, I. (Hrsg.): Wörterbuch Soziale Arbeit. Weinheim und Basel 1996.

Klier, J. u.a.: Jugendhilfe im Strafverfahren – Jugendgerichtshilfe. Berlin/Bonn/Regensburg 1995.

Knapp, G.-A.: Arbeitsteilung und Sozialisation: Konstellationen von Arbeitsvermögen und Arbeitskraft im Lebenszusammenhang von Frauen. In: Beer, U. (Hrsg.): Klasse Geschlecht. Bielefeld, S. 267-308.

Koch, S.: Interkulturelle Jugendarbeit. In: Schröer, W./Struck, N./Wolff, M. (Hrsg.): Handbuch Kinder- und Jugendhilfe. Weinheim und München 2002, S. 735-754.

Krafeld, F.J.: Cliquenorientierte Jugendarbeit. Weinheim und München 1992.

Krauß, A.: Identität und Identitätspolitik bei Judith Buttler. SPI Berlin 2001.

Kreienbaum, M.A. (Hrsg.): Schule lebendig gestalten. Reflexive Koedukation in Theorie und Praxis. Bielefeld 1999.

Kriener, M./Hartwig, L.: Mädchen in der Erziehungs- und Jugendhilfe – Feministische Analysen und Ansätze in der Praxis. In: Friebertshäuser, B. u.a. (Hrsg.): Sozialpädagogik im Blick der Frauenforschung. Weinheim 1997, S. 195-208.

Krüger, H.: Unterschiedliche Lebenswelten von Mädchen und Jungen. In: Forum Jugendhilfe H.2/200, S.45-50.

Kuhne, T./Mayer, A. (Hrsg.): Kissenschlacht und Minigolf. Zur Arbeit mit Mädchen und Frauen mit unterschiedlichen Behinderungen und Fähigkeiten. Kassel 1998.

Laing, R.D.: Das Selbst und die Anderen. München 1989.

Lange, C. u.a.: Nachwort. Die Asymmetrie der Geschlechter. Der blinde Fleck. In: Schmidt, G. (Hrsg.): Jugendsexualität. Stuttgart 1993, S. 197-200.

Langhanky, M.: Annäherung an Lebenslagen und Sichtweisen der Hamburger Straßenkinder. In: Neue Praxis H. 3/1993, S. 271-282.

Leeb, C.: Die Zerstörung des Mythos von der friedfertigen Frau. Berlin/New York/Wien 1998

Lenz, H.-J.: Männerbildung. In: Brandes, H./Bullinger, H. (Hrsg.): Handbuch Männerarbeit. Weinheim 1996, S. 427-436.

Lenz, H.-J. (Hrsg.): Männliche Opfererfahrungen. Weinheim und München 2000.

Lenz, K.: Im ehernen Gehäuse der Kultur. Geschlechterkonstruktion in heterosexuellen Zweierbeziehungen. In: Brückner, M./Böhnisch, L. (Hrsg.): Geschlechterverhältnisse. Weinheim und München 2001, S. 179-207.

Liebau, E.: Habitus, Lebenslage und Geschlecht – Über Sozialanalyse und Geschlechtersozialisation. In: Tillmann, K. (Hrsg.): Jugend weiblich – Jugend männlich. Opladen 1992, S. 134-148.

Liebe, M.: Gender-Mainstreaming in der Jugendarbeit – Bewertung eines frauenpolitischen Instruments aus jugendpolitischer Sicht. In: Ginsheim, G. v./Meyer, D.: Gender-Mainstreaming. SPI Berlin 2001, S. 95-108.

Liebrich, J./Spieth, D.: Mädchen machen Schule (Interview). In: Jugendberufshilfe H. 3/1999, S. 28-34.

Live. Leben und Interessen vertreten – Frauen mit Behinderung. Hrsg. v. Bundesministerium für Familie, Senioren, Frauen und Jugend. Stuttgart 1999.

Lüders, Ch./Rosner, S.: Arbeitslosigkeit in der Familie. In: Schindler, H. u.a. (Hrsg.): Familienleben in der Arbeitslosigkeit. Heidelberg 1990, S. 75-97.

Mannheim, K.: Das Problem der Generationen. In: Mannheim, K.: Wissenssoziologie. Neuwied/Berlin 1970.

Mansel, J./Hurrelmann, K.: Aggressives und delinquentes Verhalten Jugendlicher im Zeitvergleich. In: Kölner Zeitschrift für Soziologie und Sozialpsychologie H. 1/1998, S. 78-109.

Maschewsky-Schneider, U., u.a.: Frauen, Gesundheit und soziale Lage – Zur psychosozialen Belastungssituation von Frauen in den neuen Bundesländern. In: Kieselbach, Th./Voigt, P. (Hrsg.): Systemumbruch, Arbeitslosigkeit und individuelle Bewältigung in der Ex-DDR. Weinheim 1992, S. 37-46.

Matt, E.: Jugend, Männlichkeit und Delinquenz. In: Kölner Zeitschrift für Soziologie und Sozialpsychologie H. 3/1999, S. 259-276.

Matzke, A.: Soziale Arbeit mit co-abhängigen Partnerinnen alkoholabhängiger Männer seit 1990 in Deutschland. Dipl. Arbeit HTW Mittweida 2000.

May, R.: Männlichkeit aus psychoanalytischer Sicht. In: Friedmann, R.M./Lerner, L. (Hrsg.): Zur Psychoanalyse des Mannes. Berlin/Heidelberg New York 1991, S. 171-190.

Mayer, A.: Verschwiegene Verletzungen. Sexuelle Gewalterlebnisse von Mädchen und Frauen mit Behinderung. In: Kuhne, T./Mayer, A. (Hrsg.): Kissenschlacht und Minigolf. Zur Arbeit mit Mädchen und jungen Frauen mit unterschiedlichen Behinderungen und Fähigkeiten. Kassel 1998, S. 37-46.

Menz, S.: Organisation und biographischer Zugang. In: Schröer, W./Struck, N./Wolff, M. (Hrsg.): Handbuch Kinder- und Jugendhilfe. Weinheim und München 2002, S. 895-908.

Menzel, M.: Jungen lieben anders: Erfahrungen auf dem Weg zur Männlichkeit. In: Winter, R. (Hrsg.): Stehversuche. Sexuelle Jungensozialisation und männliche Lebensbewältigung durch Sexualität. Schwäbisch Gmünd und Tübingen 1993, S. 13-38.

Merten-Melching, R./Sturzenhecker, B.: Jugendgerichtshilfe: Harte Jungs und Kaltblutpferde. In: Sturzenhecker, B./Winter, R. (Hrsg.): Praxis der Jungenarbeit. Weinheim und München 2002, S. 127-136.

Meyer, D.: Gender-Mainstreaming. Bedeutung – Entstehung – Kontexte einer neuen politischen Strategie. In: v. Ginsheim, G./Meyer, D. (Hrsg.): Gender-Mainstreaming. Berlin 2001, S: 25-40.

Meuser, M.: Geschlecht und Männlichkeit. Opladen 1998.

Mickler, B.: Ungleiche Schwestern. Grenzen und Möglichkeiten der Zusammenarbeit von Frauen mit und ohne Behinderung. In:

Kuhne, T./Mayer, A. (Hrsg.): Kissenschlacht und Minigolf: Zur Arbeit mit Mädchen und jungen Frauen mit unterschiedlichen Behinderungen und Fähigkeiten. Kassel 1998, S. 151-154.

Milhoffer, P.: Wie sie sich fühlen, was sie sich wünschen. Eine empirische Studie über Mädchen und Jungen auf dem Weg in die Pubertät. Weinheim und München 2000.

Miller, W.B.: Die Kultur der Unterschicht als Entstehungsmilieu für Bandendelinquenz. In: Sack, F./König, R. (Hrsg.): Kriminalsoziologie. Frankfurt a.m.1968, S. 339-359.

Möller, Berith: Gewalt – Mädchen und junge Frauen. In: Schröer, W./Stuck, N./Wolff, M. (Hrsg.): Handbuch Kinder und Jugendhilfe. Weinheim und München 2002, S. 481-494.

Müller, B.K.: Methoden. In: Otto, H.-U./Thiersch, H. (Hrsg.): Handbuch Sozialarbeit Sozialpädagogik. Neuwied, Kriftel 2001, S. 1194-1204.

Mutz, G.: Der souveräne Arbeitsgestalter in der zivilen Arbeitsgesellschaft. In: Aus Politik und Zeitgeschichte H. 21/2001, S. 14-21.

Neubauer, G.: Wenn die Jungen spielen – Beobachtungen zu Jungenspielen und Jungenspielzeug im Kinderhausalltag. In: Winter, R./Willems, H.: Was fehlt, sind Männer! Schwäbisch Gmünd und Tübingen 1991, S. 37-44.

Neubauer, G.: „Sex" im Kinderhaus: Auch kleine Jungen tun's! In: Winter, R. (Hrsg.): Stehversuche. Sexuelle Jungensozialisation und männliche Lebensbewältigung durch Sexualität. Schwäbisch Gmünd und Tübingen 1993, S. 39-54.

Neubauer, G.: Stationäre Unterbringung. Jungenbezogene Konzeptentwicklung. In: Sturzenhecker, B./Winter, R. (Hrsg.) Praxis der Jungenarbeit. Weinheim und München 2002, S. 117-126.

Neubauer, G./Winter, R.: Dies und Das. Variablenmodell „balanciertes Jungensein". In: Sturzenhecker, B./Winter, R. (Hrsg.): Praxis der Jungenarbeit. Weinheim und München 2002, S. 27-35.

Nickel, H.M./Völker, S./Hüning, H. (Hrsg.): Transformation. Unternehmensorganisation. Geschlechterforschung. Opladen 1999.

Nyssen, E.: Reflexive Ko- und Monoedukation. In: Betrifft Mädchen. Heftthema Mädchen und Schule H.2/1999, S. 4-8.

Oechsle, M.: Gleichheit mit Hindernissen. SPI Berlin 2000.

Olk, T.: Abschied vom Experten. Weinheim und München 1986.

Ostner, I.: Der Wandel der Familienformen und die soziale Sicherung der Frau oder: Von der Status- zur Passagensicherung. In: Döring, D./Hauser, R. (Hrsg.): Soziale Sicherheit in Gefahr. Frankfurt a.M. 1995.

Pankofer, S.: „Ich hau' dir eine in die Fresse, sagte Vanessa drohend ..." Aggression als Überlebensstrategie – am Beispiel geschlossener Heimerziehung. In: Mitter, T./Tatschmurat, C. (Hrsg.): Soziale Arbeit mit Frauen und Mädchen. Positionsbestimmungen und Handlungsperspektiven. Stuttgart 1996, S. 157-168.

Penrose, V./Geißel, B.: „The long run" – Partizipation und Engagement unter geschlechtsspezifischen Zusammenhängen. In: Gentner, U. (Hrsg.): Geschlechtergerechte Visionen. Königstein/Taunus 2001, S. 161- 256.

Permien, H./Zink, G.: Endstation Straße? Straßenkarrieren aus der Sicht von Jugendlichen. München 1998.

Petermann, F.: Umgang mit aggressiven Kindern. Weinheim 1993.

Pflüger, R.: Alkoholismus. In: Sozialmagazin H. 3/1994.

Pisa 2000. Deutsches Pisa-Konsortium (Hrsg.) Opladen 2001

Popp, U.: Geschlechtersozialisation und schulische Gewalt. Weinheim und München 2002.

Popp, U., Meyer, U./Tillmann, K. J.: Es gibt auch Täterinnen: Zu einem bisher vernachlässigten Aspekt der schulischen Gewaltdiskussion. In: Zeitschrift für Sozialisationsforschung und Erziehungswissenschaft (ZSE) H. 2/2001, S. 170-191.

Prein, G./Seus, L. „Müßiggang ist aller Laster Anfang?" – Beziehungen zwischen Erwerbslosigkeit und Delinquenz bei Jugendlichen und jungen Erwachsenen. In: Soziale Probleme H.10/1999, S. 43-73.

Prengel, A.: Pädagogik der Vielfalt. Opladen 1993.

Rennert, M.: Co-Abhängigkeit: Was Sucht für die Familie bedeutet. Freiburg 1990.

Reich, R.: The Future of Success. Wie wir in Zukunft arbeiten werden. München 2002.

Rerrich, M.: Balanceakt Familie. Freiburg i.Brsg. 1988.

Riemann, G.: Die Arbeit der sozialpädagogischen Familienhilfe. Weinheim und München 1986.

Riegraf, B.: Geschlecht und Mikropolitik. Das Beispiel betrieblicher Gleichstellung. Opladen 1996.

Rommelspacher, B.: Mitmenschlichkeit und Unterwerfung. Zur Ambivalenz weiblicher Moral. Frankfurt a.M. 1992.

Rutschky, K.: Emmas untreue Schwestern. München 1998.

Sauer, B.: „Feminisierung" eines männlichen Projekts? Sozialstaat im Zeitalter der Globalisierung. In: Appelt, E./Weiss, A. (Hrsg.): Globalisierung und der Angriff auf die europäischen Wohlfahrtsstaaten. Argument Sonderband Neue Folge 279, Hamburg Berlin 2001, S. 67-83.

Sauerborn, W.: Gegenverkehr in der Gleichstellungsfrage! Ansatzpunkte für eine Väterpolitik. In: Möller, K. (Hrsg.): Nur Macher oder Macho? Weinheim und München 1997, S. 207-218.

Savier, M./Wildt, C.: Mädchen zwischen Anpassung und Widerstand. München 1976.

Schad, U.: Ethnizität als Joker. In: Jugendhilfe H. 3/2000, S. 131-138.

Scherr, A.: Gender-Mainstreaming. Chance und Herausforderung für die Kinder- und Jugendhilfe. In: Ginsheim, G. v./Meyer, D.: Gender-Mainstreaming. SPI Berlin 2001, S. 81-94.

Schiffauer, W.: Gewalt der Ehre. Frankfurt a.M. 1983.

Schildmann, U.: Integrationspädagogik und Geschlecht. Opladen 1996.

Schittenhelm, K.: Zwischen Unterstützung und Reglementierung. Mädchen und junge Frauen in Einrichtungen der Jugendberufshilfe. In: Neue Praxis H. 3/1998, S. 297-311.

Schmerl, Ch.: Wann werden Weiber zu Hyänen? Weibliche Aggressionen aus psychologisch-feministischer Sicht. In: Dausien, B. u.a. (Hrsg.): Erkenntnisprojekt Geschlecht. Opladen 1999, S. 197-215.

Schmidt, G.: Jugendsexualität in den 90er Jahren. In: Schmidt, G. (Hrsg.): Jugendsexualität. Stuttgart 1993, S. 1-11.

Schnack, D./Neutzling, R.: Kleine Helden in Not. Jungen auf der Suche nach Männlichkeit. Reinbek b. Hamburg 1990.

Schön, E. : „...da nehm' ich meine Rollschuh und fahr' hin". Mädchen als Expertinnen ihrer Lebenswelt. Bielefeld 1999.

Schröder, A.: Beziehungen in der Jugendarbeit. In: deutsche Jugend H. 2/2002, S. 59-69.

Schröttle, M.: Politik und Gewalt im Geschlechterverhältnis. Bielefeld 1999.

Schwanitz, D.: Männer. Eine Spezies wird besichtigt. Frankfurt 2001.

Schwarz, A.: Mädchen auf ihrem Weg zu einer selbstbestimmten Sexualität. Frankfurt a.M. 1998.

Seidenspinner, G.: Lebensthemen junger Frauen. In: SPI Berlin (Hrsg.): Geschlechtersequenzen. Berlin 2000, S. 25-32.

Sellach, B. (zus. mit Enders-Dragässer, U.): Ursache und Umfang von Frauenarmut. Frankfurt a.M. 2000.

Seus, L.: Soziale Kontrolle von Arbeitertöchtern. Bremen 1993.

Sichtermann, B.: „Von einem Silbermesser zerteilt" – Über die Schwierigkeiten der Frauen, Objekte zu bilden und über die Folgen dieser Schwierigkeiten für die Liebe. In: Sichtermann, B. (Hrsg.): Weiblichkeit. Zur Politik des Privaten. Berlin 1991.

Sielert, U.: Jungenarbeit. Praxishandbuch für die Jugendarbeit (Teil 2). Weinheim und München 1989.

Smaus, G.: Soziale Kontrolle und das Geschlechterverhältnis. In: Frehse, D./Löschper, G./Schumann, K.F. (Hrsg.): Strafrecht, soziale Kontrolle, soziale Disziplinierung. Opladen 1993, S. 122-137.

Sonneck, G. (Hrsg.): Krisenintervention und Suizidverhütung. Wien 1997.

Stahr, I. u.a.: Suchtarbeit mit Frauen. Ein praktischer Leitfaden zur Aus- und Fortbildung in Beratung, Therapie und Sozialer Arbeit. Weinheim und München 1995.

Stauber, B.: Starke Mädchen – kein Problem? In: Beiträge zur feministischen Theorie und Praxis. H. 1/1999, S. 53-64.

Stecklina, G.: Sozialpädagogik und Geschlechterpolarität. In: Niemeyer, Ch./Schröer, W./Böhnisch, L. (Hrsg.): Grundlinien historischer Sozialpädagogik. Weinheim und München 1996, S. 239-257.

Steinert, G.: Wohnungslose Frauen im Spiegel des Selbst: Problemgenese des Wohnungsverlustes, soziale Orientierungen und Bewältigungsstrategien. In: Geiger, M./Steinert, E.: Alleinstehende Frauen ohne Wohnung. Schriftenreihe des BFJ Band 5. Stuttgart/Berlin/Köln 1991, S. 111-200.

Strittmatter, F.J.: Langzeitarbeitslosigkeit im Wohlfahrtstaat. Nürnberg 1992.

Sturzenhecker, B.: Wann ist der Mann ein Mann?! – Konzepte zum „Leitbild Männlichkeit" in der Diskussion. In: Sturzenhecker, B. (Hrsg.): Leitbild Männlichkeit?!: Was braucht die Jungenarbeit? Münster 1996, S. 177-186.

Sturzenhecker, B.: Arbeitsprinzipien aus der Jungenarbeit. In: Sturzenhecker, B./Winter, R. (Hrsg.): Praxis der Jungenarbeit. Weinheim und München 2002, S. 37-62.

Uhlendorff, U.: Sozialpädagogische Analysen III. Weinheim und München 1997.

Verlinden, M.: Mädchen und Jungen im Kindergarten. Köln 1995.

Wacker, A.: Vom Schock zum Fatalismus? Soziale und psychische Auswirkungen der Arbeitslosigkeit. Frankfurt a.M./New York 1978.

Wahl, K.: Die Modernisierungsfalle. Frankfurt a.M. 1989.

Wallner, C.: Integration? Zum schwierigen Verhältnis von Mädchenarbeit und Jugendhilfe. In: SPI Berlin (Hrsg.): Neue Maßstäbe. Mädchen in der Jugendhilfeplanung. Berlin 1999, S. 19-28.

Walther, A.: Spielräume im Übergang in die Arbeit. Weinheim und München 2000.

Weber, M.: Gender, Rekonstruktion, Individualisierung ...? In: Forum Erziehungshilfen H. 2/2001, S. 74-81.

Weidner, J./Kilb, R./Kreft, D. (Hrsg.): Gewalt im Griff. Neue Formen des Anti-Aggressivitäts-Trainings. Weinheim und Basel 1997.

Wetterer, A.: Professionalisierung und Geschlechterhierarchie. IAG Frauenforschung. Wissenschaft ist Frauensache Band 3. Kassel 1993.

Wichterich, C.H.: Die globalisierte Frau. Reinbek b. Hamburg 1998.

Wiener Jugendzentren (Hrsg.): Männliche Sozialisation und geschlechtsspezifische Arbeit mit Burschen. Wien 2002.

Wimbauer, C.: Organisation, Geschlecht und Karriere. Opladen 2000.

Winnicott, D.W.: Familie und individuelle Entwicklung. Frankfurt a.M. 1984.

Winter, R.: Stehversuche. Zur Einführung. In: Winter, R. (Hrsg.): Stehversuche. Sexuelle Jungensozialisation und männliche Lebensbewältigung durch Sexualität. Schwäbisch Gmünd und Tübingen 1993, S. 3-12.

Winter, R./Neubauer, G.: „Ich sehe was, was du nicht siehst" In: Forschung und Praxis der Sexualaufklärung und Familienplanung. Wissenschaftliche Grundlagen. Teil 2 – Jugendliche. Bundeszentrale für gesundheitliche Aufklärung (Hrsg.). Köln 1999, S. 7-38

Wolf, B.: „Andere Erwachsene". In: Arnold, H./Schille, H.-J. (Hrsg.): Praxishandbuch Drogen und Drogenprävention. Weinheim und München 2002, S. 219-234.

Zeltner, R.: Kinder schlagen zurück. Jugendgewalt und ihre Ursachen. München 1996.

Zemp, A.: Sexuelle Gewalt gegen Mädchen und Frauen mit Behinderung. In: Hentschel, G. (Hrsg.): Skandal und Alltag – sexueller Missbrauch und Gegenstrategien. Berlin 1996.

Zilbergelt, B.: Männliche Sexualität, Tübingen 1983.

Zimmer, J. u.a.: Kindergärten auf dem Prüfstand. Dem Situationsansatz auf der Spur. Seelze-Velber 1997.

Zipfel, A.: „... bis dass die Arbeitslosigkeit uns scheidet." Familiendynamik und Arbeitslosigkeit. In: Balluseck, H. v. (Hrsg.): Familien in Not – Wie kann Sozialarbeit helfen? Freiburg/Brsg. 1999, S. 175-186.

Zukunftsfragen der Freistaaten Bayern und Sachsen. Bonn 1996.

Zulehner, P. M./Volz, R.: Männer im Aufbruch. Ostfildern 1998.